ENCYCLOPÉDIE

DOMESTIQUE.

T. III.

R. — Z.

DE L'IMPRIMERIE DE L.-T. CELLOT.

ENCYCLOPÉDIE

DOMESTIQUE,

RECUEIL

DE PROCÉDÉS ET DE RECETTES

CONCERNANT

LES ARTS ET MÉTIERS, L'ÉCONOMIE RURALE ET DOMESTIQUE,

ET APPLICABLES A TOUS LES ÉTATS

ET DANS TOUTES LES CIRCONSTANCES DE LA VIE,

EXTRAITS

Des ouvrages spéciaux de MM. APPERT, BERTHOLLET, BOUILLON-
LAGRANGE, BUCHAN, BUCH'OZ, CHAPTAL, FOURCROY, OLIVIER DE
SERRE, PARMENTIER, ROZIER, SONNINI, THÉNARD, VIREY, etc., etc.,

PAR A. F***,

Avec une Table très-détaillée, indispensable pour la prompte recherche
de tous les Articles, et pour la classification des matières qui appar-
tiennent au même genre d'industrie.

TOME TROISIÈME.

———◦→◦•►⊃⊂◄•◦←◦———

PARIS,

RAYMOND, LIBRAIRE, rue de la Bibliothèque, n° 4;
ACHILLE JOURDAN, rue Git-le-Cœur, n° 4;
LEDENTU,
CORBET, } Libraires, quai des Augustins.
LECOINTE et DUREY,

1822.

ENCYCLOPÉDIE

DOMESTIQUE.

~~~~~~

RACINES.

2337. *Comment et quand on doit recueillir les racines pour l'usage de la médecine.* On recueille les racines, soit pour être employées sur-le-champ, soit pour être conservées : si on en a un besoin pour un usage magistral, on peut, attendu l'urgence, les déraciner en toutes saisons, pourvu qu'elles soient dans un état de végétation et recueillies dans un sol naturel ; si c'est pour un usage officinal, on doit avoir égard à l'emploi auquel on les destine : car, si on veut en exprimer le suc, on doit les cueillir au printemps, au moment où elles commencent à germer et à produire les premières feuilles, parce qu'elles en contiennent alors davantage ; si on se propose de les soumettre à la décoction, on doit préférer les racines récentes ; si cependant le cas exige qu'on les emploie sèches, il faut qu'elles aient été recueillies et desséchées convenablement : pour la distillation, elles doivent être autant que possible récentes, surtout si elles sont aromatiques ; pour les confire, on doit les employer récentes et cueillies au printemps : les racines destinées à la pulvérisation ne se laissent bien pulvériser que quand on leur a enlevé leur suc de végétation ; ensuite, on les coupe transversalement en plusieurs petits morceaux, on les fait sécher et on les pulvérise. Pour la combustion, il faut toujours se servir de racines printanières, mais pour les conserver ou les dessécher, on doit consulter la nature et le caractère des racines ; savoir, à raison de la durée, les annuelles doivent être cueillies vers le temps de la floraison ; les bisannuelles peuvent être arrachées au commencement de la seconde année ou au milieu de l'hiver. Les racines vivaces doivent être cueillies dans le temps de l'exfoliation particulière à chaque espèce ; celles d'entre elles qui sont rarement usitées doivent être arrachées au milieu de l'hiver. Quant aux racines aquatiques, comme celles du roseau, elles peuvent être cueillies en tout temps, l'hiver excepté. Les racines ligneuses ou fibreuses, comme celles des chardons, graminées, etc., peuvent être arrachées

3.

1

au commencement de la germination, et quelques-unes d'entre elles pendant tout le printemps; les plus épaisses, succulentes et charnues, comme les bardanes, la bressone, etc., doivent être arrachées avant l'hiver ou peu après la maturité de la semence, et desséchées aussitôt. Il faut en excepter quelques racines mucilagineuses, comme la guimauve, qu'on doit récolter dans le printemps; il en est de même de la plupart des plantes aromatiques, comme la valériane, qui sont plus odorantes au commencement du printemps. Enfin les racines de pied de veau doivent être cueillies dans la même saison, parce qu'elles jouissent de toute leur âcreté. Au surplus toutes les racines doivent toujours être retirées des lieux que la nature leur a assignés, parce qu'elles sont plus efficaces. (F. Carbonell.)

2338. *Manière de dessécher les racines.* Les plus petites racines ligneuses, aromatiques, comme celles des valérianes et autres semblables, n'ont besoin que d'être bien lavées, nettoyées et étendues à la seule chaleur de l'atmosphère pendant l'été, et à l'air libre jusqu'à ce qu'elles soient entièrement desséchées; mais si elles sont peu succulentes, inodores et très-charnues, il faut les exposer aux rayons du soleil, et si le temps est humide et obscur, on doit y suppléer par la chaleur du poêle ou de l'étuve. Néanmoins les racines aromatiques de cet ordre doivent être desséchées à l'ombre, et ensuite exposées aux rayons du soleil une heure avant d'être déposées dans les vases.

Toutes les racines plus grandes avant d'être desséchées, doivent être lavées et débarrassées de leurs filamens; certaines veulent être ratissées, d'autres fendues en long. On doit ôter la partie ligneuse ou milieu, s'il existe; ensuite on les coupe en plus petites parties, et, après les avoir ainsi préparées, on les expose à l'exsiccation. Si ces racines, soit odorantes, soit inodores, sont ligneuses comme celles d'iris et de bistortes, elles sèchent facilement pourvu qu'elles soient exposées pendant quelques jours dans un lieu sec, chaud et aéré; si elles sont charnues, comme celles des chicorées et des gentianes, elles doivent être desséchées à la seule chaleur du soleil d'été et à l'air libre; si cela ne suffit pas, comme il arrive souvent dans celles qui sont succulentes, telles que la scorsonère, il faut employer la chaleur de l'étuve ou celle du poêle. Celles qui sont mucilagineuses, comme celles de guimauve, de grande consoude, etc., si elles sont très-grosses, doivent, après avoir été coupées en petits morceaux, être desséchées à une température de 30 degrés du thermomètre de Réaumur; si on les destine à la pulvérisation, il faut, avant l'exsiccation, les diviser en très-petites portions. Les racines de cet ordre, qui sont aromatiques, comme l'angélique, le persil, etc., doivent être divisées en plus petites parties et étendues sur un tamis, couvertes de papier. On les fait sécher ensuite dans une étuve à la température de 20 degrés. Les racines insipides et inodores, comme la cynoglose, la buglose et autres, peuvent être desséchées sans beaucoup de soins, à la chaleur du soleil.

Les racines très-grandes exigent les mêmes précautions que les précédentes; cependant, à cause de leur volume, elles doivent être divisées en sections transversales, très-petites, traversées d'un fil et suspendues à l'air libre pour que leur exsiccation soit plus complète. Si elles sont fongueuses ou mucilagineuses, il convient de les faire secher au poêle où à l'étuve jusqu'à ce qu'elles deviennent fragiles. On reconnaît que l'exsiccation des racines est bien faite, quand elles se cassent facilement ou qu'elles ont acquis le son et l'aspect du bois. (F. Carbonell, *Élém. de pharm.*)

2339. *Quel est le terme de la durée et la manière de reposer les racines.* Les racines qui sont fongueuses, bulbeuses, charnues, comme celles de chicorée, de cabaret, de persil, ne durent qu'un an. Les racines qui sont plus grandes et un peu ligneuses, comme celles de rapontic, de bryone, de patience, peuvent être conservées pendant deux ou trois ans; celles qui sont compactes et ligneuses, comme celles de bistorte, de gentiane, parmi lesquelles on peut compter plusieurs racines exotiques, comme celles de squine, d'ipécacuanha, peuvent être conservées pendant plusieurs années. On ne peut fixer le terme pour la durée des racines; mais on doit les examiner avec soin et les rejeter dès qu'elles ont perdu leur couleur, leur odeur, leur saveur, qu'elles sont attaquées par les vers et tombent en poussière. Il faut en excepter les racines résineuses, comme celles de jalap et autres de ce genre, qui, quoique vermoulues, sont plus efficaces et ne doivent pas être rejetées, parce que la partie résineuse reste intacte. Toutes les racines doivent être déposées dans des vases ou boîtes de bois bien fermés, et conservés dans un endroit sec. (*Idem.*)

2340. *Observations sur les racines vermoulues.* Bien des gens s'imaginent que les racines ont perdu de leurs qualités lorsqu'elles paraissent vermoulues: cependant il n'en est rien, parce que les insectes dans leurs ravages ne s'emparent que de la partie inutile de la racine; ils ne touchent point aux résines dans lesquelles seules consiste toute la vertu. Ainsi, cette poudre que l'on trouve dans les boîtes où l'on renferme les racines piquées, est précisément ce qu'il y a de plus estimable; il faudra donc bien se donner de garde de rejeter les racines vermoulues, puisqu'elles ne perdent par cet accident que les parties qui n'ont aucun principe. (Bouillon-Lagrange. *Nouv. chim. du goût et de l'odorat.*)

RAGE (*Traitement de la*).

2341. Aucun fait bien avéré ne prouve qu'on ait guéri de la rage ni l'homme ni les animaux, quand elle a été confirmée; mais une infinité d'observations doivent convaincre qu'il y a une méthode assurée de s'en préserver, c'est la *cautérisation.* Il faut donc, dès que quelqu'un a été mordu par un animal enragé, lui cautériser les morsures, quelque nombreuses qu'elles soient, avec un fer rougi au feu, ou bien avec le beurre d'antimoine, ou bien encore avec l'acide nitrique, et toujours assez profondément pour que toutes les parties qui ont reçu l'impression de la rage ou dont elle peut provenir, quelle qu'en soit la cause, soient désorganisées, détruites même par la cautérisation. (Portal.)

2342. *Remède contre la rage.* Les sauvages du nord de l'Amérique emploient avec succès, dans la morsure des chiens enragés, le topique suivant dont ils recouvrent entièrement la plaie. Ils prennent de l'écorce de frêne blanc, la font brûler, la réduisent en poudre et la mêlent avec du vinaigre très-fort. (*Bibl. phys. écon.*)

2343. *Autre.* Les premiers soins pour la rage doivent être d'inciser la plaie en coupant fort avant dans les chairs où les dents de l'animal sont empreintes; on lave ensuite la plaie à plusieurs reprises avec de l'eau de sel tiède, et l'on oint la jambe avec de l'huile d'olive. On panse alors la plaie, en frottant une fois le jour le contour à deux pouces de circonférence avec un gros d'onguent composé d'une once de vif-argent, d'un demi-gros de térébenthine de Venise et deux onces de graisse de porc, et mettant dans la plaie deux fois le jour de l'onguent de basilic. On fait prendre intérieurement au malade, et de trois en trois heures aussi long-temps que dure la force du paroxisme, une poudre composée de 16 grains de musc, 24 de cinabre actif et autant de cinabre factice. On lui donne, soir et matin, un bol composé d'un gros de racine de serpentaire de Virginie, de camphre dépuré et d'assa-fœtida, de chacun 10 grains, mêlés avec une suffisante quantité de rob de sureau. Le paroxisme devenant moins fréquent à mesure que

la salivation augmente, on éloigne pour lors peu à peu les remèdes internes, et on continue l'usage à l'extérieur pour pro-
voquer toujours la salivation qui fait la base de la guérison du
malade, et on l'entretient jusqu'à la guérison qui a lieu ordinairement dans trois semaines. Alors on purge deux fois le
malade, après quoi on lui administre le quinquina. (Tissot).

2344. *Autre.* Prenez, en quantités égales, des racines d'angélique royale et de trèfle d'eau; racines, tiges et feuilles de
passe rage, de tournesol ou marguerite sauvage, qu'il faut
bien laver; tiges et feuilles de rhue, de roses de chien ou glan-
dier; extrémités ou bourgeons de sycomier. A chaque poignée de ces différentes simples, mettez une gousse d'ail. Pilez
le tout ensemble, et, par une forte compression, exprimez-en
le jus, que vous donnerez à boire au malade d'un âge fait, à
la dose d'un demi-verre à jeun pendant trois jours consécutifs,
et aux autres personnes suivant l'âge, la force et la complexion.
Pour les femmes enceintes, on ne met point de rhue. Pendant
qu'on fait usage de ce remède, il ne faut point manger de lait
ni de fruits crus.

Quant aux chevaux, on leur fait prendre ce remède à raison d'une demi-chopine par prise; aux bêtes à cornes, fort peu;
un peu moins aux cochons; et aux chiens selon leur grandeur.

Pour conserver ce remède pendant un an, on y met un tiers
de vin blanc et un peu de sel. (*Bibl. phys. écon.*)

2345. *Manière de s'assurer si un chien qui a mordu était
enragé.* Fort souvent un chien, que l'on a soupçonné d'être
attaqué de la rage, est tué après avoir mordu plusieurs personnes ou plusieurs animaux, et l'on reste pendant quelques
jours dans une cruelle incertitude, qu'on peut cependant faire
cesser en frottant la gueule, les dents et les gencives de l'animal mort avec un peu de viande rôtie ou bouillie qu'on offrira
ainsi à un autre chien, qui la mangera si le chien mort n'était
point enragé; mais qui la refusera et s'enfuira en hurlant si le
premier chien était malade.

RAISINS.

2346. *Moyen de conserver frais les raisins.* Choisissez pour
cueillir les raisins que vous voulez conserver, un temps très-
sec et surtout un jour de beau soleil; enlevez avec des ciseaux
les grains gâtés ou trop mûrs qui feraient infailliblement pourrir

les autres. Disposez avec précaution vos grappes sur des claies garnies de mousse très-sèche : vos claies, disposées en forme de civière, vous faciliteront les moyens de les faire transporter dans votre maison, et dans les lieux où elles pourront recevoir pendant plusieurs jours de suite les rayons du soleil. Ce sera le moment de les rentrer dans le fruitier, qui doit être bien sec et peu aéré.

Voici divers moyens pour les y conserver.

1° On attache les grappes avec un fil assez fort, sur de petites perches ou sur des cercles en forme de couronnes. Cette méthode, la plus simple et la plus usitée, permet de les examiner avec soin et d'enlever les grains tachés.

2° Au lieu de laisser à l'air les perches chargées de raisins, on les suspend dans des caisses hermétiquement fermées avec un enduit de plâtre. On les place à la cave, dans du sable très-sec qui les recouvre d'un ou deux pieds.

3° Une méthode assez bonne, mais trop dispendieuse, est de mettre dans un bon tonneau des grappes disposées avec soin : après l'avoir enfoncé on le place dans un autre, que l'on ferme exactement après l'avoir bien rempli de vin.

4° On peut encore conserver long-temps du raisin, en le trempant dans une bouillie claire de cendres, de manière que tous les grains en soient enveloppés. On dispose une couche de raisin ainsi préparée, entre deux couches de cendres sèches, et ainsi de suite, de manière à remplir une boîte que l'on place à la cave, ayant eu l'attention de la bien boucher. Quand on veut en manger, on enlève les cendres, en plongeant à plusieurs reprises les grappes dans l'eau.

Le procédé suivant donne le moyen de se procurer, même après l'hiver, des ceps qui rappellent les plus beaux momens de l'automne.

On prend une caisse de 20 à 24 pouces de profondeur, par le fond delaquelle on introduit un beau sarment qui promet du fruit : on taille le sarment à deux ou trois yeux au-dessus de la caisse qui est remplie de bonne terre, et fixée en l'air par deux bons crochets. On doit l'arroser souvent, car la terre ainsi isolée perd bientôt toute son humidité; avant la maturité on sépare cette marcotte de sa souche, on enlève les parties supérieures à la grappe la plus élevée, et on conserve la caisse à l'abri du froid, ayant soin de l'arroser de temps en temps.

C'est encore le meilleur moyen qu'on puisse employer pour avoir des raisins très-précoces. (Roard, *Abrégé du traité de la culture de la vigne.*)

2347. *Autre procédé.* Les habitans des environs de Malaga qui font des envois considérables de raisins frais, choisissent de préférence les grappes les plus belles et les plus saines des raisins rosés ou plutôt opalisans, dont les grains allongés sont aussi gros qu'un œuf de pigeon ; les cueillent un peu avant leur pleine maturité par la plus grande chaleur du jour, les font ressuyer et les mettent sans les fouler dans des potiches bien scellés de terre d'Antiquerra. Ces raisins ainsi à l'abri du contact de l'air, se conservent parfaitement, achèvent de mûrir, et acquièrent une beauté et un parfum qui les rendent dignes d'orner le dessert le plus somptueux. (D. Garcias Sierraforte.) *Voyez* Passerilles.

2348. *Autre.* Pour conserver les raisins, les habitans de l'île de Malte coupent les longues branches qui soutiennent plusieurs grappes, attachent ces branches sur des cerceaux qu'ils supendent dans un endroit où l'air ne se renouvelle point, ou mieux encore dans des caisses ou des tonneaux qui se ferment hermétiquement, et ne laissent aucune issue à l'air. Si on met les raisins dans des caisses, nous conseillons de coller des bandes de papier dans tout l'intérieur et le long de toutes les jointures du bois. (De Chanvalon, prêtre de l'ordre de Malte.)

2349. *Autre.* Un moyen tout aussi certain est de cueillir les raisins par un temps sec, et avant leur parfaite maturité, de les mettre dans des sacs de papier bien fermés, de les étendre sur des planches, ou de les suspendre à des solives pour qu'ils ne se meurtrissent pas. (*Bibl. phys. écon.*)

2350. *Autre.* Madame Gacon Dufour conseille de choisir au printemps les plus beaux *scions*, ceux qui promettent davantage, et de les faire passer dans le fond d'un pot, assujetti d'une manière quelconque et rempli de terre. Ce jet pousse ses feuilles, porte son fruit, forme ses racines dans son pot en se nourrissant de la sève et des sucs de la souche ; on sèvre ce jet à la fin de l'automne, et on a un beau sarment ; et par ce moyen on peut renfermer dans sa fruiterie autant de marcottes qu'on aura placé de pots, parce qu'après avoir servi les raisins à ses desserts, ces sarmens ainsi sevrés sont des jeunes vignes qu'on pourra mettre au printemps en terre, partout où l'on jugera à propos. (*Recueil d'écon. rurale et dom.*)

2351. *Préparation des raisins secs.* On fait sécher les raisins de la manière suivante :

Ces fruits étant au degré de maturité convenable, on les examine avec soin pour en ôter les grains suspects, et l'on prépare une lessive de cendres communes, concentrée de 12 à 15 degrés de l'aéromètre pour les sels. On la met en ébullition, et l'on y plonge en cet état, l'une après l'autre, les grappes de raisin, jusqu'à ce que les grains commencent à se rider. On les laisse bien égoutter, ayant soin de garder cette eau de lessive; on les étend ensuite sur des claies, on les expose au soleil depuis le matin jusqu'au soir, pendant dix ou douze jours, en les mettant pourtant la nuit à couvert sous des hangars. (Parmentier.)

2352. *Autre procédé*. En Calabre, les raisins étant bien mondés, on les attache par le petit bout de la grappe avec des ficelles, et on en fait des liasses du poids de 10 à 12 livres. On les suspend sur des perches préparées à cet effet à une certaine hauteur de terre. On prépare ensuite un mélange composé d'une partie de chaux vive, et de quatre de cendres de bois bien tamisées, et on met ce mélange dans un vase de terre cuite, au fond duquel on a placé un robinet pour l'écoulement. La chaux et les cendres bien mélangées, on en remplit à moitié le vase et l'on y met de l'eau jusqu'au bord. On agite long-temps l'eau, on la laisse reposer jusqu'à ce qu'elle soit claire, et on la filtre en ouvrant le robinet. On la reçoit dans un autre vase, on la fait chauffer; au premier bouillon on y plonge les unes après les autres les liasses de raisins pendant deux ou trois secondes; on remplace la liqueur à proportion qu'elle s'évapore, et l'on suspend pendant quinze jours les raisins au soleil, avec l'attention de les retourner souvent. (*Idem.*)

2353. *Raisins confits au liquide*. Pour confire au liquide des raisins, prenez par exemple du muscat presque mûr, détachez-en les grains, et ôtez-leur les pepins avec une petite brochette très-pointue, sans y faire une trop grande ouverture. Ayez de l'eau chaude dans un vase fermé, jetez vos raisins, et laissez-les reverdir sur le feu, que vous n'augmenterez point. Retirez-les, faites-les égoutter, et jetez-les dans du sucre cuit à la grande plume où vous les laisserez jusqu'à ce qu'il soit réduit en sirop. Vous l'ôtez du feu, et quand il sera presque froid, vous le mettrez dans des pots. Il faut une livre de sucre pour une livre de raisin.

On pourrait faire confire le raisin sans peau. Après l'avoir préparé en conséquence et ôté les pepins, vous le mettrez dans le sucre pour lui donner un petit bouillon, vous l'y laisseriez reposer vingt-quatre heures; vous feriez ensuite cuire seul au grand perlé le sucre dont vous auriez retiré les raisins, vous les y remettriez pour leur faire prendre deux ou trois bouillons, enfin, après les avoir bien écumés, vous les mettriez dans des pots lorsqu'ils seraient à moitié froids.

Pour confire le raisin en grappe, on le coupe par petites grappes ; on fait cuire à la grande plume trois quarterons de sucre pour une livre de raisin ; on le fait bouillir dans le sucre jusqu'à ce qu'il soit au grand perlé, on le descend du feu pour l'écumer avec de petits morceaux de papiers ; quand le sucre est froid, on en retire les grappes, on les fait égoutter sur des feuilles de cuivre, on les poudre avec du sucre très-fin, et on les met à l'étuve pour les y faire sécher. (*Le Maître d'hôt. conf.*)

On fait des conserves, des pâtes, des gelées, des marmelades de raisin, comme on fait celles de fraises, de cerises, etc.

2354. *Compote de raisin muscat.* Otez les pepins, levez légèrement la peau, et faites-lui prendre seulement deux ou trois bouillons dans du sucre cuit à la grande plume.

2355. *Conserve de raisin.* Prenez du muscat, passez le jus au tamis, faites-le dessécher avec du sucre cuit à la grande plume, livre pour livre de fruit.

2356. *Gelée de raisin.* Exprimez le jus du muscat, passez-le au tamis, et coulez-le dans du sucre cuit à cassé ; faites-lui faire quelques bons bouillons ; lorsque votre gelée tombera en nappe de l'écumoire, elle sera faite ; il faut une livre de sucre pour une chopine de jus. (*Préparation alim.*)

2357. *Pâte de raisin.* Passez le jus que vous aurez tiré, faites-le dessécher et le mêlez avec autant de sucre cuit à la grande plume, et lorsqu'il sera prêt à bouillir, versez-le dans des moules et faites-le sécher à l'étuve. (*Idem.*)

RAISINÉ.

2358. *Moyen de faire le raisiné.* On prend vingt-quatre litres de moût, et on en met la moitié dans la bassine, qu'on ne perd pas de vue, et on établit promptement le bouillon qu'on abaisse, en ajoutant peu à peu l'autre moitié ; après quoi on écume à diverses reprises, et on passe à travers une toile serrée. On remet le tout au feu, et on continue l'évaporation en remuant sans discontinuer, avec une spatule de bois à long manche, jusqu'à ce qu'il ait acquis une consistance convenable, ce qu'on reconnaît en en versant chaud sur une assiette. Il parvient, en se refroidissant, à l'état d'une gelée de fruits.

Si l'on veut composer le raisiné de fruits, quand le moût est réduit à la moitié de ce qu'on a employé, qu'il a été suffisamment écumé, on le passe à travers une toile, et on met les fruits épluchés et coupés par quartiers dans une bassine où l'on verse la liqueur. Elle se réduit au premier bouillon, et opère peu à peu la disparition des fruits. On la remue continuellement, en modérant le feu vers la fin. On reconnaît qu'elle est assez cuite, lorsqu'en en mettant gros comme une noix sur une assiette de faïence, elle ne s'aplatit pas trop, et surtout quand elle ne laisse plus dissiper d'humidité qui marque autour d'elle une espèce d'auréole. (Parmentier.)

Quand le raisiné se gâte, on peut le conserver encore long-temps, si on enlève son efflorescence, et qu'on l'expose à une chaleur modérée, en le remuant sans discontinuer, puis on le recouvre d'un parchemin. (*Idem.*)

RAMONAGE.

2359. *Ramonage économique et expéditif.* Broyez bien dans un mortier chaud, et mêlez ensemble trois parties de salpêtre, deux parties de sel de tartre, et une partie de fleur de soufre ; mettez-en sur une pelle de fer autant que peut en tenir un centime ; exposez la pelle sur un feu clair près de la cheminée. Sitôt que le mélange commencera à bouillir, il fulminera de manière que le seul mouvement subit de l'air élastique contenu dans le tuyau de la cheminée, fera tomber, sans aucun dommage ni danger, la suie, aussi bien et même mieux que ne pourrait le faire un ramoneur.

Si le premier coup ne suffit pas pour nettoyer la cheminée aussi bien qu'on le désire, on répétera l'opération. (*Bibl. phys. écon.*)

RANCIDITÉ.

2360. En versant de l'esprit-de-vin dans du beurre ou de l'huile fort échauffée, et en mêlant bien le tout, on enlève la plus grande partie de leur rancidité. On produit le même effet, mais à un moindre degré, en employant du vinaigre ou de l'eau douce, et encore mieux de l'eau salée.

On doit consommer ces comestibles le plus tôt possible, parce que la rancidité s'y développe ensuite avec plus d'énergie. Au reste, on emploie pour les purifier, 1° l'acide sulfurique ; 2° un grand nombre de fois la friture ; 3° la filtration à travers du poussier de charbon, même en les faisant chauffer sur du charbon. (*Dict. d'agr.*) Voyez Graisse.

RATAFIAS.

2361. *Ratafia économique.* Prenez des framboises, faites-les infuser dans de l'eau-de-vie jusqu'à ce qu'elles en soient saturées.

Remuez-les tous les jours jusqu'au temps des vendanges. A cette époque, passez et pressez-les dans un linge, ajoutez au jus une quantité égale de moût de vin, et clarifiez le tout à la chausse. (*Bib. phys. écon.*)

2362. *Ratafia de fruits rouges.* Si vous voulez réussir à bien faire ce ratafia, attendez que tous les fruits qui doivent entrer dans sa composition aient acquis leur dernier degré de maturité. Prenez alors 6 livres de cerises belles, grosses, tirant sur le brun rouge à force d'être mûres, 3 livres de framboises, autant de fraises, autant de groseilles, 2 livres de cerises et une livre de guignes noires; épluchez bien ces fruits, écrasez-les, et laissez-les en fermentation vingt-quatre heures seulement; après ce terme, exprimez-en le suc à travers un gros linge et dont le tissu ne soit point serré; versez sur chaque pinte de jus une pinte d'eau-de-vie, et sur chaque pinte de ce mélange cinq à six onces de sucre en poudre; ayant bien remué le tout, si vous avez pour produit six pintes de liqueur en tout, vous y ajouterez une once d'amandes amères concassées, 4 clous de girofle, 2 gros de cannelle, demi-gros de macis et autant de poivre blanc. Si vous avez une plus grande quantité de liqueur, vous augmenterez les doses de ces ingrédiens dans une juste proportion. Observez encore qui si votre ratafia vous paraît trop faible, vous pourrez l'exalter un peu en y ajoutant quelques verres d'esprit-de-vin bien rectifié. Voilà la règle générale dont il ne faudra jamais se départir.

Votre mélange étant achevé, bouchez vos cruches d'un bon bouchon de liége, couvrez-le d'une feuille de parchemin mouillée, et placez les vases au soleil pendant six semaines ou deux mois, ayant soin de les bien remuer tous les jours. Si vous pouvez le laisser jusqu'au mois de novembre, ouvrez les vases pour vous assurer s'il y manque quelque chose, et remédiez-y. S'il est bon, s'il est parfaitement clair et à son point de perfection, versez la partie limpide dans une nouvelle cruche, et passez la partie trouble par la chausse pour l'ajouter à la première, les mêler et les mettre ensemble en bouteilles. (*Nouv. chim. du goût et de l'odorat.*)

2363. *Ratafia de Grenoble.* Prenez des cerises noires que l'on nomme mouronnes; elles sont plus petites que les autres. Si vous n'en avez pas, mettez-en d'autres qui soient séchées à moitié dans le four; vous les concassez et mettez ensuite dans de la bonne eau-de-vie, pendant trois ou quatre semaines; si le noyau n'a pas laissé son parfum, après ce temps vous pressez le tout pour le faire égoutter au travers d'un linge; jetez le marc et remettez le jus dans la cantine avec une écorce de citron, quelques clous de girofle, de la cannelle et un peu de vanille; mettez le sucre infuser en même temps et passez-le à la chausse lorsqu'il est assez doux et assez parfumé. La dose est moitié eau-de-vie; si on emploie la cerise fraîche, il faut la mettre infuser en même temps, et après les avoir retirées, les presser pour bien les écraser, piler le marc pour en casser les noyaux, remettre le tout dans la même eau-de-vie, et finir comme on a dit ci-dessus. (Un liquoriste de Grenoble.)

2364. *Ratafia de raisins.* Remplissez une cantine de graines de raisin bien émondées, remplissez la cantine d'eau-de-vie; laissez infuser six semaines, passez le tout et ajoutez-y les mêmes parfums qu'au ratafia de cerises. Le sucre est inutile si le raisin est bien mûr.

2365. *Ratafia des sept graines.* Prenez 2 onces de chacune des semences suivantes : anis, carvi, cumin, fenouil, ache ou persil, ammis, panais sauvage et amome; pilez ces graines dans un mortier, mettez-les infuser pendant six semaines dans neuf pintes d'eau-de-vie, après y avoir ajouté par pinte six onces de sucre que vous aurez cassé en morceaux gros comme le poing, que vous tremperez un seul instant dans l'eau commune avant que de le jeter dans l'eau-de-vie; et, l'infusion achevée, passez le ratafia par la chausse.

· On fera de la même manière le ratafia d'anis, et l'on suivra pour ceux de noyau, de genièvre, de fleurs d'orange, etc., des procédés tout-à-fait semblables quant au fond. (*Nouv. chim. du goût et de l'odorat.*)

2366. *Ratafia des quatre fruits.* Pour préparer ce ratafia, on prend 10 livres de cerises bien mûres, 5 livres de merises noires des bois, 2 livres de framboises, une livre de groseilles. On épluche ces fruits, on les écrase ensemble avec les mains, et on laisse le mélange en macération pendant vingt-quatre heures. Au bout de ce temps, on passe la liqueur à travers un tamis, et le marc est soumis à la presse. On ajoute par pinte de suc la même mesure d'eau-de-vie, une livre de sirop de raisin bouillant, et sur la totalité un demi-setier d'infusion d'œillets rouges, et tous les noyaux entiers qu'on a fait sécher; on laisse le tout en repos pendant deux fois vingt-quatre heures et on met en bouteilles. (*Dict. d'agr.*)

Pour les autres ratafias, *voyez* Cacis, Genièvre, Merises, Cerises, Noyaux, Œillet, Pêches, etc.

2367. *Autre.* Vous ferez infuser des framboises dans de l'eau-de-vie, en quantité suffisante pour saturer. Vous remue-

rez tous les jours jusqu'au temps des vendanges. A cette époque, vous passerez et presserez dans un linge; vous mêlerez
ensuite avec une quantité égale de moût de vin, et clarifierez
le tout à la chausse.

RATS.

2368. *Moyen de détruire les rats.* Ayez une douzaine de
rats vivans, enfermez-les dans quelque vaisseau de bois ou
de terre dont ils ne puissent sortir, et laissez-les y ensemble
sans aucune nourriture; on verra au bout de quelques jours
qu'ils commenceront à se manger les uns les autres; le plus
vigoureux restera enfin seul, on le lâchera dans la maison;
il se sera habitué de manger ses semblables, il ne cherchera
plus d'autre nourriture, et les détruira ainsi jusqu'au dernier.
(*Encycl. méth.*)

Des exemples que nous avons eus sous les yeux nous ont
prouvé que ce moyen était infaillible.

2369. *Autre manière de les détruire.* Quand les rats dévorent
un jardin, on coupe une barrique en deux; on en enterre
moitié qu'on remplit de 6 pouces d'eau; on la recouvre avec
des planches jointes, et on met sur la couverture un fil de fer
placé verticalement, et recourbé à l'extrémité supérieure. On
y suspend un morceau de lard rôti, une noix grillée, un fruit
ou tout autre appât au-dessus d'une bascule établie dans la
couverture par où le rat tombe dans l'eau.

2370. *Autre.* Prenez 24 noix épluchées, et un peu risso-
lées sur une pelle, avec une demi-livre de fromage d'Au-
vergne, et 6 noix vomiques râpées à la lime. Pilez le tout dans
un mortier pour en former une espèce de pâte que vous parta-
gerez en plusieurs morceaux de la grosseur d'un œuf de pigeon,
et que vous placerez dans les endroits infestés par les rats et les
souris.

2371. *Moyen d'éloigner les rats.* Une caisse de sel succin,
mise dans un magasin ou dans un appartement, en éloigne
bientôt tous les rats, qui ne peuvent supporter les exhalaisons
de ce sel. (*Bibl. phys. écon.*)

RAVES.

2372. *Manière de s'en procurer en très-peu de temps et
dans toute saison.* On fait tremper dans l'eau de la graine de
raves, qu'on y laisse pendant vingt-quatre heures, on la
met ensuite dans un sac de toile bien lié, qu'on expose à la

plus forte chaleur du soleil, pendant le même espace de temps,
et on la sème dans des baquets qui s'adaptent exactement les
uns sur les autres, et dont la moitié sert à recouvrir ceux qui
contiennent la terre. On les expose au soleil, et au bout de trois
jours, on trouve des raves bonnes à manger en salade. En hiver, il faut faire tiédir l'eau où l'on fait tremper la graine,
faire chauffer les baquets, et arroser le terreau avec de l'eau
chaude.

2373. *Moyen d'avoir d'excellentes petites raves.* Formez
en plein air une petite meule bien arrondie de sable de rivière,
faites-y des trous dans chacun desquels vous mettrez une graine
de petites raves, et vous aurez dans peu de jours des raves excellentes.

REFROIDISSEMENS (*Remède contre les*).

2374. Des infusions de fleurs de sureau, de camomille, de
mélisse ou de menthe, sont d'excellentes boissons pour prévenir les suites d'un refroidissement, calmer les faiblesses d'estomac, les syncopes, les rhumes, etc. Celles de mauve gar-
garisées sont bonnes pour les inflammations à la gorge. On se
sert aussi de ces dernières fleurs pour en faire des applications
sur les parties attaquées de fluxions, douleurs, érysipèle, etc.
(*Mag. méd. dom.*)

RÉGLISSE.

2375. *Pâte de réglisse.* Ayez une demi-livre de réglisse
verte que vous ratissez et concassez par petits morceaux; mettez-la dans un vase avec de l'eau, deux pommes de reinette
et une poignée d'orge; faites bouillir le tout jusqu'à ce que
l'orge soit cuite et qu'il ne reste qu'environ un demi-setier
d'eau; passez le tout pour en tirer le plus de décoction possible; faites fondre dans ce jus une once de gomme adragant,
et une demi-livre de sucre clarifié. Mettez ce mélange sur le
feu pour le faire dessécher, remuez-le bien avec une spatule
jusqu'à ce que votre pâte ne se colle plus après les doigts, et
dressez-la alors sur des feuilles de cuivre légèrement frottées
d'huile pour la faire sécher à l'étuve. (*Le Maître d'hôt. conf.*)

RENARD.

2376. *Chasse du renard aux chiens courans.* La chasse de
cet animal se fait de bien des manières : on le chasse avec des
chiens courans pour le forcer, avec des briquets pour le fu-

siller, et des bassets pour fouiller dans ses terriers ; on lui
tend toutes sortes de piéges. Quand on veut le forcer, il faut,
la nuit avant la chasse, aller boucher toutes les gueules des
terriers qui doivent être connues, et dès le matin on va le
quêter avec les chiens, car on ne le détourne pas. Dès qu'il est
lancé, son premier soin est de revenir à son terrier, où ne
pouvant rentrer, il se détermine à se faire battre dans les bois,
mais non pas sans employer la ruse pour se défaire des chiens.

2377. *Piége qu'on tend au renard.* Il faut raccoutumer l'animal rusé à venir prendre dans un trou un appât qu'on couvre
d'une planche, au centre de laquelle est pratiquée une ouverture fermée d'une pièce mobile, capable de recevoir la pate du
renard. Autour de ce trou, en dessous, on forme un nœud coulant avec une corde, tenu ouvert par le moyen de la clavette :
la corde attachée à une perche fait ressort. L'animal alléché par
l'appât, cherche à introduire la pate dans le trou, la clavette
se dérange, le nœud coulant se serre, la perche se détend, et
l'animal se trouve pris. On conçoit aisément que la corde qui
fait ce nœud coulant, doit être fixée soit à la pièce, soit à la
planche.

2378. *Manière de fumer les renards.* Les uns prennent des
mèches de coton de la grosseur du petit doigt, que l'on imbibe
dans de l'huile de soufre, où l'on jette du verre pilé ; on les
roule, pendant qu'elles sont chaudes, dans l'orpin en poudre,
ou arsenic jaune : on fait une pâte liquide de fort vinaigre et de
poudre à canon, dans laquelle on trempe plusieurs fois les mèches, jusqu'à ce qu'elles soient couvertes de cette dernière composition, puis on met tremper pendant vingt-quatre heures,
dans l'urine, des morceaux de linge dont on enveloppe chaque
mèche : on bouche tous les trous au-dessus du vent, à l'exception de celui où l'on met la mèche que l'on allume, et dont la
fumée fait sortir tout ce qui se trouve dans le terrier ; c'est alors
qu'on tue les renards à coups de fusil, ou qu'on les prend dans
des panneaux, ou dans des bourses que l'on a mises sur toutes les
gueules. Il y en a qui bouchent généralement les gueules, même
celle par laquelle on a mis les mèches, et qui reviennent le
lendemain chercher les renards qui se trouvent étouffés à
l'entrée du terrier.

2379. *Poison pour le renard.* On vide les boyaux d'un mouton ou d'un cochon, que l'on remplit d'une pâte faite avec de
la noix vomique en poudre, mêlée dans du saindoux, avec un
peu de verre pilé ; on coupe ce boudin par morceaux d'un pouce
et demi de long, qu'on lie par les deux bouts, et l'on place chaque bout de boudin sur une pierre plate, avec deux petites
tuiles qui forment un toit pour le garantir de la pluie ; ou bien

on en fait des boulettes de la grosseur d'une noix, que l'on couvre de la moitié d'une coque d'œuf; on met à côté un petit morceau de pain frit dans du saindoux, avec un peu de galbanum et de camphre. Ces gobbes se mettent dans les bois et à l'entour, à deux pas des chemins. Ces appâts attirent les renards de très-loin; tous les matins il faut aller retirer les gobbes, et lorsque l'on en trouve de mangées, on suit la piste de l'animal, que l'on trouve mort à peu de distance de l'endroit où étaient les gobbes. On peut aussi faire la chasse au renard avec un filet appelé *pan contre-maillé*.

2380. *Appât pour les renards.* Prenez une demi-livre de graisse douce, et qui ne soit point rance, et une livre de pain coupé par petits morceaux, gros comme le pouce. Faites fondre la graisse dans une casserole bien étamée et bien nette, et lorsqu'elle sera suffisamment chaude, jetez-y le pain pour l'y faire prendre une couleur blonde de friture. Un moment avant de la retirer, jetez dans la casserole gros comme une fève de camphre en poudre, et remuez un peu la casserole, pour le distribuer partout. Cela fait, retirez le pain, et mettez-le dans une boîte sur une feuille de papier blanc. Ayez ensuite une fressure de mouton fraîche, liée au bout d'une ficelle; et allant sur un terrier où il y a des renards, traînez cette fressure de là jusqu'à l'endroit où vous voulez vous poster; et à côté de la traînée, de distance en distance, mettez un petit morceau de pain frit sur un peu graine de foin.

Cela fait, et ce doit être sur le soir, vous vous mettez à l'affût au clair de la lune. On se sert beaucoup de cet appât en Allemagne, pour prendre des renards au piége. (*Encyclopédie méthodique.*)

RÉSINE.

2381. *Moyen de se procurer le plus possible de résine.* Lorsqu'on veut se procurer toute la quantité possible de résine que peut produire un arbre, on fait dans la terre à son pied une fosse d'environ huit à neuf pouces de profondeur, propre à contenir à peu près deux pintes de cette liqueur : il faut bien battre la terre et la consolider, afin qu'elle ne se mêle point avec la résine; ce qui vaut mieux que l'entaille qu'on fait au pied du pin, et qui accélère le dépérissement de l'arbre. Cela fait, on enlève la grosse écorce, on fait des entailles qu'on continue par gradation depuis le mois de mai jusqu'en septembre, en ayant soin de n'enlever chaque fois qu'une ligne à peu près de bois, et l'on ramasse ensuite la résine avec des cuillères de fer, pour la faire cuire jusqu'à ce qu'elle ait acquis toute sa consistance. (*Le gentilhomme cultivateur.*)

RHUMATISME.

2382. *Esprit vésicatoire contre le rhumatisme.* Prenez de la poudre de cantharides demi-once, et de l'esprit-de-vin camphré quatre onces. Mêlez et mettez en digestion, et passez ensuite. Il faut frotter avec plusieurs gouttes de cet esprit les parties attaquées de rhumatisme. Les douleurs s'apaiseront bientôt, quelquefois même disparaîtront tout-à-fait. L'expérience nous l'a prouvé à nous-mêmes. (*Biblioth. physico-économique.*)

2383. *Remède contre les rhumatismes.* Prenez du chanvre en suffisante quantité ; trempez-le dans de bonne eau-de-vie ; saupoudrez-le d'encens passé au tamis, et couvrez-en la partie souffrante : ce topique calme en peu d'instans les douleurs les plus aiguës ; on le laisse sur l'endroit affecté tant qu'il y adhère, et si le mal ne disparaît point à la première application, on en fait une seconde qui l'enlève définitivement. (*Bibl. phys. écon.*)

2384. *Autre.* Des frictions de flanelle sèche, ou d'une brosse de crin, et ensuite une application sur la partie souffrante de laine non cardée, ou de toile grise cirée, taffetas gommé, etc., calment les douleurs les plus aiguës en occasionant une forte transpiration. (*Mag. méd. domest.* Voyez BAINS FROIDS.)

2385. *Remède simple et assuré contre les rhumatismes, coliques et sciatiques.* On calme les douleurs les plus aiguës occasionées par les rhumatismes, les coliques et la sciatique, en faisant bouillir dans de l'eau une certaine quantité de cendres et se servant de cette lessive, aussi chaude que possible, pour en faire des frictions ou des fomentations sur les parties affectées. Ces frictions se font ou avec la main dans laquelle on verse un peu de cette lessive chaude, ou avec une flanelle qui en est imbibée : les fomentations se font en laissant sur la partie douloureuse une flanelle trempée dans cette lessive.

Des feuilles de choux, de quelque espèce qu'ils soient, bouillies avec de la cendre, dans de l'eau, forment un excellent cataplasme qui, étant appliqué sur la partie affectée, et renouvelé suivant le besoin, produit autant et même plus d'effet que la fomentation avec de la lessive de cendres. (*Bibl. phys. écon.*)

2386. *Rhumatisme des animaux.* Le traitement consiste dans

3.

de fortes fumigations de mauve et de fleur de sureau souvent répétées, et dont la vapeur est dirigée en grande quantité sur tout le corps du malade ; dans les boissons blanches nitrées, les lavemens émolliens, les breuvages d'une infusion de fleur de sureau administrés le premier jour seulement ; enfin, si les rhumatismes sont difficiles à guérir et résistent au premier traitement, faites suivre au malade un régime sain et fortifiant, des frictions volatiles, camphrées et cantharidées, sur les parties souffrantes. (*Bibl. ph. écon.*)

RHUME.

2387. *Remède contre le rhume.* Le plus simple que nous puissions indiquer et que nous avons fait nous-mêmes avec succès, consiste à prendre le soir, pour toute nourriture, pendant plusieurs jours de suite, une rôtie à l'huile.

Une bonne cuillerée d'huile d'olive avalée pure soir et matin, a guéri des rhumes très-opiniâtres. L'huile de lin a été encore employée avec succès par des médecins distingués, dans des rhumes épidémiques et accompagnés de crachemens de sang. (Doct. C.)

Nous devons faire observer que dans les rhumes qui sont déclarés, il faut suivre un régime, prendre beaucoup de tisane d'orge, de fleur de sureau avec du miel, et se priver de tous les alimens qui sont trop nourrissans et surtout trop échauffans.

Quelques personnes prennent, dans le commencement d'un rhume, du vin chaud, de l'eau-de-vie brûlée, etc., pour rétablir la transpiration ; mais ce qui est bon dans ce cas seulement est dangereux lorsque le mal est décidé et qu'il est accompagné d'inflammation du poumon ou de la gorge : il faut seulement, nous le répétons, des boissons calmantes et délayantes. (*Man. de santé.*)

2388. *Autre.* Quant aux rhumes avec consomption, prenez 2 onces de jus exprimé de marrube, dans une chopine de lait de vache, adouci avec du miel ; continuez ce remède pendant une semaine, et prenez-le tous les matins. Les Anglais se guérissent ainsi des rhumes les plus opiniâtres avec consomption. (*Bibl. ph. écon.*)

2389. *Marmelade de Tronchin pour les rhumes.* Prenez :
Manne en larmes nouvelle, une once et demie ;
Casse cuite, une once ;
Sirop d'althæa de Fernel, une once ;
Beurre de cacao, et huile d'amandes douces, de chaque 6 gros ;

Eau de fleur d'orange double, 4 gros ;
Kermès minéral, 4 grains.

Faites du tout un électuaire, dont vous prendrez soir et matin une forte cuillerée à café, par-dessus laquelle vous boirez une tasse d'une légère infusion de fleur de mauve édulcorée avec le sirop de guimauve.

Ce remède est adoucissant et émollient ; il divise et atténue les humeurs glaireuses et pituiteuses, il tient le ventre libre, prévient et guérit les rhumes violens et inflammatoires, et garantit des suites fâcheuses des rhumes négligés.

2390. *Autre remède contre le rhume.* A Constantinople et dans la Romélie, on se guérit du rhume par des fumigations faites avec un peu de sucre, un morceau du papier bleu qui l'enveloppe, et une parcelle de succin ou d'ambre jaune. On se couvre la tête d'un linge pour recevoir cette fumigation sur le visage.

RIDES.

2391. *Pommade contre les rides.* Prenez : suc d'ognons de lis blanc et miel de Narbonne, de chacun 2 onces ; cire blanche fondue, une once ; incorporez le tout ensemble et faites-en une pommade dont vous vous frotterez tous les soirs le visage en vous couchant, et que vous n'essuierez que le lendemain. (*Le Parfum. impér.*)

2392. *Autre.* Prenez six œufs frais et faites-les durcir ; ôtez-en les jaunes et mettez à leur place de la myrrhe et du sucre candi en poudre en égale quantité ; rejoignez les œufs et exposez-les sur une assiette devant le feu : il en sortira une liqueur que vous incorporerez avec une once de graisse de porc, que vous mettrez le matin sur le visage et que vous enleverez après l'y avoir laissée sécher quelques instans. (*Man. cosm. des pl.*)

2393. *Rides de la gorge et du ventre.* Si le ventre ou le sein d'une femme est trop dilaté à la suite d'un accouchement ou de l'abus de la volupté, on leur rend leurs formes primitives par l'usage des spécifiques suivans :

1° Prenez : noix de galle encore vertes ; faites-les bouillir dans du vin avec quelques clous de girofle ; trempez-y un linge et appliquez-le. La mélisse pilée et une décoction de feuilles de myrte produisent le même effet ;

2° Prenez : alun, sang-dragon, gomme arabique, suc d'acacia, feuilles de plantain, de recconie, de tormentille, fleurs et fruits de grenadier, capsules de glands, sorbes non mûres, roses de Provins; faites bouillir dans du vinaigre et appliquez au moyen de compresses;

3° Quatre onces d'huile d'amandes amères, une once de cire blanche; faites fondre au bain-marie; ajoutez 2 gros d'alun, 1 once de suie et 1 gros d'orcanette, et vous aurez une excellente pommade styptique;

4° Alun, 1 once; acide vitriolique, demi-gros; faites fondre dans 4 onces de vinaigre et autant d'eau de plantain ferrée; ajoutez 2 onces d'esprit-de-vin, et servez-vous-en, mais avec discrétion, pour imbiber avec une éponge certaines parties qui laisseraient des traces de fécondité, ou qui indiqueraient, comme dit Fontenelle, que l'amour avait passé par-là.

Un moyen plus simple et non moins efficace, c'est d'extraire le tanin en versant de l'eau sur du tan en poudre, dans un appareil semblable à celui des salpêtriers : cette eau, en traversant le tan, lui enlève une partie de son principe astringent; versée sur du nouveau, elle en dissout une autre quantité, et ainsi de suite, jusqu'à ce que ne pouvant plus acquérir de force, on en fait des compressions, comme nous l'avons dit pour les remèdes précédens.

Il faut éviter de se servir de ces topiques avant que les résultats des couches soient entièrement terminés, et pendant le temps des menstrues : sans cela on courrait les risques d'une suppression, toujours dangereux.

On arrête le trop grand développement de la gorge en l'enfermant dans un demi-globe de gomme élastique. Les Bayadères, les Géorgiennes, qui ont les plus jolis seins du monde, les cachent dans des étuis de bois qu'ils ne peuvent dépasser; mais ce bois étant difficile à se procurer en France, on le remplace avec un étui de gomme élastique. La mélisse polie, et les décoctions de myrte, de sumac, de chêne, d'arbousier, et en général de tous les végétaux styptiques qui contiennent du tanin, appliquées sur la gorge et le ventre, les empêchent d'acquérir un volume trop considérable. (*L'Ami des femmes.*)

RIZ.

2394. *Préparation du riz et des pâtes d'Italie.* Le riz et les pâtes sont d'une grande utilité pour varier les potages et les entremets d'hiver. Le premier se sert au maigre, au gras, à toute espèce de purée : on en fait des cassoles, le mausolée le plus honorable dans lequel on puisse ensevelir une fricassée de poulet; on en fait du pilau, ragoût ottoman, dign. d'être naturalisé en France ; il sert de garniture à des chapons, qui leur communiquent leur succulence : en entremets sucré, il s'apprête à la chancelière, au caramel, en crème soufflée et en gâteaux.

Parmi les pâtes d'Italie, le vermicelle est la plus usitée : on le sert en potage. Matelas d'une volaille bouillie et mouillée d'un bon jus dégraissé, c'est un ragoût aussi sain que distingué. Les lasagnes ne se servent guère qu'en potage, soit au gras, soit au maigre, avec du parmesan râpé. Quant aux macaronis, ils sont un entremets nutritif, surtout si l'on n'épargne ni le beurre, ni le fromage, en les apprêtant avec soin, et en leur faisant prendre dans le four de campagne une belle couleur dorée qu'un peu d'attention et d'habitude lui donne assez facilement. (*Almanach des gourmands.*)

2395. *Crème de riz.* Elle se fait en réduisant en poudre deux onces de riz dans un mortier de marbre ; on le fait cuire ensuite dans une pinte d'eau de fontaine, jusqu'à ce qu'il soit en bouillie claire, qu'on passe toute chaude au travers d'une étamine, avec une forte expression, et qu'on garde dans un pot de faïence ; lorsqu'on fait chauffer un bouillon, on y mêle une ou deux cuillerées de cette crème de riz, qui est en consistance de gelée. (*Dict. des pl. aliment.*)

2396. *Crème de riz soufflée.* Prenez deux cuillerées de farine de riz ; délayez-la peu à peu avec du lait ou de la crème ; mouillez-la ensuite comme pour faire une bouillie ; mettez-y du sucre et de la cannelle en bâton, une écorce de citron vert, eau de fleur d'orange ; faites cuire pendant une heure, en la remuant toujours ; passez à l'étamine et pressez fortement ; joignez-y six blancs d'œufs fouettés, mêlez bien le tout, versez-le dans un plat, et mettez au four, pour lui faire prendre couleur ; glacez avec du sucre et la pelle rouge. (*Idem.*)

2397. *Manière de préparer le riz pour en avoir toujours de tout prêt à employer, soit dans le bouillon gras, soit dans le lait.* Mettez du riz dans un sac de toile, que vous coudrez ensuite ; faites-le crever et cuire dans l'eau ; laissez-le égoutter pendant quatre ou cinq heures ; ouvrez le sac, et étendez le riz sur une nappe blanche pour le faire sécher. Lorsqu'il est bien sec, retirez-le et serrez-le ; il se conservera long-temps. Pour en user dans le moment, il suffit de faire chauffer le bouillon ou le lait, et d'y mettre le riz qu'on jugera nécessaire, en couvrant l'écuelle ou le pot pendant un demi-quart d'heure.

2398. *Manière de faire du pain de farine de riz.* 1° On doit réduire le riz en farine, ce qui se fait par le moyen d'un mon-

lin; si on n'en a point il faut jeter le riz en grain dans une marmite ou chaudière remplie d'eau presque bouillante; puis retirer le vaisseau de dessus le feu, laisser tremper le riz du soir
au matin. Le riz étant tombé au fond, on jette l'eau qui surnage; on le met égoutter sur une table disposée en pente: lorsqu'il est sec, on le pile et on le réduit en une farine que l'on
passe par un tamis fin.

2° On met de cette farine la quantité qu'on juge à propos
dans une huche ou pétrin : en même temps on fait chauffer de
l'eau à proportion dans une chaudière, et on y jette quatre
jointées de riz en grain, que l'on fait bouillir et crever. Lorsque
cette matière est un peu refroidie, on la verse sur la farine,
et on pétrit le tout ensemble en y ajoutant du sel et du levain :
on le couvre ensuite de linges chauds, et on laisse lever la pâte.
Cette pâte en fermentant devient liquide comme de la bouillie :
pendant qu'elle lève, on doit faire chauffer le four; et lorsqu'il
est au point de chaleur nécessaire, on prend une casserole étamée, emmanchée dans une perche assez longue pour atteindre
au fond du four : on met un peu d'eau dans cette casserole,
puis on la remplit de pâte; on la couvre de feuilles de choux,
ou autres grandes feuilles; on l'enfourne, et lorsqu'elle est à la
place où l'on veut mettre le pain, on la renverse promptement.
La chaleur du four saisit la pâte, l'empêche de s'étendre, et
lui conserve la forme que la casserole lui a donnée. Ce pai-
sort du four aussi jaune que les pâtisseries que l'on a dorées
avec un jaune d'œuf. Il est de fort bon goût, à moins qu'il ne
devienne rassis.

2399. *Potage au riz en gras.* Prenez une demi-livre de riz,
épluché et lavé à plusieurs eaux tièdes; faites blanchir et égoutter
sur un tamis; faites cuire avec du bon bouillon et du lard, à
petit feu; quand il est cuit, mettez-y encore du bouillon et
délayez bien, pour qu'il n'y ait point de grumeaux; remettez
du bouillon et du jus, pour qu'il soit de belle couleur et un
peu clair. (*Idem.*)

2400. *Riz en maigre.* Préparez comme dessus; faites-le cuire
dans du bouillon maigre, fait avec carottes, panais, ognons,
racines de persil, choux, céleri, navets, eau de pois, sans
qu'aucune racine ou légume ne domine; du beurre, jus d'o-
gnons; faites cuire à petit feu pendant trois heures; assaisonnez
de bon goût, et servez ni trop clair ni trop épais; si vous voulez
le servir au blanc, au lieu de jus de bouillon faites lier sur le
feu, et mettez cette liaison chaude dans votre riz.

Pour un chapon au riz, on fait cuire le riz dans le bouillon
du chapon, et on sert ce chapon sur le riz. (*Idem.*)

2401. *Riz à la chancelière.* Choisissez le plus beau riz; épluchez et lavez dans plusieurs eaux tièdes; égouttez et faites sécher sur le feu; mouillez de lait pour le faire cuire : mettez ensuite une poignée de sucre sur un plat; versez-y votre riz, qui ne doit pas être épais; mélangez bien; poudrez de sucre fin par-dessus, et de cannelle en poudre; faites prendre couleur au four ou à la pelle. (*Idem.*)

2402. *Riz au caramel.* Faites cuire avec un peu d'eau; mouillez de lait bouilli et chaud; mettez-y du sel et un peu de sucre; quand il est cuit un peu épais, mettez de l'eau dans un plat, avec du sucre que vous ferez réduire en caramel; lorsqu'il sera de couleur cannelle, versez-y votre riz, pendant que le caramel est chaud; étendez le caramel dessus, comme pour une crème brûlée. (*Idem.*)

2403. *Riz méringué.* Prenez du riz la quantité de ce que vous voudrez en faire; lavez-le à plusieurs eaux, en le frottant dans les mains; mettez-le crever avec un peu d'eau; faites cuire avec du lait, en en mettant peu à la fois; quand il est bien cuit, mettez-y du sucre, un peu de sel fin, de la fleur d'orange pralinée et pilée, deux macarons écrasés; dressez sur le plat que vous devez servir; qu'il soit un peu épais; couvrez tout le dessus avec six blancs d'œufs fouettés, avec du sucre, en forme de dôme; poudrez par-dessus avec du sucre fin; faites prendre dans un four, dont la chaleur soit douce, ou sous un couvercle de tourtière; servez chaudement : si vous le voulez marbré, mettez dans le plat que vous devez servir un bon morceau de sucre avec de l'eau; faites-le fondre et réduire sur un bon fourneau, jusqu'à ce qu'il soit d'un beau brun; versez-y promptement du riz chaud; remuez sur le riz le sucre qui est sur les bords, de façon que le blanc finisse comme un marbre. (*Idem.*)

2404. *Gâteau au riz.* Vous ferez bouillir une pinte de crème; vous y mettrez une demi-livre de sucre, trois quarterons de riz; quand il sera crevé, vous ferez fondre dedans un quarteron de beurre; vous hacherez le zeste d'une écorce de citron, et vous le mettrez dedans. Lorsque le riz sera froid, vous y ajouterez quatre œufs entiers et quatre jaunes, davantage si votre riz est épais; beurrez un moule et prenez de la mie de pain que vous mettrez dedans; vous renverserez le moule afin qu'il ne reste que la mie qui doit tenir après; une demi-heure avant de servir, vous mettrez le riz dans le moule, vous le poserez sur la cendre rouge, vous en placerez à l'entour et vous mettrez par-dessus un couvercle garni de feu. Il ne faut pas que le moule soit plein, de peur que le riz en gonflant ne s'en aille par-dessus; au moment du service, vous renverserez le moule sur le plat; ayez soin d'en détacher les bords.

Si vous voulez faire un soufflé, vous fouetterez six blancs d'œufs et vous les mettrez dans le riz que vous verserez dans une petite casserole d'argent. (*Le Cuisin. royal.*)

2405. *Riz à la turque.* Vous prenez une livre de riz que vous lavez à plusieurs eaux; faites-le blanchir à grande eau, égoutter, et mettez-le dans une casserole; faites-le crever avec du bon consommé; mouillez-le très-peu : quand le riz sera cuit à moitié, vous y joindrez un peu de safran en poudre, un morceau de beurre fin, de la moelle de bœuf fondue, un peu de glace de volaille; vous maniez le tout ensemble, et servez dans une soupière ou sur un plat avec du consommé clarifié à part. (*Idem.*)

2406. *Riz à la créole.* Vous découpez deux poulets comme pour fricasser; vous les passez au beurre, assaisonné d'un bon bouquet garni de deux clous de girofle, dix petits pimens enragés, écrasés ou pilés, et un peu de safran. Vous mouillerez vos poulets avec du bon bouillon, en y ajoutant trente ognons bien émincis, dont on a tiré les bouts et le cœur; on les fait frire, on les égoutte et on les met cuire avec les poulets; faites bouillir le tout à grand feu. Vous lavez une livre de riz à plusieurs eaux, afin qu'il ne sente pas la poussière; vous le faites blanchir; jetez cette première eau, faites cuire le riz dans de l'eau, que votre riz soit à peine crevé; vous servez vos poulets dans une terrine et votre riz dans une autre, observant de ne pas dégraisser les poulets; que la sauce soit un peu longue, sans être liée. (*Idem.*)

2407. *Riz à l'italienne.* Vous ferez crever une livre de riz bien lavé; vous râperez une demi-livre de lard et un chou de Milan, que vous émincerez et ferez suer avec votre lard, assaisonné de persil haché, ail, poivre et sel, quelques graines de fenouil : quand votre choux a été étouffé pendant trois quarts d'heure, vous mettrez votre riz dedans, avec très-peu de mouillement, afin que votre riz soit à peine couvert; vous le laisserez cuire ainsi un quart d'heure, et le servirez avec du fromage parmesan. (*Idem.*)

2408. *Riz au lait.* Après avoir lavé un quarteron de riz, ou plus, selon que votre potage est grand, vous avez votre lait bouillant, vous y mettez votre riz; vous le faites bouillir à petit feu une heure et demie, et vous tâchez qu'il y ait toujours assez de lait pour que votre riz cuise à l'aise, et qu'il ne soit pas en pâte : votre riz crevé prêt à servir, vous mettrez le sucre qu'il faut pour que votre potage soit bon ; ayez soin de ne pas couvrir tout-à-fait le vase dans lequel votre riz cuit, parce que le lait tournerait. (*Idem.*)

Quelques personnes ajoutent deux feuilles de laurier-amande dans le lait, avant de le faire bouillir ; et au moment de servir, un jaune d'œuf délayé dans du lait tiède et quelques gouttes d'eau de fleur d'orange.

2409. *Riz au lait d'amandes.* Vous déroberez vos amandes, c'est-à-dire, vous les mettrez dans une casserole avec de l'eau que vous ferez presque bouillir ; vous verrez si la peau de l'amande s'en va ; quand vos amandes seront mondées, que la peau sera enlevée, vous les jetterez dans l'eau fraîche. Une demi-livre d'amandes douces, six amandes amères suffisent pour un potage de deux pintes de lait. Vous pilez vos amandes dans un mortier ; quand elles sont bien pilées, vous les mettez dans une casserole, vous les mouillez avec une demi-pinte de lait ; puis vous les mettez dans une serviette fine, et les pressez jusqu'à ce que tout le lait en soit sorti ; vous versez ce lait dans votre potage au moment de le servir ; servez bien chaud, et d'un bon sucre avec un peu de miel. (*Idem.*)

2410. *Action du riz sur l'économie animale.* L'abus du riz n'est pas sans danger ; il porte sur les nerfs et affaiblit la vue.

On l'emploie avec succès dans les diarrhées et les dyssenteries, mais dans ce cas on ne doit point le préparer avec du lait. (*Man. de santé.*)

ROITELET.

La cage qui convient à cet oiseau doit être de fil de fer, et munie d'une espèce d'auget, à peu près semblable à ceux dont on se sert pour lui donner à manger. Cet auget sera doublé d'étoffe, et bien fermé tout autour, excepté du dedans de la cage par où il peut entrer, au moyen d'un petit trou rond capable seulement de le contenir. Vis-à-vis cet auget, il doit y en avoir trois autres réunis ensemble ; l'un sera destiné pour y mettre du cœur de mouton haché, un autre contiendra la même pâte qu'on donne aux rossignols, et le dernier qui sera un peu plus large que les autres, sera toujours plein d'eau pour que l'oiseau puisse s'y baigner. On est encore souvent dans l'usage d'attacher à un des côtés de la cage une espèce de petit flacon semblable à ceux d'eau de senteur : il sera fait de paille et sans col, afin que l'oiseau puisse y entrer. (V. *Maladies des oiseaux.*)

ROSES.

2411. *Procédé pour avoir des roses de toutes couleurs.* Pour
avoir des roses vertes, plantez un rosier près d'un houx, ou
un houx près d'un rosier; ôtez un peu de peau à l'un et à
l'autre, et joignez ensemble plusieurs de leurs branches;
mettez sur les coupures de la mousse d'arbre liée avec un fil,
pour que le soleil ne les endommage pas, et par-dessus la
mousse, de la terre du même jardin. Lorsque la racine est
formée, vous la coupez et la replantez et vous aurez des roses
vertes.

Pour en avoir de rouges, il faut avoir une betterave près
du rosier dont vous faites passer une branche dans la plante;
vous la recouvrez de terre jusqu'à ce que la branche ait pris
racine, ensuite vous la replantez et vous avez des roses
rouges.

Pour s'en procurer de jaunes, au lieu d'une betterave vous
emploîrez une carotte. (Dieudonné, *pharm.*)

2412. *Rose changeante.* Prenez une rose-rouge ordinaire
entièrement épanouie; allumez de la braise dans un réchaud et
jetez-y du soufre en poudre; faites-en recevoir la fumée et
la vapeur à la rose, elle deviendra blanche; mettez-la dans
l'eau, peu d'heures après elle reprendra sa couleur naturelle.
(*Encycl. méth.*)

2413. *Conserve de roses.* Prenez des roses blanches bien
fraîches, effeuillez-les bien menu; pour une livre de sucre,
mettez une demi-once de roses; votre sucre étant cuit à la
plume, vous le retirerez du feu et le laisserez un peu refroidir;
vous y mettrez vos roses et les remuerez quelque temps dans
la poêle, après quoi vous les dresserez dans une conserve.
(*L'Art du Conf.*)

2414. *Autre manière de la préparer.* Prenez un demi-kilogramme de fleurs de roses rouges en boutons; ôtez les on-
glets de chacune des feuilles; pilez dans un mortier; ajoutez
par degrés 1 kilogramme de sucre fin en poudre; vous aurez
une conserve de roses.

Quatre ou huit grammes de cette préparation dissous dans
du lait tiède, peuvent être regardés comme un très-doux astringent. On le recommande dans les faiblesses d'estomac,
dans la toux des pulmoniques, et dans les crachemens de
sang. Cependant pour qu'elle produise de grands effets, il faut
qu'elle soit prise à plus forte dose. (*Méd. dom.* de Buchan.)

Voyez Conserve de violettes.

2415. *Liqueur de roses.* Ayez de l'eau de rose double; ajoutez sur une pinte de cette eau, une pinte de bonne eau-de-vie et deux onces de sucre; filtrez et colorez.

On peut faire aussi la liqueur de roses, en faisant distiller deux onces de baies de roses, et une pinte d'esprit de roses que vous traiterez comme ci-dessus. (*Art du dist. liq.*)

2416. *Ratafia de roses.* Mettez dans une cruche une demi-livre de roses avec une pinte d'eau tiède et très-claire; faites-les-y infuser deux fois vingt-quatre heures au soleil, passez-les dans un tamis bien serré, et joignez à cette liqueur autant d'eau-de-vie que vous avez d'eau de rose; ajoutez-y une livre de sucre clarifié, avec un gros de cannelle et autant de coriandre par deux pintes de ratafia; bouchez bien la cruche, exposez-la cinq à six jours au soleil, et passez à la chausse. Si l'on veut relever la couleur de ce ratafia, on y mettra un peu de cochenille en le laissant au soleil pour la seconde fois. (*Le Maître d'hôtel conf.*)

2417. *Eau rose.* Pour distiller de l'eau rose, les distillateurs prennent la rose à cent feuilles, en emplissent un alambic, les foulent avec un pilon, versent de l'eau autant qu'il peut en entrer, et placent le chapiteau dont le réfrigérant est rempli d'eau froide. On allume le feu qui doit être clair, vif et d'une moyenne chaleur, et on l'entretient jusqu'à ce que la liqueur tombe en filet dans le récipient.

Un alambic chargé de quarante livres de roses, et d'à peu près autant de pintes d'eau, donne six pintes de liqueur *eau double de rose.*

Lorsque les fleurs sont en bouillie, on introduit autant d'eau que leur amortissement et la partie de liquide déjà passée, le permettent; on tient le feu égal, l'eau du réfrigérant plus que tiède, et on retire de douze à vingt pintes d'eau de rose simple. On est averti de cesser la distillation lorsqu'en flairant l'eau qui coule, on ne sent plus qu'une odeur faible de rose. (*Art du dist. liq.*)

2418. *Eau essentielle de roses.* Pour faire cette eau, cueillez deux heures après le lever du soleil, une assez grande quantité de roses blanches et simples pour pouvoir en exprimer quatre livres de suc, que vous obtiendrez en les pilant dans un mortier de marbre, en les laissant reposer cinq à six heures quand elles sont bien réduites en pâte, enfin en les mettant à la presse ou en les tordant fortement dans un linge fort et d'un tissu serré. Vous mettrez dans ce suc quatre livres de roses nouvellement cueillies, en y ajoutant quelques poignées de sel commun. Vous ferez durer l'infusion pendant vingt-quatre heures, vous verserez le tout dans un alambic de verre, vous adapterez le chapiteau et vous distillerez au bain-marie, en commençant par un feu très-doux, et augmentant ensuite son action par degrés jusqu'à ce que les gouttes se succèdent sans interruption, en ayant soin cependant de ne pas faire brûler les roses.

Quand vous aurez obtenu une once d'eau essentielle, vous dilaterez le récipient et vous ne continuerez l'opération qu'autant que ce qui en sortira sera encore fort odorant. Si elle ne l'était pas autant que la première, vous la recevriez dans un autre vase, car cette eau sent ordinairement l'empyreume. On lui fait perdre cette odeur en l'exposant quelques jours au soleil, dans un vase légèrement bouché d'un morceau de papier, mais elle ne vaut jamais la première qui est seule l'eau essentielle de roses. (Bouillon-Lagrange. *Chim. du goût et de l'odorat.*)

2419. On obtiendrait l'eau simple de rose si l'on continuait l'opération sans interruption, c'est-à-dire si l'on ne séparait pas les liqueurs qui coulent de l'alambic, et qu'on en tirât deux livres de suite avant que de laisser éteindre le feu. (*Man. cosm. des plantes.*)

2420. *Eau simple de roses.* Prenez quatre livres de roses; ajoutez-y six livres d'eau avec quatre bonnes poignées de sel marin; laissez macérer le tout pendant vingt-quatre heures; après quoi vous le verserez dans un alambic de métal garni de son réfrigérant; distillez au feu de sable, et tirez tout ce que vous pourrez obtenir d'odorant; dès que vous apercevrez que ce qui sort de l'alambic sent le flegme, arrêtez votre distillation, démontez votre alambic et rincez-le après avoir jeté tout ce qui restait dans la cucurbite; emplissez-la aux deux tiers de roses nouvellement cueillies, versez par-dessus l'eau de la première distillation, et recommencez-en une seconde toujours au bain de sable; vous tirerez tout ce que vous pourrez obtenir d'odorant, et vous laisserez éteindre le feu dès que vous commencerez à apercevoir que ce qui sort de l'alambic commence à sentir le flegme, qui est une odeur fade et insipide que l'usage vous apprendra bien vite à connaître.

L'eau rose est d'un très-grand usage; on s'en sert pour fortifier la poitrine, le cœur et l'estomac, pour arrêter le crachement du sang, les hémorragies et le cours de ventre. Dans cette dernière indisposition on prescrit avec succès des bouillies faites avec deux onces d'eau rose, un jaune d'œuf et un demi-setier de lait. On fait avec l'eau de plantain et l'eau rose un collyre excellent pour les yeux. (Bouillon-Lagrange.)

Voyez *Eau essentielle de roses.*

2421. *Essence de roses.* Ayez une grosse bouteille de verre à large goulot, mettez-y dans le fond une couche de feuilles de roses, ensuite une couche de sucre en poudre, puis une seconde couche de feuilles, et continuant ainsi, remplissez la bouteille en terminant par un lit de sucre; sur une demi-livre de fleurs il faut une livre et demie de sucre. Cela fait, bouchez bien le vase avec du liège et un parchemin mouillé, mettez-le au soleil pendant trois jours; et le sucre étant fondu, passez l'essence que vous aurez obtenue dans un tamis fin, sans la presser, pour la recevoir dans un second vase que vous boucherez bien et que vous conserverez pour donner le goût de rose aux préparations alimentaires que vous ferez par la suite. (*Le Maître d'hôtel conf.*)

2422. *Autre.* Prenez 12 livres de feuilles de roses ; pilez-les dans un mortier de marbre avec 36 poignées de sel ordinaire; délayez cette espèce de pâte dans 12 pintes d'eau de rivière, et après avoir laissé le tout en macération pendant vingt-quatre heures, versez-le dans une cucurbite de métal, et distillez au bain de sable à un feu fort modéré; vous obtiendrez d'abord une eau extrêmement odorante qui ne tardera pas à devenir laiteuse. Il se formera à sa surface une espèce de graisse figée que vous retirerez au moyen de l'entonnoir. (*Voyez* Huile essentielle de lavande.) Vous la conserverez à part, et vous mettrez dans un autre vase l'eau que vous aurez obtenue par la distillation.

L'huile essentielle de roses est confortative, douce et analeptique.

L'huile essentielle de fleurs d'orange s'obtient par le même procédé, ainsi que toute celles des fleurs odorantes. (Bouillon-Lagrange.),

2423. *Esprit ardent de roses.* Pour tirer cet esprit prenez 20 livres de roses non épluchées, faites-en une pâte dans un mortier de marbre où vous aurez mis de la levure de bière ou de pain, pour exciter la fermentation ; vous étendrez la pâte en couches alternatives de pâte et d'un demi-doigt de sel commun; pressez ces couches les unes sur les autres, et autant que possible, bouchez bien la cruche qui les enfermera avec un bouchon de liège trempé dans de la cire jaune fondue; recouvrez ce bouchon avec de la cire pour empêcher autant que possible l'évaporation des esprits ; mettez le vase dans une cave où vous le laisserez pendant deux mois environ, après quoi vous le déboucherez si la fermentation est parvenue à son point, ce que vous reconnaîtrez s'il s'en exhale une odeur forte et vineuse; sans cela vous exposerez le vase débouché au grand air. La fermentation ayant eu lieu, prenez huit ou dix livres de cette pâte, mettez-la dans une cucurbite et distillez-la au bain-marie et à un feu assez vif, prenez garde à la liqueur qui sortira; continuez un feu toujours égal, tant qu'elle vous paraîtra spiritueuse; mais sitôt qu'elle commencera à ne plus annoncer d'esprit, cessez la distillation. Mettez ce produit dans un alambic de verre, placez-le au bain de sable et distillez à petit feu. L'esprit ardent sortira pur et très-exalté; pour le conserver dans toute sa force il faudra prendre garde de le retirer au moment où l'on croira que le flegme commencera à monter.

L'huile essentielle de roses paraît et surnage dans le récipient sous la forme d'une graisse figée qu'on doit recueillir avec soin. (Bouillon-Lagrange. *Nouv. chim. du goût et de l'odor.*)

2424. *Perles de roses de Turquie.* Cette composition est très-simple, il ne s'agit que de prendre des pétales de roses fraîches et de les piler avec soin dans un mortier de fonte, bien poli; on les pile jusqu'à ce qu'elles soient bien écrasées et qu'elles forment une pâte unie. On étend cette pâte sur de la tôle et on la fait sécher à l'air. Quand elle est devenue moins humide et qu'elle est près d'être sèche, on la pile encore avec de l'eau de rose et on la fait sécher de nouveau; on répète cette opération jusqu'à ce que la pâte soit très-fine, et alors on lui donne la forme convenable avec les doigts, ou bien avec une machine assez semblable à celle qui sert à couper les pilules. On perfore ensuite la pâte, afin de pouvoir passer un ruban dans les espèces de perles qu'on en forme, et on fait sécher de nouveau la pâte, qui devient très-dure. Quand les perles sont bien unies et bien polies, on les frotte avec de l'huile essentielle de roses, afin de leur donner plus d'odeur et de lustre. Par ce procédé simple, la pâte des feuilles de roses prend une couleur noire très-prononcée, couleur qui est due à une espèce d'acide gallique qui se combine dans les roses avec le fer.

Souvent pour rendre plus odorantes les perles de roses de Turquie, on y mêle de l'huile de roses, du storax et du musc; mais cette addition ne change en rien la manière de préparer la pâte. (Marcel de Serres.)

ROSSIGNOL.

2425. On distingue plusieurs espèces de rossignols.

Le rossignol franc est un oiseau de passage, plus petit que le moineau, quoiqu'il paraisse plus long, mais infiniment plus léger; il est timide, craintif, surtout quand il n'est pas apprivoisé; et c'est à cette timidité naturelle qu'on a attribué l'habitude qu'il a de remuer souvent la queue; le mâle chante avec agrément, mais la femelle est muette. Aucun oiseau ne montre plus d'attachement et d'amour pour sa femelle et plus de soin pour ses petits.

Il a le bec longuet, tendre, flexible, noirâtre; et quand il l'ouvre, il fait voir un large gosier de couleur jaune-orangé. Il a la tête, le cou et le dos couverts d'un plumage fauve; la gorge, la poitrine et le ventre sont d'une couleur cendrée.

2426. *Chasse du rossignol.* Le temps le plus propre pour prendre le rossignol est depuis le commencement d'avril jusqu'à sa fin. Ceux qu'on prend dans les premiers jours de mai étant déjà accouplés, sont toujours long-temps en cage avant de chanter.

C'est depuis le lever du soleil jusqu'à dix heures du matin qu'est l'heure la plus favorable pour prendre le rossignol, parce que c'est alors qu'il cherche les vermisseaux, les mouches, les fourmis et les autres petits insectes qui lui servent de nourriture; et c'est alors qu'on doit l'appâter par des vers de farine dont cet oiseau est extrêmement avide.

La veille du jour que l'on destine pour cette chasse, il faut aller le soir dans le bois où l'on aura entendu chanter les rossignols. On examinera les divers endroits où ils chantent; on prendra une petite baguette, longue d'environ un pied, affilée par un bout et fendue par l'autre, pour y mettre deux vers de farine enfilés d'une épingle; on enfoncera cette baguette trois pouces en terre, environ à vingt ou trente pas de l'endroit où l'on aura entendu chanter le rossignol, la plaçant de manière que l'oiseau puisse aisément l'apercevoir de dessus son arbre. On ratissera légèrement la terre autour de la baguette, on en placera plusieurs, et on se retirera jusqu'au lendemain matin.

De retour à la maison, on accommodera une cage en dehors d'une fenêtre, exposée à l'orient; elle sera à l'abri de la pluie et contiendra le manger et le boire de ces oiseaux et sera entièrement couverte de serge verte, de façon qu'il n'y entre aucun jour par les côtés.

Le lendemain matin, on ira visiter les baguettes; et si vous n'y trouvez plus les vers qu'on y a mis, vous y tendrez alors un filet où vous placerez des vers attachés à une épingle, et vous raclerez un peu la terre pour la rendre fraîche, ce qui attirera le rossignol qui ne manquera pas de revenir pour voir ce que vous aurez fait ; et dans le cas où il s'envolerait au loin, on irait l'en chasser en lui jetant une pierre pour l'obliger de retourner du côté du filet.

Le rossignol pris sous le filet, il faut le saisir d'une main en dessus avec le filet, et de l'autre main, lever le filet de terre, lui prendre les deux pates par-dessous et le dégager doucement des mailles. Cela fait, on le met dans un petit sac de taffetas en ayant soin de ne pas lui chiffonner les ailes ni la queue.

2427. *Manière d'élever les rossignols pris, de les sevrer de leur nourriture ordinaire et de les faire promptement chanter.* On a déjà dit qu'il fallait placer la cage au soleil levant et à l'abri de la pluie par un petit toit mis au-dessus de la cage ; on pourra également la placer dans l'intérieur d'une petite chambre dont on laissera toujours la fenêtre ouverte et où on le laissera sans l'effaroucher et sans le distraire de son chant, en lui donnant à boire et à manger. On se servira pour cela de deux petits pots de faïence plats ; on mettra dans l'un de l'eau, sur laquelle on jettera deux ou trois petits vers de farine qui surnageront, afin que le rossignol les voie remuer, et qu'en les prenant il s'aperçoive qu'il y a de l'eau dans ce pot ; dans l'autre, on mettra une vingtaine de ces mêmes vers pour lui servir de nourriture. En le sortant du sachet, on plongera son bec dans l'eau pour lui en faire avaler quelques gouttes et on le mettra dans la cage. Il y restera quelque temps tranquille, étonné de sa nouvelle demeure ; mais il ne tarde pas à se rassurer ; et sa gourmandise, qui se réveillera à la vue des vers, lui fera bien vite oublier sa compagne et la perte de sa liberté. Quatre heures après on ira le visiter, on entr'ouvrira légèrement sa cage, on tirera le pot aux vers de farine, qui doit être placé à l'entrée, on y remettra d'autres vers et on couvrira en même temps le fond du pot d'un peu de pâte dont nous parlerons plus bas, pour lui servir de nourriture ordinaire. Sur les sept heures du soir, on lui apportera de nouveaux vers dont on coupera quelques-uns en deux, afin que la pâte qui est dans le pot s'y attache et que le rossignol en puisse avaler insensiblement pour en prendre peu à peu le goût.

Le second jour, on lui donnera la même quantité de vers en trois fois, à huit heures du matin, à midi et à sept heures du soir, ayant soin de couper tous les vers de farine en deux, et de les mêler un peu avec la pâte, après les avoir coupés. On lui continue ce régime pendant trois semaines ; après ce temps on diminue peu à peu les vers de farine, en augmentant à proportion la quantité de la pâte, afin que l'oiseau ne manque pas de nourriture, et cela, suivant qu'on s'aperçoit qu'il y prend goût.

Le seul moyen connu d'avoir le chant pour la saison où on l'a pris, c'est de lui interdire toute communication avec les objets extérieurs par le moyen d'un morceau de serge tendu sur le devant de la cage, qui l'empêche de voir ce qui se passe au dehors ; le rossignol cherche alors à se consoler en chantant et en mangeant des vers de farine.

2428. *Manière d'apparier les rossignols et de les élever.* Si l'on veut se procurer le plaisir de faire élever chez soi de petits rossignols par le père et la mère, on cherche un de leurs nids au temps de la dernière ponte des rossignols, on tend deux filets tout au près du nid pour y prendre le mâle et la femelle que l'on porte avec leurs petits dans un cabinet obscur, où il n'entre que peu de jour, et où on leur donne de l'eau, des vers de farine et de la pâte qu'on fait en prenant 2 livres de rouelle de bœuf, une livre de pois d'Espagne et amandes douces, un gros et demi de safran en poudre et une douzaine d'œufs frais.

On tamise les pois, on hache ensuite la rouelle de bœuf bien menue, en la nettoyant avec soin de ses peaux, graisse et filets, en sorte qu'elle soit comme une espèce de pulpe ; on pile le plus fin qu'il sera possible les amandes douces pelées auparavant dans l'eau chaude, et on fait infuser pendant une heure le safran dans un demi-verre d'eau bouillante ; on casse ensuite dans un plat les douze œufs, on y mêle successivement la farine des pois, les amandes douces et la chair de bœuf, en finissant par le safran ; on pétrit le tout ; on en forme des gâteaux de l'épaisseur du doigt et on les fait sécher au four, après que le pain en a été tiré, jusqu'à ce qu'ils aient la consistance des biscuits nouvellement faits, ou du pain d'épice de Reims. On rompt un morceau qu'on émiette dans la main pour le donner aux rossignols.

2429. *Autre pâte.* Prenez 2 livres de rouelle de bœuf, de pois d'Espagne, du millet jaune ou écorcé, de la semence de pavot et des amandes douces, de chacune une demi-livre, de la fleur de farine de froment, 2 onces ; du miel blanc, une livre ; du safran en poudre, 1 gros et demi ; 12 jaunes d'œufs frais, du beurre frais de la grosseur d'un œuf de poule. On pul-

vérise et on tamise les pois et le millet et l'on pile bien la semence de pavot. On hache ou on pile dans un mortier la
rouelle de bœuf pour la nettoyer de ses graisses comme nous
l'avons déjà dit : on en fait autant des amandes qu'on a pelées,
et on y ajoute un peu d'eau pour empêcher qu'elles ne jaunissent sous le pilon, en ayant l'attention qu'elles soient bien réduites en pâte et qu'on ne sente point de grumeaux sous les
doigts : car les rossignols ne les digéreraient pas ; cela fait, on
met les jaunes d'œufs dans un grand plat de terre, on y ajoute
le miel et le safran, on mélange ces trois objets, on y incorpore successivement les autres pour n'en faire qu'une bouillie
qu'on verse dans un autre grand plat vernissé dont on a graissé
le fond avec un morceau de beurre et qu'on met sur un feu
très-doux, en remuant toujours avec une spatule de bois, de
peur que la pâte ne s'y attache. On continue ainsi jusqu'à ce
qu'elle ne s'attache plus aux doigts et qu'elle ait la mollesse d'un
biscuit nouvellement fait. Alors on la retire de dessus le feu,
on la laisse refroidir dans le plat et on la met dans une boîte
de fer-blanc fermée.

Les vers de farine des rossignols, se trouvent chez les boulangers et les meuniers. Il faut en faire provision pendant
l'été, parce que l'hiver ils se retirent dans les planchers, et les
conserver dans des pots de terre avec du son, en ayant soin de
temps en temps de renouveler leur nourriture.

2430. *Manière d'élever les jeunes rossignols.* Si l'on veut
élever des petits rossignols, il faut bien se garder de les tirer
hors de leur nid avant qu'ils ne soient bien couverts de plumes. Après les avoir soustraits à leurs père et mère, on les met
avec le nid ou de la mousse dans un panier de paille ou d'osier,
muni de son couvercle, qu'on tiendra cependant un peu ouvert
pour la communication de l'air, qu'on placera dans un endroit
peu fréquenté. On leur préparera pour nourriture du cœur de
mouton ou de veau cru dont on aura exactement enlevé les
peaux, les nerfs et la graisse, et qu'on hachera fort menu pour
en former des boulettes un peu longues dont on donnera
deux ou trois aux petits rossignols, et cela huit ou dix fois par
jour ; on peut aussi leur faire manger du jaune d'œuf dur et une
pâte faite avec de la mie de pain, du chenevis broyé et du bœuf
bouilli, et haché avec un peu de persil ; on les fait boire avec
un morceau de coton imbibé d'eau.

On continue de tenir les petits dans un panier couvert, jusqu'à ce qu'ils commencent à se bien soutenir sur leurs jambes :
on les met alors dans une cage, dont on garnit le fond avec de
la mousse nouvelle ; et dès qu'ils peuvent prendre la nourri-

ture au bout d'un petit bâton, et qu'on s'aperçoit qu'ils veulent manger seuls, on attache à leur cage un morceau de la grosseur d'une noix, de cœur de bœuf préparé de la façon prescrite ci-dessus. On met aussi dans la cage une auge pleine d'eau, que l'on renouvelle deux fois par jour surtout pendant les grandes chaleurs de l'été, ainsi que leurs alimens qui pourraient très-bien se corrompre. Dès que les petits mangeront seuls, on mettra leur nourriture dans des augets; on garnira le fond de la cage d'une petite pierre carrée pour que la pâte et le cœur de mouton puissent s'y conserver sans se gâter : au reste, les araignées, les cloportes, les œufs de fourmis, les mouches et les différentes espèces de vers, leur conviennent parfaitement ; mais à leur défaut on leur substitue le chenevis pilé, la mie de pain fraisée, le persil et la chair de bœuf bouillie, hachés menu et mêlés exactement ; ou bien on leur donne du pain d'œillet et de colifichet réduit en poudre qu'on mêle ensemble, et auxquels on ajoute autant de cœur de bœuf ou de mouton cru, haché bien menu : dans l'un ou dans l'autre cas, on doit renouveler tous les jours cette nourriture pour que la chaleur ne la corrompe pas.

2431. *Rossignol-Baillet*, dit *col rouge*. Ce rossignol qui est un peu plus grand que le franc, n'en diffère que par la couleur ; il se nourrit des baies de cornouiller femelles, de figues, de mûres et d'œufs de fourmis ; si on veut l'élever, on le nourrira comme nous venons de le dire : le mâle qu'on choisit pour le chant, doit avoir la poitrine tachetée et d'une couleur tirant sur le rouge. Celui qui habite les champs, chante au printemps jusqu'au commencement de l'été, et cesse de chanter dès qu'il a couvé. Celui qu'on élève en cage, chante à toute heure, même pendant la nuit, apprend à siffler et à contrefaire les autres oiseaux.

Le rossignol-baillet se prend au filet et avec l'archet ou la sauterelle.

2432. *Manière d'établir des rossignols dans les endroits où il n'y en a point.* Il y a quantité de jardins et de maisons de campagne où il ne vient jamais de *rossignols.* Pour y en amener, il faut chercher, au mois de mai, un nid de la première couvée ; dès qu'on l'a trouvé, on attend que les petits aient au moins huit jours. Alors, on va de grand matin prendre au filet le père et la mère. Aussitôt qu'ils sont pris, on les transporte dans des sacs de soie, à l'endroit où on a dessein de les fixer, et où l'on a eu soin d'avance de placer deux cages sans barreaux, couvertes de toutes parts chacune d'une serge verte un peu épaisse, dont le fond est fait de planches, et où l'on pratique une porte sur le devant qui s'ouvre en tirant une ficelle qu'on y a attachée. Les deux cages ainsi construites, on met le mâle dans l'une et la femelle dans l'autre. On enlève doucement le nid en coupant les branches sur lesquelles il est posé, pour les placer dans un lieu convenable aux rossignols : on le place à peu près comme il l'était; on le découvre en ôtant le morceau d'étoffe qu'on y avait mis; on place les deux cages couvertes de serge verte, à vingt-cinq ou trente pas du nid, l'une d'un côté, et l'autre de l'autre; on tourne les portes vers le nid; on attache les ficelles à chaque portière, et l'on en prend les deux bouts dans la main en s'éloignant à cinquante pas, et en se cachant un peu sans faire de bruit. On laisse les petits avoir faim, pour qu'ils crient après la becquée, afin que le père et la mère les entendent et les reconnaissent; alors on tire doucement la ficelle attachée à la cage de la femelle, on ouvre peu à peu la porte pour qu'elle sorte la première; on en fait ensuite autant pour le mâle, et on s'éloigne de l'endroit. Le père et la mère sortiront, chercheront la becquée, et la porteront à leurs petits.

ROSSOLI.

2433. Mettez dans un alambic un peu d'eau, des roses musquées, du jasmin d'Espagne, de la fleur d'orange, et un peu de cannelle et de girofle. Après vingt-quatre heures d'infusion, distillez, et tirez tout ce qui passera d'aromatiques; mêlez-y un bon tiers en poids d'esprit-de-vin, et six onces de sucre par pinte. On colore ensuite cette liqueur et l'on le met en bouteilles. (*Art du dist. liq.*)

2434. *Rossoli de Nanci.* Prenez graine d'anis de Verdun, graine d'ambrette, coriandre, cannelle, quatre onces; macis, six onces; clous de girofle, demi-once; zestes de citron, zestes d'orange, demi-livre. Faites infuser le tout pendant quatre jours dans quinze pintes d'eau-de-vie; faites ensuite un sirop avec sept livres de sucre et cinq pintes d'eau; clarifiez; mêlez le tout ensemble et filtrez. (Sonnini père, *liquor.*)

ROUGE.

2435. *Rouge végétal en pot.* Le rouge en pot se prépare avec la couleur extraite du safranum ou carthame. On enlève d'abord aux fleurons de carthame toute leur partie extractive, en les faisant macérer dans l'eau, jusqu'à ce qu'ils ne la colorent plus. On fait ensuite digérer ce safranum avec de l'alkali fixe, et l'on précipite de cette teinture une belle fécule rouge par le moyen de l'acide de citron. Cette fécule séchée dans des soucoupes, les enduit d'une belle couleur rouge qui paraît dorée; on la détrempe dans du suc de citron, et on la mêle avec du talc blanc qu'on a ratissé avec de la prêle. (Sage.)

2436. *Autre.* Vous prenez une certaine quantité de carthame, ou safran bâtard, connu plus ordinairement sous le nom de *safranum;* vous l'enveloppez dans un petit sac de toile, et vous le mettez tremper dans de l'eau froide; vous le pressez et le foulez à plusieurs reprises pour en faire sortir une eau chargée de jaune; on le remet dans un nouveau bain et l'on renouvelle cette opération jusqu'à ce que l'eau n'en sorte que légèrement jaune. Alors on retire le sac de safranum, pour le faire tremper pendant quelques heures dans une dissolution de sel de tartre avec une suffisante quantité d'eau; on en exprime la liqueur, qui est alors d'un jaune sale; on la filtre au travers d'un linge étendu sur une terrine, en y versant peu à peu des gouttes de citron jusqu'à ce que la liqueur devienne d'un beau rouge cerise, et laisse déposer une fécule qu'on sépare de l'eau par la décantation. On y verse une seconde eau claire qu'on décante de nouveau; et vous amalgamez le rouge que vous avez obtenu avec du talc en poudre très-fin, pour lui donner la nuance que vous désirez. (*Parf. imp.*)

2437. *Autre rouge.* Prenez bois de Brésil et alun de roche; broyez ensemble et faites bouillir avec du vin rouge jusqu'à réduction de deux tiers. Lorsque le vin sera refroidi, frottez-en les joues avec un peu de coton.

2438. *Autre.* Faites tremper trois ou quatre jours, dans un bocal de vinaigre blanc, une livre de bois de Brésil de Fernambouc de couleur d'or; après l'avoir brisé dans un mortier, faites-le bouillir pendant une demi-heure, puis passez par un linge bien fort, et remettez-le sur le feu; ayez un petit pot dans lequel seront détrempés, dans du vinaigre blanc, huit onces d'alun. Mêlez ces deux liqueurs et remuez bien avec une spatule. L'écume qui en sortira sera votre carmin, vous le recueillerez et le ferez sécher.

2439. *Autre.* Prenez un demi-litre de bonne eau-de-vie, et mettez-y une demi-once de benjoin, une once de santal rouge, une demi-once de bois de Brésil et autant d'alun de roche. Bouchez bien la bouteille où vous avez mis ces ingrédiens, et remuez-la bien une fois par jour. Au bout de douze jours, vous pourrez vous servir de la liqueur qui donnera à la peau une couleur de rose inimitable. (*Man. cosm. des pl.*)

2440. *Autre.* Cinq livres d'amandes douces, une demi-once de santal rouge et de girofle, sur lesquelles on verse deux onces de vin blanc et autant d'eau de roses, qu'on remue chaque jour et dont on exprime le jus comme on tire l'huile d'amandes, forment un liniment qu'on emploie avec succès pour se donner de l'incarnat et de la fraîcheur au visage; on peut le remplacer avec succès par un ruban ponceau, qu'on trempe dans de l'eau spiritueuse, et qui donne en s'en frottant les joues un carmin qu'on croirait naturel. (*L'Ami des femmes.*)

2441. *Manière de se servir du rouge.* Il est d'usage de ne poser le rouge qu'après le blanc : c'est la dernière opération qu'exige la toilette. Et pour que l'on réponde aux soins que l'on prend, il faut savoir le poser, avec un pinceau, une brosse bien douce, ou des tampons de coton. Il est bon aussi, pour que le rouge s'applique mieux, de se nettoyer auparavant le visage avec de la pommade sans odeur, pour donner de l'onction à la peau et que l'effet du rouge soit meilleur. (*Parf. imp.*)

2442. *Rouge indélébile.* Une dissolution de sang de dragon, appliquée avec un pinceau sur du marbre blanc, pénètre profondément, et le dessin qu'on a tracé sera parfait, parce que la couleur ne s'étend point : cette dissolution durcit le marbre à tel point, que tout fragment qu'on a coloré en partie est exposé à l'action d'un acide énergique, qui en entame la surface à une profondeur considérable, les endroits colorés demeureront intacts plus que tout le reste. (*Philosophical magazine.*)

ROUGEURS.

2443. *Moyen de dissiper les rougeurs du visage.* Faites bouillir ensemble une poignée de patience et de mouron, et lavez-vous le visage de cette eau : les rougeurs disparaîtront dans peu. *Voyez* Eau excellente de Poitou. (*Man. cosm. des plantes.*)

2444. *Autre.* Faites infuser pendant trois jours, dans une chopine et demie d'eau de joubarbe, un demi-setier d'eau rose, et une once de fleur de soufre, que vous agiterez de temps en temps, et surtout lorsque vous voudrez en faire usage. (*Dict. des ménages.*)

2445. *Lait végétal contre les rougeurs.* Pilez de la joubarbe dans un mortier de marbre, exprimez-en le jus et clarifiez-le; lorsque vous voudrez vous en servir, mettez-en dans un verre, et jetez par-dessus quelques gouttes de bon esprit-de-vin; à l'instant il se formera un lait caillé propre à rendre la peau unie et à en effacer les rougeurs. (*Parf. imp.*)

Une poignée de patience et de mouron, bouillis dans une pinte d'eau, produisent le même effet.

2446. *Eau contre les rougeurs et les boutons.* Dans trois demi-setiers d'eau de joubarbe douce ou de trique-madame, et un demi-setier d'eau de rose, mettez en infusion une once de fleur de soufre pendant deux ou trois jours. Durant ce temps, agitez la bouteille qui les renferme, et si vous désirez lui donner une couleur, versez-y quelques gouttes de liqueur de roses.

Cette eau est souveraine pour les boutons qui surviennent à la figure. (*Parf. imp.*)

ROUILLE.

2447. *Rouille des blés.* Cette maladie se manifeste dans les végétaux par des taches jaunâtres ou couleur de rouille sur les tiges et sur les feuilles. Long-temps on a attribué cette maladie à la rosée, aux brouillards auxquels succède un soleil ardent, etc.; on sait maintenant que ces taches ne sont autre chose que des espèces de petits champignons qui se propagent sur les plantes, et vivent à leurs dépens. Ce qui fait qu'on a principalement attribué à la rosée et aux brouillards la production de la rouille, c'est que ces effets sont peu différens de la brûlure, et qu'elle se montre plus abondamment dans les années pluvieuses, et dans les champs voisins des marais et des bois.

Lorsqu'il n'y a que peu de rouille sur les feuilles d'un pied de blé, elle ne paraît pas influer d'une manière sensible sur sa végétation, et par conséquent sur ses produits en grain; mais lorsqu'il y en a beaucoup ou un peu sur la tige, elle absorbe la plus grande partie de la séve destinée à le nourrir; cette tige s'élève moins, ses graines avortent, et elle périt avant les autres.

De tous les moyens proposés jusqu'à présent pour mettre obstacle aux désastreux effets de cette maladie, le seul qui mérite d'être mis à exécution, c'est de faucher les blés qui en sont infestés avant l'apparition de la tige; car il paraît que les nouvelles feuilles qui se développent en sont le plus souvent exemptes : d'ailleurs la rouille n'ayant pas encore répandu ses bourgeons séminiformes, c'est autant de moins pour les productions suivantes. Ce qu'on a dit plus haut doit faire croire qu'un des moyens de la prévenir, c'est de semer le blé dans des endroits secs ou exposés aux grands vents.

2448. *Rouille des foins.* Quoique la plupart des herbes qui composent les prairies soient susceptibles de la rouille dont il est question ci-dessus, ce n'est pas de cette maladie qu'entendent parler les cultivateurs lorsqu'ils disent que les foins sont rouillés ; mais c'est d'une circonstance accidentelle. Les inondations qui laissent sur l'herbe des prairies une eau limoneuse, gâtent les foins, les rendent d'une qualité nuisible aux bestiaux; alors on dit qu'ils sont *rouillés*.

Les foins rouillés sont presque toujours impropres à la nourriture des bestiaux qui les refusent, et auxquels ils occasionent des maladies graves. En les battant avec un fléau ou des baguettes, on fait bien tomber une partie de la terre qui les encroûte, mais il en reste toujours trop. En les lavant à l'eau courante, on ne leur procure pas une amélioration plus complète. Cependant ces deux moyens, séparément ou ensemble, doivent être employés lorsqu'on est forcé de donner les foins rouillés aux bestiaux. Une aspersion d'eau salée est un correctif important à mettre en usage dans ce cas.

Toutes les fois qu'on peut se dispenser de nourrir les bestiaux de foins rouillés, il faut le faire et les consommer en litière, qui donne un fumier d'excellente qualité. (*Pfluguer, la Maison des champs.*)

2449. *Vernis pour préserver le fer de la rouille.* On réduit en poudre impalpable une once de plombagine ou d'anthracite, à laquelle on mêle 4 onces de plomb sulfaté, et une once de zinc sulfaté, et on y ajoute peu à peu une livre de vernis préparé à l'huile de lin qu'on a fait préalablement chauffer jusqu'au point de l'ébullition. Ce vernis sèche promptement, et garantit parfaitement de l'oxidation les métaux sur lesquels il est appliqué. On l'a employé avec succès pour enduire les paratonnerres ; et il peut servir également pour les toits couverts de plomb, en fer, en cuivre ou en zinc, qui sont constamment exposés à l'action de l'humidité et des vapeurs acides.

Un moyen aussi simple qu'avantageux de préserver le fer de la rouille, c'est de chauffer ce métal au rouge, et de le frotter en cet état avec de la cire. On remarque après le refroidissement que tous les pores du fer sont entièrement remplis et que cette espèce d'enduit est très-homogène ; mais comme ce n'est applicable qu'aux pièces de petite dimension, il faut avoir recours pour les grandes au vernis dont nous venons de donner la composition, et qu'on peut employer à froid en tout et pour toute espèce de métaux. (*Bulletins de la société d'encouragement.*)

ROUISSAGE DU CHANVRE.

2450. Il y a plusieurs manières de rouir le chanvre. La plus expéditive consiste, 1° à faire chauffer de l'eau dans un grand vase, jusqu'à la température de 72 à 75 degrés de Réaumur; 2° à y ajouter une quantité de savon proportionnée au poids du chanvre que l'on veut rouir, c'est-à-dire environ 18 onces de savon pour 100 pintes d'eau, ou 50 livres de chanvre en baguettes; 3° à y plonger tout de suite le chanvre; 4° à y laisser le chanvre pendant deux heures avant de le retirer.

La chaudière qu'on emploie aux usages d'une ferme, peut servir à contenir l'eau et le chanvre. On peut aussi employer une espèce de caisse allongée, propre à contenir l'eau de savon qu'on verse bouillante sur le chanvre, couché et assujetti de manière à ce qu'il ne surnage pas : aussitôt que le liquide est versé, on couvre le vase pour y maintenir la chaleur et prévenir l'évaporation.

Lorsqu'on a retiré le chanvre, on le couvre d'un paillasson pour qu'il refroidisse peu à peu sans perdre son humidité. Le lendemain on l'étend sur le gazon pour le faire sécher, et disposer la filasse à se détacher facilement de la chènevotte; ensuite on le broie ou on le teille, etc.

On peut effectuer plusieurs rouissages, à la suite les uns des autres avec la même eau. Il suffit, avant chaque rouissage, de remplacer la quantité d'eau savonneuse absorbée par le précédent, et d'élever la température du bain au degré ci-dessus.

On peut aussi rouir le chanvre, en l'imprégnant d'une eau alkaline, et en l'exposant à la vapeur de l'eau élevée à une haute température. De nombreuses expériences ont prouvé l'excellence de ces deux méthodes, qui sont praticables dans les lieux les plus éloignés des eaux courantes ou dormantes, et sans nuire à la salubrité publique.

Une autre manière de faire rouir le chanvre, consiste à l'étendre sur des prés fauchés ou des champs moissonnés, à le retourner deux ou trois fois par semaine, jusqu'à ce que l'air, la lumière, les rosées ou les pluies aient disposé la filasse à se séparer de la tige : dans les temps secs, et quand les rosées se trouvent supprimées, on peut accélérer et accomplir le rouissage par des arrosemens artificiels, matin et soir; on peut encore produire le même effet en l'arrosant quelquefois avec des eaux alkalines, ou avec de l'eau de mer lorsqu'on est sur les côtes; mais alors il faut retourner plus souvent le chanvre.

Cette méthode a, comme les précédentes, l'avantage d'être praticable partout, de ne point donner de mauvaise odeur, et de produire une filasse d'une belle couleur argentine. Cependant quelques inconvéniens semblent balancer les avantages de cette manière de rouir : on lui reproche de prendre beaucoup de temps ; d'exposer le chanvre à plusieurs dangers, par exemple, à être brisé par les pieds des animaux, enlevé ou embrouillé par la violence du vent, etc., etc.; de ne pas opérer le rouissage aussi également que l'eau, de ne pas blanchir le chanvre en totalité.

C'est ordinairement par le séjour du chanvre dans l'eau que s'exécute le rouissage ; il s'établit par ce procédé une fermentation putride qui détache le fibre de la partie ligneuse, détache les fibres entre elles, et leur donne une couleur blanchâtre. Mais il résulte de cette fermentation une altération très-forte de l'eau, dont le voisinage devient alors dangereux pour les habitations. Les lois défendent de faire rouir le chanvre dans les rivières au-dessus des abreuvoirs, et dans toutes les eaux poissonneuses.

Dans quelque espèce d'eau qu'on fasse rouir le chanvre, avant de l'y déposer on prépare la place convenable en la nettoyant de pierres et d'ordures : si le fond est bourbeux, il faut y mettre des bourrées ou fagots, pour que la filasse ne soit pas altérée. Ensuite on place le chanvre lit par lit, et on l'assujettit avec des pieux ou de grosses pierres, afin que le tout trempe sans pouvoir s'élever sur l'eau, ni être entraîné s'il survient quelque orage qui fasse grossir les eaux.

Voici, selon M. Bralc, la manière la plus convenable de placer le chanvre à l'eau. On prend deux perches parallèles, on étend dessus les poignées de chanvre, après en avoir ôté les liens, car ils nuisent à l'égalité du rouissage. Après avoir formé un lit de ces tiges, haut d'environ un pied d'épaisseur, et long à volonté, on place dessus deux ou trois perches qu'on attache par les quatre bouts, et l'on met un lien dans le milieu, comme pour de gros paillassons de roseaux : il faut que cet assemblage soit préparé sur le bord de l'eau. On le pousse en avant à l'eau, et on l'y plonge à la profondeur de 2 ou 3 pouces, en le couvrant en partie de quelques buches ou pierres : si l'eau est courante, il convient de l'assujettir avec des piquets.

Le temps du rouissage varie selon la chaleur de la saison, la qualité et la quantité des eaux, la nature du chanvre et l'emploi de la filasse. Dans un rouissoir isolé et de moyenne grandeur, alimenté par les eaux de rivière, il est ordinairement, dans le climat de Paris, de quatre à cinq jours en juillet, de cinq à six en septembre, de neuf à quinze en octobre : il est retardé dans les eaux trop profondes ou trop étendues, dans les eaux crues ou froides, les eaux salées, etc. Le chanvre destiné à faire des cordes ou de la grosse toile, doit être moins roui que celui qu'on veut employer pour faire de la toile fine.

Un bon rouisseur visite tous les soirs son rouissoir, pour voir si rien ne s'est dérangé ; et lorsque l'opération approche de sa fin, il tire quelques tiges de chanvre du centre et sur les bords, pour juger du moment où il faudra sortir le tout de l'eau. On connaît que le rouissage est terminé, lorsque l'écorce quitte la tige d'un bout à l'autre, et lorsque la moelle de la chènevotte a disparu. Lorsque le chanvre est suffisamment roui, on le tire de l'eau, ensuite on le lave, et on l'expose au soleil pour le bien faire sécher : si le temps était pluvieux, il faudrait le placer sous des hangars ou autres abris, pour l'égoutter et le faire sécher peu à peu ; car en le laissant en tas, il éprouverait presque le même inconvénient que s'il restait dans l'eau. La meilleure manière de le faire sécher est d'écarter le pied de chaque botte en trois parties ou faisceaux qui la soutiennent debout ; il faut pour cela couper le lien du bas, en laissant celui d'en haut. On peut aussi le faire sécher en le mettant debout contre des murs ou des haies.

Aussitôt que le chanvre roui est parfaitement sec, on réunit un certain nombre de bottes ensemble pour en faire de plus grosses, et on le transporte à la maison pour le teiller ou broyer, ensuite le sérancer et le filer. En attendant la première de ces opérations, on le place au grenier, ou dans un autre endroit à l'abri de l'humidité. (Pfluguer, *la Maison des champs.*)

ROUSSEUR.

2451. *Eau pour enlever les taches de rousseur.* Faites sécher à l'ombre de la racine de concombre sauvage et de narcisse ; réduisez-les en poudre très-fine ; mettez-en infuser deux onces de chaque dans une pinte d'esprit-de-vin et un demi-setier d'eau de rose ; laissez-les-y pendant cinq à six jours, tirez l'eau au clair, et lavez-en le visage jusqu'à ce qu'il commence à démanger. Alors vous le plongerez dans de l'eau fraîche, et vous continuerez ainsi tous les jours jusqu'à ce que les rousseurs aient diparu. (*Parf. imp.*)

2452. *Autre procédé.* On enlève les taches de rousseur au visage, en le lavant d'abord avec de la bonne eau-de-vie dans laquelle vous aurez mis en parties égales des racines de concombre sauvage et de narcisse que vous aurez fait sécher à l'ombre, et que vous aurez réduites en poudre fine. Dès que le visage commencera à démanger, vous le laverez avec de l'eau fraîche. Vous ferez plusieurs jours usage de cette composition, et les rousseurs disparaîtront. (*Man. cosmét. des pl.*)

2453. *Autre.* Prenez une poignée de cendres de bois neuf, faites-les bouillir dans une chopine d'eau ordinaire que vous ferez réduire à moitié, que vous tirerez au clair, que vous ferez bouillir encore, et que vous passerez enfin dans du papier gris. (*Idem.*)

SAFRAN.

2454. *Manière de reconnaître la falsification du safran.* Le safran est souvent falsifié avec de l'huile qui en augmente le poids et en altère le parfum ; outre cela on a coutume d'exprimer l'huile du safran, on le forme en gâteau, et on le vend sous cette forme. On prend ensuite du safran bâtard que l'on nomme aussi fleurs de carthame ; on la réduit en poudre, on la mêle avec du safran véritable, ou bien on mêle un peu de poudre de celui-ci avec beaucoup de safran bâtard, ou bien enfin on vend le safran bâtard pur, mais entièrement déguisé sous la forme de poudre. La falsification et la substitution sont également faciles à reconnaître. L'odeur du safran bâtard est moins forte et très-différente de celle du safran gatinois ; de plus, le safran bâtard ne donne qu'une faible teinture à l'eau dans laquelle on l'infuse, en comparaison de celle que donne le véritable safran. (Bouillon-Lagrange.)

SAGOU.

2455. *Préparation du sagou.* Le sagou est une espèce de pâte végétale et alimentaire qu'on prépare aux Indes, avec la moelle de palmier, et particulièrement avec celle de sagoutier. On lave le sagou comme le riz, et on le fait cuire dans un consommé de volaille jusqu'à ce qu'il forme une gelée. On a préparé en même temps une purée de gibier qu'on tient bouillante au bain-marie. Au moment de servir, on mêle le sagou à la purée. Si le potage est trop épais, on le mouille avec un peu de consommé de volaille.

On peut servir aussi le sagou sans y joindre la purée de volaille, comme un potage ordinaire, en le faisant cuire dans le consommé jusqu'à ce qu'il commence à former gelée. Quand on veut préparer du sagou, on a soin de le faire tremper dès la veille.

SALEP INDIGÈNE.

2456. Geoffroi ayant reconnu que le salep est une espèce de satyrion, dont les Turcs font usage pour réparer les forces épuisées, a essayé de préparer des bulbes de satyrion de notre pays pour en faire usage; il y a réussi par le procédé suivant :

« On enlève la peau des bulbes de satyrion (*grand testicule de chien*); on les jette dans l'eau froide, ensuite on les fait cuire en les changeant d'eau, et on les fait égoutter, puis on les enfile en manière de chapelets; on les expose à l'air par un temps sec et chaud; elles deviennent alors dures et semblables au *salep*. Cette manière de conserver ses racines desséchées, et la manière d'en faire usage, sont les mêmes que celles qu'on emploie pour le *salep*. »

SALSIFIS.

2457. *Préparation des salsifis, carottes, navets,* etc. De toutes les racines potagères, les salsifis ou scorsonères, sont les entremets les plus usités de l'hiver. C'est un légume aussi abondant que peu dispendieux, et qui se conserve jusqu'au printemps. La manière la plus ordinaire de les accommoder, c'est à la sauce au beurre, ou bien frits dans la poêle. Accommodés au parmesan, ils offrent un manger fort agréable, et ressemblent à l'œil aux macaronis.

Les carottes, les ognons, les poireaux et les navets, sont plus employés comme assaisonnemens et garnitures, que comme mets principal. Cependant la carotte se montre à découvert dans le huchepot où la queue de bœuf se cache avec modestie pour lui laisser les honneurs du triomphe. Il en est à peu près de même du navet lorsqu'il accompagne un canard. (*Almanach des gourmands.*)

SANDARAQUE.

2458. *Manière de remplacer la sandaraque.* On peut remplacer la sandaraque, dont la couleur jaunâtre laisse un œil terne à l'endroit du papier que l'on a gratté, avec de la craie de Champagne, vulgairement appelée *blanc d'Espagne*, qui n'a pas l'inconvénient de rester toujours grumeleuse, comme la première de ces substances : elle ne macule pas du tout :

l'écriture s'identifie parfaitement au papier, et ne change en rien sa couleur. (*Bibl. ph. écon.*)

SANGLIER (*Chasse du*).

2459. Le sanglier ne diffère du cochon domestique qu'en ce qu'il a les défenses plus grandes et plus tranchantes, le boutoir plus fort, et la tête ou hure plus longue : toutes ses habitudes sont grossières, ses goûts sont immondes ; toutes ses sensations se réduisent à une luxure furieuse et à une gourmandise brutale. Appelé diversement selon son âge, à six mois il est *marcassin;* jusqu'à un an, *bête rousse;* à un an, il devient *bête de compagnie;* et au mâle on donne le nom de *ragot* jusqu'à trois ans; à trois ans fait, il est *sanglier;* à quatre, on le nomme *quartan;* à cinq ans, *grand sanglier;* enfin à six ans, *grand vieux sanglier.* Le ragot, le *sanglier* à son tiers an, et le *quartan,* sont les seuls bien à craindre.

La chasse du sanglier se fait à force ouverte avec des chiens, ou bien par surprise pendant la nuit au clair de la lune ; comme il ne fuit que lentement, qu'il laisse une odeur très-forte, qu'il se défend contre les chiens et les blesse toujours dangereusement, il ne faut pas le chasser avec de bons chiens courans, mais avec des mâtins un peu dressés. Il ne faut attaquer que les plus vieux : on les connaît aisément aux traces. Un jeune sanglier de trois ans est difficile à forcer, parce qu'il court très-loin sans s'arrêter, au lieu qu'un sanglier plus âgé ne fuit pas loin, se laisse chasser de près, n'a pas grand'peur des chiens, et s'arrête souvent pour leur faire tête. Pour mieux faire face aux chiens, tantôt il s'accule contre un arbre et en tue ou en éventre plusieurs, si on les laisse se livrer à leur ardeur. Pour attaquer ces animaux, il faut se placer dans le meilleur poste, être à cheval et armé d'un bon fusil chargé à balle. Il n'y a personne qui ose le faire à pied sans fusil, parce que le sanglier accourt au bruit et à la voix des personnes, et fait de cruelles blessures.

On peut, en hiver, le suivre à la piste quand il a neigé ; et, lorsqu'on observe qu'il s'est arrêté dans les broussailles, des hommes munis de bâtons le font sortir ; les chasseurs armés de fusils chargés de plusieurs balles, se portent autour de l'endroit que les hommes battent, pour le tirer dès qu'ils l'aperçoivent.

Aussitôt que le sanglier est tué, les chasseurs ont grand soin de lui couper les suites, c'est-à-dire les testicules, dont l'odeur est si forte, que dans cinq à six heures elles infecteraient toute la chair. Il n'y a que la hure d'un vieux sanglier qui soit bonne, au lieu que toute la chair d'un marcassin et celle du jeune sanglier qui n'a pas encore un an, est délicate et même assez fine.

Les sangliers se tiennent presque toujours dans les demeures les plus fourrées et dans les fraichures. Sur la fin de l'hiver, ils restent dans les forts de ronces et d'épines les plus fourrés ; ils vivent pendant ce temps de racines, de vers, de cresson et du gland qu'ils trouvent encore sous les futaies. En été ils quittent les grands forts pour se mettre sur le bord des forêts, à portée des grains et de l'eau, où ils vont prendre souil plusieurs fois dans la journée. En automne, lorsque la terre est découverte, et que la récolte est faite, ils se retirent près des hautes futaies pour y trouver du gland, du faîne et des noisettes. En décembre ils n'ont point de demeure, parce qu'ils sont en rut et courent après les *laies;* et lorsqu'ils veulent se reposer, c'est dans le premier endroit fourré qu'ils rencontrent, et où ils ne restent pas long-temps.

On ne doit tirer le sanglier que lorsqu'on le voit bien, et que l'on est sûr de ne pouvoir blesser personne, et de ne le tirer que quand il rentre dans la partie du bois qui est derrière vous. (J. Cussac, *Traité des chasses.*)

2460. *Préparation du sanglier.* La hure de sanglier se sert en entremets froid : c'est l'un des plus honorables, et il n'appartient pas à tout le monde d'offrir à ses convives la plus noble portion de ce prince indompté des forêts. Du reste, il n'y a guère que son fumet, sa noblesse sauvage et son indépendance, qui distinguent le sanglier du cochon domestique. Leur hure se prépare de la même manière ; leurs pieds se servent simultanément à la Sainte-Menehould, et leurs filets également piqués à la broche ; mais c'est là que finissent leurs rapports, et si le sanglier se refuse à la confection des boudins, des saucisses et des andouilles, ce qui serait pour lui une dérogeance réelle, il permet qu'on serve à la broche, et comme un rôti des plus distingués, ses quartiers de devant et de derrière, après les avoir fait convenablement mariner. On le sert aussi en pâtés froids, en civet, en bœuf à la mode et même en pâte au pot ; mais ces métamorphoses sont pour lui de véritables humiliations.

Quant au marcassin son fils, il ne paraît guère sur nos tables que piqué en superbe plat de rôti : nourri dans les forêts, il en a la rudesse. (*Almanach des gourmands.*)

SARDINES.

2461. *Manière de conserver les sardines fraîches.* On peut

conserver pendant au moins un mois des sardines dans le beurre, de sorte qu'elles sont presque aussi bonnes à manger que si elles étaient fraîches. Pour cinquante sardines, prenez une livre de beurre frais que vous ferez fondre, 4 onces de sel, une once et demie de poivre fin et un peu de muscade. Quand le beurre est fondu, prenant garde qu'il ne roussisse, on le laisse assez refroidir pour qu'en y trempant les sardines elles en sortent couvertes : en cet état, on les arrange dans des pots de grès; on fait réchauffer le beurre qui reste, on le verse sur les sardines pour les en couvrir entièrement; on bouche ensuite le vase le plus exactement possible, et quand on veut les apprêter on les retire du beurre.

.En Bretagne, après qu'elles ont pris un peu de sel, on fait frire les sardines dans la poêle, ou rôtir sur le gril, puis on les met dans de petits barils avec du poivre, du vinaigre, du laurier, du girofle, dont on forme une espèce de sauce : c'est ce que l'on appelle des sardines confites, que l'on apporte à Paris. (*Encycl. méth.*)

2462. *Sardines salées.* Prenez six sardines ; lavez-les bien, levez-en les filets, coupez-les en quatre autres filets ; décorez-les sur une assiette avec de la ravigote hachée, des blancs et des jaunes d'œufs durs, hachés aussi ; arrosez-les d'huile, et servez.

2463. *Sardines fraîches.* Ayez deux douzaines de sardines fraîches, essuyez-les bien, farinez-les, et faites-les frire dans du beurre clarifié; égouttez-les, et servez.

SASSAFRAS.

2464. *Huile essentielle de sassafras.* Prenez 6 livres de râpure de bois de sassafras, faites-les infuser pendant quatre jours dans une étuve et dans 12 pintes d'eau de rivière ; versez cette teinture dans une grande cucurbite de cuivre ; adaptez le réfrigérant, le serpentin et le récipient, et distillez à un feu gradué pour retirer une once et quelques gros d'une huile claire et pure comme de l'eau de roche, qui se précipitera au fond de la liqueur que vous obtiendrez par la distillation.

Cette huile est très-bonne et très-salutaire pour les maux de poitrine, adoucir la toux, apaiser les douleurs convulsives et dissiper des impuretés de la lymphe. On peut l'administrer tout simplement en en versant quelques gouttes sur un morceau de sucre : on peut aussi la mêler avec des essences pectorales et stomachiques.

~Le résidu qui se trouve dans la cucurbite après la distillation étant passé par un linge et réduit sur le feu en consistance d'électuaire, forme un extrait excellent, d'un goût un peu amer et astringent. Il approche beaucoup de l'extrait du quinquina, et Hoffmann avait coutume de l'administrer sur le déclin des fièvres chroniques intermittentes; il s'en servait encore dans des cachexies, pour fortifier le ton des viscères et apaiser les convulsions occasionées par le vice hypocondriaque.

La méthode que nous venons d'indiquer peut également servir pour l'extraction des huiles essentielles de sental citrin, de bois d'aloès, de gaïac, de rose, et en un mot de tous les bois aromatiques. (Hoffmann, *Observ. phys. chim.*)

SAUCE.

2465. *Moyen de faire une sauce blanche sans beurre.* La cherté ou la rareté du beurre forçant beaucoup de gens à y renoncer, et à lui substituer l'huile, nous croyons faire plaisir à nos lecteurs en leur donnant un moyen de faire une sauce blanche excellente et en même temps très-économique.

Prenez un jaune d'œuf et du sel que vous délaierez avec une cuillère de bois; versez, en filant et en agitant, 4 ou 5 onces d'huile, et arrosez de cette sauce vos poissons ou vos légumes, en y ajoutant un jaune d'œuf, du vinaigre, de la muscade ou du poivre, selon le goût. On observera de ne point faire cuire la sauce sur le feu; il suffit que le plat soit un peu échauffé. (*Bibl. ph. écon.*)

SAUMON.

2466. *Procédé pour mariner le saumon.* Pour mariner le saumon, on le vide et on le lave aussitôt qu'il est pris, et on le fait cuire dans de l'eau avec un peu de sel. Pendant qu'il cuit, on fait légèrement chauffer du vin; on le laisse refroidir dès qu'il a frémi, et on le verse sur le poisson, mis dans un pot de grès qu'on couvre ensuite aussi-bien qu'on peut. Au bout de huit, dix ou quinze jours, on en tire les tronçons, qu'on peut servir au sec sur une serviette, ou préparer à telle sauce qu'on voudra. Si l'on voulait le mariner pour plus long-temps, après lui avoir tranché six à huit pouces de queue, on le coupe en deux morceaux, qu'on lave bien dans de l'eau salée; on met ensuite ces deux morceaux dans une chaudière d'eau bouillante avec le sel nécessaire : on l'écume continuellement, et lorsque le saumon est assez cuit pour être bon à manger, on le retire

pour le faire égoutter, en ayant soin de ne pas entamer les
écailles. Le lendemain, on arrange le poisson dans de petits
barils qu'on remplit avec du vinaigre, 2 pintes pour 3o livres
de saumon, et la saumure où il a cuit, mais dont on a retiré
l'huile ; on y met 2 ou 3 gros de poivre, de muscade, etc. ; on
bouche bien les barils, et on les place dans un endroit frais et
sec. Le saumon ainsi se conserve deux mois.

2467. *Procédé pour fumer le saumon.* Dans le Nord, on
fume le saumon. Pour cela, dès qu'il est pris, on lui coupe
le bout du museau et on le pend par la queue pour faire égoutter
le sang ; on l'ouvre dans toute sa longueur par le ventre jusqu'au dos, de sorte cependant que la tête ne se sépare pas du
corps ; on ôte les ouïes, on le vide, on le lave, on met du sel par-
dessus, et on le laisse ainsi vingt-quatre ou trente-six heures.
Après cela on le fume avec des copeaux de bois de chêne ou
de genièvre, qu'on allume de façon qu'ils produisent de la fumée
sans faire de flamme. Quand il a été ainsi fumé pendant trois
jours, on le pend à l'air pendant vingt-quatre heures, et on
continue de l'exposer alternativement pendant quinze jours ou
trois semaines à la fumée et à l'air ; enfin, pour le conserver
et pour le transporter, on enveloppe le poisson dans de la paille
longue, et on l'enferme de manière à ce que les morceaux
ne se touchent point. Si l'on veut les garder chez soi, on doit
de temps en temps les exposer à l'air, et ensuite à la fumée.
Ces poissons ainsi préparés ne sont jamais meilleurs que quand
ils ne sont préparés que depuis un ou deux mois.

2468. *Autre.* Dans la Bothnie, on sale les saumons. Pour
cela, on les vide, on les coupe en quatre morceaux, on les met
dans de grands vases où on les couvre entièrement de sel : on
les laisse dans cet état pendant plusieurs mois, jusqu'au commencement de l'automne, qu'on les retire de ce premier sel :
on les lave avec soin, et on les parque dans des tonnes de bois
de sapin, sans y mettre de sel ; mais quand elles sont remplies,
on verse par la bonde, le plus qu'il est possible, d'une forte
saumure, ce qui suffit pour les conserver. (*Encycl. méth.*)

2469. *Manière d'accommoder le saumon.* Ouvrez une anguille, ôtez-en les arêtes, hachez-la avec deux anchois, un
peu d'écorce de citron, du poivre, de la muscade, du persil,
du thym, et un jaune d'œuf dur ; mêlez bien le tout, et roulez
dans un morceau de beurre ; prenez ensuite un saumon, ou
une truite saumonée, et remplissez-lui le ventre avec cette
farce ; recousez le ventre et mettez le saumon dans une pois-
sonnière ; faites fondre ensuite dans une casserole, demi-livre
de beurre frais ; remuez dedans un peu de farine, et lorsque

le beurre aura pris une légère couleur, versez dans la casserole une chopine de vin de Madère ; assaisonnez avec du poivre, du sel, du macis et des clous de girofle ; ajoutez un ognon et bouquet de fines herbes ; remuez ce mélange et versez-le sur le poisson ; couvrez bien, et laissez mijoter : quand le poisson est presque cuit, mettez-y quelques champignons frais et des champignons marinés, des truffes et des morilles coupées en morceaux, et laissez-les mijoter jusqu'à ce que le poisson soit parfaitement cuit ; retirez le saumon avec soin ; dressez sur le plat et versez la sauce par-dessus.

2470. *Saumon sur le gril.* Coupez le saumon en tranches épaisses ; passez-les à la farine et mettez-les sur le gril entre deux feuilles de laurier ; dressez ensuite sur le plat et servez avec du beurre bien chaud dans une saucière.

2471. *Saumon aux fines herbes.* Prenez un morceau de beurre, un peu de persil haché, des échalotes, des herbes, des champignons, du poivre et du sel ; formez du tout une pâte dont vous étendrez la moitié au fond du plat sur lequel vous voulez servir le poisson ; placez par-dessus quelques tranches minces de saumon, et recouvrez avec le reste du beurre aux fines herbes ; parsemez le tout de mie de pain, arrosez de beurre et faites cuire au four. Après la cuisson, dégraissez votre poisson et servez-le avec une sauce piquante.

2472. *Saumon roulé.* Ouvrez un saumon dans sa longueur, prenez-en la moitié dont vous enleverez les arêtes et que vous blanchirez ; saupoudrez le côté de l'intérieur d'un mélange de poivre, de sel, de muscade, de macis, d'huîtres hachées, de persil et de mie de pain ; roulez fortement le saumon sur lui-même ; mettez-le dans un plat creux et faites-le cuire au four bien chaud. Quand il est cuit, servez-le avec une sauce appropriée.

2473. *Saumon sec.* Faites tremper pendant deux ou trois heures du saumon fumé ; mettez-le ensuite sur le gril en le poivrant un peu ; servez avec une sauce à votre goût.

SAVON.

2474. *Savon en poudre. Préparation.* L'essentiel est d'avoir d'excellent savon, de le purger ensuite, et de le fabriquer dans la belle saison.

Purgation. Prenez 12 livres de savon, coupez-le par morceaux, et faites-le fondre au bain-marie ou à un feu doux, avec deux pintes d'eau de rose, autant d'eau de fleur d'orange et une poignée de sel fin ; passez-le ensuite dans un tamis ou dans un linge ; le lendemain, coupez-le par morceaux très-minces, et faites-le sécher à l'air, à l'abri des rayons du soleil ; faites-le fondre de nouveau de la même manière avec des eaux de rose et de fleur d'orange ; coulez-le, et faites-le sécher comme la première fois.

Cette seconde opération terminée, faites-le piler et mettre en poudre ; exposez-le encore à l'air, pendant deux ou trois jours, et incorporez-y enfin les essences dont vous voulez les parfumer.

2475. *Autre.* Faites fondre, dans 3 chopines d'eau, 6 livres d'excellent savon ; passez-le dans un linge épais, et remettez-le dans une chaudière, sur le feu, pour le faire monter, en y ajoutant une chopine d'eau et une cuillerée de sel ; tournez-le et fouettez-le jusqu'à ce qu'il gonfle ; alors retirez-le un peu du feu ; et le fouettant toujours jusqu'à ce qu'il soit assez enflé, remettez-le sur le feu, en tournant toujours : lorsqu'il est monté de nouveau, retirez-le de dessus le feu ; coulez-le dans une caisse préparée pour cela : lorsqu'il est pris, retirez-le de la caisse, et coupez-le par morceaux, suivant la forme et la grosseur que vous voulez donner à vos pains, et faites-le sécher ensuite.

Ces pains de savon peuvent servir à faire des savonnettes blanches, en donnant au savon l'épaisseur requise en pareil cas.

2476. *Procédé pour parfumer le savon.* Presque toujours les parfumeurs font usage de la recette suivante, pour lui donner de l'odeur, en mettant, dans six livres de savon :

> Essence de bergamote, 4 onces ;
> de citron, 1 once ;
> de Portugal, 1 demi-once ;
> Huile essentielle d'anis, ou de fenouil, ou de cumin,
> 1 demi-once ;

Ce qui procure au savon une odeur aussi agréable que celle du savon de Windsor.

On peut faire des pains de savon qui imitent le savon aux fines herbes, en ajoutant, sur 4 livres de savon que vous destinez à monter :

> Savon vert, 2 livres, que vous parfumez avec
> Essence de citron, 1 once ;
> de bergamote, 1 once ;
> de marjolaine, 4 gros ;
> de lavande, 4 gros ;
> de thym, 4 gros ;

de myrte, 4 gros ;
de fenouil, 4 gros ;
de serpolet, 2 gros ;
de petit grain, 2 gros.

2477. *Savon liquide de Naples.* Vous coupez par morceaux douze livres de bon savon que vous ferez fondre dans deux ou trois pintes d'eau de rose et de fleur d'orange ; vous y ajoutez, pour le maintenir dans cet état, deux livres d'huile aux fleurs ; vous faites fondre et bouillir un peu ce mélange, et vous le passez dans un linge qui ne soit pas trop serré. Vous le parfumez ensuite comme les pains de savon, et vous y ajoutez quatre onces de poudre d'écorce de bergamote pour lui donner la couleur convenable.

A défaut d'huile, lorsque le savon sera fondu, vous pouvez ajouter deux pintes de bonne essence de savon, que vous laisserez incorporer un quart d'heure avant de le passer et de le parfumer. S'il se séchait en vieillissant, on l'humecterait avec un peu d'eau de rose ou de fleur d'orange. (*Parfumeur impérial.*)

2478. *Essence de savon.* Prenez douze pintes d'esprit, ou d'eau-de-vie à vingt-six degrés au moins ; coupez ensuite huit livres de savon de Marseille ; joignez-y deux livres de potasse ; faites dissoudre le tout à une douce chaleur, en ayant soin de l'agiter de temps en temps ; laissez reposer le mélange avant de le tirer au clair lorsque la dissolution sera bien faite ; et parfumez-le alors en y mettant une once d'une essence quelconque par pinte de liquide.

Pour avoir une essence plus fine, prenez une pinte d'esprit de jasmin, une seconde pinte d'esprit de violette, une troisième de fleur d'orange, une quatrième d'esprit d'ambrette, et une chopine de vanille, et une autre chopine d'esprit de tubéreuse. Mêlez bien ces esprits au degré de 28 à 30 avec de l'eau de rose et de fleur d'orange ; faites dissoudre dans le mélange quatre livres et demie de savon bien préparé, et une livre de potasse, et vous conduisez cette dissolution comme la précédente, en la terminant de la même manière, et en y ajoutant, pour la rendre plus agréable, quelques gros d'essence d'ambre, de musc, de néroli et de vanille. (*Parf. imp.*)

2479. *Savons économiques.* On verse de l'eau sur un peu de potasse et on l'y laisse dissoudre jusqu'à ce que la dissolution marque deux degrés au pèse-liqueur de Baumé.

On décante alors cette dissolution et on la verse sur un peu d'huile qu'on a déposée dans un vase. Le mélange blanchit et forme une liqueur laiteuse qui peut remplacer le savon dans tous les usages domestiques.

La quantité d'huile qu'on emploie doit être d'un volume égal au vingt-cinquième de celui de la lessive.

Si l'on n'a pas de potasse, on mêle un peu de chaux vive à une certaine quantité de cendres du foyer (une livre de chaux sur 5o de cendres), et on les lessive par les procédés connus. On se sert de cette lessive, comme de la dissolution de potasse, après l'avoir ramenée à un degré convenable de concentration.

Il importe de ne préparer la lessive qu'au moment de l'employer.

Il faut préférer les cendres neuves à celles qui ont vieilli.

Les huiles grasses sont préférables aux huiles fines. Lorsque l'huile est puante, elle communique une odeur au linge ; on la fait disparaître en le passant dans une lessive pure.

Si la liqueur est trop épaisse on la délaie avec la lessive faible.

Il est avantageux d'agiter, de battre et de faire mousser la liqueur avant de s'en servir.

Lorsqu'au lieu de potasse on veut se servir de soude, on la brise en petits morceaux qu'on met dans un vase et qu'on recouvre d'eau pour obtenir une solution qui marque un à deux degrés.

On met l'huile dans un vase et on verse par-dessus quarante à quarante-cinq parties de lessive de soude. Le mélange devient laiteux dans le moment, et se conserve dans cet état sans changement. On peut former plusieurs lessives en reversant de nouvelle eau sur les mêmes fragmens de soude.

Indépendamment de ces procédés très-simples on peut former des savons avec les graisses, le beurre rance et autres produits huileux ou graisseux qu'on rejette dans les ménages.

On peut faire avec de la laine un savon qui, en même temps qu'il est très-économique, possède de très-bonnes qualités. Il suffit pour cela de faire dissoudre jusqu'à saturation dans de la lessive bouillante, les résidus de laine qu'on rejette des ateliers. Ce savon est excellent pour fouler et dégraisser les étoffes. (Chaptal, *Chimie appliquée aux arts.*)

2480. *Autre.* Dans l'Amérique septentrionale où l'isolement

des familles, et l'éloignement absolu de toutes les manufactures, ont forcé tous les colons à confectionner par eux-mêmes
une foule d'objets du premier besoin, on est parvenu à fabriquer du savon de la manière suivante :

Pour cet effet, on recueille pendant toute l'année tous les os
de la viande au fur et à mesure qu'on la consomme dans le ménage, et jetés dans les coins d'un lieu sec, on les y laisse sécher ;
on y cumule de même toutes les graisses rances ou hors
d'usage ; les débris des chandelles, enfin tous les corps graisseux, résidus résultans du ménage, et qui ne peuvent plus servir à la consommation comme nourriture. Le jour destiné à la
confection du savon, on prend les os un à un, on les pose sur
un billot, et, au moyen d'un couperet, en les tenant debout,
on les réduit en copeaux, qu'on met avec les débris de graisse
et de suif afin de passer le tout à la lessive dans une chaudière
de fonte plus ou moins concentrée. La meilleure serait celle qui
résulterait de l'emploi de la soude ou de la potasse fondue dans
l'eau ; mais la plus simple, et celle qu'on a toujours sous la
main, se fait avec quelques seaux de cendre de bois qu'on place
dans une toile grossière, contenue par un panier disposé sur un
cuvier, afin qu'il reçoive les eaux dont on doit les arroser ; pour
rendre cette lessive plus forte, on joindra à ces cendres de la
chaux vive dans la proportion d'un quart, et deux ou trois poignées de sel marin. On peut concentrer la lessive en la repassant plusieurs fois sur ce lit de cendres et de chaux ; dès qu'on la
veut plus faible, on y mêle de l'eau.

Tout cela étant préparé, mettez sur le feu votre chaudière
de fonte remplie à demi de fragmens d'os et de graisse ou de
suif, et baignez le tout avec de la lessive un peu faible ; cuisez
à petit feu, y ajoutant, à mesure de l'évaporation du liquide, de
la lessive plus concentrée aussi long-temps qu'il y a absorption
de cette lessive ; dès qu'il n'y en a plus, les corps graisseux,
huileux ou résineux sont saturés, et la *saponification* est faite ;
il ne s'agit plus que d'enlever avec l'écumoire les parties osseu-
ses, et de continuer doucement la cuisson du savon, qui s'indique par son plus ou moins de consistance : on peut alors le
retirer du feu, en remplir des vases, des petits tonneaux ou
des moules, et le serrer pour s'en servir au besoin. Il faut le
mettre dans un endroit sec, parce qu'il prend naturellement
l'humidité, qu'on en dépense le double quand il est mou, et
que plus il est sec, plus aussi il fait de profit.

Si les graisses qu'on a employées étaient d'une odeur désagréable ou extrêmement rances, une once d'essence de térébenthine, par trente livres de savon, mise dans la chaudière,
sur la fin de la cuisson, corrigerait sans peine ce défaut.

Nous ne terminerons pas cet article sans faire observer aux cultivateurs que la charpente osseuse des animaux qu'ils jettent à la voirie est propre à donner beaucoup d'excellent savon. (*Bibl.phys. écon.*)

2481. *Savon arsenical de Bécour.* On se sert de ce savon pour conserver les animaux qu'on empaille. Il se prépare avec savon et oxide blanc d'arsenic (*fleurs d'arsenic*), de chacun 32 parties, sous-carbonate de potasse (*sel de tartre*) 10 parties ; camphre 5 parties, chaux vive 4 parties. On fond au feu le savon avec un peu d'eau ; on y ajoute l'alcali et la chaux, ensuite l'arsenic en poudre ; enfin le camphre, divisé par l'alcohol, s'y mêle dans un mortier et à froid. Ce savon s'applique délayé en bouillie avec un pinceau : il écarte tous les insectes. (J.-J. Virey, *Traité de pharm.*)

SAVONNETTES.

2482. *Manière de faire les savonnettes.* Prenez huit livres de bon savon blanc de Marseille, que vous couperez par morceaux et que vous ferez fondre sur le feu avec environ une pinte d'eau ordinaire : passez-le ensuite dans un linge et ajoutez-y quatre livres de poudre d'amidon, que vous pétrirez bien avec le savon en le pilant long-temps dans un mortier, et parfumez ensuite le mélange avec des essences dont vous mettrez une demi-once par livre de savon.

Ces savonnettes sont lourdes et communes. On peut le soigner davantage dans la manipulation ; le faire fondre et le passer souvent dans des linges épais, le remettre dans une chaudière pour le faire cuire encore en y ajoutant du sel et de l'eau ; le tourner, le fouetter jusqu'à ce qu'il se gonfle bien ; le faire monter, et le couler ensuite pour lui donner la forme qu'on désire avant de le faire sécher. C'est ainsi qu'on obtient le savon de Windsor, et l'on en fera de meilleur encore en lui faisant subir deux ou trois fois les mêmes préparations. Il est bon d'observer que pour cela on doit le mettre au bain-marie, le laisser en infusion pendant quelques jours, le faire fondre de nouveau, le passer, et y ajouter enfin les parfums qu'on juge nécessaires, tels que la vanille, l'ambre, le musc, etc., etc. (*Parfumeur imp.*)

SCORBUT.

2483. *Décoction antiscorbutique.* Faites bouillir trois poignées de bourgeons de pin ou de sapin, cueillis au printemps et séchés à l'ombre, dans trois doubles décilitres d'eau pendant quatre heures; laissez refroidir; ajoutez autant de bon vin vieux; laissez reposer pendant vingt-quatre heures, et exprimez. La dose est depuis six décagrammes jusqu'à douze. (*Méd. dom.* de Buchan.)

Les fruits bien mûrs sont d'excellens antiscorbutiques.

SCORPIONS ET COULEUVRES.

2484. *Remède contre les morsures de ces reptiles.* Dans l'Inde, où les couleuvres sont très-dangereuses, on fait une légère scarification sur la plaie; et on applique un peu de chaux vive, ou une pièce de cuivre rouillée de vert-de-gris.

Ce remède opère bientôt la guérison et sert en même temps contre la piqûre du scorpion. (*Bibl. phys. écon.*)

SCELLEMENS.

On scelle fort bien des pièces de métaux, des pierres, avec des mélanges de vinaigre, de suie, d'urine, de limaille et des batitures de fer.

On peut en faire aussi avec des chiffons de linge trempés dans une bouillie composée de vinaigre et de suie, qu'on fait bourrer dans les trous et dans lesquels on enfonce ensuite des pointes de clous et des fragmens de vieille ferraille en forme de coin. L'acide en réagissant sur le fer l'oxide, ces scellemens peu coûteux peuvent durer un siècle.

On en fait aussi d'excellens avec des résines fondues et mêlées avec de la cendre ou de la brique tamisées. Ce mastic joint parfaitement avec les métaux et avec les pierres et est insoluble à l'eau. (*Bulletin de la société d'encouragement pour l'indust. nation.*)

SEIGLE.

2485. *Caractère distinctif d'un bon seigle et de sa farine.* Le bon seigle doit être clair, peu allongé, gros, sec et pesant.

Sa farine bien moulue et blutée, n'a pas l'œil jaune de celle de froment; elle est d'un beau blanc, douce au toucher, et répand une odeur approchant de celle de violette. Si on en fait une boulette avec de l'eau, elle ne devient pas longue et tenace comme celle du blé; elle est au contraire courte et grasse ; elle adhère aux doigts mouillés, et ne se durcit pas promptement à l'air. (*Man. de santé.*)

2486. *Seigle ergoté.* Le pain de seigle ergoté est excessivement dangereux. On a vu des personnes mourir subitement après en avoir mangé, d'autres être attaquées d'horribles convulsions et d'une gangrène qui, après des douleurs très-vives, desséchait et détachait spontanément leurs membres sans occasioner d'hémorrhagie. Le lait a quelquefois réussi à calmer un peu la violence de ce poison. (*Idem.*)

SEL.

2487. *Usages et propriétés du sel.* Le sel soutient et augmente la vigueur et la santé des animaux domestiques, en ce qu'il échauffe et fortifie l'estomac, provoque l'appétit, favorise la digestion, entretient et facilite l'embonpoint. Son usage fournit plus de lait et plus de crème, les rend d'une meilleure qualité ; enfin les animaux qui en mangent quelquefois deviennent plus féconds, moins sujets à la pourriture, aux vers, aux maladies pestilentielles et en général à toutes les affections morbifiques.

Il convient parfaitement après les bains et la tonte des bêtes à laine, surtout lorsque le temps est froid, en ce qu'il les réchauffe et les rend moins sensibles aux impressions de l'air. On en prescrit, dans ces cas, l'usage pendant quinze, vingt jours ou même un mois, et cela d'un jour entre autres.

On peut tous les jours en donner trois onces divisées en deux parties, aux vaches au moment où l'on veut les traire, pour augmenter la quantité et la qualité du lait. La dose pour les bœufs est de deux onces ; on en donne au cheval de deux gros à une once ; à la chèvre, d'un à quatre gros ; aux bêtes à laine, de deux à quatre gros ; aux cochons, de deux à six gros ; enfin on met d'un à quatre gros de sel par livre de nourriture qu'on destine à la volaille.

On emploie en général le sel dans les proportions que nous venons de prescrire, plutôt au printemps et en automne que pendant l'hiver ou l'été ; dans les pays tempérés, bas et humides, plutôt que dans les climats chauds, froids, secs ou élevés ; enfin pour les animaux d'un tempérament humide, froid et peu irritable, plutôt que pour ceux qui l'ont sec, ardent et faible à irriter.

Enfin le sel convient avec les alimens qui abondent en

eau, comme les navets, choux, carottes, pommes de terre, ci-
trouilles, etc., comme aussi on peut le mêler avec le lait caillé,
les résidus des amidonniers et les gâteaux de noix, ou d'autres
semences dont on a déjà extrait de l'huile et qu'on veut faire
manger aux animaux. Uni au son, glands, fèves, pois, marcs
de poires et de pommes, il en facilite la digestion et corrige
les mauvais effets que quelques-unes de ces substances peuvent produire. (*Man. d'écon. domest.*)

2488. *Purification du sel.* On fait dissoudre la quantité de
sel que l'on désire purifier, dans suffisante quantité d'eau
(l'eau chaude n'en dissout guère plus que l'eau froide); on
y ajoute environ une livre de sulfate de soude, par vingt
ou vingt-cinquième de sel : la dissolution complète, on laisse
reposer et on filtre, soit par une grosse étoffe, soit par un
papier Joseph; on fait évaporer; et à proportion que l'évaporation s'effectue, le sel qui se précipite ou qui se cristallise
à la surface en forme de pellicule, doit être ramassé avec
une écumoire et jeté sur une toile, afin qu'il s'y égoutte; on
met l'eau qui découle à évaporer avec la première. (Limouzin-
Lamothe, *pharm.*)

2489. *Sel de seignette.* Quand on veut se purger avec du
sel de seignette, on en fait fondre une once dans trois demi-
setiers de bouillon aux herbes, dans lequel l'oseille domine.
Si l'on veut que cette boisson soit plus active, on y ajoute un
grain d'émétique. On prend de la même manière le phosphate de soude. (Doct. Marie de Saint-Ursin.)

SEMENCES ET FRUITS.

2490. *Comment et dans quel temps il faut cueillir les semences pour l'usage de la médecine.* Les semences, proprement dites, doivent se retirer de la plante en végétation,
de manière qu'elles soient pleines, grandes, entières, point
endommagées par les insectes, non germées, et se précipitant au fond de l'eau, surtout quand elles sont très-grosses;
on doit les cueillir mûres, c'est-à-dire dans la vieillesse de la
plante et dans un temps sec et serein. Les fruits doivent être
aussi recueillis mûrs; si cependant on se propose de les faire
sécher ou conserver, on peut les recueillir un peu auparavant. Il est même des cas où les médecins les prescrivent
avant leur maturité, surtout quand ils sont acides, acerbes et
astringens. (F. Carbonell. *Elém. de pharm.*)

2491. *Comment on doit dessécher les semences et fruits.* Les semences huileuses ou émulsives qui ont une enveloppe ligneuse, après avoir été débarrassées de leur enveloppe charnue, doivent être desséchées au soleil pendant l'été, et jamais à la chaleur du poêle. Les semences farineuses peuvent être desséchées au soleil, ce qui suffit pour les conserver sans altération pendant un an ; celles qui sont soumises à une dessiccation ultérieure par la chaleur du poêle, peuvent se conserver longtemps. Les semences spiritueuses subtiles ne doivent être desséchées d'aucune manière, mais être conservées dans leurs siliques, si faire se peut. Quant aux semences communes, il suffit, pour les conserver, de les exposer au soleil deux ou trois jours, suivant l'humidité qu'elles contiennent.

Quant à la dessiccation des fruits, les plus charnus et les plus gros, après avoir été dépouillés de leur pellicule, coupés en morceaux, doivent être médiocrement desséchés à la chaleur de l'étuve. Il faut en excepter les grenades et semblables, qui, entourées d'une forte écorce, peuvent être conservées récentes, sans aucune préparation, pendant l'espace d'un an ; mais les fruits succulens, plus petits, comme ceux du genèvrier, de la morelle et autres, doivent être étendus entiers dans l'étuve, desséchés jusqu'à ce qu'ils soient privés de leur humidité, et conservés dans des endroits secs. (F. Carbonell. *Elém. de pharm.*)

2492. *Terme de la durée et manière de reposer les semences et fruits.* Les semences entourées et conservées dans une capsule, comme celles de pavot, les semences légumineuses, ou qui ont des siliques ou une enveloppe ligneuse, durent plus long-temps que les semences nues, telles que le fenouil, la scabieuse et semblables. Les semences qui mûrissent dans le calice, comme la pulmonaire, la grande consolade et autres de cette espèce, tiennent des premières. Les semences huileuses non aromatiques, conservées dans une enveloppe ligneuse, peuvent durer deux ans et au delà ; mais celles qui n'en ont pas doivent être renouvelées tous les ans. Les semences farineuses, bien desséchées et privées de leur humidité, durent plusieurs années, et ont rarement besoin d'être renouvelées ; les semences spiritueuses aromatiques peuvent durer environ deux ou trois ans ; les semences spiritueuses subtiles doivent être renouvelées chaque année ; les semences communes, grandes et entourées d'une écorce un peu dure, peuvent aller jusqu'à trois ans. Celles qui sont petites, enveloppées d'une écorce fine, doivent être changées tous les ans ; les semences doivent reposer dans des vases de verre, à l'abri de l'humidité et éloignées des murs. Pour conserver les semences il faut les remuer souvent, les vanner et même les cribler. (*Idem.*)

2493. *Terme de la durée des fruits.* Les fruits mous, tant exotiques qu'indigènes, comme les dattes, les figues, les jujubes et autres semblables, se conservent à peine pendant une année sans s'altérer ; mais ceux qui sont plus durs, comme les myrobolans, peuvent durer quinze ou vingt ans ; les baies desséchées convenablement et confiées à la garde d'un pharmacien intelligent, se conservent pendant trois ou quatre ans. La reposition des fruits doit être analogue à celle des semences. (*Idem.*)

SEREIN.

2494. *Moyen pour se garantir du serein.* On se garantit du serein en s'humectant le corps d'eau salée et en se recouvrant de ses habits pendant que l'on est encore humide. Ainsi les bains de mer produisent cet effet, et garantissent des rhumes. (*Encycl. méth.*)

SERIN.

2495. *Education du serin.* Cet oiseau se nourrit avec du chenevis, du millet, de la navette, de l'alpiste et du mouron, qu'il aime beaucoup et qui le maintient en santé.

On ne saurait positivement déterminer le temps propre pour l'accouplement des serins ; il dépend beaucoup de la température des saisons. Cependant lorsque les froids et les gelées commencent à disparaître, on peut disposer cet accouplement. On se munit pour cela d'une cage bien nettoyée et peu spacieuse ; on y met un serin mâle avec une femelle ; on les expose autant que possible au levant ; on place dans leur cage un petit panier d'osier ; on leur jette de la bourre de coton, du foin, de la mousse, etc., etc. Ils en composent leurs nids, y déposent leurs œufs, qu'ils couvent pendant douze jours, et ils en recommencent presque aussitôt un second, si on leur donne de quoi le composer, même pendant le temps qu'ils donnent à manger à leurs premiers petits.

Quand les petits serins sont en état de manger seuls, on les nourrit comme les grands, avec de la navette, du millet, de l'alpiste et du chenevis qu'on mêle ensemble.

Les serins une fois accouplés, on leur donne un petit morceau d'échaudé et une feuille de laitue, surtout lorsqu'on reconnaît que la femelle est prête à pondre. La veille du jour où les petits doivent éclore, on change le sable fin et tamisé qu'on a eu soin de mettre dans la cage quand on y a renfermé les serins; on nettoie tous les bâtons, on remplit l'auget de graines, et le plomb d'eau fraîche. On joint à cela un quartier d'œuf dur, haché très-menu, un morceau d'échaudé trempé dans de l'eau, un peu de mouron, et de la graine ordinaire à laquelle on donnera un bouillon, et qu'on rincera ensuite dans de l'eau fraîche, afin qu'elle perde toute son âcreté. On mettra ensuite dans un grand vase un petit morceau de réglisse dans leur eau, qu'on changera souvent surtout pendant les grandes chaleurs.

L'on est parfois obligé de nourrir les petits serins à la brochette, principalement quand on veut leur apprendre des airs de serinette ou de flageolet. Il ne faut, dans tous les cas, les sevrer de leur mère que le quatorzième jour, s'ils sont délicats, et le douzième, s'ils sont robustes. Alors on leur donne une pâte faite avec de la navette bien sèche, broyée avec un échaudé et un biscuit, à laquelle on joint un jaune d'œuf et un peu d'eau, au moment de la présenter au bout d'une brochette aux petits oiseaux. Au bout de trois jours, on ajoute à ce composé une pincée de navette bouillie, sans être écrasée, et qu'on a soin de laver dans de l'eau fraîche, après qu'elle a fait un bouillon ou deux. De temps en temps aussi on confond avec leur pâte une amande douce pelée et bien pilée : quelquefois encore quand on s'aperçoit que les petits sont bien échauffés, on leur donne une petite pincée de graines de mouron, aussi mûres que possible. Si les petits serins deviennent malades pendant qu'ils sont ainsi élevés, on prend une poignée de chenevis, on le lave dans de l'eau de fontaine, on l'écrase avec un pilon de bois, dans une seconde eau ; on l'exprime fortement dans un linge blanc, et avec cette eau qu'on a surnommée *lait de chenevis*, on linifie le composé ci-dessus indiqué. On peut par intervalles jeter aussi de la mie de pain aux serins, pourvu qu'elle ne soit pas tendre.

Quand on les nourrira encore à la brochette, on leur donnera à manger pour la première fois à six heures et demie du matin au plus tard; la seconde fois, à huit heures; la troisième, à neuf heures et demie; la quatrième, à onze heures; la cinquième, à midi et demi; la sixième, à deux heures; la septième, à trois heures et demie; la huitième, à cinq heures; la neuvième, à six heures et demie; la dixième, à huit heures; la onzième et dernière fois, à huit heures trois quarts; en ayant soin de ne leur présenter que quatre ou cinq becquées chaque fois.

Quand les serins commencent à manger seuls, on les met

dans une cage sans bâtons, on place un peu de petit foin ou de mousse bien sèche au bas de la cage, et on les nourrit pendant le premier mois avec du chenevis écrasé, du jaune d'œuf dur, de l'échaudé, du biscuit sec ou râpé, un peu de mouron bien mûr, et de l'eau dans laquelle on a mis un peu de réglisse. Tout cela se place au milieu de la cage; on met aussi de la navette sèche dans la mangeaille.

Tout serin vieux est d'une couleur plus foncée et plus vive dans son espèce qu'un jeune; ses pates sont rudes et tirant sur le noir, surtout s'il est gris; il a encore les ergots plus gros et plus longs que les jeunes.

Lorsqu'on a dessein d'instruire un serein au flageolet ou à la serinette, on le met dans une cage séparée, huit ou quinze jours après qu'il mange seul; on la couvre d'abord d'une toile fort claire pendant les quinze premiers jours; on la place dans une chambre éloignée pour qu'il ne puisse entendre aucun autre ramage; et on joue ensuite d'un petit flageolet, dont on a soin que les tons ne soient pas trop élevés. Ces quinze jours écoulés, on substitue à cette toile claire, une serge plus épaisse, et l'on continue de lui faire entendre le même air en ayant soin, pour qu'il le retienne mieux, de ne lui donner aucune distraction, et par conséquent de lui donner au moins pour deux jours de nourriture.

Il arrive quelquefois qu'un serin mâle tombe malade lorsque sa femelle a le plus besoin de lui, comme lorsqu'elle va pondre ses œufs, ou quand ses petits ont déjà atteint sept ou huit jours, qui est le temps où un bon serin mâle doit décharger la femelle du soin de nourrir ses petits, pour qu'elle se repose. Alors on prendra le malade et on le mettra dans une petite cage; on le mettra au soleil et on lui soufflera un peu de vin blanc sur le corps, et on le laissera reposer. Si le mal se prolonge, il faudra substituer auprès de la femelle, un mâle à la place du malade qu'on devra mettre à la diète pendant plusieurs jours pour le dégraisser, en ne lui donnant pour toute nourriture, que de la navette; et peu de jours après, on remettra le serin avec sa femelle. S'il retombe malade, on le retire pour ne plus le remettre; car c'est une preuve d'une trop grande délicatesse. On en peut dire autant de la femelle; si elle devient malade quand elle couve ses œufs, il faut, en la retirant de sa cabane, lui ôter aussi ses œufs et les donner au plus tôt à d'autres femelles qui couvent à peu près du même temps; si elle devient malade après que les petits se trouvent éclos, on examinera s'ils sont assez forts pour qu'on puisse les élever à la brochette; et en cas qu'ils ne le soient pas assez, on les donne à une femelle qui a des petits de la même force, quand bien même la malade pourrait et voudrait les nourrir.

Les femelles, dans le temps de la ponte, sont sujettes à être malades; on les voit bouffies en un moment, elles ne veulent plus manger; quelquefois même elles sont si faibles, que ne pouvant se tenir sur leurs pates, elles se renversent et meurent si on ne les secourt promptement : quand on s'en aperçoit, on prend la malade, et après s'être bien assuré que sa maladie est la ponte, on lui met avec la tête d'une grosse épingle, de l'huile d'amande douce au conduit de l'œuf; et si cela ne suffit pas, on lui fait avaler quelques gouttes de cette même huile qui apaisera ses tranchées et ses douleurs; on la laissera dans une petite cage garnie de foin, on la mettra au soleil ou devant le feu, jusqu'à ce qu'elle ait repris ses forces; on lui donnera de l'échaudé sec et de la graine d'œillette; et si malgré cette bonne nourriture elle a de la peine à revenir, on lui soufflera quelques gouttes de vin blanc, et on lui en fera boire un peu qui aura été tiédi et dans lequel on aura mis un peu de sucre candi. Il y a de certaines femelles qui déplument leurs petits à mesure que la plume commence à leur pousser, et c'est ordinairement sept ou huit jours après qu'ils sont nés; on remédie à ces inconvéniens, soit en ôtant les petits, s'ils sont assez forts pour les élever à la brochette, soit en les entourant avec de petits bâtons assez éloignés pour que la mère ne puisse que leur donner à manger.

MALADIES DES SERINS.

2496. *L'avalure.* Cette maladie qui se manifeste par une grande maigreur et un ventre clair, gros, dur, et couvert de petites veines rouges, provient de ce que les serins ont le corps brûlé en dedans, par des nourritures trop succulentes. On y remédie en ôtant de leurs cages ce qu'ils semblent aimer le mieux; et si le mal continue, on le guérit en mettant gros comme un pois d'alun, ou un clou de fer dans l'eau du serin malade, en lui ôtant, le soir, sa boisson ordinaire, et lui en remettant de la salée le lendemain matin, et en continuant ainsi pendant cinq ou six jours. Si alors le malade n'était pas mieux, on lui ôterait sa graine ordinaire, on lui donnerait du lait bouilli avec de la mie de pain et de l'alpiste également bouilli; et cinq à six jours après on lui remettra sa graine ordinaire dans son auget, on jettera dans son eau, gros comme la moitié d'une lentille de thériaque, et on la lui laissera jusqu'à ce qu'on l'ait vu boire une fois ou deux. On continuera cette boisson au moins trois jours de suite; après quoi on lui donnera une pincée de millet, autant de graine d'alpiste, quelque peu de navette, et quelques grains de chenevis mêlés, qu'on fera bouillir un instant, qu'on rincera dans une eau fraîche, et qu'on mêlera enfin avec un œuf dur et un petit morceau de biscuit, un peu de graine de laitue et d'œillette, et quelques feuilles de chicorée.

2497. *Mue.* Lorsqu'un serin est dans sa mue, il faut l'exposer au soleil, ou s'il n'en fait point, le mettre dans un lieu chaud où il n'y ait aucun vent : car le moindre froid peut alors lui devenir mortel; placer dans un petit pot à pommade, au milieu de sa cage, de la graine de thalictron ou argentine, mêlée avec un peu de graine d'œillette, lui donner un peu de biscuit et d'échaudé à sec, en mettre détremper dans du vin blanc, lui en souffler sur le corps trois fois la semaine, en laissant un jour d'intervalle entre chaque fois, et le mettre sécher au soleil ou devant le feu. Si on le voit bien malade, on lui fait avaler tous les jours trois ou quatre gouttes de vin blanc dans lequel on fait fondre un petit morceau de sucre candi; on jette dans son abreuvoir un peu de réglisse nouvelle bien ratissée, et quand, malgré cela, on ne remarque aucune amélioration sensible, on lui donne toutes sortes de nourritures, telles que des œufs durs, échaudé, graine de laitue, chenevis, alpiste, etc., etc.

2498. *Le bouton.* Quand un serin est attaqué d'un abcès qui se forme sur le croupion, on le perce avec la pointe des ciseaux; on en fait ensuite sortir le pus, et on lui met aussitôt sur la plaie un petit grain de sel fondu dans la bouche. Si on s'aperçoit que le serin souffre un peu parce que le sel lui cuit, on peut, une heure après ou environ, mettre sur son mal un petit morceau de sucre fondu avec la salive pour adoucir l'âcreté du sel et achever de sécher la plaie.

2499. *Mites.* On emploie plusieurs petits remèdes pour débarrasser les serins des insectes connus sous le nom de mites. Le meilleur ou pour mieux dire le seul, est de nettoyer exactement la cage.

SERINGUE.

2500. *Moyen de remplacer une seringue.* A défaut de seringue pour prendre un lavement, on peut se servir d'une vessie de bœuf ou de cochon, à laquelle on attache le petit tuyau d'une pipe ou d'une plume d'oie. La préparation prête on la verse dans la vessie en ayant soin de ne pas y laisser pénétrer de l'air. (*Mag. méd. dom.*)

SIMPLES.

2501. *Choix des simples.* Les simples, soit plantes, racines ou fruits, sont toujours meilleures lorsqu'elles croissent dans une distance convenable; alors elles ne végètent point aux dépens les unes des autres; leur nourriture est plus abondamment répartie, par conséquent elles doivent avoir plus de vigueur et de vertu.

On donne toujours la préférence aux simples qui ont le plus d'odeur, de saveur et de couleur, lorsque naturellement elles doivent avoir ces qualités, comme le safran, le genièvre, tous les fruits rouges.

Toutes les saisons, toutes les heures du jour ne sont point également propres pour recueillir les plantes, les fleurs, les fruits aromatiques. On ne doit faire cette récolte qu'après le soleil levé, et lorsqu'il aura dissipé la rosée et l'humidité surabondante qui couvre les plantes; jamais par un temps nébuleux et encore moins pendant la pluie, ou même immédiatement après.

Il faut aussi attendre pour recueillir les plantes qu'elles aient acquis une maturité parfaite; elles sont alors dans leur plus grande vigueur, c'est-à-dire remplies de principes. On reconnaît cet âge quand les fleurs commencent à s'épanouir; de même les fruits doivent être parfaitement mûrs, surtout lorsqu'on a dessein de leur faire subir la fermentation vineuse. (Bouillon-Lagrange, *Nouv. chim. du goût et de l'odorat.*)

SINAPISMES (*Composition des*).

2502. Un sinapisme ou cataplasme, composé d'une once de grains de moutarde mêlés avec une cuillerée de raifort râpé, autant de levain et un peu de vinaigre que l'on applique sur la partie supérieure du bras ou le gras de la jambe, et qu'on laisse jusqu'à ce qu'on y sente une inflammation considérable, produit les effets les plus salutaires lorsqu'on éprouve de grands maux de tête ou de dents, des vertiges, des étourdissemens, des suffocations, et même des attaques d'apoplexie. (*Mag. méd. dom.*)

SIROPS.

2503. *Confection des sirops.* Mettez dans une bassine de cuivre rouge parfaitement nettoyée, la quantité de sucre que vous jugerez à propos, faites-le fondre par l'intermédiaire de l'eau, en lui en donnant la quantité nécessaire pour opérer la parfaite dissolution. Le sucre blanc et en pain, converti en sirop, est sujet à se cristalliser ou à se candir; la cassonade blanche ou sucre terré l'est moins, parce qu'il n'a point totalement perdu lors de la raffination une grande partie de son onctuosité. Cependant, si l'on veut empêcher la candisation, il faut faire fondre dans le premier bain du sirop, une demi-once de bon miel blanc par livre de sucre; ce miel s'alliera parfaitement avec lui.

Le sucre et le miel étant fondus à froid, on met dans un vase à part un blanc d'œuf par 3 livres de sucre, et sur chaque blanc d'œuf un quart de livre de liqueur ou sucre fondu que l'on bat fortement avec un faisceau de brins, convertissant le tout en écume, que l'on jette encore à froid dans le surplus du bain; mis sur le feu, on laissera faire quelques bouillons à ce mélange; le blanc d'œuf se chargera de la crasse, il gagnera les bords de la bassine, et lorsqu'on verra que le milieu est bien clair, que les bouillons sont bien diaphanes, on écumera avec soin. On retirera la bassine du feu et on filtrera ce premier bain au blanchet ou à la chausse. Un blanchet ras ne vaut rien pour cet usage, il faut au contraire qu'il soit raisonnablement chargé de poils et bien drapé. Ce sirop clarifié, remis sur le feu dans la bassine, est encore remué au besoin, et on procède à sa cuite.

Il est cuit lorsque, glutineux et visqueux, on en prend une cuillerée qu'on laisse filer de haut; s'il tombe en grosses gouttes terminées par un filet court, il est au point requis et on peut retirer la bassine du feu, le remuant cependant encore doucement avec la spatule dans le temps du refroidissement, ce qui empêche qu'il ne se forme de condensation au fond de la bassine. On ne doit aussi le mettre en cruche, ou en bouteilles, que lorsqu'il est parfaitement froid; car, étant encore chaud, il exhale des vapeurs aqueuses qui, retombant fluides à sa superficie, occasionent la moisissure, ainsi qu'un précipité de candi. Si, poussant trop le feu, on avait donné une trop forte cuite au sirop, de façon qu'il candît en se refroidissant, on en sera quitte pour l'allonger avec un peu d'eau et lui faire faire quelques nouveaux bouillons pour l'amener au point de sa perfection. Cependant, plus on désire qu'un sirop soit de garde, et mieux il doit être cuit. Ceux des fruits acerbes ou acides ne demandent pas autant de cuisson que ceux dans lesquels on fait entrer des sucs plus doux; par conséquent les pommes acides demandent moins de cuite que celles qui ont une saveur plus douce. (*Bibl. phys. écon.*)

2504. *Observations sur les sirops.* Il arrive quelquefois que les sirops qui ont été faits avec toutes les précautions que nous avons indiquées, fermentent, s'altèrent, moisissent et finissent par se gâter. Pour remédier à cet accident, il faut avoir soin de placer les sirops dans des vases de très-peu de diamètre, les visiter souvent et les faire recuire ou pour augmenter ou pour diminuer la dose de sucre, ou bien encore pour les épurer des fécules qu'on peut y avoir laissées à la première préparation et qui ont occasioné la fermentation ou la moisissure.

Quelque temps après que les sirops auront été faits, il faut déboucher les bouteilles, enlever une petite pellicule souvent moisie qui se forme quelquefois entre le bouchon et la surface de la liqueur, placer les bouteilles dans une température à peu près toujours égale, ou mieux dans une cave qui ne soit ni trop chaude ni trop froide. Si l'on suit toutes ces précautions, les sirops se conserveront long-temps et seront exempts autant que possible de toute espèce d'altération. (Bouillon-Lagrange, *Chim. du goût et de l'odorat.*)

2505. *Sirop de raisin.* La fabrication du sirop de raisin consiste :

1° A exposer au feu le moût qu'on a préparé avec soin et fait avec des raisins bien mûrs; quand il approche du degré d'ébullition, on enlève les écumes, on retire la bassine, on y ajoute à diverses reprises de la craie étendue sur un peu d'eau, même après que l'effervescence est finie; à agiter chaque fois la liqueur et à la laisser déposer un moment avant de la décanter;

2° A replacer sur le feu le moût écumé et désacidifié; et quand il est près de bouillir, à y jeter des blancs d'œufs cassés un à un, réunis et battus avec un peu d'eau; de passer ensuite la liqueur bouillante à travers une étoffe de laine;

3° A faire évaporer le moût. Pour cela il faut la brusquer en se servant de vaisseaux plats et à large ouverture, et la pousser vivement jusqu'à ce que le liquide file comme l'huile;

4° Enfin à faire refroidir promptement le sirop, à le verser ensuite dans des vaisseaux plus étroits que larges, à ne les décanter que quinze jours après pour en séparer le dépôt, et le distribuer dans des bouteilles de médiocre capacité qu'on place au frais.

On peut avoir des sirops d'extraits de fruits et de plantes, comme les pommes, les poires, les châtaignes, les betteraves, les carottes, les panais, les pois, les fèves, la réglisse, etc., etc. Cette opération consiste à râper ou écraser ces fruits ou plantes au moyen d'une presse, d'en recevoir le suc, de le clarifier avec des blancs d'œufs et de faire évaporer jusqu'à consistance de sirop. (Parmentier.)

2506. `Sirop excellent.` Prenez raisins de caisse, figues, groseilles noires, cerises noires des bois, raisins noirs, par parties égales ; amandes d'abricots, de pêches, de mirabelles ; suc de réglisse à volonté, sucre candi à proportion de la dixième partie des autres substances. Si le tout pèse dix livres, mettez-le dans une futaille bien propre, qui puisse contenir dix fois le même poids d'excellent vin sortant de la vigne sans aucune fermentation. Bouchez-la légèrement avec un linge et du sable par-dessus. Bondonnez ensuite à l'ordinaire. Au printemps, soutirez et mettez le sirop en bouteilles. Il deviendra excellent avec l'âge, et sera un fortifiant et un stomachique délicieux. (*Bibl. phys. écon.*)

2507. *Sirop pour liqueur.* Le sirop qu'on prépare pour la composition des liqueurs, se fait avec un certain nombre de livres de bon sucre clarifié qu'on fait fondre à froid dans un même nombre de pintes d'eau commune de rivière ou de fontaine, et jamais de puits.

On fait un second sirop préférable au premier dans la composition de quelques liqueurs. On en trouvera la recette à l'article *Millefiori.*

SON.

2508. *Propriétés du son.* Le son contient une espèce d'huile qui agit sur les fibres de l'estomac, et par suite sur ceux de tout le corps. Les effets en sont les plus salutaires ; il donne plus de force et plus de vigueur à tout le système organique ; aussi si l'on fait bouillir du son dans l'eau qui doit servir à pétrir le pain, il en acquerra plus de bonté, sera plus salubre et deviendra beaucoup plus nourrissant. (*Man. de santé.*)

SOUDE.

2509. *Procédé pour extraire la soude.* On dissout cinq cents

livres de sulfate de soude et cinq cent soixante-dix livres de
potasse dans deux chaudières différentes, et l'on fait bouillir les
deux dissolutions; dès que l'ébullition a lieu, la solution de potasse est versée à grandes cuillerées dans la chaudière qui contient le sulfate de soude, et l'on agite; aussitôt que le fluide
bout, on le verse également par cuillerées dans une gouttière
de bois qui le conduit dans une cuve de bois doublée d'une
feuille de plomb d'un demi-pouce d'épaisseur, et placée dans
un lieu frais: on met alors à travers la cuve des bâtons auxquels
sont suspendues des lames de plomb de deux à trois pouces de
large, qui pendent dans le fluide à quatre pouces l'une de l'autre. Il se forme au fond de la cuve une masse de sel qu'on détache à l'aide d'un ciseau et d'un maillet.

Voilà le procédé ancien : quant au procédé nouveau, mettez
cinquante livres de carbonate de potasse dans une chaudière de
fonte, avec environ soixante pintes d'eau; chauffez et remuez
jusqu'à parfaite dissolution; enlevez avec une écumoire les
pierrailles et les ordures qui se précipitent ou qui surnagent
(il faut que cette dissolution donne à l'aréomètre 40 à 50 degrés); ajoutez alors cent livres de sulfate de soude cristallisé,
et remuez avec l'écumoire. La décomposition s'opère à l'instant, et le sulfate de potasse se précipite de manière à pouvoir
en retirer la presque totalité, qu'il faut mettre dans un vase
pour le laver à l'eau froide, afin d'en retirer le carbonate de
soude qu'il emporte avec lui. Couvrez la chaudière et laissez
reposer quatre à six heures, le feu étant éteint; après quoi vous
décanterez au siphon toute la liqueur claire, dans une cuvette
de plomb dont les rebords sont relevés, et qui sera faite avec
une lame d'une ligne ou une ligne et demie tout au plus d'épaisseur, de deux à trois pieds de long, dix-huit pouces de large,
et sept à huit pouces de profondeur. La portion trouble restée
au fond de la chaudière se met avec le sulfate de potasse qu'on
avait retiré d'abord. Après deux ou trois jours, suivant les dispositions de l'atmosphère, on trouve une superbe cristallisation de carbonate de soude; on retire la liqueur pour la rapprocher et la mettre de nouveau à cristalliser. Si les dernières portions de cette même liqueur ne cristallisaient point, il faudrait
ajouter une nouvelle quantité de sulfate de soude; et avec les
précautions indiquées, on obtient de nouveau du sulfate de potasse, parce qu'une partie de potasse qui n'a point été employée dans la décomposition, est restée dans l'espèce d'eau-
mère que l'on rencontre dans ce cas.

Lorsque les cristaux de soude sont suffisamment égouttés, on
peut les détacher en développant un peu les encoignures de la
cuvette; on les obtient par-là sans aucune difficulté. Si l'opé-

ration a été bien faite, la masse des cristaux peut s'enlever en pains, et se mettre en beaux fragmens dont une surface présente des cristaux bien prononcés. Il reste assez constamment une portion de sulfate de potasse dans cette soude; mais les qualités de ce sulfate qui se trouvent au delà de celles qui peuvent dépendre d'une affinité de surcomposition, se trouvent adossées à la masse, du côté du fond de la cuvette, et elles peuvent en être séparées, attendu que ces portions de sulfate se distinguent aisément du carbonate de soude auquel elles adhèrent. (Leblanc, *Extrait de la Cristallotechnie.*)

SOUFFLÉS.

2510. *Soufflé de pain à la vanille.* Vous ferez bouillir une chopine de crème, vous y mettrez un bâton de vanille et six onces de sucre auxquels vous ferez jeter trois ou quatre bouillons; prenez un pain mollet d'une livre; vous en ôterez la mie, et vous la tremperez dans la crème bien chaude; vous l'y laisserez jusqu'à ce qu'elle soit froide. Vous mettrez votre mie dans un linge blanc; vous la presserez pour en extraire la crème, et vous la mettrez dans un mortier avec la vanille; pilez-la bien, et vous y ajouterez gros comme deux œufs de beurre, deux œufs entiers et quatre jaunes; quand tout est bien amalgamé, passez-le au travers d'une étamine; vous mettrez la purée de pain dans une casserole; vous fouetterez les quatre blancs d'œufs qui vous restent comme pour un biscuit; vous les mêlerez avec la mie de pain. Placez le soufflé dans une casserole d'argent que vous mettrez à un four doux ou sur la cendre rouge, et le four de campagne par-dessus; le soufflé cuit, servez-le tout de suite. (*Le Cuis. roy.*)

2511. *Soufflé de pain au café vierge.* Vous ferez bouillir trois demi-setiers de crème et vous y mettrez six onces de sucre. Vous ferez griller quatre onces de café un peu pâle, vous le jetterez en sortant de la poêle dans la crème, vous poserez le couvercle de la casserole dessus; vous la passerez ensuite à travers une passoire sur la mie de pain; laissez-le refroidir et faites le soufflé comme le précédent. (*Idem.*)

2512. *Soufflé de frangipane.* Mettez dans une casserole six cuillerées d'eau avec laquelle vous délayerez un œuf entier et quatre jaunes; vous y ajouterez une chopine de crème, gros comme un œuf de beurre; vous poserez cet appareil sur le feu et le tournerez continuellement jusqu'à ce qu'il soit cuit, et vous le laisserez alors refroidir. Vous y mettrez six cuillerées de sucre en poudre, deux macarons amers et trois doux, un biscuit sec, le tout bien écrasé. Ajoutez aussi une cuillerée de fleurs d'oranges pralinées réduites en poudre; mêlez bien ensemble, et joignez-y quatre jaunes d'œufs et plus si la pâte est trop épaisse. Fouettez cinq blancs d'œufs, ajoutez-les au tout; mettez le soufflé dans la casserole d'argent, et faites-le cuire comme les précédens. (*Le Cuisinier royal*).

On fait par des procédés analogues des soufflés de marrons, et de fécule de pomme de terre.

SOUFRE.

2513. *Usage du soufre pour détruire les vers et les insectes qui rongent les végétaux.* La méthode à suivre est extrêmement simple, il suffit de saupoudrer avec de la fleur de soufre, les feuilles des plantes ou des arbres sur lesquels on aperçoit les traces des vers et des insectes. Il faut pour cela renfermer la fleur de soufre dans un morceau de toile ou de mousseline, que l'on secouera sur les feuilles et les jeunes pousses. On peut également se servir d'une houppe à poudrer.

Cette application du soufre est non-seulement infaillible pour détruire les vers, mais on assure encore qu'elle convient parfaitement à la nature des arbres et des plantes sur lesquels on en fait usage. Les pêchers, entre autres, en éprouvent un très-bon effet. (*Monthly Repertory.*)

SOUPES.

2514. *Soupe au blé.* Prenez une livre de bon blé froment, lavez-le, et ôtez tout ce qui nagera sur l'eau; après quoi faites chauffer d'autre eau jusqu'à bouillir, mettez-y le blé couvert d'un linge, et si c'est le soir, laissez-le tremper toute la nuit. Le lendemain jetez l'eau dans laquelle il aura trempé, mettezen de la nouvelle, et faites-le bouillir jusqu'à ce qu'il soit crevé. Ôtez-en le trop d'eau, et écrasez-le. Cela fait, prenez du lard coupé par petits morceaux, faites-le fondre à part avec un ognon que vous ferez frire, et jetez-le dans la marmite où se trouve votre blé. De cette manière, vous pourrez vous passer de pain et avoir une assez bonne soupe. (Maréchal de Vauban.).

2515. *Soupe aux écrevisses.* Faites cuire autant d'écrevisses qu'il vous en faudra, dans de l'eau, avec un peu de sel. Enlevezen les queues, retirez-en la chair, et mettez les écailles et le reste des poissons dans une quantité suffisante du jus où ils ont bouilli, pour qu'ils soient un peu plus que couverts, et laissez étuver. Prenez du jus de poisson que vous aurez préparé comme pour la soupe aux huîtres; lorsqu'il est chaud, versez-y l'autre jus, et épaississez de farine et de beurre; mettez-y du sel et du poivre rouge, un peu d'essence d'anchois et les queues d'écrevisses. Faites-lui donner un bon bouillon, et servez. (*Le Cuisinier anglais.*)

2516. *Soupe aux huîtres.* Préparez un bon jus de poisson (anguille, raie ou autre), dans la proportion d'une livre de poisson pour une pinte d'eau, en faisant étuver jusqu'à réduction de moitié; passez-le. Prenez deux pintes d'huîtres, chargez-les et broyez-en la partie dure dans un mortier avec douze jaunes d'œufs durs, en les humectant pendant l'opération avec un peu du jus. Mettez sur le feu autant de jus qu'il en faut, avec la partie molle des huîtres, et un gros de macis. Lorsqu'il bout, jetez-y les ingrédiens que vous avez broyés, en remuant; laissez bouillir jusqu'à une consistance moyenne; assaisonnez de pain et de sel, et servez. (*Idem.*)

SOURCES.

2517. *Signes qui peuvent diriger dans la recherche des sources d'eau.* Il faut, en été, avant le lever du soleil, par un temps calme et sec, se coucher le ventre contre terre, et, le menton appuyé, regarder la surface de la campagne : si l'on aperçoit quelque endroit qui n'est pas marécageux ou humide, où il s'élève des vapeurs en ondoyant, on peut espérer d'y fouiller avec succès. Un second indice, à peu près semblable, est lorsque après le soleil levé, on voit comme des nuées de petites mouches qui volent vers la terre, surtout en se tenant constamment au même endroit. On peut aussi en conclure qu'il y a de l'eau. Pline parle d'une autre marque pour découvrir les sources cachées, qu'il assure avoir éprouvée lui-même : il dit qu'il faut observer les endroits où se tiennent les grenouilles; et, si l'on en découvre un où elles se tiennent et se tapissent en pressant la terre, on peut être certain d'y trouver des sources ou au moins des filets d'eau. Les grenouilles, dit-il, recherchent les vapeurs qui s'exhalent de ces endroits.

Les signes les plus certains qui indiquent les veines d'eau cachées dans la terre, sont les joncs, les roseaux, le cresson, le baume sauvage, l'argentine, le tussilage ou pas-d'âne, et autres plantes aquatiques qui croissent dans certains endroits, sans que les eaux marécageuses les nourrissent.

En général pour découvrir les eaux, on doit examiner l'aspect du terrain, la situation des lieux et la nature des terres. C'est au mois d'août qu'il convient surtout de faire les épreuves pour la découverte des eaux, parce que quand on en trouve alors, on est plus assuré d'en avoir dans les autres saisons de l'année.

C'est principalement à la pente des montagnes qui regardent le nord, qu'il faut chercher les eaux, la terre y étant moins desséchée par le soleil : par la même raison, les sources d'eau se trouvent plutôt aux côtés des collines et des montagnes qui sont exposées aux vents humides et pluvieux.

La terre noire contient la meilleure eau : celle qu'on trouve dans une terre sablonneuse, pareille à celle qui est au bord des rivières, est aussi très-bonne; mais on a remarqué que la quantité est médiocre, et les veines peu certaines. Les eaux sont plus assurées et assez bonnes dans le sable rude, dans le gravier, dans le cailloutage brun et autres pierres; dans les sables et pierres rouges, elles sont bonnes aussi et abondantes. Ordinairement l'eau qu'on trouve dans la craie n'est ni bonne, ni abondante.

Il faut observer que les montagnes les plus escarpées fournissent le moins d'eau, et que celles qui, au contraire, ont une pente douce, et qui sont couvertes de beaucoup de verdure, renferment d'ordinaire quantité de rameaux dont les eaux réunies sont abondantes et saines. On doit creuser le terrain, pour trouver ces sources, jusqu'au lit de glaise qui les retient.

Lorsqu'il n'y a point d'étang auprès, le plus sûr moyen pour découvrir les sources, est de percer le terrain, d'amener à la surface les différentes couches de terre qui sont au-dessous, et d'examiner si elles donnent quelque indice d'eau. On fait cette opération avec de longues tarières. (Pfluguer, *la Maison des champs.*)

SOURIS.

2518. *Moyen de prendre les souris.* La manière la plus simple de prendre les souris, est d'avoir un pot ou une assiette un peu creuse, de la renverser le cul en l'air, et de mettre sous le bord du vase une noix légèrement cassée d'un côté, de manière qu'elle y soit plus en dedans qu'en dehors; la souris, qui est friande de ce fruit, entre sous l'assiette pour la ronger, tire la noix à elle et fait ainsi tomber le vase, qui la retient alors prisonnière. Pour tuer ensuite la souris, on fait glisser l'assiette sans la soulever, et l'on finit par pouvoir en prendre la queue.

SOYAC ou KET-CHOP. (*Sauce pour le poisson.*)

2519. Prenez douze maniveaux de champignons ; épluchez-les, lavez-les, émincez-les le plus possible, ayez une terrine d'office neuve, faites un lit de champignons de l'épaisseur d'un travers de doigt ; saupoudrez légèrement de sel fin ; posez un second lit, salez de nouveau, et ainsi de suite, jusqu'à ce que tous les champignons soient employés ; ajoutez-y une poignée de brou de noix. (1) Cela fait couvrez votre terrine d'un linge blanc, fixez ce linge avec une ficelle et recouvrez votre terrine avec un plat quelconque. Laissez quatre ou cinq jours vos champignons se fondre ; tirez-en le jus au clair, et exprimez-en le marc à force de bras, au travers d'un torchon neuf ; mettez ce jus dans une casserole, faites-le réduire, ajoutez-y deux feuilles de laurier ; vous prendrez une livre de glace d'eau et vous la mettrez dans ce jus ; ajoutez-y quatre ou cinq anchois pilés, une petite cuillerée de poivre de Cayenne ; faites réduire le tout presque à demi glace ; ôtez-en le laurier et laissez le refroidir. Vous le mettrez dans une bouteille neuve bien bouchée ; vous servirez ce soyac avec le poisson. (*Le Cuis. royal.*)

SUCRE.

2253. *Fabrication du sucre.* Quand la canne à sucre paraît mûre, on la froisse sous un cylindre, on en retire la moelle, et après l'avoir bien lavée dans l'eau chaude pour en enlever toute la substance sucrée, on filtre cette eau, on la met sur le feu et on la fait évaporer à gros bouillons jusqu'à ce qu'elle commence à se granuler. Alors on la verse toute chaude dans de grands moules de terre cuite, de forme pyramidale et percés en bas d'un petit trou que l'on a soin de bien boucher. Aussitôt que l'on voit que la matière est figée, on débouche le petit trou du moule pour faire écouler la matière visqueuse qui n'est point suceptible de congélation. Quand cette matière est tout-à-fait séparée, ce qui demande presque six semaines, on

---

(1) On se pourvoit de brou de noix dans la saison, on le sale et on le conserve dans un pot de terre bien bouché, pour s'en servir au besoin.

couvre la partie supérieure des moules avec une couche d'argile délayée dans de l'eau en consistance de pâte molle : cette couche doit avoir trois doigts d'épaisseur au moins : l'humidité contenue dans l'argile filtre au travers du sucre, et achève d'en séparer toute la matière visqueuse. Cette opération finie et le sucre étant bien sec, on le retire des moules en gros morceaux gris tirant sur le roux : c'est ce qu'on nomme *moscouade*.

Après cette première préparation le sucre est encore fort impur ; il faut donc passer à une seconde préparation pour le purifier davantage. On prend la moscouade, on la fait fondre dans une chaudière au moyen d'une lessive alcaline dans laquelle on met du sang de bœuf bien délayé avec un peu d'eau, on en fait évaporer une partie sur un feu modéré ; sitôt qu'on s'aperçoit que le sirop devient clair, on le passe par un couloir, on remet ce sirop sur le feu et on continue l'évaporation jusqu'à ce que le sucre soit à la plume. On reconnaît ce degré de cuisson lorsque passant l'écumoire par le sirop et le secouant fortement en l'air, le sucre s'en détache en forme de plume. On verse pour lors le sucre tout chaud dans les moules ; quand il commence à se figer, on débouche le trou inférieur des moules, comme la première fois, et la matière visqueuse s'écoule. On couvre la partie supérieure des moules avec de l'argile délayée comme nous l'avons prescrit dans la première opération ; on retire cette argile lorsqu'elle est desséchée, on en remet une nouvelle couche et l'on réitère cette opération jusqu'à ce que l'eau qui en sort soit claire et limpide. Le sucre étant bien desséché, on le retire des moules et l'on a la *cassonade*. C'est pour l'ordinaire en cet état qu'il nous vient des îles. Quand il est parvenu en France, on lui donne encore une préparation dans les raffineries, en observant exactement toutes celles que nous venons de rapporter pour obtenir le sucre raffiné, le sucre royal, etc.

Enfin pour dernière et plus parfaite purification, les particuliers font fondre une livre de sucre cassé par morceaux dans un demi-setier d'eau de fontaine, et mettent cette dissolution sur le feu en remuant avec l'écumoire jusqu'à ce que le sucre soit dissous. Aussitôt qu'il jette le premier bouillon, on verse sur le sirop un blanc d'œuf qui enveloppera les impuretés du sucre qui surnageront et qu'on enlevera facilement avec une écumoire ; on le fera ensuite cuire en consistance de sirop un peu épais ; on le versera ensuite dans une terrine vernissée qu'on portera dans un lieu frais, et au bout de quinze jours environ, vous obtiendrez des cristaux réguliers d'une blancheur parfaite : c'est ce qu'on nomme *sucre candi*. (Bouillon-Lagrange. *Nouv. chim. du goût et de l'odorat.*)

2521. *Procédé pour le raffinage du sucre.* On met le sucre brut avec une petite quantité d'eau dans une chaudière plate de cuivre, que l'on chauffe au bain de vapeur. On place ensuite le mélange dans des pots de terre cuite pour faire écouler la mélasse ; et pour la séparer plus complétement, on verse le sirop concentré sur la matière contenue dans ces pots ; par ce moyen on sépare dix livres de mélasse pour chaque quintal de sucre. Les raffineurs ordinaires en obtiennent trente livres de la même quantité.

Le sucre ainsi privé de mélasse, est dissous dans l'eau par le moyen de la vapeur ; mais on a eu soin de le mêler auparavant avec une dissolution d'alun à laquelle on a ajouté la quantité de chaux vive qui est nécessaire pour saturer exactement l'excès d'acide de ce sel ; de manière que la poudre blanche qui en résulte n'altère point la couleur du papier teint avec le curcuma. La proportion d'alun est de deux livres pour chaque quintal de sucre.

On filtre ensuite la dissolution encore chaude pour en séparer les impuretés. Avant la filtration, le sirop est noir et opaque ; mais après cette opération il est transparent et de couleur d'ambre. Les filtres sont formés par un châssis de cuivre mince, percé de trous à son fond, auquel on a fixé solidement de fort canevas de Russie. Il y en a cinquante dans un vase à filtrer, parce qu'il est nécessaire que l'opération se fasse promptement.

On fait alors passer le sirop dans des chaudières pour lui donner le degré convenable de concentration. Il paraît que dans le procédé ordinaire, la température à laquelle le sirop se trouve exposé pendant l'évaporation, convertit une partie du sucre en mélasse. Dans le procédé que nous indiquons, les chaudières d'évaporation sont des sphéroïdes de cuivre qui communiquent avec une pompe pneumatique, continuellement mise en jeu pendant tout le temps de l'opération. Par cette opération on peut faire un vide partiel dans les chaudières, et le liquide peut entrer en ébullition à une température si basse qu'il n'y a aucun risque d'altérer une partie du sucre. Le fluide élastique intérieur est tellement raréfié, qu'il ne lui reste qu'une tension mesurée de un à quatre pouces de mercure.

Chaque chaudière est munie d'un thermomètre et d'une éprouvette à mercure, qui permet de juger de la conduite de l'opération ; on y a aussi adapté un mécanisme particulier au moyen duquel on peut extraire des échantillons pour s'assurer, comme à l'ordinaire, par la viscosité du sirop, si la cuite est assez avancée.

Ce sirop concentré passe ensuite dans un vaisseau de cuivre découvert, pour être granulé. Cette opération se fait en élevant d'abord sa température, par le moyen de la vapeur, à 82°, et en le laissant refroidir jusqu'à 65° cent. On le verse alors dans des moules ordinaires de terre cuite, pour le mettre en pains ; lorsqu'il est refroidi, on laisse écouler le liquide incristallisable, et l'on verse sur la base du pain une nouvelle quantité de sirop saturé. On sépare ainsi la totalité du sirop coloré en jaune ; il en reste seulement une petite quantité au sommet du pain, qu'on laisse à dessein plus long qu'à l'ordinaire. Cette partie est facilement détachée par le moyen d'un petit instrument inventé pour cet objet ; le sucre peut alors être livré au commerce. (Howard. *Bulletin de la Société d'encouragement.*)

2522. *Clarification et cuisson du sucre.* Prenez, par exemple, quatre livres de sucre que vous casserez en morceaux gros comme le pouce ; prenez une poêle dans laquelle vous mettrez deux blancs d'œufs avec leur coque bien écrasée ; vous les délayerez avec une chopine et demie d'eau que vous verserez à différentes reprises, en ayant soin de bien fouetter le mélange avec un petit balai d'osier ou de bouleau. Quand la mousse sera bien développée, vous y jetterez votre sucre et vous mettrez la poêle sur le feu ; vous remuerez de temps en temps afin que rien ne s'attache au fond, et vous enlèverez l'écume dès que la liqueur entrera en ébullition. Si le sucre se boursoufle, il faudra, pour l'empêcher de se répandre, verser un peu d'eau froide. Après cinq ou six bouillons, jetez encore un blanc d'œuf fouetté sans eau ; enlevez le reste de l'écume jusqu'à ce qu'elle ne se présente plus que légère et blanchâtre ; retirez alors la poêle du feu. Prenez une serviette légèrement mouillée, vous l'étendrez sur une terrine ; versez dessus votre sucre, il passera parfaitement clarifié.

Après la clarification du sucre, on lui donne le degré de cuisson convenable à l'objet que l'on se propose. Les artistes en ont établi six, par lesquels ils règlent toutes leurs opérations. Voici comment on distingue ces différens degrés :

1° On fait couler de l'écumoire une goutte de sucre sur le pouce, on appuie l'index dessus et on l'écarte tout à coup ; si pour lors il se fait un petit filet d'un doigt à l'autre, et

que le filet se rompe de suite, on dit que le sucre est cuit
au *lissé;* si le filet est presque imperceptible, le sucre n'est
cuit qu'au *petit lissé.*

2° Après quelques bouillons on réitère le même essai; si
en séparant les deux doigts, le filet qui se forme s'étend un
peu sans se rompre, le sucre est cuit au *petit perlé;* s'il s'é-
tend entièrement, le sucre est au *grand perlé.* On reconnaît
encore ce degré de cuisson à l'apparence du bouillon, qui forme
alors comme des perles rondes roulant les unes sur les autres.

3° Prolongez un instant encore l'ébullition; prenez l'écumoire, trempez-la dans le sucre, et après l'avoir déchargée en
frappant sur le bord de la poêle, soufflez au travers des trous;
s'il en sort de petites bouteilles, votre sucre sera au *soufflé.*

4° Le sucre a continué de cuire; au lieu des perles qu'on
apercevait dans le bouillon, on voit se former des espèces
de bouteilles qui crèvent en s'élevant, et laissent échapper
beaucoup de fumée; on passe l'écumoire au milieu de la poêle,
on la retire en la secouant fortement en l'air; si le sucre vole
comme une plume légère mais un peu large, il est à la *petite
plume;* encore un bouillon, et en secouant l'écumoire, le sucre
tombera sous la forme de filasse; il sera pour lors à la *grande
plume.*

5° Mouillez le bout du doigt, trempez-le dans le sucre
bouillant, et retirez-le bien vite pour le plonger dans un verre
d'eau froide. Si en froissant le sucre qui s'y est attaché, il se
brise en faisant un petit bruit, vous direz qu'il est cuit au
cassé.

6° Le sucre cuit au cassé s'attache toujours comme de la poix
lorsqu'on en met entre les dents : pour être au *caramel,* il
faut qu'il casse net sous la dent sans s'y attacher. Ce degré
n'est pas facile à saisir, et pour peu qu'on manque le point
requis, le sucre est sujet à brûler. Il faut donc être bien attentif et répéter souvent l'essai afin d'arrêter la cuisson au
moment convenable. (Bouillon-Lagrange.)

2523. *Sucre d'érable à feuilles de frêne.* La séve qu'on
retire de l'érable à feuilles de frêne étant filtrée, clarifiée
et purifiée de l'albumine qu'elle contient, par les moyens
connus, on lui fait prendre sur un bain de sable la consistance
d'un sirop transparent, que l'on cuit jusqu'à celle de la grande
plume. Retiré du feu, ce sirop donne, par le refroidissement,
une masse grenue, jaunâtre, qui, desséchée à une douce chaleur, offre sur environ quatre litres de séve 77 grammes d'une

cassonade blanche, très-fondante, très-sucrée, et exempte enfin de ce goût de fourmis qu'on trouve dans les cassonades de commerce. (*Bibl. phys. écon.*)

SUEUR.

2524. *Remède contre la sueur des mains.* On se préserve de cette incommodité, quand on veut travailler à des ouvrages que la sueur des mains peut tacher ou altérer, en se les frottant souvent avec un peu de poudre de lycopodium, connue sous le nom de soufre végétal. Cet expédient ne nuit en aucune manière à la santé. (*Bibl. phys. écon.*)

SYNCOPES, *palpitations, attaques de nerfs.*

2525. Les femmes n'ont à opposer aux syncopes qui les attaquent que des aspersions d'eau froide, des sels, un air libre et continuellement renouvelé, enfin une cuillerée de verjus si elles sont à jeun, et une liqueur spiritueuse si elles ont mangé.

Quant aux palpitations, qu'elles évitent les vives affections, les surprises violentes, et que pour moyen curatif physique, elles n'emploient que les saignées ou l'application des sangsues, et l'infusion de feuilles d'oranger ou de safran.

Pour les attaques de nerfs, exposez la malade au grand air, empêchez-la de se blesser en se débattant, et faites-lui boire dans un vase de métal, une infusion de tilleul ou de fleur d'orange; et quand l'accès se termine, précipitez le recouvrement de sa connaissance en faisant respirer un sel imbibé de vinaigre radical. L'alkali volatil fluor et l'éther ne réussissent pas aussi bien, et semblent même ajouter quelquefois aux symptômes. Il n'en est pas de même des bains; nous les considérons, nous les prescrivons même comme le remède le plus efficace pour les attaques de nerfs. (*L'Ami des femmes.*)

TABAC.

2526. *Diverses manières de parfumer le tabac.* Pour mettre du tabac à la civette, prenez un peu de tabac, et mettez-le dans la main avec un peu de civette que vous y briserez et mêlerez bien ensemble. On en fait de même pour les autres odeurs:

TAB 81

cependant si l'on avait beaucoup de tabac à préparer ainsi, on ferait bien, pour mieux le mêler avec l'odeur, de le mettre dans un mortier dont on échaufferait légèrement le cul.

Pour le mettre à la façon de Malte, il faut prendre des racines de réglisse et de rosier, en ôter la première peau, les réduire en poudre, et les passer au tamis, le parfumer avec l'odeur que l'on préfère, y mettre un peu de rhum, de l'eau-de-vie ou de l'esprit-de-vin, et laisser bien mariner le tabac.

Enfin pour parfumer le tabac, soit à la rose, à la fleur d'orange, au jasmin, etc., il faut avoir une caisse garnie de papier bien sec, y faire un lit de tabac de l'épaisseur d'un pouce, et ensuite un lit de fleurs, et placer alternativement un lit de tabac et un lit de fleurs jusqu'à ce que la caisse soit pleine. Après vingt-quatre heures, vous passerez le tabac au tamis pour en sortir les fleurs, vous en remettrez d'autres, et vous continuerez ainsi jusqu'à ce que le tabac ait acquis le degré d'odeur que vous voulez lui donner. Vous le mettrez ensuite dans un vase de verre que vous boucherez avec soin.

Quelques personnes se servent de jeunes roses rouges dont elles ôtent le calice vert et le pistil, qu'elles remplacent par un clou de girofle, et qu'elles font sécher un mois au soleil dans un vase exactement fermé. (*Man. cosm. des plantes.*)

2527. *Tabac économique.* Un membre du collége de médecine de Stockholm a découvert que les feuilles de la pomme de terre, séchées à un point convenable, donnent un tabac supérieur pour le parfum au tabac ordinaire. (*Bibl. ph. écon.*)

TABLEAUX.

2528. *Procédés pour les nettoyer, les réparer et les conserver.* La variété des compositions du vernis qu'on destine aux tableaux, jette un peu de complication dans les moyens dont on fait usage pour les enlever, afin de leur en substituer d'autres : nous allons décrire les plus usitées.

Un tableau neuf n'a souvent que l'enduit du blanc d'œuf; ce vernis est le plus simple. Il se compose ainsi :

On prend de l'acohol faible ou eau-de-vie ordinaire 64 à 96 grammes (*2 à 3 onces*); sucre blanc en poudre, 4 gr. (*un gros 3 grains*); blanc d'œuf frais.

On fouette le blanc d'œuf avec le sucre en poudre et l'alcohol faible, et on l'applique avec une éponge très-douce et très-fine sur le tableau, qu'on place horizontalement.

On prévient les atteintes des mouches que ce genre de vernis est susceptible d'attirer, en y faisant entrer quelques gouttes de sucre exprimé d'ail, ou si seulement on frotte d'ail le vase dans lequel on bat le blanc d'œuf. On le met, par ce procédé, à l'abri des inconvéniens qui résultent pour un tableau, de la visite trop fréquente de ces insectes.

Quand on veut enlever cette couche, le procédé est aussi simple que la composition de ce vernis. On promène une éponge mouillée d'eau chaude sur la surface du tableau, en employant une légère pression. Il se forme une écume qu'on enlève avec de l'eau ; on recommence la même opération, jusqu'à ce qu'il ne paraisse plus d'écume sous l'éponge.

Par cette méthode on enlève, non-seulement le vernis de blanc d'œuf, mais encore celui qui serait fait avec la solution de la gomme arabique, de la colle de poisson ou de tout autre matière soluble dans l'eau. Il n'y a rien à craindre pour les couleurs, parce que l'eau demeure sans action sur l'huile avec laquelle les couleurs ont été détrempées.

Les grands maîtres vernissent rarement leurs tableaux en sortant du chevalet : ils protégent leurs teintes par une couche au blanc d'œuf, et ne vernissent qu'une année après, et lorsque les couleurs sont sèches.

Cette méthode qui vient d'être indiquée pour enlever cette couche au blanc d'œuf, doit être faite avec bien des ménagemens. On laisse ensuite sécher le tableau, et on applique le vernis avec les précautions que les vrais artistes connaissent.

2529. *Des tableaux anciens*. On rencontre plus de difficultés dans les tableaux anciens. Outre la présence des vernis sur lesquels l'alcohol et les huiles sont sans puissance, on les trouve souvent gâtés par des corps étrangers dont on ignore la nature, et qui résistent à l'action du savon. L'essence peut, à la vérité, enlever bien des taches, mais elle a l'inconvénient d'attaquer les couleurs, en détrempant l'huile qui leur donne le corps ; on y substitue avec avantage l'huile d'olive, ainsi que le beurre. Ces deux corps gras, onctueux, n'attaquent point les couleurs ; ou du moins leur effet sur elles est très-lent.

La résine, qui fait la base des tableaux anciens, donne quelque prise à la solution alkaline. Potasse pure ou carbonate de potasse 31 grammes (*une once*), avec 245 grammes alcohol (*8 onces*).

C'est même un des moyens fort usités ; cependant il demande des ménagemens. Si l'alkali enlève de vieille résine,

TAB   83

s'il la convertit en une espèce de savon, il porte la même activité sur les couleurs, ou plutôt sur l'huile siccative qui lie les couleurs du tableau. Il faut donc une grande habitude et le coup d'œil d'un peintre, pour juger de l'inconvenance du procédé.

L'alcohol très-pur devient un instrument assez actif, non-seulement pour enlever les taches huileuses, mais encore les substances résineuses qui constituent les vernis, et il n'a pas l'inconvénient d'altérer les couleurs detrempées à l'huile préparées. Il n'agirait sur elles que dans le cas où le peintre se serait servi d'essence de lavande ou de térébenthine pour la détrempe de ses couleurs. Il convient donc de s'assurer de la qualité de l'huile qui aura servi, en faisant un petit essai dans un des coins du tableau.

En général, il convient de faire préluder le nettoyage des tableaux, par un lavage avec une éponge trempée d'eau tiède; si le mouvement qu'on donne à l'éponge ne forme pas d'écume, le vernis est de nature résineuse. Souvent même ce lavage est suffisant pour développer les couleurs, et pour les rappeler à leur première fraîcheur.

Mais si le tableau est masqué par un vernis jauni par le temps, peu transparent et absorbant les couleurs, il faut le placer horizontalement, l'inonder d'alcohol pur et le tenir ainsi humecté pendant quelques minutes, sans employer de frottemens. On passe ensuite de l'eau fraîche sur la surface ; elle enlève l'alcohol et la portion de résine dont il aura opéré la solution, ou qu'il aura ramollie. Mais il faut se garder d'employer des frictions de peur d'attaquer le fond. On laisse sécher la surface, et l'on recommence l'opération jusqu'à ce que le vernis soit enlevé.

Il est des cas où le tableau est recouvert d'un vernis composé d'huile grasse et de résine insoluble, comme le copal. Il faut alors abandonner l'entreprise, parce que l'alcohol le plus pur, ainsi que les lessives, demeurent sans énergie. Les huiles essentielles même, dont l'application semblerait convenable, ne feraient que blanchir la surface du vernis et intercepter la lumière au préjudice du coloris.

Cependant si le tableau est d'une composition rare, s'il paraît mériter la dépense de l'entreprise, l'éther pourrait remplacer les moyens infructueux dont on vient de parler. La propriété que ce liquide a de résoudre le copal, devient un indice pour ce cas-ci. A cette propriété il s'en joint une autre non moins essentielle, celle de ne point entamer l'huile siccative qui lie les couleurs. Ce moyen est coûteux; mais on peut, jus-

qu'à un certain point, limiter la perte causée par son évaporation. A cet effet, on tiendrait sur le tableau une toile imbibée
d'éther qu'on recouvrirait d'une plaque métallique, ou d'une
glace qui l'appliquerait exactement sur la toile peinte.

Lorsqu'un tableau verni est sali par la fumée et la poussière,
un peu de liqueur de fiel de bœuf promenée avec une éponge,
peut lui rendre son premier éclat. S'il n'a pas été verni, elle
appelle la vivacité des couleurs en ménageant les frictions ; on
le dispose ainsi à recevoir ce vernis.

Les mouches endommagent aussi les tableaux ce qui nécessite
souvent le lavage : ce travail donne des peines et des craintes.
On prétend que l'odeur de l'huile de laurier, qui est assez
agréable cependant, déplaît à ces insectes, et qu'elle les fait
fuir des appartemens où elles se trouvent : sa consistance assez
solide en facilite l'usage. On peut en disposer dans de petites
boîtes de fer-blanc sur les corniches de salons à tableaux, ou
dans les pièces ou on aurait intérêt de se défendre de leur
approche.

2530. *Procédé pour ôter les vieux tableaux de dessus leur
vieille toile, et les remettre sur une neuve.* Détachez le tableau de
son cadre, et fixez-le sur une table extrêmement unie, le côté de la
peinture en-dessus, en prenant bien garde qu'il soit très-tendu, et
ne fasse aucun pli ; donnez ensuite sur votre tableau une couche
de colle-forte, sur laquelle vous appliquerez à mesure des
feuilles de grand papier blanc, le plus fort que vous pourrez
trouver. Etendez le papier bien également par toute la peinture, laissez sécher le tout, après quoi vous déclouerez le tableau, et le retournerez, la peinture en dessous, et la toile en
dessus, sans l'attacher. Prenez alors une éponge que vous
mouillerez dans l'eau tiède, avec laquelle vous imbiberez peu
à peu toute la toile, essayant de temps en temps sur les bords
si la toile ne commence pas à s'enlever et à quitter la peinture ;
alors vous détacherez avec soin tout le long d'un des côtés du
tableau, et replierez ce qui sera détaché comme pour le rouler,
parce qu'ensuite, en poussant doucement avec les deux mains,
toute la toile se détache en roulant. Cela fait, vous laverez bien
le derrière de la peinture avec l'éponge et de l'eau, jusqu'à
ce que toute l'ancienne colle, ou à peu près, en soit enlevée.
Tout cela fait avec soin, vous donnerez une couche de colle,
ou de l'apprêt ordinaire dont on se sert pour apprêter les toiles
sur lesquelles on peint, sur l'envers de votre peinture ainsi
nettoyée, et sur-le-champ vous y étendrez une toile neuve,
que vous aurez soin de laisser plus grande qu'il ne faut, afin de
pouvoir la clouer par les bords, pour l'étendre de façon qu'elle

ne fasse aucun pli. Après quoi, avec une molette vous presserez légèrement en frottant pour faire prendre la toile également partout, et vous la laisserez sécher; ensuite vous donnerez pardessus la toile une seconde couche de colle, par partie, et petit à petit, ayant soin, à mesure que vous coucherez une partie, de la frotter et étendre avec la molette pour faire entrer la colle dans la toile, et même dans la peinture, et pour aplatir les fils de la toile. Le tableau étant sec, vous le détacherez de dessus la table, et reclouerez sur son cadre; après quoi, avec une éponge et de l'eau tiède, vous imbiberez bien vos papiers pour les ôter. Vous le laverez pour bien enlever toute la colle, et bien nettoyer la peinture; ensuite vous donnerez sur le tableau une couche d'huile de noix pure, et le laisserez sécher pour y passer du blanc d'œuf battu.

DES TACHES.

2531. *Taches de graisse.* Le plus grand nombre des taches qui surviennent aux étoffes, qui sont produites par des matières graisseuses, qui sont l'huile, la graisse, le suif, la cire, la pommade, etc., de toutes ces matières l'huile est certainement la plus générale: car non-seulement cette substance est très-employée sur nos tables, dans la préparation de nos alimens, dans l'éclairage de nos habitations, mais l'huile conserve assez constamment son caractère liquide, les corps qui en sont imprégnés la transmettent par le simple contact; on est sûrement exposé à en salir ses vêtemens, et les taches qui en résultent, en pénétrant dans le tissu des étoffes et en s'y répandant sur une grande surface, y laissent une impression très-désagréable à l'œil, que les autres corps graisseux ne partagent pas au même degré. Quoiqu'ils aient une grande analogie avec les huiles, leurs effets ne sont cependant pas les mêmes, ce qui provient de l'état plus ou moins solide dans lequel ils se trouvent naturellement; alors ils ne peuvent former tache sur les tissus qu'autant qu'ils se rapprochent de l'état liquide qui leur est presque toujours étranger, tel que nous voyons la cire et le suif.

La graisse, le beurre, les pommades, dont on fait généralement un grand usage, étant d'une consistance plus molle que ces dernières, donnent par conséquent matière à beaucoup de taches.

La nature de ces matières étant à peu près la même dans beaucoup de cas, il est facile d'en opérer une combinaison pour les faire disparaître.

Nous avons vu que les alkalis fixes, le savon, la terre à fontaine, jouissaient de la propriété de se combiner avec les corps gras et de les enlever aux étoffes qui en étaient imprégnées; nous ajouterons à ces agens d'autres corps qu'on emploie avec beaucoup de succès sur les étoffes coloriées : ce sont les jaunes d'œufs, le fiel des animaux et les essences; le choix de toutes ces substances doit être fait en raison de la nature du tissu sur lequel on opère: car toutes ces substances, quoique ayant la propriété de se combiner avec la matière propre de la tache, peuvent en raison de leurs actions postérieures, réagir sur la couleur ou sur l'étoffe, et porter une atteinte plus grande que celle qu'on avait l'intention de détruire. C'est ainsi qu'on ne peut employer les alkalis purs pour dissoudre les substances grasses, parce qu'ils exercent une action trop vive sur les couleurs et sur les étoffes, surtout celles de laine et de soie, et l'on ne doit généralement les employer qu'avec les plus grands ménagemens; c'est-à-dire combinés soit avec un acide, comme dans le sel de tartre, ou avec un corps gras, comme dans le savon. Dans cet état, les alkalis ne se trouvent qu'en partie saturés, il en reste encore une certaine quantité assez susceptible de se combiner avec le corps graisseux constituant la tache, et de l'enlever par le lavage en formant avec lui un nouveau savon.

Il n'en est pas de même de l'action des terres absorbantes, telles que la craie et la terre à foulon; ces substances se combinent avec le corps graisseux qui constitue la tache, sans porter atteinte aux tissus; mais s'ils sont colorés, la couleur peut en être altérée, comme cela arrive lorsqu'on en fait usage sur les couleurs fugaces ou faux teint.

Le fiel de bœuf, le jaune d'œuf, présentent au dégraisseur de grands avantages dans les cas dont il s'agit. Ces matières animales ont la propriété de dissoudre les corps graisseux, sans altérer les tissus ni sensiblement la plupart des couleurs, de sorte qu'ils sont d'un très-grand usage.

Mais la substance la plus généralement employée pour enlever les taches d'huile, est l'huile volatile ou essence de térébenthine : elle agit d'autant mieux qu'elle est plus récente; aussi convient-il au dégraisseur de la préparer lui-même pour son usage : à cet effet, il ne s'agit que de la distiller sur de la chaux; ce qui se pratique dans une cornue de verre posée sur un bain de sable disposé sur un fourneau : on adapte un récipient convenable et l'on chauffe doucement. Par ce moyen, on obtient une huile volatile très-légère, que l'on conserve dans des bouteilles en verre noir à l'abri de la lumière.

On peut remplacer cette huile par d'autres huiles volatiles d'une odeur plus agréable, et l'on peut encore en mêler avec elle et masquer par ce moyen son odeur désagréable. Ce sont même des préparations semblables qu'on vend dans le commerce sous le nom d'*essence vestimentale de Dupleix* ; mais cependant on a observé que tous ces mélanges ne peuvent être comparés à l'action directe de ces substances prises isolément. Lorsqu'elles sont mélangées, elles n'agissent point avec la même énergie, et laissent souvent des traces qu'on ne peut faire disparaître qu'en réitérant plusieurs fois l'opération.

Indépendamment des agens dont nous venons de parler, et qui tous ont la propriété de dissoudre les corps graisseux et de les enlever comme par une sorte de lavage, l'on peut encore avoir recours à un corps susceptible de ramollir ou de volatiliser la tache et de la faire passer dans un corps intermédiaire : je veux parler de la chaleur.

Ce procédé, qui se pratique assez généralement, consiste à mettre l'étoffe tachée entre les papiers non collés, et d'appliquer dessus un corps chaud, capable de fondre la tache ; le corps graisseux, dès qu'il est ramolli, passe dans les papiers avec lesquels il est en contact immédiat, et abandonne l'étoffe. On fait disparaître la tache en entier, en répétant plusieurs fois l'opération, et en lui présentant chaque fois du papier qui n'en soit pas imprégné.

2532. *Procédés pour enlever les taches de graisse sur le drap et pour nettoyer un habit.* Les procédés que l'on suit pour enlever les taches de graisse sur les laines blanches, sont les mêmes que ceux indiqués dans le *Blanchissage des étoffes de laine*, décrit à l'art. n° 341 du *Blanchiment*. Mais il n'en est pas de même lorsque la laine est colorée, l'action de la terre à foulon pourrait altérer sa couleur, et l'on doit suivre dans ce cas un procédé différent.

Lorsqu'un drap ou un vêtement en laine colorée est sali par des taches de graisse et qu'on veut le nettoyer, il faut d'abord le bien battre avec une baguette ; quand il a été bien battu, toutes les taches de graisse paraissent recouvertes de poussière ; dans cet état, on frotte toutes ces taches avec du savon, puis on prend un fiel de bœuf et l'on frotte de nouveau avec une petite quantité de ce fiel toutes les taches qui ont été marquées avec le savon jusqu'à ce qu'elles soient disparues. Ensuite on ajoute deux pintes d'eau dans ce qui reste de fiel, et on brosse fortement l'étoffe avec cette eau, en allant toujours à poil couchant du drap. Quand l'étoffe est également brossée et mouillée partout, on la tire bien avec les mains pour qu'il ne se fasse point de faux plis, et on la fait sécher; si c'est un habit, on le place sur un demi-cerceau. Quand l'étoffe est sèche, elle doit par ce procédé être aussi brillante que si elle sortait de la presse; on ne doit lui donner qu'un coup de brosse pour l'amollir, et c'est en cela que consiste tout son apprêt.

Il est des cas cependant où l'on peut enlever des taches de graisse simplement avec la terre à foulon, c'est lorsque les couleurs sont solides et que l'on ne veut ni lustrer ni mouiller l'étoffe entièrement : à cet effet on frotte la tache en différentes reprises avec cette terre humide, on laisse sécher et l'on frotte; l'on ne bat l'habit ensuite que pour le débarrasser de la terre à foulon.

2533. *Des taches de suif.* Quand les taches sont formées par des gouttes de suif, on les enlève facilement en introduisant du fiel de bœuf pur avec une aiguille à tricoter; on commence par le milieu de la tache, et, en détruisant avec l'aiguille et le fiel le suif qui a fait la tache, on réussit complétement en y mettant autant de patience que d'attention. Quand le suif est détruit, on rince la tache avec de l'eau.

2534. *Des taches de poix, de térébenthine, d'huile cuite, etc., sur laine.* Lorsque les corps graisseux sont très-tenaces, tels que les huiles cuites, la poix, la térébenthine, ou que les simples taches d'huile acquièrent cette propriété par un laps de temps considérable, elles deviennent très-difficiles à extraire par les moyens indiqués. Il faut, dans ce cas, rendre liquide le corps graisseux, ce qui se pratique à l'aide de l'huile ou de beurre fondu. Afin de faciliter la solution du corps formant la tache, on emploie la chaleur modérée, et on traite ensuite la tache par le jaune d'œuf ou le fiel, comme nous l'avons indiqué ci-dessus, et par ces moyens combinés on parvient facilement à extraire ces espèces de taches.

2535. *Des taches de goudron.* Les taches formées par le goudron sur les étoffes de laine s'enlèvent facilement à l'aide du beurre frais et de la chaleur, en frottant doucement la partie tachée devant le feu; et lorsque le goudron est dissout, on enlève le corps graisseux suivant les procédés ordinaires. Ainsi, par exemple, supposant un habit de drap bleu d'indigo taché par le goudron, après avoir ramolli la tache à l'aide du beurre frais, on enlève celui-ci avec de la terre glaise, que l'on met sécher en différentes reprises, jusqu'à ce qu'elle ait absorbée toute la matière graisseuse portée sur l'habit; ensuite on lave l'endroit où l'on a travaillé avec de l'eau tiède, pour enlever les dernières portions de terre glaise qui auraient pu rester dans le tissu, et on laisse sécher à moitié, puis on tire les poils avec la brosse à la manière ordinaire.

2536. *Des taches produites par les couleurs à l'huile.* Pendant le travail de l'application d'une couleur à l'huile, il peut se faire qu'il en tombe un peu sur les habits, et par cela même y constituer une tache d'autant plus désagréable qu'elle jouit de la propriété du corps graisseux, et qu'elle mêle sa couleur propre avec celle du tissu sur lequel elle se trouve portée.

Le procédé pour l'extraire consiste à frotter fortement avec un morceau de pain, du côté de la mie, l'endroit taché, et la tache disparaît incontinent.

On y parvient encore également par l'intermède de l'essence de térébenthine qu'on enlève à son tour avec de l'alcohol pur, en tenant la partie tachée devant le feu.

2537. *Des procédés pour nettoyer les étoffes de soie.* Les procédés que l'on suit pour nettoyer soit les satins, les taffetas des Indes, de Florence, les croisés, les damas pour meubles et autres, ainsi que les étoffes dorées, consistent en ce que toutes ces étoffes doivent être frottées d'essence de térébenthine pour enlever les taches de graisse, et ensuite passées au savon pour les fonds blancs, et au fiel de bœuf où au jaune d'œuf pour les fonds colorés.

Les fonds blancs se nettoient très-bien au savon, en leur donnant deux ou trois bains ; on donne aux étoffes blanches un bouillon de savon après les avoir nettoyées, et ensuite on les passe au soufre sans les rincer ; lorsqu'elles sont sèches, on les apprête sur une taile ou à la rame avec de la gomme-adragant la plus blanche possible.

On doit nettoyer les couleurs brunes au fiel de bœuf, principalement celles où il entre du carthame et la terra-merita, dont on se sert ordinairement pour teindre les foulards, les taffetas des Indes, de Florence, et autres étoffes de soie de couleur fugace.

Les grosses étoffes, telles que le damas et autres propres à faire des meubles, doivent être nettoyées à la brosse après avoir été foulées ; il faut avoir le soin de bien les rincer pour qu'il ne reste plus aucune trace de savon, parce que, par la dessiccation, le savon poudre à blanc lorsque ces étoffes n'ont pas été nettoyées convenablement ; il faut cependant en excepter les étoffes destinées à être passées au soufre.

Ensuite on les apprête à la calandre ou au cylindre, et un particulier peut remplacer ces opérations mécaniques par un repassage au fer chaud à la manière ordinaire.

2538. *Procédé de M. Giobert.* Les taches de graisse portées
sur les étoffes de soie teintes en rose, s'extraient facilement à
l'aide de l'éther très-pur, ou bien encore à l'aide de l'alcohol
(ou esprit-de-vin) saturé de camphre, comme M. Giobert l'a
proposé. Il observe que, pour qu'il produise son effet, il faut
employer de l'alcohol très-pur et bien rectifié, et y ajouter autant de camphre qu'il peut en dissoudre ; on prend de cet alcohol, on en frotte la tache et on la lave, non avec de l'eau, parce
qu'elle précipiterait une portion de camphre sur l'étoffe, mais
bien avec une nouvelle quantité d'alcohol ordinaire. Ce procédé
est applicable à toute espèce de tache de graisse portée sur les
couleurs les plus délicates ; il n'altère en aucune manière ni les
couleurs, ni les tissus.

2539. *Des procédés pour nettoyer et moirer les bas de soie.*
Les bas de soie se nettoient de même que les étoffes de soie,
c'est-à-dire dans deux ou trois bains de savon ; ainsi, quand
ils sont biens nettoyés, on leur fait prendre un bouillon sur
leur dernier bain, dans lequel on met un peu de bleu, ensuite
on les tord le plus sec possible, et on les passe au soufre ; au
sortir du soufrage, on les enferme pour les faire sécher, et,
lorsqu'ils sont secs, on les frotte sur leurs formes avec un tampon de drap pour leur donner du lustre, ou avec un verre pour
les glacer ; ensuite on les retire de leur forme et on les ploie.

Lorsqu'on veut les moirer, on met un des deux bas en forme,
et on applique l'autre par-dessus en mettant l'envers en dehors, de façon que les deux endroits se trouvent sur la même
forme, appliqués l'un contre l'autre ; ensuite, avec un glaçoir
en bois fait en forme de champignon de porte-manteau, on
frotte ensemble les deux bas sur la forme en allant de droite à
gauche et en travers ; de sorte que par ce moyen les bas rece-
vant une pression contraire en différens sens, se trouvent moi-
rés en sortant de la forme.

Les bas de soie colorés, ou ceux dont les coins ont une couleur différente, ne se nettoient pas au savon ni ne doivent pas
être passés au soufre ; on les nettoie simplement avec le fiel de
bœuf, qui enlève toutes les taches et n'altère pas sensiblement
la couleur.

2540. *Procédés pour nettoyer et apprêter les gazes.* Pour
nettoyer les gazes sans les rayer, on doit les mettre dans un sac
de toile blanche ; on prépare trois bains de savon comme pour
la soie, et on plonge le sac rempli de galles en différentes fois,
en battant dans les mains sans les fouler ; quand le premier
bain est sale, on passe dans le second, puis dans le troisième
de la même manière que ci-dessus ; ensuite on passe dans une

eau de fontaine très-claire dans laquelle on a mis un peu de bleu de composition ou mieux du bleu de pastel, ainsi que nous l'avons déjà conseillé dans l'art du blanchiment; ensuite on les fait sécher le plus promptement possible pour les apprêter.

On suit encore un autre procédé pour nettoyer les gazes : il consiste à préparer deux bains de savon, et ensuite à faire bouillir le sac contenant les gazes dans le troisième bain avec une certaine quantité de bleu au pastel dissous dans l'alcohol. Après une heure d'ébullition, on presse le sac pour faire sortir toute l'eau de savon, et on les passe au soufre tout humides de la manière ordinaire, puis on leur donne l'apprêt.

Il consiste dans une certaine quantité de gomme-adragant que l'on fait fondre dans de l'eau et que l'on passe à travers un linge fin.

D'un autre côté, on dispose un cadre de bois sur lequel on attache une toile très-bien tendue de toutes parts.

Les choses ainsi disposées, on attache les gazes sur cette toile avec des épingles, en observant de ne laisser aucun faux pli, et on mouille très-légèrement la gaze avec une éponge trempée dans la solution de gomme-adragant, afin que la gaze ne s'attache pas à la toile : on la laisse sécher; et lorsqu'on ôte les épingles, elle doit être très-ferme et bien brillante par ce procédé.

Lorsqu'on veut plâtrer les gazes, l'on suit le même procédé indiqué à l'article 334, *Blanchiment des dentelles.*

Il est des teinturiers-dégraisseurs qui font leur apprêt avec la colle de poisson; outre que cet apprêt est très-dispendieux, il n'a pas la fermeté ni l'éclat de la gomme-adragant; il ne convient qu'aux gazes d'Italie et quelquefois aux rubans.

2541. *Des taches produites par les corps résineux.* Les résines forment encore une classe nombreuse de corps propres à produire des taches.

La poix, qui est employée à plusieurs usages; les torches dont on se sert pour éclairer; la térébenthine, l'encens et autres substances de cette espèce employées à la fabrication des vernis et des mastics, aux fumigations, à la composition de quelques remèdes, à l'endroit des toiles et des taffetas, salissent et adhèrent fortement à tous les corps sur lesquels elles tombent dans leur état de fluidité, ou lorsqu'ils sont dissous dans l'alcohol, comme dans la composition des vernis.

Les procédés que l'on suit pour les enlever, sont pour la

plupart les mêmes que ceux dont nous venons de parler précédemment : mais comme le plus grand nombre d'entre eux ne peut agir qu'autant que les corps résineux sont convenablement ramollis, nous ne proposerons ici que l'alcohol bien pur, qui a la propriété de dissoudre les résines et de n'altérer en aucune manière ni les étoffes ni la plupart des couleurs. On connaît dans le commerce quelques préparations qui sont particulièrement destinées à cet usage, telle que l'eau de la reine d'Hongrie.

On emploie aussi l'essence de térébenthine, surtout lorsque la tache est formée par un corps tenace, la résine ou le vernis ; mais dans ce cas on est obligé de ramollir la tache avec un fer chaud avant d'appliquer l'essence, et il est nécessaire de la laver ensuite avec de l'esprit-de-vin ou avec l'eau de la reine d'Hongrie.

2542. *Des taches de cire et de bougie.* L'on conseille, dans tous les livres à secrets, d'employer un charbon de feu dans une cuillère d'argent et une feuille de papier joseph que l'on place dessus pour l'absorber : ce procédé n'est pas bon, en ce qu'il donne plus d'étendue à la tache et ne l'extrait pas en entier ; ainsi, il convient mieux, pour enlever ce genre de tache, d'employer de l'alcohol très-pur, ou, à son défaut, de l'eau-de-vie très-forte ; on en frotte la tache et on la laisse un instant tremper dedans ; bientôt on la voit tomber en poussière, et, par un léger frottement, on la fait bientôt disparaître.

2543. *Des taches produites par les sucs ou décoctions et infusions des substances végétales et animales.* La plupart des végétaux qui servent à nos usages domestiques occupent un rang dans le nombre des corps qui peuvent salir et altérer une étoffe, et comme la nature de leurs sucs varie considérablement, les effets qu'ils produisent sur les étoffes offrent des différences assez remarquables pour servir de guide au détacheur, afin de choisir l'agent nécessaire pour les enlever.

Les effets que ces sucs produisent sur les étoffes peuvent se rapporter à trois modes d'action.

Premièrement. Ils sont acides, tels que les sucs de citron, d'orange, de groseille, d'oseille, etc., et ils détruisent généralement les couleurs où ils sont posés.

Secondement. Ils présentent un caractère styptique ou astringent, tels que les sucs de grenade, de loche, les décoctions de noix de galle, de tan, etc., et produisent des taches qui passent au brun ou au fauve, par l'action de l'air et de la lumière, lesquelles acquièrent une telle ténacité qu'elles résistent au savonnage.

Troisièmement. Enfin ceux qui déposent simplement leurs parties colorantes sur les étoffes, sans altérer le tissu ni nuancer la couleur, lorsque ceux-ci sont teints, tels que nous le présentent les sucs ou décoctions et infusions de substances qui ne possèdent pas essentiellement les caractères acides et astringens, comme le thé, le café, le chocolat, les sirops, les confitures et tout ce qu'on prépare dans nos cuisines et dans les ateliers pour nos usages domestiques, ainsi que les sucs ou décoctions animales, tels que le sang et le bouillon, qui produisent des taches analogues à ces dernières substances végétales; et, quoique celles-ci diffèrent dans leurs principes constituans, elles sont cependant détruites par les mêmes agens que les sucs colorés des végétaux, qui déposent simplement leurs parties colorantes sans altérer les tissus ni sensiblement la couleur. C'est de ce genre de taches dont nous allons nous occuper; nous nous réservons de parler ailleurs des sucs qui attaquent les couleurs et les font changer.

Lorsque ces sucs sont récemment déposés sur une étoffe, une simple lotion à l'eau froide suffit pour les faire disparaître; mais, lorsqu'on leur a donné le temps de sécher, ils adhèrent alors avec plus de force, et l'eau seule ne suffit pas toujours pour les enlever.

On a recours dans ce cas à d'autres agens, qui sont l'emploi de l'acide sulfureux pour les tissus colorés, et celui de l'acide muriatique oxigéné ou combiné avec la potasse, pour les étoffes blanches; cette dernière combinaison est connue sous le nom d'*eau de javelle.*

Comme on ne peut indistinctement employer l'acide sulfureux ou l'acide muriatique oxigéné pour enlever ce genre de taches, attendu que ce dernier détruit en partie les tissus de soie et de laine et dévore toutes les couleurs végétales, on ne peut s'en servir que pour les toiles de lin, de coton et de chanvre; et, à cet effet, on suit le même procédé qui a été décrit dans l'art du blanchiment, où l'on se contente de frotter pendant quelques instans la tache dans cet acide faible ou avec l'eau de javelle, jusqu'à ce que la tache soit enlevée; ensuite on la lave dans l'eau claire, et on laisse sécher.

L'odeur insupportable de l'acide muriatique oxigéné, et la difficulté qu'on a de s'en procurer, font que l'on emploie plus généralement et avec raison l'acide sulfureux pour enlever ces taches sur les étoffes; de plus, celui-ci possède une inertie remarquable sur les couleurs: car il ne change pas le bleu sur la soie, pas même le rose que la seule eau bouillante fait disparaître : il n'altère pas non plus les couleurs produites par les

sucs ou décoctions astringentes, et il ne dégrade point les jaunes
sur le coton ; il suffit de l'affaiblir convenablement pour en
faire usage dans tous ces cas : on frotte la tache avec cet acide,
on lave aussitôt qu'elle est disparue, et on laisse sécher.

Le procédé dont on se sert dans les arts n'étant praticable
que lorsqu'on veut l'obtenir en grand, il devient trop dispendieux lorsqu'on ne veut en avoir qu'une petite quantité ; c'est
pourquoi je vais décrire un procédé très-simple, à l'aide duquel on l'obtient facilement et à peu de frais.

Il consiste à faire brûler du soufre dans une petite soucoupe
au milieu d'une grande assiette, dans laquelle on met une certaine quantité d'eau : lorsque le soufre est enflammé, on recouvre la petite soucoupe d'une cloche de verre ou d'un très-grand
verre, dont on fait plonger les parois dans l'eau de l'assiette ; la
vapeur blanche qui se forme se précipite sur l'eau, s'y dissout
et l'acidule. En répétant cette opération à plusieurs reprises,
on parvient à obtenir un acide qui marque jusqu'à 2 ou 5 degrés au pèse-liqueur de Beaumé ; dans cet état, on peut s'en
servir pour enlever les taches produites par les substances végétales portées sur les étoffes colorées.

2544. *Sel d'oseille, oxalate, acidule de potasse, et acide
oxalique.* La propriété que l'acide oxalique a de dissoudre
facilement le fer et de former avec lui un sel soluble, sans pour
cela altérer les étoffes sur lesquelles on l'applique, rend son
usage très-précieux en teinture, et principalement dans l'art
du teinturier-dégraisseur. Cet acide ne se rencontre jamais pur
dans la nature ; il se trouve toujours combiné à la chaux dans
un grand nombre de racines et d'écorces ; mais il se trouve
plus abondamment, uni avec la potasse, dans toute une famille
de plantes qu'on appelle *rumex.* C'est de plusieurs de ces *rumex*
qu'on l'extrait en Suisse et en Angleterre, et qu'on le vend dans
le commerce sous le nom de sel d'oseille. Le procédé pour
l'obtenir consiste à piler le *rumex,* y ajouter une certaine quantité d'eau, et soumettre le tout à la presse après quelques jours
de macération ; ensuite on chauffe légèrement le suc, et on le
porte dans une cuve de bois ; là, on le met en contact avec de
l'argile pendant un ou deux jours : au bout de ce temps, il se
trouve clarifié ; on le décante et on l'évapore convenablement
dans une chaudière de cuivre. Peu à peu il se forme des cristaux ; mais comme ils sont verdâtres, on les purifie par de nouvelles cristallisations de 500 grammes (1 livre) de *rumex ;* on
retire environ 4 grammes de sel d'oseille.

Les propriétés de ce sel sont les mêmes que celles de son
acide ; et c'était même le principal dissolvant de l'oxide de fer

avant la découverte de l'acide oxalique ; mais comme sa vertu est moins énergique que celle de son acide, vu qu'il n'agit qu'en raison de l'excès d'acide qu'il contient, l'on se sert avec beaucoup plus d'avantage dans les arts de l'acide que de sa combinaison avec la potasse dans le sel d'oseille.

La préparation de l'acide oxalique n'étant pas assez généralement établie, ce qui fait qu'on ne trouve pas cet acide partout où l'on éprouve le besoin de l'employer, nous ferons donc connaître ici le procédé le plus simple par lequel on peut l'obtenir.

On place une cornue de verre tubulée sur un bain de sable ; on adapte à la cornue un récipient ; on met dans la cornue une partie de sucre en poudre, sur laquelle on verse neuf fois son poids d'acide nitrique du commerce ; on chauffe le bain de sable, et la cornue se remplit de vapeurs rougeâtres ; le mélange bout avec force ; on cesse de chauffer le bain de sable du moment que l'ébullition se manifeste ; dès que l'effervescence est apaisée, on augmente la chaleur, et on évapore jusqu'à ce qu'il se forme des cristaux par le refroidissement ; on décante la liqueur qui surnage les cristaux, et on la soumet à une nouvelle opération pour obtenir une seconde levée de cristaux ; on épuise le liquide de tout le sel qu'il peut contenir, par des évaporations et des cristallisations successives ; on dissout ensuite les cristaux plus ou moins souillés d'acide nitrique, dans de l'eau tiède : on évapore, et on les obtient par là dans un degré de pureté convenable : ce sont des cristaux qu'on appelle *acide oxalique*. On le fait sécher sur du papier et on le conserve dans des flacons de verre bouchés avec un liége, à l'abri de l'humidité. Il est nécessaire de le réduire en poudre avant de s'en servir.

2545. *Des taches de rouille.* De tous les métaux connus, le fer est celui qui est le plus employé à nos usages ; et comme c'est un de ceux qui s'oxide avec le plus de facilité, et dont l'oxide a la plus grande affinité avec les tissus de nos étoffes, surtout avec ceux de fil de lin, de chanvre et de coton, les taches qu'il produit sont aussi fréquentes que difficiles à enlever.

Le fer déposé sur une étoffe peut s'y trouver dans deux états différens ; et sous ce rapport il n'est pas constamment soluble dans les mêmes dissolvans. Ainsi l'on doit donc distinguer avec soin l'état du fer dans ces deux circonstances : 1° lorsqu'il est à l'état d'oxide noir, c'est-à-dire voisin de l'état métallique ; 2° lorsqu'il est à l'état d'oxide rouge ou très-chargé d'oxigène : dans le premier cas, l'oxide adhère beaucoup moins à l'étoffe ;

et on peut l'enlever avec l'acide sulfurique, ou avec l'acide muriatique, étendus de douze parties d'eau.

Il suffit de tremper l'étoffe tachée dans les acides et de l'y laisser s'humecter convenablement, en ayant l'attention de frotter la tache avec les mains, et en repliant et frottant l'étoffe sur elle-même lorsqu'elle résiste à l'action des acides; il faut laver ensuite l'étoffe avec un très-grand soin dans l'eau claire, pour enlever tout l'acide dont l'étoffe est imprégnée.

On peut encore dans tous les cas employer la crème de tartre réduite en poudre très-fine, et dont on recouvre la tache avant de l'humecter; on laisse agir cette poudre humide pendant quelque temps, après quoi on frotte avec le plus grand soin.

La crème de tartre est préférable même aux acides dont nous avons parlé, en ce qu'elle attaque bien moins les étoffes, et surtout en ce qu'elle altère moins les couleurs que les deux autres acides auxquels il en est peu qui y résistent.

Mais dans le second cas, ou lorsque le fer est très-oxidé, et que la couleur de la tache est d'un jaune rougeâtre plus ou moins intense, l'on ne peut se servir des acides dont nous avons parlé plus haut, il faut recourir à d'autres procédés.

L'on se sert dans ce cas de l'acide oxalique, le seul de tous les acides qui a la propriété de dissoudre le fer avec la plus grande facilité, sans attaquer sensiblement les étoffes sur lesquelles on l'applique. A cet effet, on le réduit en poudre et on l'applique sur la tache qu'on mouille légèrement pour aider son action, ou bien à l'état de dissolution.

On peut remplacer l'acide oxalique par quelques-unes de ces combinaisons, telles que celle qu'il forme avec la potasse, et qui constitue le sel d'oseille du commerce. Mais sa vertu est moins énergique; néanmoins on s'en sert avec avantage, et c'était même le principal dissolvant de l'oxide de fer, avant la découverte de l'acide oxalique.

2546. *Procédé pour extraire les taches de rouille sur les dentelles et sur le linge fin.* En les savonnant pour les nettoyer, on fait chauffer un fer à repasser; on pose, sur le plat du fer chaud, un linge mouillé, afin qu'il se forme une vapeur d'eau; on pose sur ce linge fumant la partie tachée de rouille, et avec le doigt on prend de l'acide oxalique ou du sel d'oseille en poudre, que l'on passe sur la tache à différentes reprises; la chaleur et l'humidité accélèrent l'action de cet acide sur la rouille, et fait disparaître la tache; quand elle est disparue on continue de savonner.

2547. *Procédé de M. Giobert pour enlever les taches de rouille.* Comme les taches où le fer est peu oxidé se dissolvent plus aisément et dans un plus grand nombre d'acides que celles où ce métal est combiné avec plus d'oxygène, M. Giobert a proposé de faire rétrograder l'oxidation de ce métal, en versant sur les taches d'oxide jaune ou rouge un peu de graisse fondue, qu'on tient pendant quelque temps à l'état liquide à l'aide d'une chaleur légère; il observe qu'après cette opération préliminaire on peut enlever ces taches avec l'acide sulfurique affaibli.

2548. *Des taches formées par l'eau sur les étoffes.* Le plus commun de tous les corps susceptibles de tacher les étoffes, c'est l'eau. Ce liquide, qui tombe le plus souvent par gouttes sur les étoffes qui servent à nos usages, détruit ce brillant, ce glacé si uni, qu'on donne à presque tous les tissus, et même aux feutres.

Comme ces apprêts ne sont généralement composés que de substances gommeuses, susceptibles de se dissoudre dans l'eau, de sorte que les gouttes de ce liquide répandues sur une surface qui n'offrait d'abord que des teintes bien unies, y laissent des empreintes qu'il est très-aisé de distinguer à l'œil; c'est pour éviter cet inconvénient, surtout sur les tissus de soie et de laine, qu'on est dans l'usage de les faire *délustrer*, avant de les exposer à la pluie.

Dans ce cas, on applique l'eau sur toute la surface, en exposant l'étoffe dans un endroit humide, tel qu'une cave, ou en interposant, entre les plis de l'étoffe, des toiles humides, et les soumettant ensuite à la presse : on enlève, par ce moyen, une grande partie de la matière qui donne le lustre, et on prévient l'inconvénient des taches partielles que forment les gouttes de pluie inégalement réparties. On sacrifie alors une partie du brillant et du corps de l'étoffe, mais on conserve à toute sa surface le même ton de couleur; par cette opération de *délustrage* ou *dégommage*, on donne à l'étoffe beaucoup plus de souplesse; et à l'aide de la presse et de la brosse, on rend au tissu presque tout le poli et l'uni primitifs.

Les feutres de laine ou de poil, dont on fait des chapeaux et qui s'altèrent si aisément par l'action de l'eau, ne sont pas susceptibles d'être *dégommés*, attendu que le corps et la force de ces feutres dépendent essentiellement de la quantité considérable de gomme qu'on fait pénétrer dans le tissu, et qu'en l'enlevant on leur donne une souplesse et une perméabilité qui sont incompatibles avec leur usage.

On ne peut remédier à cet inconvénient qu'en donnant un

nouvel apprêt au chapeau, lequel se pratique ainsi que nous le décrivons à l'art du *Chapelier*.

2549. *Des taches d'encre à écrire.* Les taches d'encre à écrire ont beaucoup de rapport, par leur nature, avec celles de rouille ; elles passent même à cet état, lorsque, par le laps du temps, ou par les lavages, on a détruit ou enlevé le principe végétal qui tient l'oxide en dissolution : c'est pourquoi, lorsque les taches d'encre sont fraîches, on peut les enlever plus facilement que lorsqu'elles ont vieilli sur l'étoffe : car, dans ce dernier cas, ainsi que nous l'avons observé aux taches de rouille, non-seulement l'oxide de fer, qui fait la base de l'encre, a pénétré plus avant dans l'étoffe, mais l'oxidation a fait des progrès, et le fer dans ce nouvel état, n'est plus soluble que dans l'acide oxalique. Ainsi, lorsque la tache est récente, on peut employer, pour détruire entièrement l'empreinte de l'encre, un acide quelconque, tel que, par exemple, le suc de citron, l'acide sulfurique ou muriatique, étendu de douze parties d'eau, le vinaigre, etc. ; mais de tous, on doit donner la préférence à l'acide muriatique oxygéné. Cet acide enlève avec facilité toutes ces taches, soit anciennes ou nouvelles, et même c'est un bon procédé pour l'enlever sur le papier, les livres et les gravures, parce qu'il n'altère en aucune manière l'encre d'imprimerie, ni les étoffes blanches de nature végétale, telles que le coton, le lin et le chanvre ; mais aussi doit-on en bannir l'usage pour les étoffes de laine et de soie, ainsi que pour toutes les étoffes colorées, comme nous l'avons déjà fait remarquer en plusieurs circonstances : dans ce cas, on ne doit employer que l'acide oxalique ; et l'on suit, à cet égard, le procédé indiqué aux taches de rouille.

Les dégraisseurs ont coutume d'enlever les taches d'encre, lorsqu'elles se trouvent portées sur le linge, la batiste et les dentelles, avec le suc d'oseille verte, en frottant simplement la tache avec ce suc, et soumettant ensuite le linge à une forte lessive ou à un fort savonnage pour la dentelle ou la batiste, afin d'enlever les taches verdâtres qui se trouvent formées par les parties colorantes vertes de l'oseille ; ce procédé, qui ne peut se faire qu'à une seule époque de l'année, lorsque l'oseille est fraîche, n'est point applicable au linge fin ni à la dentelle, parce que l'emploi des alcalis en excès est toujours dangereux pour ce genre d'étoffe, et l'on doit donner la préférence au procédé indiqué ci-dessus, pour enlever toutes les taches d'encre portées sur les toiles et sur les étoffes de laine et de soie.

2550. *Des taches de boue.* Les taches de boue, surtout celles qui sont occasionées par la boue des rues d'une grande ville, laissent, après le lavage, des empreintes colorées qui ne sont dues qu'aux *detritus* des fers des roues, et de ceux des pieds des chevaux contenus dans la boue. Cette empreinte brunâtre ayant pour cause un oxide de fer, se détruit par le même procédé que l'on suit pour enlever les taches de rouille. Ainsi un manteau, une redingote, ou tout autre vêtement en laine, auquel il serait arrivé quelques accidens graves, comme d'avoir traîné dans la boue, doivent être foulés au fiel de bœuf pour les dégorger de la matière végétale; après, on prépare une eau chaude, dans laquelle on met de l'acide oxalique en très-petite quantité, et on y passe le vêtement, jusqu'à ce que la tache soit disparue et que la couleur soit égale, ensuite on l'étend sans le tordre, et quand il est à moitié sec, on en couche le poil avec une brosse, on le détire et l'on achève de le faire sécher.

2551. *Des taches de cambouis et de suie liquide, provenantes des tuyaux de poêle.* Le cambouis est un mélange de graisse et de rouille, provenant de l'essieu de la voiture; ainsi le procédé, pour extraire la tache qu'il produit sur une étoffe, consiste à séparer le corps graisseux par un savonnage, si c'est une toile à fond blanc, ou à l'aide des essences ou de l'alcohol, si c'est une étoffe colorée; ensuite on enlève l'empreinte métallique que laisse l'oxide de fer, à l'aide des mêmes agens dont on se sert pour enlever les taches de rouille.

On fait disparaître par le même procédé les taches de suie liquide provenante des tuyaux de poêle. Après avoir traité la tache par le fiel de bœuf, l'avoir rincée et laissée sécher, on détruit l'empreinte métallique avec le sel d'oseille, de la même manière que pour les taches de rouille, en ayant le soin d'en ménager l'action lorsqu'on opère sur des étoffes colorées.

2552. *Des taches produites par les onguens et pommades pharmaceutiques.* Souvent le linge qui a servi aux personnes affectées de maladies qui exigent l'emploi extérieur d'onguens ou de pommades dans lesquels il entre généralement des oxides métalliques, revient du blanchissage avec des taches noirâtres, qu'on ne peut faire disparaître par les moyens indiqués, parce qu'on en ignore la cause.

Ces taches sont presque toutes occasionées par des oxides de mercure, de plomb et de zinc. Ces oxides, peu colorés d'abord, étant mélangés avec la graisse, ne tachent pas sensiblement, et on n'aperçoit alors que l'aspect désagréable que forme le corps graisseux sur le linge; mais vient-on à soumettre ce linge ainsi taché à l'action du coulage d'une lessive, ces oxides se trouvent réduits, par l'action des sulfures alcalins contenus dans les cendres, et ils présentent alors sous cet état un aspect noirâtre métallique, qu'on peut facilement enlever par l'action de l'acide muriatique oxygéné, pour les taches produites par les oxides de mercure, et l'acide acétique pour celles de plomb et de zinc.

Dans le premier cas, on trempe le linge dans une eau très-pure, contenant une partie d'acide pour quatre parties d'eau. On y fait tremper la tache en frottant de temps en temps; et lorsqu'on s'aperçoit qu'elle est disparue, on lave dans de l'eau distillée, ou dans une eau qui dissout bien le savon, lorsqu'on ne peut avoir de la première.

Dans le deuxième cas, si la tache résistait à l'action de l'acide muriatique oxygéné, on n'a qu'à tremper la tache dans du vinaigre distillé très-concentré, ou dans du vinaigre concentré par la gelée, les oxides de plomb ou de zinc qui la constituent se dissoudront par l'action de cet acide, et un simple lavage à l'eau distillée suffira ensuite pour enlever les traces de l'acide.

2553. *Nouveau procédé pour nettoyer les livres et les estampes, et principalement pour enlever les taches de suie et de fumée; donné par M. J. Pelletier, pharmacien de Paris.* Les taches produites sur les livres par la suie, et la teinte brune que leur communique la fumée, sont très-difficiles à enlever par les procédés employés jusqu'ici. L'acide muriatique oxygéné, pour agir avec efficacité, a besoin d'être à un degré de force tel, qu'il altère fortement le papier. On est donc obligé de conserver sales et enfumés des ouvrages précieux, dans la crainte de les perdre entièrement en cherchant à les nettoyer.

On parvient facilement à enlever ces taches, d'après le procédé qu'indique M. Pelletier, en détachant une ou plusieurs feuilles d'un livre, ou une estampe, et plaçant ces feuilles à plat dans un vase de terre ou de cuivre rouge bien net; on verse dessus, de manière à recouvrir ces feuilles de quelques lignes d'une solution d'acide tartarique, préparée dans les proportions de 8 grammes (2 gros) pour 192 grammes (6 onces) d'eau. On élève la température et on la maintient deux ou trois minutes à un degré de chaleur suffisante pour la faire frémir ou bouillir sur ses bords: on décante et on lave les feuilles à l'eau claire dans le vase même. Dans le cas où la tache paraîtrait encore, il faudrait ajouter une nouvelle quantité de solution tartarique, mais ce n'est pas ordinairement nécessaire.

Par ce procédé, on enlève non-seulement les taches de suie, mais encore les taches d'encre, et celles causées par l'humidité des boiseries.

Le papier ne perd rien de sa solidité; l'encolage seul est en partie enlevé, mais le papier n'est pas altéré comme par le procédé de l'acide muriatique oxygéné.

L'on doit observer que, lorsqu'on emploie un vase de cuivre, il faut avoir soin de n'y point laisser séjourner ni même refroidir la liqueur acide, qui, à l'aide du contact de l'air, attaquerait le métal.

2554. *Des compositions polychrestes.* Lorsqu'il n'est question que d'enlever une tache dont on connaît la nature, on peut recourir à l'un des procédés que nous avons indiqués, mais souvent les taches sont compliquées; plusieurs agens ont concouru à détériorer une couleur : telle, par exemple, qu'une étoffe d'un meuble, salie par une longue exposition à l'air, à la poussière, à l'humidité; un habit, ou tout autre vêtement long-temps porté, sali et taché sans qu'on puisse remonter aux causes. Dans tous les cas, il est bien difficile, et je dirais même impossible d'attaquer chaque cause séparément; il ne pourrait même en résulter qu'une bigarrure d'effets, qui, laissant sur l'étoffe l'empreinte particulière des divers réactifs, présenterait un tableau plus dégoûtant que le premier; alors on est dans l'usage d'employer des compositions polychrestes, dont les élémens très-variés peuvent enlever toutes les taches, de quelque nature qu'elles soient, à l'exception cependant de celles produites par les oxides métalliques, qu'on doit toujours combattre par les moyens indiqués ci-dessus.

Ces compositions, dont les recettes varient à l'infini, ne possèdent pas toutes les propriétés merveilleuses que les auteurs ont bien voulu leur attribuer. Toutes contiennent ou trop d'alcalis, et agissent puissamment sur les étoffes colorées, ou n'en contiennent pas assez : dans ce cas, elles ne produisent que des effets peu sensibles sur la tache, et ne remplissent point en cela le but qu'on se propose d'obtenir : c'est pourquoi je n'indiquerai que la composition dont M. Chaptal a donné la recette dans ses Mémoires, où il dit en avoir obtenu de très-bons effets.

2535. *Composition polychreste de M. Chaptal.* On prend une quantité déterminée d'alcohol; on y ajoute autant de savon blanc très-divisé qu'il est capable d'en dissoudre : on mêle cette dissolution dans un mortier, avec quatre ou six jaunes d'œufs, et on ajoute peu à peu autant d'essence de térébenthine que l'alcohol employé; quand le mélange est exact, on y incorpore de la terre à foulon très-divisée, pour donner une consistance propre à former des savonnettes, ou tout autre forme qu'on désire, et on les laisse sécher à l'ombre, dans un endroit

bien aéré. Lorsqu'on veut faire usage de cette composition,
on humecte l'étoffe avec de l'eau, et on en frotte les taches afin
d'en dissoudre une partie ; alors, à l'aide de la main, d'une
éponge, ou d'une brosse, on agite fortement, on la fait pénétrer, on l'étend, et peu de temps après on peut laver l'étoffe,
pour enlever jusqu'à la dernière trace de ce nouveau savon.

2556. *Composition polychreste, propre à enlever toutes les
taches portées sur les étoffes de soie, brodées en or et argent,
sans altérer ces métaux.* On prend du fiel de bœuf, du miel
blanc, du savon blanc, de la poudre d'iris de Florence, de
chaque, 96 grammes (3 onces) ; on mêle toutes ces substances dans un mortier de marbre, pour en former une pâte
que l'on expose à l'air pendant une huitaine de jours, afin
qu'elle acquière assez de solidité pour en former des savonnettes.

Lorsqu'on veut l'employer, ou enduit les endroits que l'on
veut nettoyer de cette composition ; ensuite on frotte l'étoffe
avec de l'eau dans laquelle on a fait bouillir du son, et l'on
continue ce savonnage jusqu'à ce que l'eau ne se colore plus ;
ensuite on essuie les endroits mouillés avec un linge blanc, et
on enveloppe la broderie dans des linges secs, afin de la faire
à demi sécher, et après cela on la soumet à une légère pression
pour achever sa dessiccation. Par ce procédé, l'ouvrage reprend son premier lustre.

Nota. Souvent les fils jaunes de soie, teints au rocou, qui
servent de support à la broderie en or et argent, se trouvent
rembrunis par l'action de l'alcali contenu dans cette composition. Pour rétablir cette légère altération, il faut laver l'étoffe
brodée dans une eau légèrement acidulée avec l'acide sulfurique, quelques gouttes suffisent à cet effet, et la couleur reparaît dans tout son éclat.

2557. *Des taches produites sur les étoffes colorées par les
acides, les alcalis et sucs, et les décoctions végétales et animales, ainsi que les procédés usités pour les enlever.* Les taches
que produisent les acides sur les étoffes colorées, ne sont pas
toutes de même nature, elles varient en raison de leur état de
concentration, et de la nature même de l'acide ; ainsi les acides minéraux détruisent la plupart des couleurs, tandis que
les acides végétaux ne font que les nuancer, les changer, les
altérer sans les détruire ; mais lorsque ces premiers sont affaiblis et que leur impression est récente, leurs effets sont analogues aux seconds, et nous ne les considérons que sous ce
rapport.

Les acides rougissent les couleurs noires, fauves, violettes, puces, et généralement toutes les nuances qu'on donne avec l'orseille et les substances propres à donner la couleur fauve ou brune par elle-même, ou à l'aide des préparations ferrugineuses.

Les bleus d'indigo et de Prusse, les noirs faits sans préparation de fer, les violets qui résultent de la combinaison de la garance, ne sont pas susceptibles d'éprouver ces changemens de la part des acides, lorsque ceux-ci sont nouvellement apposés sur la couleur, et qu'ils sont suffisamment étendus d'eau.

Mais ils détruisent les jaunes légers, et font passer le vert au bleu sur les étoffes de laine : ils pâlissent les jaunes les plus intenses, ils rosent les ponceaux ; avivent, et éclaircissent les rouges de Fernambouc ; ils jaunissent les bleus fournis par le campêche et le sulfate de cuivre ; ils avivent l'indigo et le bleu de Prusse, principalement l'acide oxalique.

Pour détruire les effets des acides, ou les taches qu'ils ont produites sur les étoffes colorées, et qui se rapportent aux altérations ci-dessus énoncées, il faut avoir recours à un corps susceptible d'en neutraliser l'action, pour rétablir la couleur altérée et la ramener à son état primitif; on y parvient facilement en employant les alcalis.

Celui auquel on doit donner la préférence, est l'alcali volatil (ammoniaque) ; il suffit de présenter la plupart des taches à la vapeur de cet alcali, pour les faire disparaître à l'instant, et voir reparaître la couleur primitive que des acides faibles, tels que le vinaigre, les sucs acides des fruits, etc., auraient altérée sur une étoffe. Cet alcali a l'avantage sur les alcalis fixes de ne pas altérer l'étoffe, et de produire un effet plus prompt.

Lorsqu'on a détruit l'effet d'un acide sur les bruns, les violets, à l'aide d'un alcali, on substitue souvent au rouge, qui s'était développé par l'action de l'acide, une teinte légèrement violette ; on remédie à cet inconvénient, en lavant dans une dissolution d'étain par l'acide nitro-muriatique étendu d'une grande quantité d'eau. Par ce moyen la couleur primitive reparaît dans toute son intensité.

L'on doit encore se servir de la dissolution d'étain par l'acide nitro-muriatique, pour rétablir les couleurs primitives et détruire les impressions noirâtres, qui restent, après avoir enlevé les taches de rouille avec l'acide oxalique sur les tissus colorés : tels que sur la soie ponceau et les tissus colorés en rouge avec la garance et la cochenille, comme l'écarlate et le coton teint au rouge d'Andrinople, etc.

Il n'en est pas de même des traces que laisse l'acide oxalique
sur les étoffes teintes en bleu, après qu'on en a enlevé les oxides métalliques; ces acides avivent les bleus faits avec l'indigo
et le bleu de Prusse. On fait disparaître cette inégalité de
nuance en employant de l'ammoniaque étendu d'eau convenablement, et passant la partie altérée dedans.

5558. *Des taches produites par l'action des alcalis sur les
étoffes colorées.* L'action des alcalis sur les étoffes colorées,
est bien moins vive que celle des acides : ils peuvent tourner
quelques couleurs, mais jamais les détruire complétement,
comme les acides; et il est facile d'en détruire l'effet.

Les effets les plus remarquables des alcalis, sont de faire
tourner au violet les rouges de Fernambouc, de cochenille, etc.;
de jaunir les verts sur laine, de brunir les jaunes, et de faire
passer à l'aurore toutes les couleurs obtenues avec le rocou :
ils foncent encore tous les violets qu'on porte sur la laine et la
soie; ils jaunissent le vert qui a l'indigo pour base; de même
que les couleurs obtenues par les substances propres à donner
la couleur fauve ou brune.

Pour rétablir les couleurs ainsi altérées par l'action des alcalis, il faut avoir recours aux acides; on a des solutions sali-
nes pour en neutraliser l'action, et rétablir la couleur primitive:
comme tous les acides ne conviennent pas à cet égard, il faut
en savoir faire un choix. Il n'y en a pas qui méritent mieux la
préférence que le nitro-muriate d'étain, qui est connu dans les
arts sous le nom de composition pour l'écarlate, pour rétablir
les couleurs altérées sur les étoffes teintes en rouge, ponceau,
cramoisi, à l'aide de la cochenille ou de la garance, et principalement l'écarlate. Cette préparation rétablit sur-le-champ la
couleur altérée : il faut avoir l'attention de ne pas l'employer
trop concentrée; parce que, dans cet état, elle pourrait à son
tour altérer la couleur, et donner, par exemple, une teinte
orangée à l'écarlate.

Lorsqu'on a enlevé un corps gras, à l'aide des alcalis, sur
une étoffe colorée en jaune, la couleur brunit; ou, lorsqu'on
a opéré sur une étoffe teinte en rouge avec le Fernambouc, la
couleur passe au violet, par l'action des alcalis. Pour remédier
à ces inconvéniens, et rétablir la couleur primitive, on passe
l'étoffe, ainsi altérée, dans une eau légèrement acidulée, soit
avec le suc de citron pour les étoffes de laine et de soie, ou
avec une très-petite quantité d'acide sulfurique, pour les
toiles peintes.

2559. *Des taches produites par des sécrétions animales, sur*

les étoffes colorées. L'urine et la sueur sont des sécrétions animales, composées d'un grand nombre de corps, qui jouissent
des propriétés acides, lorsqu'elles sont récentes, et qui acquièrent une propriété alcaline par la vétusté; surtout et lorsqu'elles
ont éprouvé un certain degré de fermentation.

Ces phénomènes se remarquent facilement, par les différentes altérations que produisent ces liquides sur les étoffes colorées, lorsqu'ils viennent à y être portés accidentellement.
Pour déterminer ces altérations, l'on doit se reporter à tout ce
qui a été dit pour les taches produites par les acides et les alcalis, et les moyens à employer, pour en détruire les effets,
sont les mêmes.

Ainsi, l'impression que fait sur nos étoffes l'urine fraîche
de certains quadrupèdes, ne peut être combattue que par l'action des alcalis, tandis que l'impression désagréable qui résulte
des gouttes d'urine qui aura vieilli sur une étoffe, ou qui avait
déjà fermenté, ne peut être détruite que par l'action des acides.
Il en est de même pour les taches qui sont produites par la
sueur : ce liquide qui se corrompt facilement, surtout étant
absorbé généralement par les tissus qui nous enveloppent,
acquiert promptement les propriétés alcalines, et développe des
altérations très-apparentes, principalement sur les étoffes teintes en rouge, telles que l'écarlate : le meilleur procédé pour
les extraire, sur ce genre de couleur, est l'emploi d'une eau
légèrement acidulée par le nitro-muriate d'étain : on en frotte
légèrement la partie tachée; et la belle couleur d'écarlate reparaît à l'instant dans tout son éclat.

TAFFETAS D'ANGLETERRE.

2560. Faites choix d'un taffetas mince et qui ne soit pas trop
clair; prenez ensuite 2 onces de colle de poisson, que vous couperez par morceaux et que vous ferez fondre dans un poêlon d'argent qui contiendra 2 livres d'eau bouillante que vous laisserez
sur le feu pendant dix ou douze heures pour que la colle soit
parfaitement dissoute, après quoi vous passerez le liquide par
expression à travers un tamis ou un linge. Trempez une brosse
dans la colle; appliquez-en une couche sur le taffetas que vous
aurez bien tendu sur un châssis avec des clous d'épingle; faites
sécher cette première couche devant un feu clair; appliquez-
en une seconde, et continuez ainsi jusqu'à ce que vous ayez étendu toute votre colle sur votre taffetas qui doit avoir à peu près
deux pieds et demi de large et trois pieds de long. Étendez en-

suite deux couches de teinture de baume de Pérou en coques faites avec de l'esprit-de-vin ; et lorsque le taffetas sera sec, coupez-le par petits morceaux que vous ploierez en deux et que vous disposerez en rouleaux.

Tout le monde sait qu'on applique une bande de ce taffetas humecté à l'envers avec de la salive sur les écorchures légères et les coupures peu profondes. (*Parf. imp.*)

TAILLE DES ARBRES.

2561. *Observations préliminaires.* Les principes de la taille sont de donner à l'arbre la vigueur nécessaire pour remplir l'emplacement qu'on lui destine ; de répandre la sève uniformément dans toutes ses parties, et de ne lui laisser fournir de fruits que dans une proportion telle, qu'ils ne nuisent pas à la production de l'année suivante en consommant toute la substance de l'arbre, dont une partie doit rester dans ses vaisseaux pour nourrir les fleurs, et même les fruits de l'année suivante, au commencement de leur développement ; enfin, d'accélérer ou de ralentir à propos le mouvement de la sève.

L'application de ces principes constitue l'art de la taille ; mais elle exige quelques connaissances préliminaires, telles que les suivantes : la sève des racines tend à s'élever verticalement. Plus quelques branches d'un arbre se rapprochent de la direction verticale, plus cette sève s'y porte de préférence aux branches inclinées, plus ses mouvemens sont actifs, et ses produits en bois considérables. Au contraire, plus l'inclinaison des branches est grande, moins la sève des racines a d'activité ; et si les racines en fournissent beaucoup, elle tend à se rapprocher de la ligne verticale, en se portant de préférence dans les boutons des branches placées au-dessus et dans la partie la plus élevée de la branche, ou en se frayant un passage à travers l'écorce, dans laquelle elle forme de nouveaux bourgeons qui se développent tout de suite et donnent naissance à des branches qu'on nomme par cette raison *branches gourmandes.*

La sève des racines a besoin d'être élaborée par les feuilles, pour servir à la nourriture de l'arbre : cette élaboration fournit les sucs propres, dont la partie qui n'a point été consommée, reste déposée dans les vaisseaux et dans le parenchyme jusqu'au printemps, où elle est liquéfiée par la sève des racines, et sert de nourriture aux végétaux dans le temps où ces derniers n'ont pas le moyen de s'en procurer. Les feuilles absorbent les fluides et gaz de l'atmosphère comme les racines en attirent de la terre ; et cette sève se combine avec celle des racines. Si la sève des racines domine beaucoup dans un arbre, et si elle y a beaucoup d'activité, elle forme et développe beaucoup de boutons à bois, mais très-peu à fleurs ; ceux de ces derniers qui existent sur ces arbres peuvent bien s'ouvrir, mais les germes qu'ils contiennent languissent et les fruits ne se forment pas bien, ou ils se détachent après un commencement de développement. Lorsque la sève des feuilles devient plus abondante, son mélange avec celle des racines donne lieu à la formation de boutons à fruit : c'est le moment de la production des arbres et de la vigueur de leurs germes. L'arbre produit à la fois des branches et des fruits ; mais lorsque la sève des racines ne s'élève qu'en petite quantité et avec difficulté, celle des feuilles domine alors : l'arbre se couvre de fleurs ; mais les branches s'allongent peu, et les bourgeons finissent par ne produire que des rosettes ; les fruits ont plus de saveur et les germes sont plus faibles. Si l'arbre porte une assez grande quantité de fruits pour consommer presque tous les sucs propres à mesure qu'ils sont élaborés, et que les feuilles ne puissent pas en former de nouveaux après la maturité des fruits, pour remplir les réservoirs de la plante, les fleurs de l'année suivante, manquant d'une nourriture appropriée à leurs besoins, tombent sans production de fruits.

Ces connaissances doivent diriger le cultivateur dans les soins à donner à ses arbres ; leur destination l'oblige à quelques dispositions préalables. S'il désire des arbres très-vigoureux ou d'une moyenne taille en plein vent, ou des arbres en espaliers, contre-espaliers, quenouilles ou nains, il doit choisir des élèves propres à remplir ces destinations diverses. S'il veut des arbres en plein vent de la plus grande force, il faut qu'il sème des graines de sauvageons dont les élèves doivent être bien distingués des sauvageons arrachés dans les bois, parce qu'on mutile presque toujours les racines de ceux-ci en les arrachant. Des greffes placées sur de pareils sujets, lui fourniront des arbres très-vigoureux, qui vivront des siècles, et qui produiront beaucoup de fruits, mais tard et seulement tous les deux ans, à moins qu'il ne les soumette à la taille et ne leur laisse que la quantité de fruits qu'ils peuvent nourrir sans consommer toute la sève élaborée. Leur grande vigueur s'oppose à ce qu'on les réduise à de faibles dimensions : la sève des racines y domine trop pour qu'on en obtienne promptement du fruit ; et ce fruit a un peu de l'âcreté des sauvageons. Veut-il des arbres en plein vent qui se développent moins, mais qui donnent plus tôt des fruits plus beaux et plus savoureux, il greffera sur des

sujets venus de semence, d'espèces greffées, et cultivées pour
la table ; sujets qu'on nomme *francs*; et plus les arbres qui auront fourni les semences seront vieux, affaiblis, et produiront
des fruits volumineux, moins les arbres se développeront, et
plus leurs fruits seront beaux et bons : ces sujets pourront
même servir pour les espaliers d'une grande dimension et pour
les buissons. Enfin, si le cultivateur ne prétend former que des
élèves propres aux espaliers de murs bas où il veut réunir plusieurs espèces dans un espace borné, ou pour faire des pyramides, des vases, des quenouilles ou des nains, il greffera sur
des sujets très-faibles, comme le coignassier pour le poirier,
en employant la petite espèce pour les arbres de la plus petite
dimension, le paradis pour le pommier, et les rejetons de pruniers au lieu de sujets de semence pour le pêcher, etc. ; et il
taillera de manière à accélérer le moment de la fructification.

2562. *Taille des arbres en plein vent.* Cette taille est la
plus facile de toutes. On suppose les sujets en pépinière et la
greffe reprise, ou mieux l'arbre semé en place, si on veut des
sujets de la plus grande dimension. La greffe donne un scion
plus ou moins grand, suivant la vigueur du sujet. Si ce scion
a développé des branches latérales, on les coupe l'hiver suivant à deux ou trois pouces du sujet, ce qu'on nomme *taille
en crochet*; et on conserve l'extrémité de la tige. Si le scion ne
s'élève pas bien verticalement, on lui donne un tuteur pour le
soutenir. Il arrive quelquefois que la piqûre d'un insecte ou
toute autre cause fait bifurquer l'extrémité de la tige, qui se
divise en deux branches ; alors on pince pendant la pousse, la
moins verticale, et puis on la coupe rez-tronc à l'entrée de l'hiver, pendant le repos de la sève : les plaies ont le temps de se
dessécher, et elles ne laissent pas échapper la sève, comme
celles qui sont nouvelles au moment de son ascension. Le choix
de cette époque pour la taille est donc important, lorsqu'on
veut conserver aux arbres toute leur vigueur ; et dans ce cas,
cette opération ne doit point avoir lieu entre les deux sèves
pour les arbres en plein vent, parce que la destruction d'une
partie des feuilles diminuerait la quantité des sucs propres. La
taille à l'entrée de l'hiver, est principalement utile aux vieux
arbres, dont il faut conserver toute la sève. La coupe des branches au commencement de l'ascension de la sève n'est bonne
que lorsque des arbres jeunes sont trop vigoureux, ou bien
lorsque les yeux des branches sont exposés à couler auprès de
la coupe, à la suite des gelées : la perte d'une partie de la sève
peut prévenir le premier effet ; et la taille après les fortes gelées
prévient également le second.

Les crochets se garnissent de feuilles au printemps suivant, et cette multiplication de feuilles contribue à faire grossir la tige. L'année suivante on coupe ces crochets rez-tronc, pour éviter de faire de trop grandes plaies dans la suite, et on taille en crochets les branches de l'année. On continue ainsi les années suivantes, jusqu'à ce que l'arbre soit en état d'être transplanté. Si on veut que sa tige n'ait que six ou sept pieds, et qu'à cette hauteur elle se divise en plusieurs branches, on pince la seconde année, la greffe à la hauteur désirée, et on conserve l'année suivante les branches les mieux placées, qu'on arrête à une hauteur déterminée par la vigueur de l'arbre.

Des sujets très-vigoureux et bien espacés dans une pépinière, peuvent être levés et mis en place à la fin de la seconde ou troisième année de la greffe, avec les précautions voulues. La longueur des racines doit diriger la taille de cette année : si on a pu les conserver en levant l'arbre, et qu'on n'ait fait que rafraîchir leur extrémité, on taille plus long ; mais si on a beaucoup raccourci les racines, il faut tailler court. A la pousse suivante, on vérifie si les branches-mères se développent avec la même vigueur ; et, si l'une pousse plus vigoureusement, on pince son extrémité avec l'ongle. S'il y a trop de bourgeons qui s'allongent, on ébourgeonne pour porter la sève dans les bourgeons qu'on veut conserver. Lorsque le pincement n'a pas produit assez d'effet pour établir l'égalité dans les branches, on coupe à la taille d'été un cinquième ou un quart au plus, des pousses trop vigoureuses, et on les allonge davantage à celle d'hiver. On continue ces soins l'année suivante si l'égalité n'existe pas dans les branches, et on a l'attention de détruire tous les bourgeons qui se développent sur le sujet ; ce qui arrive plus particulièrement lorsqu'il est d'une espèce ou variété plus précoce que la greffe.

Si l'on tient autant au bois qu'au fruit, et si l'on aime mieux retarder la fructification pour avoir un arbre d'une belle venue et d'une grande dimension, alors il y a de l'avantage à l'élever sur place ; le pivot est conservé, les racines n'ont point à souffrir de la transplantation, et l'arbre acquiert la hauteur et le volume dont il est susceptible ; mais il ne fructifie pas aussi promptement que les autres. Dans ce cas, on n'arrête pas l'extrémité de la tige de la greffe, et on se contente de tailler ses branches en crochet pour détruire celles qui sont trop basses. On ménage encore l'extrémité de la tige : si on est forcé de transporter l'arbre, on lui conserve autant de racines que possible, et on ne raccourcit que les branches latérales.

La longueur de la taille doit être réglée sur le désir du propriétaire d'avoir des arbres d'une grande dimension, ou de les mettre plus tôt à fruit. Dans le premier cas, on taillera plus court ; dans le second, on allongera davantage les branches. En général, on reconnaît qu'un arbre est bien dressé lorsque ses branches sont de force égale et qu'il n'est pas plus surchargé de rameaux d'un côté que de l'autre.

Les arbres mis en place en plein champ n'ont besoin d'être taillés les années suivantes qu'autant que les branches seraient trop multipliées, ou qu'une branche s'emporterait trop, ou que la pousse serait faible. Dans le dernier cas, il y aurait de l'avantage à raccourcir les branches pour leur donner plus de vigueur ; autrement ces arbres se mettraient trop tôt à fruit, et ne feraient jamais de grands développemens. Il y a des espèces qui, telles que le pêcher, fournissent tant de fruits et de si bonne heure, qu'elles s'épuisent promptement, et que leurs branches se dessèchent. Il est utile, pour prévenir cet inconvénient, de raccourcir leurs branches : on a, il est vrai, moins de fruits, mais il est plus beau et meilleur, et l'arbre vit plus long-temps. On retranche les pousses qui sortent du sujet, et on se contente par la suite d'enlever quelques branches, quand elles sont multipliées, et d'abattre le bois mort.

Dans les jardins où l'on désire donner aux arbres une forme plus régulière, et leur faire porter du fruit tous les ans, il faut continuer les soins plus long-temps. Après avoir établi les branches-mères, on s'occupe à la taille suivante de former des branches secondaires : on y parvient en coupant les branches sur des yeux latéraux bien aoûtés, l'un à droite, l'autre à gauche de la branche-mère. On continue l'épincement, l'ébourgeonnement et la taille d'été, pour établir l'équilibre dans toutes les branches de l'arbre jusqu'à ce qu'on y soit parvenu, et on ne lui laisse que la quantité de fruits qu'il peut nourrir sans se fatiguer.

2563. *Taille en espalier à la française.* Les arbres que l'on veut mettre en espalier ou contre-espalier, se lèvent et se transplantent ordinairement à la fin de la première année de la pousse de la greffe. Ce changement de place leur est utile, parce qu'on détruit le pivot, dont la conservation forcerait presque toujours l'arbre à former des branches verticales ; on coupe même les racines du devant, qui détermineraient également la pousse de branches dans ce sens avec d'autant plus de facilité, qu'elles recevaient plus d'air de ce côté ; car les racines correspondent aux branches, et quoique la sève puisse se répandre dans toutes les parties de l'arbre, elle tend cependant à suivre les vaisseaux qui communiquent directement aux branches avec lesquelles elles ont été formées : si ces branches ont été coupées, la sève de ces racines, parvenue jusqu'à la plaie, produit autour de nouveaux bourgeons. Ces considérations doivent faire rejeter l'opinion de ceux qui veulent qu'on sème en place pour des arbres en espaliers, sous prétexte qu'ils seront plus vigoureux. Cependant si l'on désirait des arbres en espalier de la plus grande proportion, on pourrait mettre en place des sujets bien vigoureux, et deux ou trois ans avant d'avoir été greffés. On ne placerait en outre les écussons qu'au second été. Ainsi, l'arbre n'ayant point à souffrir par la transplantation après la greffe, pousserait plus vigoureusement.

On transplante ces élèves à environ huit pouces du mur, en les inclinant un peu de son côté, la greffe en avant, ou de côté s'il y en a deux, et en tenant l'extrémité inférieure de la greffe à découvert de quatre à six pouces au-dessus du sol; autrement l'arbre fructifiera plus tard, et il pourra pousser des racines du collet de la greffe, qui augmenteront trop sa vigueur, retarderont encore sa fructification, et rendront sa direction très-difficile. Ces racines n'ont d'avantage que lorsque l'arbre végète trop faiblement dans l'espace qu'on lui a destiné. Alors on peut couvrir le collet de la greffe, et faciliter la sortie des racines en écorchant un peu la partie inférieure de ce même collet. On fait un petit bassin autour du pied pour recevoir l'eau des arrosemens.

La plantation bien faite, on rabat la greffe à quatre ou six pouces. Il sort au printemps des yeux de cette greffe, et souvent des parties de l'écorce qui n'en contiennent pas, des bourgeons qui se développent avec plus ou moins de rapidité, suivant leur position. On pince l'extrémité des bourgeons inutiles, quinze jours après leur sortie; et huit ou douze jours après on ébourgeonne, c'est-à-dire qu'on les coupe auprès de la branche au-dessus de la première feuille. La sève arrêtée dans ces points reflue vers les bourgeons conservés et augmente leur vigueur : on les visite de nouveau; et s'il se développe d'autres bourgeons, on les pince; on arrose de temps à autre, si la saison est trop sèche. Ces opérations se font en même temps que la chasse des insectes qui peuvent attaquer les arbres.

Lorsque la sève est arrêtée, on achève de couper rez-tronc les branches pincées et ébourgeonnées; et on ne conserve que les deux qui doivent prolonger les mères-branches. Si on laissait les autres jusqu'à l'hiver, elles consommeraient inutilement une partie de la sève au détriment des mères-branches, et elles tendraient, comme ces branches, à développer et à nourrir des racines dans leur direction; et ces racines, au printemps suivant, contribueraient au développement de branches mal

placées et branches gourmandes : par conséquent elles force-
raient à multiplier les plaies de l'arbre et le travail du cultivateur.

On palisse, mais lâchement, les branches restantes, si l'on
craint que le vent ne les rompe : autrement on les laisse libres.
Si une des branches est plus forte que l'autre, on l'incline un
peu et on la palisse, pendant qu'on laisse l'autre libre et qu'on
l'écarte un peu du mur : par ce moyen, l'air circule autour et
lui fournit plus de nourriture pour ses racines ; d'ailleurs la
sève y circule plus facilement. Si l'une des branches était beaucoup plus forte malgré le pincement, on en couperait un cinquième. Après ce travail, on arrose si le temps est sec, et on
renouvelle deux ou trois fois l'arrosement si la sécheresse continue : l'arrosement a lieu sur les feuilles comme sur la terre.

Dans les beaux jours de l'hiver suivant, on taille, sur un œil
bien vif et en dessus, les deux branches dont on conserve environ le tiers de leur longueur. On enlève avec l'ongle du
pouce et de l'index, ou la pointe de la serpette, les yeux ou
boutons placés sur le devant et le derrière, de manière qu'après
ce retranchement il reste encore quatre ou au moins trois bons
yeux sur chaque branche. On attache ensuite ces branches, en
leur faisant faire un angle d'environ soixante degrés avec le
sol, si les branches sont vigoureuses, ou de soixante-cinq si
leur pousse a été médiocre. Si on n'a fait que tordre les branches
entre les deux sèves, c'est le moment de les couper rez-tronc
le plus près possible.

En indiquant l'entrée de l'hiver comme l'époque la plus favorable à la taille, j'ai fait observer qu'on ne pouvait cependant choisir ce moment qu'autant qu'il ne peut en résulter aucun
inconvénient pour les arbres ; mais l'expérience a démontré
que, dans le climat où l'on éprouvait des froids de plus de 6 à 8
degrés au-dessous de zéro, les boutons les plus voisins de la
coupe des branches des fruits à noyau étaient exposés à couler,
c'est-à-dire qu'ils ne poussaient pas au printemps et se séchaient.
Il en résulte que, pour éviter ce grave inconvénient, on est
contraint de remettre la taille après que les fortes gelées sont
passées, et d'attendre que la sève commence à être en mouvement. Néanmoins il ne faut retarder la taille que jusqu'au moment où l'on n'a plus à craindre de fortes gelées, et non jusqu'à ce que les arbres soient en fleur : car alors on perdrait
plus de sève par les coupes, et on exposerait les fleurs à couler
et les branches à sécher en automne.

Après la taille, on donne un léger labour ; et, pendant le
mois suivant, jusqu'à la fin de juin, ou plutôt jusqu'au moment

où les branches cessent de croître, c'est-à-dire entre les deux sèves, on visite de temps à autre ses arbres ; on détruit les insectes ; on pince les bourgeons inutiles, et puis on ébourgeonne pour n'en conserver que cinq à six au plus sur chaque branche-mère. Si les bourgeons conservés au-dessus de la mère-branche devenaient trop vigoureux, on les pincerait pour ralentir leur accroissement et pour faire refluer une partie de leur sève dans les autres bourgeons, surtout dans celui du prolongement de la branche-mère et dans celui placé immédiatement au-dessous, qui est destiné à faire une branche secondaire. Il arrive quelquefois que malgré l'ébourgeonnement d'hiver il se développe des scions sur le devant et le derrière des branches : on doit les supprimer en suivant la marche ci-dessus, à moins qu'une de ces branches ne devienne indispensable pour former l'arbre, si un des scions à conserver était mal venant, tortueux, gommeux, ou avait quelque autre vice qui obligerait à le couper ; on bassine ensuite, le soir, la tête de l'arbre, et on arrose le pied une fois ou deux si la saison l'exige ; et si les scions s'étaient tellement allongés qu'ils fissent craindre d'être rompus, on les attacherait avec un lien très-lâche.

Au moment du repos de la première sève, on s'occupe de la taille d'état. On coupe rez-tronc les pousses ébourgeonnées, et on détruit celles qui ont pu se former depuis le dernier ébourgeonnement. Si parmi les branches bien placées sur les côtés, il s'en trouve de trop rapprochées, on en coupe, ou mieux on en tord une entre deux pour la supprimer l'hiver suivant. Si, malgré la faible inclinaison des branches, une gourmande avait poussé au point de départ des branches-mères, on la pincerait lorsqu'elle aurait un pouce de longueur ; on réitérerait si elle se développait de nouveau avec vigueur, et on l'ébourgeonnerait pour achever de la supprimer au moment de cette taille ; ensuite on palisse les scions conservés, en augmentant l'inclinaison des branches-mères, ce que l'on continue à faire tous les ans, jusqu'à ce qu'elle soit réduite de quarante-cinq à soixante degrés, suivant la hauteur du mur et la vigueur de l'espèce qu'on cultive. On a également égard à la force des nouvelles branches de chaque côté. Si celles d'un des côtés sont plus vigoureuses que les autres, on incline moins le côté faible ; on l'éloigne du mur ; et par ce moyen, réitéré une ou deux fois, on parvient à donner une force égale aux deux côtés de l'arbre. Si cette opération paraissait insuffisante, on couperait environ un cinquième de la longueur des nouvelles branches du côté fort, afin de diminuer, par cette opération, le nombre de leurs feuilles, et conséquemment leur enlever une partie de la nourriture qu'elles eussent fourni aux racines : ce faible

3. 8

retranchement est trop peu considérable pour déterminer la pousse des boutons à bois de la partie de la branche que l'on conservera l'hiver suivant.

Lorsque l'époque des nouvelles pousses arrive, on s'assure 1° de la force respective des deux côtés de l'arbre, et on allonge la taille du côté fort, tandis qu'au contraire on taille l'autre côté plus court pour concentrer la sève dans un petit nombre de boutons et augmenter sa force : on diminue aussi l'inclinaison du côté faible; 2° on taille court la branche placée immédiatement au-dessous de la branche-mère, mais avec l'attention de couper sur un œil bien vif et développé. Sa coupe doit être faite avec un instrument bien tranchant, et jamais sur un œil placé derrière la branche. Il en est de même pour toutes les autres tailles en espaliers; 3° on divise les nouvelles branches établies sur la mère-branche en branches montantes, qui sont sur le côté supérieur de cette branche, et en branches descendantes placées sur le côté inférieur, et conséquemment au-dessous de la branche-mère.

Le jardinier allongera davantage les branches montantes; et tiendra celles du côté inférieur plus courtes : ces dernières pourront être taillées du quart au tiers au plus de leur longueur, pendant que les premières ne seront réduites que d'environ la moitié. Quant au bourgeon qui s'est développé à l'extrémité de la branche-mère, et qui doit lui servir de prolongement, on l'étend sur la même ligne, après en avoir coupé la moitié; on fait ensuite les opérations indiquées pour la taille d'hiver de l'année précédente, et on palisse les branches à une distance à peu près égale sans les croiser. Il arrive quelquefois que les boutons des branches-mères se développent et forment des branches montantes assez fortes dans la pousse précédente, lorsque les arbres sont très-vigoureux. Si deux de ces branches sont placées sur la partie de la branche conservée; on les taille court à deux ou trois yeux, et on accélère ainsi la formation de l'arbre.

Au printemps suivant, les arbres sont plus vigoureux; il faut donc pincer les branches montantes si elles sont trop fortes, et s'occuper d'augmenter la force des membres inférieurs en n'y conservant que le nombre de bourgeons nécessaires, et en ne palissant qu'avec des liens très-lâches les pousses montantes, tandis qu'on laisse libres les pousses descendantes : on augmente encore la vigueur de ces membres en les écartant du treillage au moyen de quelques échalas qu'on fixe verticalement en terre, et contre lesquels on attache les branches montantes. Quelquefois la sève est si abondante que les yeux secondaires placés à droite et à gauche du bourgeon se déve-

loppent : on les supprime. Cette vigueur peut déterminer à
disposer une des branches montantes de la mère-branche à devenir un membre supérieur. Alors, lorsque les bourgeons de
cette partie ont au moins un pied de long, on choisit un des
plus vigoureux un peu plus élevé sur la mère-branche que le
membre inférieur ; on le conserve en entier, et on pince tous
les bourgeons supérieurs, et même les inférieurs, qui annonce-
raient trop de vigueur. Si la pousse était médiocre, on n'éta-
blirait le membre supérieur que l'année suivante.

Comme le point essentiel de la culture est non-seulement
d'avoir de beaux arbres ; mais encore d'en obtenir du fruit, si
la végétation est forte, on accélère la fructification en allon-
geant plus les branches ; et on prépare une seconde branche
montante au-dessous de celle dont on vient de parler, pour
garnir le centre de l'arbre ; car le point principal est de ménager la sève, de l'employer utilement, et de ne raccourcir les
branches qu'autant qu'il est nécessaire pour conserver la vigueur de l'arbre et lui faire remplir la place qu'on lui destine.

La marche que nous venons d'établir peut être adoptée pour
tous les arbres fruitiers ; mais comme la végétation de chaque
espèce présente des différences sensibles, il s'ensuit qu'après
ces trois premières années on est forcé d'adopter des règles
particulières à raison de ces différences.

La vigueur des arbres est quelquefois si grande, que la troisième année de leur pousse, depuis leur mise en place, il
sort de l'angle formé par les deux branches-mères un gourmand
qui s'élève verticalement et qui devient très-considérable. On
ne le coupe pas, comme l'année précédente, à la taille d'été,
si on ne peut former qu'un arbre de moyenne dimension ;
mais, à cette époque, on lui fait une ligature, ou on lui enlève
un anneau d'écorce à l'extrémité inférieure. Cette branche se
met promptement à fruit par cette opération : on lui en laisse
toute la quantité qu'elle en peut nourrir, sans nuire à la beauté
et à la bonté de ces fruits, et on supprime, l'année suivante,
la branche sur les arbres à noyau ; mais on peut la conserver
sur les arbres à pepins, tant qu'elle donne de bons fruits et
qu'elle ne nuit point à la vigueur des autres parties de l'arbre
et à leur placement. Dès qu'elle devient inutile, on la détruit.
Ces gourmands sont quelquefois remplacés par des branches
médiocres, qui servent à garnir à l'intérieur de l'arbre, en les
dirigeant comme les branches montantes : ces dernières tendent
toujours à prendre plus de volume que les branches descendantes, et on doit les couper plus longues à la taille d'hiver.
A la taille d'été, au contraire, il faut conserver les branches
descendantes dans leur entier, et supprimer un cinquième et

8.

souvent un quart des branches montantes, et employer jusqu'au pincement pour modérer la vigueur.

Les branches gourmandes qui poussent sur les arbres âgés, et dont les parties basses commencent à se dégarnir, doivent être taillées différemment. On les conserve soigneusement à la taille d'été; et à celle d'hiver on les rabat à un quart de leur longueur. Au printemps suivant, il en sort des scions qui servent à renouveler l'arbre.

Quelquefois la sève fournit tellement de nourriture aux arbres, qu'ils ont une végétation prodigieuse qui fait présager qu'ils dépasseront les limites qu'on leur a prescrites. Dans ce cas, on allonge la taille; on incline plus promptement, on arque l'extrémité des branches, ou mieux on fait une incision angulaire aux mères-branches en enlevant quatre ou six lignes d'écorce, et toujours une ligne ou deux du côté le plus fort : par un ou plusieurs de ces moyens, on met plus tôt l'arbre à fruit, et on consomme d'une manière utile la sève surabondante.

Quelques jardiniers lèvent l'arbre trop vigoureux pour le transplanter dans la même place; mais cette opération ne peut avoir lieu sans la destruction de l'extrémité des racines et d'une grande partie du chevelu, ce qui diminue la quantité de la sève des racines et modère son action. Cette déplantation d'un arbre vigoureux l'expose souvent à une reprise languissante, et quelquefois même on perd le sujet. Il faut seulement déchausser l'arbre et remplacer la terre chargée d'humus par une autre terre moins substantielle. Ce moyen pourrait être employé avec avantage si un des côtés de l'arbre tendait à prendre plus de force que l'autre : on fumerait la terre seulement du côté faible et on remplacerait au besoin une partie de la terre du côté fort par d'autre terre plus maigre. Si l'arbre avait une faible végétation, on retarderait l'inclinaison des branches; on taillerait plus court, et on donnerait de la nourriture à la terre qui l'environne.

On a supposé jusqu'ici que ces opérations avaient lieu sur un arbre bien sain; mais si cet arbre était languissant la première année, si ses feuilles jaunissaient, on ravalerait à la taille d'hiver les deux branches conservées à deux ou trois yeux; et s'il ne reprenait pas des forces l'année suivante, on le remplacerait. Si l'arbre n'était languissant que la seconde année, on couperait les branches-mères au-dessus du scion le plus bas, et on taillerait ce scion à trois ou quatre yeux. Si cette opération ne déterminait pas une forte pousse l'année suivante, il vaudrait mieux l'arracher que de s'exposer à perdre plusieurs années en soins inutiles.

Il ne faut jamais tailler lorsqu'il gèle, car alors le bois éclate, rompt facilement, et le bouton sur lequel on coupe est sujet à couler.

Les contre-espaliers se dirigent dans le commencement comme les espaliers; mais on doit choisir pour les former des greffes placées sur des sujets d'une petite espèce, ou greffés de bonne heure; et si les arbres deviennent vigoureux, on les allonge davantage: autrement il faudrait les élever trop pour en obtenir du fruit.

2564. *Taille des espaliers en palmette.* Cette taille, fort en faveur en Angleterre, diffère de la précédente en ce qu'au lieu de supprimer la tige et de former deux mères-branches, on conserve la tige et on dirige les branches horizontalement à droite et à gauche. Cette position les met plus tôt à fruit; mais les branches inférieures ne peuvent acquérir une grande force, et la tige, continuant à s'élever à chaque taille, exige un mur plus élevé. Lorsqu'elle est parvenue à la hauteur du mur, il faut l'arquer et la couper annuellement.

Les principes de cette taille sont les mêmes que ceux de la taille en pyramide (*voy.* plus bas); seulement on allonge un peu plus, et on ne conserve que les branches de droite et de gauche.

2565. *Taille en pyramide.* A la taille d'hiver, on ravale la première pousse de la greffe à un pied au plus, et sur un œil bien sain. Après la pousse suivante, on ébourgeonne en conservant le scion vertical auquel on donne un tuteur, et les autres pousses les plus vigoureuses au nombre de quatre ou cinq au plus, pour former les branches placées autour de la tige, et destinées à la garnir à la seconde taille d'hiver; on rabat la pousse verticale à environ un pied, et on taille court les branches conservées sur un œil en dehors, pour leur donner de la vigueur et écarter ces branches de la tige. La réduction annuelle de la tige fait refluer de la sève dans ces branches, et fournit les moyens de les allonger de manière à en former une pyramide.

Après la pousse de la seconde année, la taille d'été et l'ébourgeonnement se font de la manière suivante: on détruit les scions qui ont poussé dessus et dessous les branches, après les avoir pincés pour donner de la force aux autres pousses si elles en ont besoin: on conserve donc ceux de côté les mieux placés et les plus vigoureux, ainsi que le scion de l'extrémité. On réserve également sur la tige les quatre ou cinq scions les plus propres par leur position et leur vigueur à former un second rang de branches, de manière que ces nouvelles branches ne sortent pas de la tige, s'il est possible, directement au-dessus d'une branche inférieure, mais qu'elles soient entre les deux branches inférieures et éloignées d'uh pied de ces branches. Quant aux pousses formées par ces premières branches, on les taille plus courtes et on donne au scion qui prolonge ces branches, plus de longueur qu'à ceux de côté, et ainsi de suite chaque année. Les arbres ainsi taillés peuvent vivre un siècle.

2566. *Taille en quenouille.* Cette taille diffère de la précédente en ce que, au lieu de réduire la première pousse de la greffe à un pied, on se contente de la pincer à son extrémité, en lui laissant depuis trois pieds et demi jusqu'à quatre pieds et demi, en raison de sa longueur plus ou moins grande. Il en résulte que la quenouille ne pousse pas si rapidement que la pyramide, et que, forcée de nourrir un grand nombre de branches, ces dernières ne peuvent avoir la même force que celles des pyramides. L'hiver suivant, on supprime les branches qui se trouvent trop rapprochées : car il faut cinq ou six pouces entre chaque branche. Celles réservées sont taillées à trois ou quatre yeux, et même plus longues, suivant la vigueur de l'arbre. Plus on les allonge, plus on accélère la fructification ; mais il faut avoir égard à la force des branches, car si on allongeait trop, en raison de leur vigueur, la sève ne suffirait pas pour nourrir le fruit.

La taille de ces branches est de deux pouces les années suivantes. Si l'époque de la fructification était retardée par l'abondance de la sève, on casserait les branches au lieu de les couper, afin d'occasioner une plus grande perte de sève, parce que la plaie ne se cicatriserait pas aussi promptement que si elle était unie. On casse ces branches en mettant le tranchant de la serpette sur la partie supérieure du point de la branche auquel on veut la réduire : on passe le pouce de la main qui tient la serpette sous la branche quelques lignes plus haut que le tranchant ; ensuite on appuie avec le pouce sur la branche comme pour la relever, pendant qu'elle est maintenue par le tranchant de la serpette qui pénètre seulement dans l'écorce.

Ces arbres se mettent plus tôt à fruit que ceux en pyramide ; mais ils ne deviennent pas si grands et durent beaucoup moins. Lorsque les quenouilles se dégarnissent de leurs branches inférieures, on peut en faire des buissons ou des demi-tiges ; des buissons en les taillant comme on le verra plus bas ; des demi-tiges, en retranchant des branches inférieures, et en rabattant la tête à une hauteur telle que l'on conserve deux branches pour former un espalier, ou trois ou quatre pour en faire un vase.

2567. *Taille en buisson.* Cette taille se rapproche de celle en espaliers à la française, se fait d'après les mêmes principes, et n'en diffère que par le nombre des mères-branches. Après la première coupe de la greffe à huit ou dix yeux, on conserve à l'ébourgeonnement les quatre scions les plus vigoureux, placés à égale distance autour de la tige, de manière à former entre eux un angle droit, s'il est possible. On pourrait en conserver cinq s'ils étaient bien espacés, et se contenter de trois et même de deux, si on n'en trouvait pas d'autres propres à l'opération.

Ces scions sont destinés à devenir les mères-branches. A l'ébourgeonnement suivant, on détruit les scions développés en dedans et en dehors, et on ne conserve que ceux venus sur les côtés. On place alors un cerceau maintenu par quatre piquets enfoncés en terre, et on attache au-dessous de ce cerceau les branches en dehors, de manière qu'elles forment un angle d'environ cinquante degrés avec le sol. A la taille qui succède à cet ébourgeonnement, on conserve deux scions sur les branches-mères en leur donnant la même inclinaison sur le côté, s'ils sont d'égales forces, ou en inclinant plus le fort que le faible. La longueur de la taille dépend de la vigueur des scions, comme pour les espaliers à la française.

La troisième année on suit la même marche pour l'ébourgeonnement. Si une branche végétait beaucoup plus que les autres, on lui couperait environ un cinquième de la longueur de sa pousse, et on la taillerait plus longue l'hiver suivant. On place à l'époque de cet ébourgeonnement, un nouveau cercle d'un plus grand diamètre que le premier, mais sans piquets, parce que les branches suffisent pour le soutenir. A la taille suivante, on conserve seulement deux des nouvelles pousses sur chaque branche. Cette bifurcation a lieu les années suivantes, en faisant former un V aux deux scions, et on ajoute de nouveaux cerceaux suivant le besoin. Quand ces arbres sont bien dirigés, ils rapportent beaucoup et durent long-temps.

2568. *Taille des arbres nains.* Cette taille ne diffère des buissons qu'en ce qu'on allonge un peu plus les branches dans la proportion de leurs forces, que l'on se dispense de leur mettre des cerceaux, et qu'on s'occupe des branches à fruit à la taille de la seconde année. Si on préférait un arbre un peu plus vigoureux, il faudrait retarder la fructification en taillant plus court. Si cet arbre rapporte très-promptement, il ne dure que peu de temps.

TAN.

2569. *Tans différens de celui qu'on retire du chêne.* Un

particulier de Londres a tanné des peaux de chèvres et de veaux, pour l'usage des relieurs, dans le marc chaud d'une eau où l'on avait fait cuire des artichauts : ce moyen a aussi bien réussi que si l'on s'était servi de galles blanches ou de l'écorce de saule.

La feuille du prunellier bouillie dans une décoction d'eau d'orge détrempée, pour en faire de la drèche, a rempli le même but.

Enfin les racines de l'iris jaune, produisent le même effet que la meilleure galle blanche ; ces peaux ainsi préparées et mises ensuite en rouge, en jaune et en bleu se sont trouvées aussi belles que le maroquin, et très-peu inférieures aux cuirs de Lisbonne. (*Bibl. phys. écon.*)

Voyez Frêne.

TANNAGE.

2570. *Tannage des cuirs.* On commence par faire macérer les *peaux vertes* ou récentes dans l'eau ; on les raole, on *cramine* et étire sur un chevalet ; on les débourre en les trempant dans un lait de chaux qui facilite la chute des poils (mais la chaux altère le cuir), ou en les mettant macérer dans une eau aigrie par de la farine d'orge qu'on y a laissée fermenter après une ébullition préliminaire. La *jusée*, légère infusion de tan qui a déjà servi et qui est devenu aigre, peut aussi servir à macérer les cuirs pour faciliter leur débourrement. En Amérique, on sale les cuirs verts ou récens ; les Tartares passent les leurs dans du petit-lait aigri.

En débourrant le cuir, on doit enlever son épiderme en le raclant avec un couteau à deux manches ; cet épiderme étant imperméable au tan, empêcherait le tannage du côté extérieur. Ensuite on met gonfler les peaux, ou dans l'eau de chaux, ou ce qui vaut mieux, dans des eaux rendues acides, soit par l'orge ou le seigle, ou le vieux tan, ou par une petite quantité d'acide sulfurique, suivant Macbride. Ces peaux gonflées sont encore râclées à l'intérieur pour enlever toutes les portions charnues et graisseuses qu'elles pourraient retenir. On les remet plonger dans une infusion légère de tan, qu'on nomme *passement rouge*, et qui raffermit ces peaux.

Il s'agit alors de les bien saturer de tannin dans les fosses. On prend pour cela de l'écorce de jeunes branches de chêne, surtout en poudre ; on en met une couche dans la fosse, on stratifie alternativement les peaux et le tan ; puis on charge ces peaux de pierres, et on verse de l'eau afin d'humecter la masse. La combinaison s'opère lentement ; au bout de quelques mois on relève les cuirs, on remplace par de nouveau tan l'ancien, et l'on met en dessous les cuirs qui étaient dessus. Après un temps suffisant on retire des fosses le cuir tanné, qu'on fait sécher et qu'on apprête pour le commerce. Lorsqu'on verse une forte décoction de tan dans ces fosses, le tannage s'opère plus promptement. Il faut jusqu'à 6 livres de tan par livre de cuir ; et une peau a perdu, étant tannée et sèche, près de moitié de ce qu'elle pesait étant fraîche.

Quoique l'infusion très-chargée de tannin puisse suffire pour tanner les cuirs, selon Séguin, cependant ceux-ci s'imprègnent de trop d'eau, demeurent spongieux et se rident par dessication, tandisque dans le tannage par le tan en substance, une portion de celui-ci pénètre dans le cuir et le durcit. Macbride faisait son infusion de tan dans l'eau de chaux ; mais cette terre alkaline se combine elle-même au tan et altère les peaux.

2571. *Tannage des peaux et des fourrures.* Il est peu de nations qui aient porté si loin que les Russes, l'art de préparer les fourrures et les peaux. Les Baskirs et Kalmoucks connaissent aussi une très-bonne méthode de traiter ces produits ; voici les procédés qu'ils emploient.

Pour préparer avec soin les peaux d'agneaux fines, on commence par les laver à l'eau tiède, et après les avoir étendues à l'air pour les laisser sécher un peu, on les nettoie en les grattant avec un couteau dont la lame est émoussée. Cette opération a pour but non-seulement de débarrasser les peaux des fibres qui y adhèrent, mais aussi de les disposer à recevoir plus facilement le lait dont on les imprègne. Lorsqu'elle est achevée, on étend les peaux à l'air, du côté du poil, et on les arrose pendant trois jours avec du lait de vache aigri, auquel on ajoute un peu de sel. Cette opération se renouvelle trois ou quatre fois par jour ; le quatrième, on les laisse sécher entièrement et on les froisse entre les mains et sur les genoux pour les rendre souples. Ensuite on suspend les peaux au-dessus de la fumée, afin qu'elles résistent mieux à la pluie et qu'elles ne puissent être altérées par l'humidité. Pour cet effet on creuse une petite fosse dans laquelle on jette du bois pourri, du fumier desséché ou d'autres substances qui produisent beaucoup de fumée, et de préférence de la fiente de mouton. On plante autour de la fosse des perches, qui, réunies par leur sommet, forment une espèce de pyramide qu'on recouvre entièrement de peaux, de manière qu'elles ne laissent point échapper de fumée ; on les retourne de temps en temps pour qu'elles soient partout également pénétrées, et on les retire au bout d'une heure ; comme elles sont un peu dures, on les froisse encore entre les mains pour assouplir. Enfin on les enduit de craie en poudre, on les gratte et on les unit avec des couteaux tranchans ; on y passe de nouveau la craie, et on les bat afin de nettoyer le poil.

On n'apporte pas autant de soin dans la préparation des peaux communes ; on se contente de passer sur ces peaux un mélange de cendre et d'eau salée qui est plus ou moins caustique, suivant l'épaisseur de la peau. On les laisse passer la nuit dans cet état ; le lendemain on les gratte et l'on étend dessus, à plusieurs reprises, du lait aigri ; puis on les laisse sécher, on les froisse dans les mains et on les blanchit avec de la craie.

Quant aux cuirs de bœuf ou de cheval, généralement employés pour les harnais, les Kalmoucks les tannent de la manière suivante :

Les peaux encore fraîches sont échaudées à l'eau bouillante jusqu'à ce que le poil s'enlève ; on emploie aussi la cendre, dont on les couvre pour atteindre le même but. On les gratte des deux côtés avec des couteaux tranchans ; on les rend aussi unies qu'il est possible, et on les lave à l'eau courante ; ensuite on les laisse tremper pendant une semaine et plus dans du lait aigri et un peu salé : c'est ainsi que se préparent les peaux minces pour les bottes et les courroies.

On fabrique avec le cuir de bœuf, surtout avec la partie du dos, des vases et des bouteilles qui ont la dureté de la corne, et dont les Kalmouks font un fréquent usage. Pour cet effet, on étend les peaux au soleil à mesure qu'elles sortent de l'eau ; on les découpe en morceaux de dimensions convenables aux vases qu'on veut fabriquer ; on les coud lorsqu'elles sont encore humides avec des fibres d'animaux ; puis on les fait sécher complétement au-dessus d'un feu de fumée, ce qui les rend dures et transparentes comme la corne. Les Kalmouks, dans cette dernière opération, soufflent continuellement dans ces vases en les tenant au-dessus du feu, ou ils les remplissent de cendre et de sable ; ils les ornent aussi de différentes gravures, faites avec la plus grande délicatesse. (Daclin. *Bulletins de la Société d'encouragement.*)

TAUPES.

2572. *Moyen de détruire les taupes.* Lorsqu'on ne peut pas

inonder les taupes dans leurs trous, on les détruit au moyen de trappes dans lesquelles ces animaux se prennent, ou en plaçant dans leurs souterrains des petits paquets d'épines bien fortes et bien pointues : la moindre piqûre fera mourir la taupe. On remplace avec avantage les épines, en hérissant d'épingles quelques bouchons de liége taillés en rond, qu'on place dans les passages, ou bien encore par des morceaux de cols de bouteilles de verre cassés.

2573. *Autre*. Prenez une pierre de chaux vive de la grosseur d'une noix ; trempez-la dans l'eau, et placez-la à l'entrée des trous de taupes, et bouchez ensuite le trou avec de la terre que l'on bat bien avec le pied, et ces animaux périssent bientôt dans leur demeure. (*Bibl. phys. écon.*)

TAUREAU.

2574. *Choix du mâle et de la femelle pour la propagation de l'espèce*. Le taureau doit être gros, bien fait et en bonne chair ; il doit avoir l'œil noir, le regard fier, le front ouvert, la tête courte, les cornes grosses et noires, les oreilles longues et velues, le mufle grand, le nez court et droit, le cou charnu et gros, les épaules et la poitrine larges, les reins fermes, le dos droit, les jambes grosses et charnues, la queue longue et couverte de poils ; l'allure ferme et sûre, le poil luisant, épais et doux au toucher, et de trois et neuf ans au plus ; car passé ce temps, il n'est plus bon qu'à engraisser.

La vache doit avoir la taille haute, les cornes bien étendues, claires et polies ; le front large et uni, le corps long, le ventre gros et ample, les tétines blanches, déliées et pas charnues.

Un taureau suffit pour vingt vaches, et on ne doit pas souffrir qu'il en saillisse plus de deux en un jour. Dans sa jeunesse, il faut le ménager, attendre, pour lui permettre la propagation de son espèce, qu'il ait au moins deux ans avant de le laisser saillir. Ce qu'il peut faire pendant sept à huit ans. S'il ne couvre que de deux jours l'un, depuis le commencement d'avril jusqu'à la mi-juillet, il est en état de couvrir plus de trente vaches, sans être épuisé, pourvu qu'il ait de bon pâturage, et que, pour le mettre en rut et augmenter sa vigueur, on lui donne de temps en temps de l'orge, de la vesce et de l'avoine. On lui frotte quelquefois le mufle, afin que son amour et sa vivacité se réveillent par l'odorat.

Un usage extrêmement abusif, c'est de conduire les vaches

au taureau aussitôt qu'on aperçoit qu'elles sont en chaleur. Il vaut mieux attendre deux ans pour celles que l'on destine à devenir vaches laitières. Ce serait encore trop tôt pour les vaches qui doivent fournir de bons élèves de race. Les vaches ne valent plus rien passé dix ans. On connaît leur âge par le nombre de nœuds ou cercles qui se forment aux cornes; il s'en fait un chaque année.

TEIGNE.

2575. *Remède contre la teigne.* Ce remède consiste à frotter la teigne une ou deux fois par jour avec une once d'onguent rosat auquel on mêle exactement un gros de précipité blanc.

Le docteur Murray en opère un second par la ciguë. Il faut, dans les deux cas, employer les purgatifs de temps à autre. Il a guéri une jeune fille attaquée de la teigne en faisant un usage exact de la ciguë, tant intérieurement qu'à l'extérieur. (*Bibl. phys. écon.*)

Les lavages seuls à l'eau tiède savonneuse suffisent souvent pour entraîner l'*ichor* qui ronge les parties saines, en dégorgeant les glandes; ensuite l'extrême propreté, la brosse douce, la coupe fréquente des cheveux sont les moyens de guérison les plus sûrs comme les plus faciles. (Marie de Saint-Ursin.)

Le docteur Hufeland a fait usage avec beaucoup de succès d'un onguent composé de parties égales de chaux et d'huile d'amandes douces, qu'il appliquait à l'extérieur avec la certitude de guérir la teigne la plus invétérée, sans aucun danger pour le malade. (*Man. de santé.*)

Le charbon de bois, pris intérieurement, est un remède excellent contre la teigne. (*Bibl. phys. écon.*)

2576. *Teigne de la laine.* Pour garantir les étoffes des teignes, il suffit de les frotter avec de la laine grasse, c'est-à-dire avec de la laine qui est encore dans son suint.

TEINT.

2577. *Moyen d'entretenir la fraîcheur du teint.* Pour entretenir la beauté et l'éclat du teint, les dames de Danemarck prennent en égale quantité de la farine de fèves blanches, des quatre semences froides et de la crème fraîche, battent le tout en y ajoutant suffisante quantité de lait pour faire une pommade dont elles s'enduisent le visage au moment de leur coucher. Ce sont

les femmes du monde qui ont la plus belle peau. Les créoles
des îles Maldives emploient le beurre de cacao, et obtiennent
un effet à peu près semblable.

Enfin, les bains de lait et de pâte d'amandes, l'eau de chair,
l'eau de mouron, les pleurs de vigne, l'eau distillée du miel,
le suc de melon, le jus laiteux de l'orge encore verte, ou seulement un simple jaune d'œuf, atteignent le même but, et rendent la peau lisse, belle et fraîche.

Nous croyons devoir ajouter que tous ces remèdes n'ont
rien de dangereux, qu'ils sont tous rafraîchissans et qu'ils
ajoutent toujours à la beauté. (*L'Ami des femmes.*)

2578. *Moyen d'éclaircir le teint.* Les femmes brunes se bai-
gneront souvent pour éclaircir leur teint, et se laveront le
visage avec quelques gouttes d'esprit-de-vin, avec du lait virginal, ou enfin avec les eaux distillées du mouron, d'argentine,
de fleurs de fèves, etc. Ces procédés suivis ont un effet quelquefois surprenant. (*Man. cosm. des pl.*)

TEMPS.

2579. *Pronostics du temps tirés des êtres animés.*

1° *De l'homme.* Le poids et l'élasticité de l'air ne peuvent
varier beaucoup sans que toute l'économie animale ne soit
affectée. L'humidité, la chaleur et le froid ont aussi une influence plus ou moins grande sur nos organes, et cette influence annonce le temps qu'on aura, avant que le changement
soit décidé à nos yeux. Les personnes faibles et nerveuses res-
sentent plus que d'autres ces impressions, pour ainsi dire pro-
phétiques : celles qui ont quelques parties de leur corps affai-
blies par quelque cause que ce soit, ou anciennement blessées ;
celles qui sont affectées de rhumatismes, qui ont des cors aux
pieds, des durillons, des cicatrices, etc., éprouvent des douleurs ou des démangeaisons aux approches du mauvais temps.
Lorsque, sans autre cause que l'état de l'atmosphère, on se
sent plus assoupi et plus accablé que de coutume, la pluie n'est
pas éloignée.

2° *Des animaux.* Le corps des animaux, continuellement
exposé à l'air, est plus susceptible d'éprouver l'influence des
temps variables de l'atmosphère, que celui de l'homme qui met
en usage tous les moyens qu'il peut imaginer pour se maintenir
à l'abri des impressions de l'air; mais de tous les animaux, ce
sont les oiseaux, êtres vraiment aériens, qui semblent avoir

une prévoyance plus délicate et plus exquise des changemens qu'apportent dans l'élément qui leur est propre, sa résistance, sa température et sa pesanteur relative.

Aux approches de la pluie, les oiseaux s'épluchent, lustrent leurs plumes en les passant dans leur bec, et se retirent dans le milieu des arbres et des buissons; mais les oies, les canards et autres oiseaux aquatiques, s'élèvent sur leurs pates, battent des ailes, poussent de grands cris, s'agitent et semblent se réjouir de l'arrivée du mauvais temps : alors les hirondelles volent très-bas et rasent la surface des eaux; les corneilles, perchées à la cime des arbres, font entendre des cris rauques et redoublés, voltigent de tous côtés, le bec ouvert et l'air inquiet, ne restent pas long-temps en place, ou se posent et se promènent le long des fossés, des ruisseaux et des étangs; les geais crient plus qu'à l'ordinaire; les coqs chantent le soir; les pigeons s'élèvent avec précipitation dans les airs, puis se retirent dans leurs colombiers pour ne plus sortir; les oiseaux de nuit se font entendre le matin et vers le milieu du jour. Si le ramier roucoule plus souvent dans la forêt, si les hirondelles et les grands oiseaux de proie volent fort haut, si les oiseaux de mer s'éloignent du rivage, si les chauve-souris volent en foule de côté et d'autre à l'entrée de la nuit; si les hannetons, les cousins, les moucherons et les autres insectes volent plus qu'à l'ordinaire, le beau temps est assuré.

Les bœufs et les vaches qui lèvent le mufle en l'air, comme pour humer le vent, les moutons qui jouent entre eux et courent çà et là, les cochons qui se montrent inquiets et broutent l'herbe, les chats qui se lèchent et se lustrent long-temps, ou qui reposent en dormant sur le derrière de la tête, présagent la pluie. On doit s'attendre également au mauvais temps, si l'on entend les crapauds croasser dans les lieux élevés, et les grenouilles le matin, à moins que ce ne soit au printemps, époque de leur frai; si l'on voit les poissons se tenir, par un temps clair, de préférence à la surface des eaux, ou sauter fréquemment au-dessus (1); les abeilles sortir de très-grand matin, rester dans le voisinage de la ruche et y retourner bientôt, les fourmis interrompre leurs travaux, se retirer dans leurs galeries souterraines et y entraîner leurs œufs ou plutôt leurs larves; les limaces et les vers de terre sortir de leurs retraites; les araignées courir; les mouches, les puces et d'autres insectes inquiéter et piquer avec plus d'acharnement les hommes et les animaux.

Des observations suivies avec constance ont appris que lors-

(1) Il est aussi d'observation que les poissons mordent plus vivement à l'hameçon aux approches de l'orage que dans un autre temps.

que le temps doit se mettre à la pluie ou au vent, l'araignée fileuse des jardins ne suspend sa toile qu'avec des fils très-courts ; au contraire, quand il se prépare un temps chaud et constamment beau, non-seulement elle ourdit sa toile en rayons très-réguliers, mais encore elle l'assujettit au moyen de fils très-longs et très-nombreux. Si dans la saison avancée on voit cet insecte occupé par un temps pluvieux à réparer sa toile endommagée par la pluie, on peut être assuré que le mauvais temps ne sera pas de longue durée, et que bientôt une suite de beaux jours lui succédera. On peut regarder encore comme un signe de beau temps, lorsque l'araignée des murs a la tête et les jambes hors de son trou ; plus son corps est en avant, plus on est assuré de la durée du beau temps : au contraire, si cette araignée a la tête tournée vers l'intérieur de son trou, c'est une marque de la pluie prochaine. (*Pfluguer.*)

2580. *Présages du temps d'après diverses substances.* En été, la plupart des plantes annoncent la pluie quand leurs feuilles sont pendantes et comme flétries : la fleur de la pimprenelle se ferme, et souvent un jour à l'avance ; les tiges du trèfle se redressent ; la fleur du souci hygromètre ou souci pluvial (*calendula pluvialis*) ne s'épanouit que lorsqu'il doit pleuvoir.

On regardera également comme des signes de pluie, les sons plus entendus et de plus loin ; l'humidité du sol, des pierres, des pavés, du marbre ; le renflement des bois poreux ; la mauvaise odeur des latrines ; un feu languissant dans la cheminée, la flamme bleue, les tisons se couvrant de cendres ; la fumée ne montant pas droit ; les objets éloignés que l'on cesse de distinguer ; une tête de chardon à foulon suspendue dans un appartement et qui se serre et se ferme. (*Idem.*)

2581. *Pronostics que l'on peut tirer des différentes apparences des astres.* Les équinoxes sont l'époque des tempêtes et des mauvais temps. Les mêmes effets, mais moins sensibles, se font remarquer aux solstices. Le lever et le coucher du soleil et de la lune, amènent quelques variations plus ou moins sensibles dans l'atmosphère.

Les changemens de temps sont très-probables dans les nouvelles et pleines lunes ; ils le sont un peu moins dans le premier et dernier quartier. *Quand la lune se refait dans l'eau, dans trois jours on aura du beau ; quand la lune se refait dans le beau, dans trois jours on aura de l'eau*, dit le proverbe ; mais les changemens de temps ne sont jamais plus sûrs que lorsque les nouvelles et pleines lunes se trouvent dans les temps où la lune est dans les points les plus proches et les plus éloignés de la terre, surtout si son action se combine alors avec celle du soleil pour agir l'une et l'autre avec toute leur énergie. C'est aussi dans ces circonstances que l'on éprouve de plus grands orages.

Si l'air était toujours le même, les astres auraient toujours le même aspect ; mais comme il varie, tant par sa densité qu'à cause des vapeurs aqueuses dont il se charge, les rayons de lumière qui le traversent étant plus ou moins réfractés, les astres paraissent différemment colorés, ou plus ou moins grands.

L'observation a fait de ces modifications diverses des présages plus ou moins certains, mais toujours probables, de changemens de temps. C'est ainsi que l'on regarde comme des signes de pluie prochaine : 1° Lorsque le soleil, à son lever ou à son coucher, paraît avoir ses rayons rompus, et séparés, quoiqu'il n'y ait aucun nuage apparent ; 2° si à son lever ses rayons paraissent sur l'horizon avant que le disque de l'astre se montre ; 3° quand le soleil levant est couvert d'une nuée, quand il paraît couvert de taches, et qu'il se dérobe à moitié à la vue, ou quand plusieurs de ses rayons percent à la pointe du jour les nuées qui le cachent, ou enfin quand il n'est pas exactement circulaire, mais un peu allongé, échancré et entouré de rayons qui se croisent irrégulièrement ; dans ces circonstances, les nuages suivent presque toujours l'ascension du soleil, et ils le couvrent à mesure qu'il s'élève sur l'horizon ; alors le temps est bas, lourd et pesant, et dans l'été on doit craindre les tonnerres et l'orage, surtout si les nuages laissent de grands vides entre eux, s'ils se ballonnent et s'ils paraissent stationnaires vers le midi ; 4° si l'orient est rouge avant le lever du soleil, et si cette rougeur disparaît quand l'astre commence à se montrer ; 5° lorsqu'il nous semble plus grand à l'horizon qu'il ne l'est réellement ; 6° si aux deux derniers signes se joint celui des nuages qui bientôt après le lever du soleil se rassemblent, et obscurcissent l'air ; dans ce cas, la pluie est d'autant plus prochaine que la chaleur est plus grande ; 7° quand le soleil, soit à son lever soit à son coucher, se fait sentir avec une sorte d'âpreté qu'il n'a pas ordinairement ; 8° quand il est pâle, à quelque temps de la journée que ce soit, c'est souvent un indice de vent ; 9° si la chaleur du soleil est forte et étouffée ; 10° s'il se montre diversement coloré, ou plus petit, ou arrondi comme une boule ; en été se sont souvent des signes d'orage ; 11° lorsqu'en se couchant il lance de longs rayons, ou qu'il est caché par une nue jaunâtre ; 12° lorsque long-temps après son lever il est caché par des nuages pommelés, ou qu'*il se baigne*, c'est-à-dire qu'il luit à travers un nuage sombre ; 13° quand il est rouge à son coucher et accompagné de longs rayons lumineux.

On peut se promettre, au contraire, un temps sec et constamment beau, lorsque le soleil à son lever est très-clair et très-brillant, qu'il se montre à son coucher d'une couleur dorée ou rougeâtre, et sous un ciel pur et serein.

Les pronostics que présentent les apparences de la lune, sont à peu près les mêmes que ceux du soleil. Ils sont presque entièrement compris dans ce vers latin :

> Pallida luna pluit, rubicunda flat, alba serenat.

« La pâleur de la lune annonce la pluie, sa rougeur du vent, et sa blancheur un temps serein. »

On doit considérer comme des signes de mauvais temps les apparences suivantes de la lune : plus de grandeur qu'à l'ordinaire ; un nuage sombre et épais entre ses cornes ; une teinte noirâtre ou verdâtre à son lever, particulièrement au commencement du premier quartier ; le temps couvert au renouvellement. Quelques personnes pensent que si la lune récemment nouvelle a ses cornes obscures, et que si la corne haute du croissant est plus obscure que la basse, il pleuvra au déclin ; si au contraire la corne basse est plus obscure que celle d'en haut, il pleuvra au premier quartier ; si enfin, dans cette même phase, le disque de la lune est noirâtre dans son milieu, il pleuvra en pleine lune.

On tire encore des conjectures assez fondées sur les changemens de temps, de l'observation des étoiles. Quand ces astres perdent leur vivacité, quand ils cessent de scintiller, quand ils paraissent plus gros qu'à l'ordinaire, quand ils se *baignent* et surtout quand ils sont nébuleux ou environnés d'une nuance blanchâtre, quoique le ciel soit sans nuages, ce sont des preuves de l'approche de la pluie. Rozier ajoute le signe suivant : lorsque l'air est parfaitement calme pendant la nuit, qu'il ne règne pas le plus léger zéphyr, que la couleur du firmament est pure et d'un bleu foncé, qu'enfin les étoiles ont un grand mouvement de scintillation, on est assuré que dans peu on aura un grand changement de temps.

Lorsque la lumière des étoiles est vive et pure, et qu'elles brillent uniformément, on peut espérer un temps serein. (Pflüguer, *la Maison des champs.*)

2582. *Observations de la température, relativement aux changemens de temps.* Toutes les fois que la température s'élève rapidement et éminemment le matin ou le soir au-dessus de son terme moyen, on doit s'attendre, si c'est le matin, que la

3.

journée ne sera pas belle, et qu'elle pourra donner du mauvais temps ; et si c'est le soir, on devra penser la même chose de la journée suivante. Au contraire, toutes les fois que la température, après avoir été au-dessus de son terme moyen, descend rapidement le matin ou le soir au-dessous de ce terme, on devra présumer, si c'est le matin, que la journée sera belle ou passable ; et si c'est le soir, que la journée du lendemain sera dans le même cas.

Plus la température observée le matin ou le soir sera élevée au-dessus du terme moyen pour l'époque où on se trouve, plus il sera probable que le temps de la journée, si c'est le matin, ou que celle du lendemain, si c'est le soir, sera mauvais. Il n'y a guère que l'été, et particulièrement les temps de cette saison où la chaleur se trouve amassée, qui fasse exception à cette sorte de règle. Plus au contraire, la température observée le matin ou le soir sera abaissée au-dessous de celle qui constitue le terme moyen pour l'époque où l'on se trouve, plus il sera probable que le temps de la journée, ou que celui du lendemain sera beau ou très-passable.

Lorsque la température observée sera égale à la température moyenne du jour, ou l'avoisinera, on ne devra rien présumer sur le temps attendu. La considération d'autres pronostics pourra décider sur le parti à prendre relativement à ce que l'on veut entreprendre dans la journée même ou le lendemain.

Il est facile de juger que ces considérations n'auront le degré nécessaire d'exactitude et d'utilité, que quand la température moyenne pour chaque lieu et pour chaque époque aura été déterminée le matin et le soir. Or, cette détermination est le fruit des observations et du temps ; elle ne présente d'ailleurs aucune difficulté.

Voici quelques observations pratiques sur la température. On a remarqué en général que le plus grand froid a lieu une demi-heure après le lever et le coucher du soleil ; que la plus grande chaleur et la plus grande sécheresse se font sentir entre deux et trois heures de l'après-midi ; que l'on éprouve les plus grands froids quelques jours après le solstice d'hiver, quand les jours commencent à croître, vers le quart du mois de janvier ; que, de même, les chaleurs sont les plus vives quelques jours après le solstice d'été, vers le quart du mois de juillet. On augure aussi avec quelque fondement qu'un automne humide et un hiver doux, précèdent un printemps froid et sec ; et qu'après un printemps et un été humides, l'automne est beau et serein. Le passage subit du froid sec au chaud annonce plutôt la pluie ou la neige que le beau temps.

Les considérations que fournit la température des saisons, s'appliquent à l'agriculture, et procurent des indices de bonnes ou mauvaises récoltes. Par exemple: un automne doux et modérément humide qui permet au blé de taller et de se former avant les gelées; un hiver plus froid que doux, un printemps un peu humide et modérément froid, un été sec et chaud, promettent de riches moissons. (Pflüguer, *la Maison des champs*.)

TÊTE.

ART DU COIFFEUR.

2583. *Manière de démêler les grands cheveux*. Prenez un grand peigne à dents longues et écartées, vous commencerez par l'extrémité des cheveux, en tenant légèrement votre peigne; montez progressivement pour ne point nouer les cheveux, ce qui vous forcerait de les arracher; servez-vous du peigne et de vos doigts pour écarter les tempons que vous rencontrerez, et les faire glisser jusqu'à la pointe des cheveux; continuez de remonter ainsi jusqu'à ce que vous ayez atteint le sommet de la tête; vous prendrez alors un second peigne qui aura les dents moins longues et moins écartées, avec lequel vous acheverez de démêler les cheveux jusqu'à la racine.

2584. *Manière de nettoyer la tête*. Prenez un peigne à nettoyer, ayez l'attention de le tenir couché de manière à ce que vous poussiez toujours les dents en avant; son effet sera le même que celui d'une pelle qui passerait entre la peau et la crasse; vous aurez le plus grand soin de nettoyer votre peigne chaque fois que vous le sortirez des cheveux. Il y a des têtes dont la crasse est huileuse et sent mauvais; pour ôter cette mauvaise odeur, il ne faut se servir ni de son, ni de poudre: en employant des farineux, vous formerez une crasse artificielle bien plus difficile à enlever que celle qui est naturelle; prenez seulement de l'huile à odeur ou sans odeur, humectez-en votre peigne, passez-le ensuite dans les cheveux, il enlevera toute la malpropreté; s'il résulte de cette opération que les cheveux soient trop huilés, vous n'aurez autre chose à faire que de prendre un linge pour les essuyer.

Il y a des têtes sèches dont les cheveux sont remplis d'une crasse semblable au son; dans ce cas, ils frisent ou ondulent. Il en résulte que l'air passant et repassant dans l'épaisseur, pénètre jusqu'à la racine, sèche l'humidité qui provient de la transpiration, ce qui forme sur la peau une espèce de tartre qui se lève par écailles, ou tombe comme du son. Ces sortes de cheveux se peignent comme les autres ; lorsque la peau est bien nettoyée, les cheveux sont sales et poudreux, avec une brosse effilée, vous les débarrasserez de toute malpropreté.

2585. *Manière de tailler les cheveux des femmes.* Prenez un peigne dont vous posez la première dent au milieu du front, vous la faites ensuite glisser sur la peau en partageant les cheveux et en descendant jusqu'à l'oreille ; vous regardez si cette séparation est bien droite, et vous en faites autant de l'autre côté ; après vous être assuré que les deux côtés sont égaux, vous prenez un cordon, et vous attachez les cheveux derrière la tête. Si la personne que l'on coiffe met trois ou quatre tire-bouchons de chaque côté, vous disposerez autant de mèches de cheveux ; vous peignez ensuite chaque mèche sur sa racine, vous la crêpez à l'endroit où vous avez l'intention de la couper ; cela fait, vous prenez vos petits ciseaux, et vous effilez la mèche de cheveux à l'endroit où vous l'avez crêpée seulement, en poussant les pointes de vos ciseaux, comme si vous vouliez remonter à la racine, sans cependant vous éloigner de l'endroit où vous voulez la couper ; ensuite vous la repeignez, et si elle est trop forte, vous recommencerez la même opération, puis vous la répétez sur toutes les autres mèches dont les pointes doivent être fines et faciles à papilloter.

2586. *Manière de mettre la papillote.* La mèche que vous destinez à être mise en papillote, doit préalablement être bien lissée en la tenant sur sa racine. Lorsque vous roulez les cheveux, vous devez avoir la main gauche sous la mèche que vous tenez en l'air avec trois doigts ; la main droite, en prenant la mèche, glisse jusqu'à la pointe ; la main gauche, sans quitter sa position, se glisse aussi le long de la mèche, jusqu'à ce qu'elle rencontre la main droite ; alors cette dernière prend la pointe des cheveux, les tourne, et chaque tour est retenu par la main gauche, ce qui s'exécute jusqu'à ce que la mèche soit roulée jusqu'à sa racine ; vous prenez votre papier que vous posez en-dessous de la mèche ainsi roulée, toutefois en faisant bien attention à ce que la main gauche ne s'en dessaisisse pas ; vous amenez le papier de la main droite sous le pouce gauche ; portez votre attention à ce que tous les plis que vous ferez autour des cheveux soient tenus avec fermeté, afin que le papier ne se lâche pas : tous les plis, excepté le second qui se rabat par le pouce, doivent se faire en montant ; à la fin, il vous reste une pointe dans les doigts, que vous tournez pour terminer votre papillote.

2587. *Manière de passer les papillotes au fer chaud.* Lorsque le fer est chaud, avant de vous en servir, vous le sayez sur un morceau de papier; pour peu que le fer y soit marqué, vous devez attendre qu'il refroidisse, afin de ne pas brûler les cheveux; ensuite vous prenez une des papillotes par la pointe, et vous l'introduisez dans le fer de manière à ce qu'il ne touche ni aux cheveux ni à la tête. Après avoir passé toutes les papillotes au fer, vous ne les développerez que lorsqu'elles seront froides, et après les avoir préalablement écrasées, afin de retirer le papier avec plus de facilité.

2588. *Pour mettre les cheveux en tire-bouchons.* Lorsque les papillotes sont sorties du papier, vous mettez un peu d'huile ou de pommade à chaque frison; vous enfoncez votre peigne à la racine de la mèche, et vous avez soin de tenir l'un et l'autre élevés; vous tournez votre peigne du côté où vous voulez faire tourner la mèche, et tout en la tournant, vous la posez où elle doit être.

2589. *Pour mettre les cheveux en anneaux.* Les cheveux se taillent et se préparent de la même manière que pour les tire-bouchons, si ce n'est qu'ils doivent être plus courts. Mais le procédé pour les mettre en papillotes change entièrement. Il faut lisser la mèche de cheveux qui doit être papillotée, en la tenant sur sa racine, et tourner les cheveux du côté de la figure; si la personne que l'on coiffe a le front haut, vous aurez soin de rouler l'anneau plus large, afin qu'il soit proportionné à la place qu'il doit occuper, et plus petit dans le cas contraire; que le rouleau des cheveux soit monté contre la peau, et lorsque vous passerez la papillote au fer, vous la tiendrez par la pointe avec deux doigts, tandis qu'un troisième de la même main s'interposera entre lui et la personne que vous coiffez, afin d'éviter de la brûler; tandis que vous tenez la papillote dans le fer, vous devez la disposer de manière que les cheveux, lorsqu'ils en sortent, aient l'air de sortir de la peau en cerclant sur le front.

2590. *Manière de tailler les cheveux des hommes.* Vous peignez la tête avec un peigne ordinaire, en montant et en descendant sur tous les côtés; cherchez à apercevoir s'il existe des places dégarnies de cheveux, surtout au toupet, comme cela arrive fréquemment. Si vous ne faisiez pas ces remarques avec la plus scrupuleuse attention, il en résulterait que vous couperiez les cheveux destinés à cacher ces défectuosités, et votre coupe serait manquée.

Vous commencerez par le derrière de la tête, à la fossette; vous coupez les cheveux en descendant et en les tenant du bout

des doigts; vous reprenez un peu plus haut en les tenant entre
vos doigts, le dos de la main tourné contre la tête; vous coupez
les cheveux dans votre main, en observant que les pointes de
vos ciseaux soient dirigées en montant ou en descendant, et
cela pour éviter les coches ou entaillures. Lorsque vous les
coupez en travers, il faut vous servir de votre peigne, que
vous tenez pour ainsi dire couché; vous le posez au bas de la
fossette, et vous le glissez sur la peau pour voir les cheveux;
lorsqu'ils sont prêts à passer sur le dos du peigne, ils sont droits,
alors vos ciseaux qui suivent ce mouvement coupent ceux qui
dépassent.

Ayez soin de ne pas rendre trop courts les cheveux qui sont
autour des oreilles; vous les effilerez légèrement pour laisser
paraître l'oreille si elle est jolie, ensuite vous revenez couper
les cheveux qui sont sur la tête, ce que vous faites de la même
manière que ceux de derrière; mais lorsque vous avez atteint
ceux du devant, vous les laissez plus longs: s'ils sont trop
épais, il faut les effiler sur l'échancrure, ce qui donne à la personne que vous coiffez une physionomie plus riante et plus ouverte. Lorsque vous croyez avoir terminé votre coupe, vous
passez votre peigne du derrière de la tête en le ramenant jusque sur le front; par ce moyen, vous vous apercevez si les cheveux se fondent bien ensemble, c'est-à-dire s'ils ne font point
de coches ou d'irrégularités; ensuite, vous revenez à ceux qui
sont sur le devant de la tête, vous examinez bien si la bordure
fait l'effet que vous désirez; il ne vous reste plus, après cet exa-
men, qu'à les peigner tous en remontant, ce qui vous donne
la certitude que votre travail est terminé à votre satisfaction.

2591. *Manière de mettre la papillote sur toute la tête, sans
la faire baisser, pour découvrir le front.* Vous partagez vos
faces à partir de l'échancrure: vous vous tenez à droite de la
personne que vous coiffez, et vous commencez derrière le toupet. Vous peignez les cheveux de chaque petit carré que vous
formez bien lisses en les tenant sur leurs racines. Que cette partie de cheveux que vous tenez penche toujours derrière, afin
que la frisure vienne par-devant; vos deux mains doivent être
ouvertes, et vous ne devez vous servir que de quatre doigts,
les autres restent étendus; vous tenez les cheveux avec les deux
premiers doigts de la main gauche, en laissant passer la pointe
que la main droite vient prendre par-derrière, et qu'elle tourne
en descendant; la main gauche se place alors au-dessous de la
droite, ramène la pointe, la fait passer dans les cheveux que
celle-ci roule; la gauche tient la pointe roulée tout en la roulant aussi; la main droite s'en ressaisit en dessus, et continue à

les rouler ; tandis que la main gauche retient le rouleau à la racine des cheveux, la main droite pose le papier derrière les cheveux roulés, le pouce de la main gauche se retire doucement, l'index le suit en ramenant le papier pour envelopper les cheveux roulés, tandis que la main droite fait le premier pli ; les deux doigts de la main gauche ont tenu le rouleau des cheveux avec le papier ainsi que le premier pli ; la main gauche devenue libre se dispose à reprendre et à tenir le tout bien serré avec le pouce et l'index ; la main droite lâche et tourne en dedans, le pouce passe derrière le papier qu'il tenait, le ramène par-devant, et le remet aux deux doigts de la main gauche qui tiennent alors les deux premiers plis qui se trouvent contre la tête ; la main droite continue à plier le papier en rabattant et en tournant autour du rouleau de cheveux ; le pouce gauche doit recevoir tous les plis jusqu'à la fin. Vous suivez les mêmes principes que ceux indiqués au n° 2586, pour les papillotes des côtés. Celles-ci papillotées, vous en faites autant à toutes les autres ; vous les passez au fer chaud sans les déranger, et vous n'en ôtez le papier que lorsqu'elles sont froides. Vous prenez de l'huile ou de la pommade bien liquide : vous en mettez peu, mais cependant par toute la chevelure ; vous prenez ensuite un grand peigne avec lequel vous peignez les cheveux du sommet de la tête en arrière, et ceux des faces en avant ; cela fait, votre coiffure doit être à votre satisfaction.

2592. *Manière de se coiffer soi-même.* Les hommes qui ont les cheveux lisses, et qui veulent avoir une coiffure bien faite, n'ont qu'à prendre un peu d'eau dans le creux de la main, et ensuite se frotter le sommet de la tête en tournant du côté qu'ils désirent faire tourner la touffe de cheveux : ils frotteront également les côtés, en observant la même précaution ; lorsque les cheveux seront comme crêpés et bien relevés, prenez votre bonnet ou serre-tête, que vous mettez en relevant les bords qui portent sur les oreilles, vous retirez les cheveux qui s'y trouvent, vous les tournez en rond avec les cinq bouts des doigts ; cela fait, vous rabaissez les bords de votre serre-tête ; le lendemain vous les démêlez avec un peigne, vous mettez ensuite un peu d'huile dans le creux de votre main, vous frottez les mains l'une contre l'autre pour l'étendre, et vous en humectez ainsi toute la chevelure ; vous reprenez votre peigne pour les arranger selon votre goût : en continuant ainsi, les cheveux se prêteront merveilleusement à la forme que vous voulez leur donner.

2593. *Manière de tailler les cheveux lisses et durs, par un procédé qui leur est propre, et par lequel on parvient à les rendre souples et doux.* Pour suivre ce procédé, vous prenez vos cheveux par bandes en les tenant sur leurs racines que vous crêpez légèrement ; en donnant ce crêpé, il faut faire en sorte que la personne que vous coiffez ne sentent pas votre peigne ; car si vous lui occasionez la plus légère douleur, les cheveux ne seront point crêpés, mais seulement mêlés ; il en résultera que vous ne pourrez les bien tailler. Lorsque vous les aurez ainsi disposés, vous couperez la pointe des cheveux avec vos petits ciseaux, en poussant toujours les pointes en montant vers la racine : par cette précaution, vous ne causez aucune douleur à la personne que vous coiffez ; vous parcourez ainsi toute la tête, en donnant aux cheveux le pli que vous désirez. Pour les faire friser, il faut s'y prendre comme il a été dit à l'article précédent ; c'est-à-dire qu'il faut leur faire subir la même préparation le soir et le matin. (Sébastien Leblond.)

THÉ.

2594. *Usages médicinaux du thé.* Les infusions du thé détruisent les mauvais levains des premières voies, dissolvent les matières visqueuses rassemblées dans l'estomac, qui y altèrent les bonnes qualités du chyle, et par conséquent, forment des obstructions dans les glandes du mésentère. Le thé est encore céphalique ; il apaise la migraine, dissipe l'assoupissement et les vapeurs, et rend enfin l'esprit libre. Pris le matin avec du lait, il purge doucement et est fort bon pour les asthmatiques, phthisiques, pulmoniques, etc. (Bouillon-Lagrange.)

2595. *Liqueur de thé.* Prenez quatre onces de bon thé impérial ; jetez-le dans une chopine d'eau bouillante, où vous le laisserez jeter un bouillon ; retirez du feu et fermez la cafetière pour donner aux feuilles le temps de se développer. Lorsque cette première infusion ne sera plus que tiède, versez-la avec les feuilles de thé dans neuf pintes d'eau-de-vie ou cinq pintes d'esprit-de-vin tempéré par quatre pintes d'eau, pour l'y laisser infuser pendant huit jours. Si au bout de ce temps l'eau-de-vie n'a pas contracté une odeur de thé agréable et tirant un peu sur l'odeur de violette, ce sera une marque que votre thé n'est pas d'une bonne qualité, et pour y remédier, vous ajouterez à cette seconde infusion une teinture de deux onces de thé que vous ferez comme la première, et vous laisserez macérer le tout pendant huit autres jours. Alors vous commencerez la distillation au grand filet, vous remettrez dans la cucurbite les quatre premières pintes que vous obtiendrez, et vous la finirez au bain-marie au petit filet, jusqu'à

ce que vous ayez obtenu cinq pintes de liqueur ; vous la mêlerez avec le sirop que vous aurez fait avec cinq livres de sucre
fondu à froid dans cinq pintes d'eau, et vous filtrerez le tout
selon les règles de l'art.

Cette liqueur est diurétique, elle dégage les reins, apaise
les douleurs néphrétiques et facilite la digestion.

On fera de la même manière les liqueurs par infusion
comme celles de menthe, de mélisse, d'hysope, de sarriette, etc.
(Bouillon-Lagrange.)

2596. *Thé de bœuf.* Le thé de bœuf se prépare en jetant
sur une certaine quantité de viande crue et maigre, coupée
par tranches bien minces, le double de son poids d'eau bien
bouillante, en laissant infuser le tout dans un vase couvert,
jusqu'à l'entier refroidissement, pour que les parties graisseuses puissent se coaguler à la surface et être ensuite enlevées ;
après quoi, on transvase le bouillon et on le fait chauffer de
nouveau. On peut y ajouter un peu de sel et quelques épices.

Cette espèce de bouillon, dont les Anglais font usage, est
préférable, suivant eux à ceux qui proviennent d'une longue
décoction ; plus facile à dégraisser, il se digère aussi plus
aisément. (*Bibl. phys. écon.*)

THON.

2597. *Manière de mariner le thon.* Pour mariner le thon,
on le vide dès qu'il est sorti de l'eau, on le dépèce par tronçons, on les rôtit sur de grands grils, on les frit dans l'huile
d'olive, on les assaisonne de sel, de poivre, enfin on les en-
caque dans de petits barils avec de nouvelle huile et un peu
de vinaigre. (*Encycl. méth.*)

TISANE.

2598. *Tisane apéritive.* Faites une décoction avec une pincée de saponaire, et autant de racines de fraisiers ; ajoutez pour
une pinte d'eau 1 gros de nitre et 2 onces de sirop des cinq
racines apéritives. On peut y joindre 1 gros de crème de tartre
soluble. (Doct. M. de Saint-Ursin.)

2599. *Tisane antispasmodique.* Mettez dans un pot une pincée de fleurs de tilleul, 2 feuilles d'oranger, une pincée de
fleurs de coquelicot, versez-y une pinte d'eau bouillante et

édulcorez avec 2 onces de sucre ou de sirop de nymphéa.
(*Idem.*)

2600. *Tisane de Buchan.* Prenez orge perlé, 2 onces, faites
bouillir pendant quelque temps dans 4 pintes d'eau ; ajoutez des
raisins secs, des figues sèches, de la réglisse épluchée, de
chaque 2 onces. Continuez de faire bouillir jusqu'à réduction
de moitié et faites-y fondre 2 gros de nitre.

2601. *Tisane dépuratoire.* Prenez 2 gros de râpure de bois
de gaïac et autant de racine de squine, de racine de salsepareille et de racine de sassafras ; 3 gros de feuilles de séné mondé
et 2 gros de fleurs de pêcher. Faites infuser le tout, pendant
une nuit, dans une chopine d'eau bouillante, et le matin faites-y fondre 2 onces de miel de Narbonne. La liqueur ainsi
préparée sert pour trois jours, en en prenant un verre à froid
chaque matin. Quelquefois le premier est sans effet sensible ;
mais il arrive rarement que le troisième ne produise pas une
évacuation abondante.

Dans les campagnes, on peut parfaitement substituer la râpure de bois de buis et de genièvre à la dose de 4 onces chacun, à la place des quatre racines sudorifiques qui entrent
dans notre recette. (*Bibl. phys. écon.*)

2602. *Tisane de pommes reinettes.* Coupez en huit 2 pommes reinettes, faites-les bouillir dans une pinte et demie d'eau
avec une demi-once de réglisse, ajoutez-y une demi-once de
gomme arabique et 2 onces de sucre ou de miel blanc, rédui-
sez le tout à une pinte.

Fleurs de bouillon-blanc, racine de guimauve, de chaque
2 gros, graine de lin, 1 gros dans un cornet de linge, faites
bouillir dans une pinte d'eau, ajoutez-y 2 onces de miel et
vingt gouttes de teinture de baume de tolu, mêlée d'abord
avec le miel.

Cette dernière tisane s'emploie dans les mêmes cas que
la première, elle est douce et émolliente. (Docteur M. de
Saint-Ursin.)

2603. *Tisane rafraîchissante.* Faites bouillir une poignée
de son dans une pinte d'eau avec 2 gros de réglisse ; passez-
la, faites-y fondre 2 onces de miel et ajoutez-y une cuillerée
de vinaigre sans odeur. (*Idem.*)

2604. *Tisane sudorifique.* Prenez 1 gros de squine coupée
par tranches et autant d'*arundo saxifraga* ; faites bouillir dans
une pinte d'eau, ajoutez-y une pincée de fleurs de sureau et
2 onces de sirop de salsepareille. (*Idem.*)

2605. *Tisane tonique aromatique.* Les espèces aromatiques sont composées de sauge, de mélisse, de thym, de menthe poivrée, de lavande et d'hysope mêlées ensemble et séchées. On en prend une forte pincée, on verse dessus de l'eau bouillante, on passe et on édulcore chaque verre avec une cuillerée de sirop de fleurs d'orange. Cette infusion est bien préférable au thé dans tous les cas où l'on ordonne cette feuille exotique. (Docteur M. de Saint-Ursin.)

2606. *Tisane pectorale.* Prenez : riz mondé et lavé, une once; eau, 8 livres; racine de réglisse et de guimauve, de chaque une demi-once; capillaire de Canada, 2 gros; fleurs de pavot rouge, 1 gros; fleurs de tussilage, 2 gros.

On fait d'abord crever le riz dans l'eau bouillante; on ajoute le reste successivement en infusion, les racines avant les feuilles et les fleurs. On passe et on décante. Il convient de boire cette tisane tiède. Elle est légèrement diaphorétique, mais fort adoucissante. L'oxymel simple ou scillitique peut s'y joindre à la dose de 2 onces par pinte. (Virey, *Traité de pharm.*)

2607. *Tisane anti-vénérienne* de Feltz. Prenez : salsepareille incisée, 2 onces; squine, une once; écorce de buis et de lierre, colle de poisson, de chaque une once et demie. On fait la décoction des bois dans six pintes d'eau réduite à moitié; on y fait fondre la colle de poisson coupée; ensuite on dissout dans la liqueur passée, perchlorure de mercure (*sublimé corrosif*) 3 grains.

Chaque jour on prend une pinte de cette tisane, en quatre verres, comme antisyphilitique. (*Idem.*)

2608. *Tisane antiscorbutique.* Prenez : manyanthe, 2 gros; eau, 2 livres; faites une infusion légère dans laquelle étant refroidie, on mettra macérer, 2 onces de racines fraîches de raifort incisées menu.

Passez et versez dans un vase que vous boucherez avec soin.

Au lieu de raifort on peut y mettre une once d'esprit ardent de cochléaria. (*Idem.*)

2609. *Tisane astringente.* Prenez : corne de cerf râpée et ivoire râpé, de chaque 4 gros; riz lavé, 3 gros; racines de tormentille et de bistorte, 1 gros.

La corne de cerf et l'ivoire doivent bouillir long-temps dans une quantité suffisante d'eau pour fournir leur gélatine; on ajoute ensuite le riz, puis les racines astringentes. Cette boisson qu'on édulcore avec le sucre, se prend dans la dyssenterie et le flux de ventre à la dose d'une ou deux bouteilles par jour. (*Idem.*)

TOILES.

2610. *Moyen de reconnaître de quelle manière les toiles ont été blanchies.* Quand vous voudrez vous assurer si du linge a été blanchi avec de là chaux, vous mouillerez un endroit quelconque de la toile suspectée, et la laisserez sécher : si la limite entre l'endroit mouillé et celui qui reste sec est rougeâtre, on en pourra conclure que le blanchîment s'est opéré à la chaux, et que par conséquent on a été trompé.

2611. *Préparation de la toile dont on forme les lits de plume, les traversins,* etc. On a fait l'observation que le savon convient mieux que la cire à la préparation de la toile qui doit contenir le duvet ou les plumes de lit. La première de ces substances est beaucoup moins chère que la seconde ; elle bouche aussi bien les pores de la toile ; et quand on veut la laver, loin d'y nuire comme la cire, le savon en facilite l'opération. (Limousin-Lamothe, *pharm.*)

2612. *Préparation d'une toile imperméable à l'eau.* Il faut prendre un litre d'huile de lin cuite, et un quart de résine élastique ; les faire bouillir doucement ensemble jusqu'à ce que la résine soit dissoute ; ajouter au mélange trois autres litres d'huile cuite, une livre de poix-résine, une livre de cire jaune et une livre de litharge ; faire bouillir encore le tout ensemble jusqu'à ce que toutes les parties en soient bien dissoutes et bien entremêlées ; et tandis que le liquide est encore chaud, s'en servir pour en enduire la toile.

2613. *Autre.* Prenez deux livres d'huile de lin et autant de vernis ordinaire, une once de térébenthine et une cuillerée de miel ; faites cuire ce mélange à petit feu, dans un petit pot de terre vernissée, en le remuant jusqu'à ce que tout se soit dissous ; enduisez-en la toile tendue, et faites-la sécher à l'air.

2614. *Toile cirée.* Le cirement des toiles se fait avec un mélange de cire, d'huile de lin, de litharge et de quelque résine, cuits ensemble en consistance convenable.

Pour en enduire la toile on l'attache avec des ficelles sur un châssis de bois suffisamment long ; on fait fondre la composition dans une poêle de fer, on verse cette liqueur toute chaude sur la toile, on l'y étend avec une espèce de long couteau, on la laisse sécher pour y donner les couches que l'on juge nécessaires. (*Encycl. méth.*)

TOILETTE.

2615. *Composition aromatique pour la toilette.* Prenez des herbes aromatiques dont vous voudrez avoir l'odeur, une livre bien séchée au soleil; réduisez-les en poudre dans un mortier; mettez-les ensuite dans un vase de large ouverture; et après les avoir pressées dedans, versez-y du meilleur esprit-de-vin, de manière à ce qu'elles en soient couvertes de six pouces. Exposez alors ce vase aux rayons du soleil pendant six ou sept jours et soumettez son contenu à la distillation, et lorsque cet esprit d'aromates sera distillé, on y fera dissoudre une once de chacune des gommes aromatiques que l'on voudra. Ce mucilage étant préparé, mêlez-y de la poudre de bois de rose, de feuilles de roses de Turquie et de racine d'iris, jusqu'à ce qu'il devienne en consistance de pâte. Vous ajouterez à cette composition, qui doit alors peser une livre, les aromates suivans, bien pilés dans un mortier :

Huile de roses, 3 drachmes; huile de girofle, 4 drachmes; grains du meilleur musc, 4 drachmes; huile d'amandes douces, une once; encens et myrrhe, de chacun 2 drachmes. Ajoutez-y enfin les couleurs de fruits ou fleurs que vous désirez, comme safran, cochenille, etc., et vous pourrez alors donner à cette pâte les formes que vous voudrez, en les mettant dans des moules préparés à cet effet, de la manière ordinaire. (Robert Barlow. *Ext. du Monthly repertory.*)

TOITS.

2616. *Toit de papier.* Dans plusieurs parties de l'Ecosse, on voit les fermes et quelques manufactures couvertes de toits de papier. Ces toits qui sont plus économiques que ceux qu'on a journellement sous les yeux, qui offrent plus de durée, et sont moins sujets aux réparations, qui conviennent enfin particulièrement aux bâtimens isolés, aux églises, manufactures, magasins, granges, bergeries, etc. se font de la manière suivante.

Tout papier fort et épais est propre à former ces couvertures; on le plonge feuille par feuille dans un mélange bouillant de trois quarts de goudron et un quart de poix, et on l'étend ensuite sur des perches pour le faire sécher et égoutter; cette opération se répète au bout d'un jour ou deux.

Les feuilles ainsi préparées sont clouées, à la manière des ardoises avec des clous à tête plate, sur des planches de sapin de six lignes d'épaisseur, fixées sur des solives de deux pouces d'équarrissage ; ces solives sont espacées entre elles de dix-huit pouces, et attachées sur des chevrons de six pouces en carré qui viennent s'appuyer sur les murs. On voit par cette des-cription, que la charpente qui supporte ces toits est très-légère.

Après que les feuilles de papier ont été clouées, on les en-duit d'une composition de deux tiers de goudron sur un tiers de poix, épaissie en consistance de colle, à laquelle on ajoute parties égales de charbon de bois blanc ou de chaux pulvérisée. On applique cette composition encore chaude et aussi prompte-ment que possible parce qu'elle durcit par le refroidissement. On se sert, pour cet effet, d'un torchon de chanvre ; aussitôt que cet enduit est étendu à l'épaisseur d'une ligne et demie, on répand dessus du sable, de la poussière de forge ou des cen-dres de forgeron, ce qui le rend moins sujet à se gercer au soleil ou à s'enflammer si le feu prenait au bâtiment. (Daclin, *Bull. de la Soc. d'encour.*)

2617. *Manière de donner de la solidité aux toits de chaume.* Prenez l'euphorbe ou les racines de chicorée, ou les menues branches de figuier, ou autres plantes ayant un suc laiteux et visqueux ; hachez-les menu et faites-les macérer dans l'eau pendant vingt-quatre heures, après quoi faites-les bouillir, réduire et tirer au clair. Le résidu que vous obtiendrez vous servira à crépir les chaumes en dedans et en dehors, à mieux les abriter contre le froid, et ne permettant pas enfin aux bluettes de feu d'y prendre, à vous garantir des incendies.

Le mètre carré d'une toiture semblable ne coûtera pas 75 cen-times. (Truchet, propr. à Arles.)

TOMATES.

2618. *Manière de les conserver.* Cueillez des tomates bien mûres ; lavez-les et faites-les égoutter ; coupez-les en morceaux, et mettez-les fondre sur le feu, dans un vase de cuivre bien étamé. Lorsqu'elles seront réduites d'un tiers de leur volume, passez-les à un tamis pour retenir les pepins ; remettez ensuite la décoction sur le feu, et laissez-la bouillir jusqu'à ce qu'elle soit réduite des deux tiers ; faites-la ensuite refroidir dans des terrines de grès, mettez-la dans des bouteilles et faites-la bouillir au bain-marie.

TONNEAUX.

2619. *Procédé pour préparer les tonneaux neufs et purifier ceux qui ont contracté le goût moisi.* Après avoir produit une quantité de vapeur d'eau que l'on recueille au-dessus d'une chaudière, on la conduit, par des tuyaux ou de petits tubes, dans le trou du bondon de plusieurs tonneaux placés à la file. Ces tonneaux doivent être disposés de manière que l'eau produite par la vapeur qui s'y condense puisse complétement les rincer et s'écouler par l'orifice d'en bas, en entraînant toutes les parties impures. Lorsque les tonneaux seront suffisamment nettoyés, on introduira la vapeur par un tuyau, dans un cylindre ou tout autre vaisseau impénétrable à l'air extérieur : ce cylindre doit en renfermer un autre plus petit, ouvert à son sommet, et dont le fond ne touche point à celui du premier, afin de permettre à la vapeur d'y circuler librement. Le cylindre intérieur contient un mélange de moût cru et de vieux houblon, de vieille bière et de levure, ou tout simplement de la lie, qui, par le moyen de la vapeur de la chaudière entreront en ébullition. Lorsque cette vapeur sera suffisamment imprégnée de colle qui se dégage des ingrédiens du vaisseau intérieur, on l'introduira dans les tonneaux, de la manière décrite ci-dessus : on peut aussi placer ce mélange dans le cylindre extérieur et y conduire la vapeur par des tubes particuliers, ou bien le jeter dans la chaudière même et diriger la double vapeur qui s'en élève, dans les tonneaux, comme nous venons de le dire, mais il faut avoir l'attention de bien faire bouillir le mélange.

Les brasseurs peuvent employer les moyens que nous venons de décrire; les vinaigriers, la lie du vinaigre; les distillateurs ou marchands d'eau-de-vie, les rinçures du fond de leurs barriques. Les fabricans de cidre et d'hydromel doivent se servir de marc de raisin, ou de la lie de leurs liqueurs respectives.

La vapeur de ces différens mélanges détruit les qualités nuisibles que les tonneaux neufs font contracter aux boissons, et purifie complétement ceux qui sentent le moisi. (*Bull. de la Soc. d'encourag.*)

TOUPETS.

2620. *Pommade collante pour les faux toupets.* Prenez une livre et demie de poix de Bourgogne de bonne qualité, et 8 onces de cire vierge que vous ferez fondre ensemble dans un poêlon de terre vernissée, en y ajoutant une once de pommade quelconque, et un demi-setier d'esprit-de-vin que vous ferez chauffer à petits bouillons, et que vous parfumerez avant de passer à travers un linge pour renfermer dans des pots.

On fait une autre pommade qui sert au même usage, en faisant fondre au bain de sable 8 onces de baume d'arcœus et 4 onces de cire vierge. On bat bien le mélange jusqu'à ce qu'il soit bien blanc et on le parfume avec une demi-once d'essence de bergamotte.

La gomme arabique qu'on laisse infuser dans de l'eau de rivière mêlée d'un peu d'eau de rose, produit une légère colle qu'on peut également employer au même usage. (*Parf. imp.*)

TOUX CONVULSIVE.

2621. Deux onces d'eau de luce, placées sous le nez d'un malade attaqué d'une toux convulsive, suffisent pour l'arrêter et même la guérissent quelquefois. (*Bibl. phys. écon.*)

TRANSPLANTATION.

2622. *Observation sur la transplantation des arbres.* De nombreuses expériences ont prouvé qu'on pouvait très-facilement transplanter un arbre dont la tige avait huit ou dix pouces de diamètre et même plus : on avait soin à son extraction de lui laisser le plus possible de racines, de le couper ensuite à quelques pouces au-dessus de leur naissance et de l'enfoncer jusqu'au bout du tronc, dans un trou proportionné et rempli d'un bon terreau. Dès la première année, ou au plus tard à la seconde, le nouvel arbre jetait une tige qui remplaçait bien celle qu'on avait été forcé de couper. Le chêne, le hêtre, le pommier, le poirier, et en général toute espèce d'arbres supportent facilement cette transplantation à quelque âge qu'ils soient parvenus ; dans ceux qui ont été entés, on doit avoir soin de couper la tige quelques pouces au-dessus du point de suture.

Les arbres fruitiers doivent être plantés à demeure depuis l'époque de la chute des feuilles jusqu'à celle de leur renouvellement, c'est-à-dire la fin d'octobre jusqu'au mois de mars, lorsque la sève est arrêtée. On a long-temps été dans l'incertitude de savoir si les plantations d'automne étaient plus avantageuses que celles du printemps ; mais on convient généralement aujourd'hui que les arbres qui poussent de très-bonne heure au printemps, ceux qu'on destine à des sols légers, secs et chauds, doivent être plantés en automne ; et que ceux qui craignent les gelées, ceux qu'on destine à être placés dans des terrains argileux et humides doivent l'être au printemps.

Il y a long-temps qu'on a reconnu la grande utilité de faire plusieurs mois à l'avance les trous destinés à recevoir les arbres, afin que les influences atmosphériques agissent sur la terre de leur fond et de leurs parois, ainsi que sur celle qui en a été tirée, et qui est dispersée à l'entour. On a la certitude que les plantations faites dans ces terres remuées et long-temps exposées à l'air, réussissent plus sûrement que celles faites dans des terres fraîchement fouillées. C'est ordinairement vers la fin de juillet, après la moisson, que l'on commence à faire ces trous, surtout pour les arbres qu'on veut planter en automne.

Dans les bonnes terres, les trous se font de quatre pieds de largeur en carré, et de deux pieds et demi de profondeur : dans les mauvais terrains, on les fera de six pieds de large en carré, et de trois pieds de profondeur ; mais alors des tranchées sont préférables aux trous. On sort toute la terre du trou ; ou bien quand on a fouillé les trous de deux pieds ou deux pieds et demi, on donne au fond du trou un labour d'un bon demi-pied de profondeur. Il faut avoir soin de placer la bonne terre d'un côté et la mauvaise de l'autre, mais toujours hors de l'alignement, afin qu'elles ne gênent point la vue pour aligner ces arbres, et qu'on puisse mettre la bonne terre autour des racines en plantant.

Lorsque le terrain est trop humide, on l'assainit par des saignées ou tranchées convenablement établies pour faciliter l'écoulement des eaux, et assez profondes pour qu'il y ait au moins deux pieds de terre au-dessus des fossés couverts ; car principalement dans les terres fortes, si on laisse séjourner l'eau auprès des arbres un peu délicats, on est sûr de les rendre malades et souvent même de les faire périr.

La distance qu'il convient de mettre entre chaque trou, varie suivant la nature du terrain, selon l'espèce des arbres, la forme et la grandeur qu'ils doivent avoir, etc. Des poiriers, pommiers, cerisiers, dans un verger dont le terrain est médiocre, seront suffisamment espacés d'environ huit à dix mètres l'un de l'autre ; mais si le terrain est bon, et qu'on veuille le cultiver pour en tirer d'autres productions, on mettra treize mètres d'intervalle entre chaque arbre. Quant aux espaliers, indépendamment de la qualité du sol, leur distance est proportionnée à la hauteur des murs et à la longueur de leurs branches latérales : les pêchers greffés sur amandier, qui sont les plus grands arbres ; les abricotiers qui, bien taillés et bien conduits, s'étendent aussi beaucoup, ainsi que les pruniers de reine-claude ; enfin tous les arbres des principales et meilleures espèces seront plantés à une grande distance, c'est-à-dire vingt-quatre ou trente pieds, et même plus, les uns des autres en bon terrain ; sauf à planter entre eux d'autres arbres de moins de durée, mais qui donnent plutôt leur fruit et qu'on enlève lorsque les premiers s'étendent assez.

Les distances de tous les arbres ayant été marquées d'avance, les trous étant convenablement préparés, et la saison de planter étant venue, il faut procéder à cette dernière opération de manière à en assurer le succès. On doit, si le temps est favorable et que la terre s'émiette facilement, commencer par garnir le fond des trous jusqu'à la hauteur où l'on juge que les racines de l'arbre doivent être placées avec une partie de la terre bien ameublée qu'on a eu soin de mettre à part en creusant : si on a levé des gazons à la superficie du sol, on les renverse au fond du trou, et ensuite on les hache avec le tranchant de la bêche ; ils servent ainsi d'engrais aux racines qui s'y enfoncent. Dans le cas où la terre serait usée et de mauvaise qualité, il faudrait la remplacer par une autre terre meuble et fertile, qu'on peut prendre au besoin à la superficie des bois, des friches, etc. La terre des carrés du potager qui a été fumée l'année précédente, et où le fumier se trouve réduit en terreau et bien mêlé avec elle, est une des meilleures qu'on puisse employer pour cet objet, parce qu'étant très-menue elle coule facilement entre les racines et s'y lie très-bien. On aura soin de la bien remuer sans y laisser des mottes, et même de la passer à la claie, ou au panier de maçon, s'il y avait beaucoup de pierres.

Quand le terrain est ainsi disposé, on *habille* les arbres, c'est-à-dire qu'on retranche et coupe les racines, ainsi que le chevelu, au-dessus des parties brisées, écorchées, desséchées, ou endommagées d'une manière quelconque, soit par défaut de précaution en arrachant les arbres, soit dans le transport, etc. Cette amputation doit se faire obliquement ou en pied de biche, afin que la partie coupée nette pose sur la terre lorsque l'arbre est en place. Pour rétablir l'équilibre naturel entre les racines et les branches, on coupera plus ou moins de celles-ci : la mesure de ce qui reste des unes, sera celle qu'il faudra retrancher des autres.

Ensuite on plante les arbres avec l'attention de bien étaler les racines dans la direction qu'elles prennent naturellement : le tout se range à la main ; puis on fait couler petit à petit de la terre sèche et bien émiée, afin qu'il ne reste aucun vide : lorsque le trou commence à se remplir, on presse la terre avec les mains, ou modérément avec le pied, et sans endommager les racines ; enfin, lorsque le trou est rempli, un bon et copieux arrosement achève de porter la terre dans tous les interstices où la main n'a pu la faire entrer. Pour mieux retenir l'eau, on forme un petit bassin au pied de l'arbre.

Il est très-utile à l'accroissement et à la vigueur des espaliers de les planter à une distance de six à huit pouces du mur, sauf à incliner un peu leur tige, de manière que les branches puissent se palisser facilement. Il convient aussi que les principales racines de ces arbres ne se trouvent pas du côté du mur, parce que son fondement les empêcherait de s'étendre : lorsqu'il y a deux grosses racines opposées l'une à l'autre, on doit les planter parallèlement au mur. On doit encore avoir l'attention de tourner l'arbre de façon qu'à droite et à gauche de la surface du mur, il y ait de bons yeux ou des branches latérales qui puissent servir de base à la forme qu'on désire donner à l'arbre. Quant aux autres arbres, il suffit de placer leur tige bien droite, et que les fortes racines soient tournées vers la meilleure terre.

Des arbres transplantés demandent quelques soins de plus que les autres pendant un an ou deux. Il faut les arroser pendant les sécheresses, et labourer la terre de leurs pieds ; à l'automne et au printemps une certaine épaisseur de litière, mise au pied de l'arbre, y conserve la fraîcheur et empêche la terre de se plomber : on emploie aussi pour le même objet des gazons retournés, des platras, du charbon, des tuileaux, etc. Si un arbre nouvellement planté est exposé à la violence des vents, on lui donnera un tuteur d'une force suffisante, et s'il est dans le cas d'être ébranlé ou brouté par les bestiaux et les bêtes fauves, ou s'il est planté le long d'un chemin public, on l'entourera de branches d'épines attachées avec deux ou trois liens d'osier ou d'autres harts convenables. Dans les lieux abrités et exposés à une grande chaleur, il convient de placer devant les tiges des jeunes arbres, soit une douve de tonneau, soit une latte, ou planche étroite assez haute, qu'on fixe à un petit pieu avec quelques liens, et qu'on y laisse en tout temps, afin que l'ardeur du soleil ne fasse pas crever l'écorce, comme il arrive surtout après les gelées et le verglas ; enfin, à moins d'une nécessité absolue, on ne doit pas toucher aux branches des arbres la première année de leur plantation : la seconde on commence à les disposer à la forme qu'on a l'intention de leur donner.

Il y a des cas où, soit par oubli, soit par défaut de temps, on n'a pas planté ces arbres en saison convenable, et qu'on est quelquefois forcé de les transplanter vers le milieu de l'été : alors, après avoir levé ces arbres en leur conservant toutes leurs racines, ou le plus qu'il est possible, on les effeuille, et on a grand soin de tenir la terre humide après la plantation. On supprime les branches qui ne sont pas indispensables ; si l'arbre n'est pas grand, on l'abrite des rayons solaires pendant la reprise et le commencement de la pousse.

La bonne méthode pour transplanter des arbres d'une reprise difficile, ou âgés de plus de quinze à vingt ans, est de former circulairement, vers la fin de l'automne, à une distance proportionnée à la force de l'arbre, une tranchée profonde, et de couper la terre et toutes les fortes racines (si l'on ne peut pas faire autrement) d'assez loin pour que le pied de l'arbre soit entouré d'une très-forte motte, que l'on arrondit par dessous en forme de cône. Lorsque toutes les racines sont coupées dans le pourtour du pied de l'arbre, de manière à ce qu'il puisse être enlevé facilement, on le laisse en cet état recevoir quelques fortes gelées, afin de durcir, comprimer et lier la terre; puis on le transporte sur un traîneau dans le trou préparé d'avance à cet effet, et l'on couvre cette grosse motte de chaume ou de mauvaise paille jusqu'au dégel, époque où l'on a soin de remplir l'excédant de la fosse avec de la terre que l'on comprime avec les pieds. Pour peu que les arbres soient vigoureux, si leur motte ne s'est point défaite et que la terre où on les transplante soit bonne, enfin si l'on observe de les décharger de bois et de les tailler assez courts, ils reprendront très-bien et donneront promptement du fruit.

Lorsqu'il ne s'agit que de remplacer quelques arbres morts, soit d'espalier, soit de plein-vent, il faut creuser des fosses de la grandeur indiquée plus haut, et les remplir d'une autre bonne terre à la place de celle de la fouille. Un arbre ne réussit point dans la place et dans la même terre où un autre de son espèce est mort ou a vécu quelques années : ainsi, il est toujours très-avantageux de remplacer un arbre à pepins par un arbre à noyau, *et vice versá*. Il est bon, même en changeant l'espèce, de changer la terre ou du moins d'y mêler une partie de terre neuve ou de terreau consommé.

En général, un propriétaire ne saurait apporter trop de soins et de surveillance à ses plantations; il ne doit les confier qu'à des personnes de l'art, incapables de le tromper, et en état de lui indiquer les sujets qui conviennent à son sol et de lui faire un bon choix.

Lorsque les plantations sont faites, il est bon de tenir un

catalogue de ses arbres par numéros, pour reconnaître les espèces qu'on a plantées, ainsi que leurs places.

TRUFFES.

2623. *Manière de conserver les truffes.* On conserve parfaitement les truffes en les lavant d'abord avec de l'eau et du vin, et les mettant ensuite dans du vinaigre. Quand on veut les manger, on les fait détremper dans de l'eau pour leur ôter l'acidité que le vinaigre a pu leur communiquer. (*L'Art du conf.*)

TRUIE.

2624. *Choix d'une truie.* Une bonne truie doit avoir le corps long, les flancs larges, la tête petite, les soies blanches, claires et fines, avec deux épis, l'un sur l'épaule et l'autre sur les reins, la jambe forte, et l'ongle bien fendu et haut monté. (Chevalier.)

TRUITES (*Diverses manières d'accommoder les*).

2625. *Frites.* Écaillez, videz, lavez bien vos truites, séchez-les et mettez-les séparément sur une planche devant le feu. Frottez-les ensuite de farine et les faites frire dans de la graisse de rôti; quand elles auront pris une belle couleur, vous les servirez avec du beurre chaud et du persil frit.

La *perche* se prépare de la même manière.

2626. *A l'étuvée.* Farcissez une truite avec de la chapelure de pain, un peu de beurre, du persil haché, de l'écorce de citron râpée, du poivre, du sel, de la muscade, de la sarriette et du jaune d'œuf, le tout bien mêlé.

Mettez la truite dans une casserole avec une pinte de bon jus bouillant, un peu de vin de Madère, un ognon, un peu de poivre, quelques clous de girofle, et un morceau d'écorce de citron. Faites mijoter jusqu'à parfaite cuisson; ajoutez alors un peu de farine délayée avec un peu de crème et un peu de *catchup;* faites bouillir un moment, exprimez une moitié de citron dans la casserole et servez.

2627. *Marinées.* On jette les truites dans l'huile bouillante, de manière à ce qu'elles en soient couvertes; dès qu'elles sont frites, on les laisse égoutter et refroidir; pendant ce temps on prend du vin blanc et du vinaigre en égale quantité, un peu de sel, du gros poivre, de la muscade, des clous de girofle, du macis, du gingembre, de la sarriette, de la petite marjolaine, du thym, du romarin et deux ognons. On fait bouillir le tout ensemble pendant un quart d'heure; alors on place les truites dans une terrine, on verse la marinade par-dessus : on ajoute une petite portion de vin blanc et de vinaigre pour que les poissons soient couverts, et l'on sert.

TUILES.

2628. *Moyen de faire durer très-long-temps les tuiles.* Ce procédé consiste à les faire légèrement chauffer et à les goudronner ensuite avec un mélange de chaux et de goudron. (Le comte de Mellin.)

2629. On donne aux tuiles la couleur de l'ardoise, en broyant du blanc de céruse et du noir d'Allemagne, à de l'huile de lin qu'on passe ensuite sur les tuiles et qu'on fait sécher après chaque couche au soleil. (Watin.)

TURBOT.

2630. *Préparation du turbot.* Le turbot se sert ordinairement au court-bouillon; c'est la manière la plus noble de le manger dans son entier, et il cesserait d'être l'honneur d'une table somptueusement servie, si on le divisait avant de l'y placer. Un beau cordon de persil à l'entour, une sauce au beurre servie à part, voilà ses seuls accompagnemens. Cependant ceux qui veulent varier les services l'apprêtent à la hollandaise, à la minime, à la reine, à la Sainte-Menehould, au coulis d'écrevisses, etc.; mais tout cela nous paraît moins noble que le court-bouillon. Cependant on peut se permettre le lendemain de sa première apparition, de le déguiser en le mettant en Béchamel, préparation excellente qui a immortalisé un marquis. (*Almanach des Gourm.*)

TURNEPS.

2631. *Culture des turneps.* Les turneps étant sujets à être attaqués par des insectes nommés communément *tiquets*, on les en préserve en faisant tremper pendant vingt-quatre heures la graine qu'on veut semer dans de l'huile de baleine ou de lin. On la met ensuite dans un sac de crin ou sur un crible, pour que l'huile s'égoutte, on mêle ensuite cette graine avec de la terre en poussière bien sèche et on la sème. Lorsque les turneps seront levés, on doit répandre sur un acre de terre environ huit boisseaux de suie ou de chaux éteinte. (*Encycl. méth.*)

2632. On empêche les insectes de dévorer les turneps jeunes encore, en saupoudrant le champ où ils sont avec des cendres de charbon de terre ou de bois ordinaire ; cette opération doit se faire le matin avant que le soleil soit levé, pour que la poudre s'attache à la feuille encore humide de la rosée de la nuit. (*Bibl. ph. écon.*)

ULCÈRES (*Traitement des*).

2633. On peut réduire les ulcères à cinq espèces, d'après les différens caractères qu'ils présentent et d'après la nature du traitement qui leur convient.

2634. 1° *Les ulcères érysipélateux.* Ce sont ceux dans lesquels l'inflammation est trop considérable et trop douloureuse, pour que la suppuration puisse se faire comme il faut, ce qui nécessite l'emploi de substances émollientes et sédatives, telles que les cataplasmes, les cérats simples, les onguens qui contiennent quelque préparation de plomb, tels que le diapalme, l'onguent de la mère, etc.

2635. 2° *Les ulcères ichoreux.* Ce sont ceux dans lesquels la suppuration se fait mal, et où le pus est clair, sanieux et fétide. Dans ce cas, on emploie à l'extérieur les substances antiseptiques, c'est-à-dire qui s'opposent à la corruption, comme les feuilles, les cataplasmes de carotte ou de pomme de terre, le charbon, ou des toniques tels que les onguens résineux; la térébenthine fait la base de ces onguens: on y ajoute d'autres gommes et résines, comme la poix, le styrax et même le vert-de-gris.

2636. 3° *Les ulcères fongueux.* Ce sont ceux dans lesquels la reproduction des chairs est trop abondante, en sorte que les chairs s'élèvent au-dessus du niveau de la peau, et empêchent la cicatrisation ; on les réprime par des applications astringentes et légèrement caustiques, telles que l'eau de chaux, à l'alun calciné, quelquefois même avec de la charpie sèche ou imprégnée de baume de la Mecque, qui opère parfaitement bien dans ce cas. Quelquefois on est obligé d'employer des remèdes bien plus actifs, tels que le précipité rouge, la pierre infernale ou le feu.

On aurait beau traiter ces ulcères avec des onguens émolliens, ils ne guériraient jamais.

2637. 4° *Les ulcères calleux.* Ce sont ceux dont les bords se durcissent, pâlissent et se désorganisent de manière à ne pouvoir se réunir. Si ces ulcères se creusent de manière à former un canal long et étroit, on les nomme alors *ulcères fistuleux.* Ces ulcères ne peuvent se guérir qu'en les convertissant, par le fer et par le feu, en ulcères simples. C'est assez dire qu'il en faut remettre la cure à un homme de l'art.

2638. 5° *Les ulcères phagédéniques.* Ce sont ceux dans lesquels le pus acquiert une qualité rongeante qui fait qu'il s'assimile très-promptement les parties voisines, et que l'ulcère, par-là, s'étend indéfiniment de tous côtés, particulièrement en surface.

Dans bien des cas le pansement avec des corps gras contribue à cette disposition des ulcères; dès qu'ils l'ont manifestée, il faut absolument supprimer les onguens et les huiles, et avoir recours aux feuilles, aux décoctions astringentes; ou, si l'ulcère est superficiel, aux poudres dessiccatives, comme les fleurs de zinc.

Si ces ulcères résistent aux remèdes, ils prennent un caractère plus grave et deviennent *cancéreux;* alors il faut avoir recours aux escharrotiques, tels que l'arsenic et le feu. Le docteur Hemptine a employé avec succès la dissolution de potasse caustique contre les ulcères cancéreux. Il l'a fait appliquer à l'extérieur, à la dose de cinq à six grains dissous dans quatre onces d'eau distillée. On se lavait avec cette dissolution trois à quatre fois par jour.

M. le chirurgien Lombard a retiré les meilleurs effets de la petite joubarbe (*sedum minus* de Linnée) pilée et appliquée sur les ulcères.

Une remarque générale à faire sur tous les ulcères quels qu'ils soient, c'est que lorsqu'ils sont fort anciens, il est souvent dangereux de les guérir artificiellement, sans les remplacer par un cautère ou un séton. Sans cette précaution il résulte quelquefois l'asthme, la phthisie ou d'autres maladies chroniques. (Caron, *Manuel de santé.*)

URINE.

2639. *Urine de sang chez les animaux.* Un animal qui pisse le sang doit quitter les champs et être enfermé dans une étable.

Là on lui fait avaler une poignée d'amidon blanc qu'on délaie dans de l'eau de puits très-claire; on lui donne ensuite à manger sec sans le faire boire, et son mal passe dans les vingt-quatre heures.

Si contre toute attente, l'animal continue à pisser le sang, il faut le saigner, lui donner des lavemens émolliens et rafraîchissans, une boisson par exemple faite avec du sel de nitre et la décoction de racine de guimauve ou l'infusion de graine de lin. (*Bibl. phys. écon.*)

VACHES.

2640. *Choix des vaches laitières.* Ce n'est pas toujours à la beauté et à la régularité des formes que l'on doit s'attacher pour le choix des vaches laitières; les meilleures sont souvent les plus mal tournées et les plus petites. Le volume de leurs mamelles n'en constitue pas non plus la bonté; car quelquefois les pis n'ont une certaine grosseur que parce qu'ils sont charnus. La couleur du poil n'est pas encore le signe auquel on puisse s'en rapporter, puisque dans certains cantons les vaches noires ont la préférence; que, dans d'autres, ce sont les vaches jaunes; ailleurs, les brunes rayées, et nulle part les blanches ne sont estimées. Quoi qu'il en soit, un beau cou, un petit fanon, une tête un peu allongée, une corne fine et pointue, un œil vif, un poil fin, des jambes courtes et déliées, des côtes élevées et rondes, un corps gros, des reins forts, des hanches carrées et égales, une queue haute et pendante au-dessous du jarret; des mamelles fines, amples, bien faites, peu charnues et pas trop blanches; une peau douce et moelleuse; des veines bien prononcées aux deux côtés du ventre, et faciles à sentir sous les doigts : tels sont en général les signes auxquels on reconnaît qu'une vache sera bonne laitière. Ce caractère individuel influe beaucoup sur la nature et la quantité du produit du lait. Telle vache, d'espèce semblable, en donne plus que telle autre, et même diffère en qualité, quoiqu'elle soit nourrie avec les mêmes herbages.

La propreté est encore une des conditions nécessaires pour que le lait de la vache soit meilleur et plus abondant.

Il est encore de fait que la pâture est moins bonne que l'étable. Lorsqu'il s'agit d'acheter une vache, il faut s'informer de la nature du pays d'où elle est transportée; et quand elle vient de loin, la soigner comme si elle était malade. Souvent, pour donner plus d'apparence à une vache, les marchands laissent les mamelles se gorger pendant un ou deux jours; ce qui ajoute aux fatigues de la route ; de là résulte le plus souvent le germe d'une maladie mortelle, la *pommelière*, véritable phthisie pulmonaire.

2641. *Traite des vaches.* Les vaches, selon l'âge, la race, la saison, la nourriture et l'état physique de l'animal, donnent plus ou moins de lait ; les unes le donnent bon toute l'année, à l'exception des quinze jours qui précèdent et qui suivent le vêlage ; tandis que d'autres, quoique soignées de la même manière, tarissent dès le septième mois de la gestation.

Le nombre des traites influe encore sur la quantité du lait. Il est prouvé que plus on les répète, plus aussi le lait est abondant et séreux. — Enfin, le trop grand chaud, comme le trop grand froid, exercent aussi une influence marquée sur la proportion et la qualité du lait : il arrive que dans une étable habitée par vingt vaches, il y a souvent pour la totalité, une différence de cinq à six pots en plus ou en moins, sans avoir rien changé au régime et sans qu'il soit possible d'en deviner la raison ; mais ce qu'on peut établir de positif, c'est que plus une femelle fournit de lait, moins il est riche en substance.

Une observation assez constante, c'est que le lait est d'autant plus abondant, que les cantons sont naturellement humides, d'une température modérée, et couverts de pâturages composés de *graminées et de trèfles.*

Quand les vaches ne tarissent pas d'elles-mêmes, il convient de cesser de les traire trente ou quarante jours avant le vêlage. Pour les accoutumer insensiblement à se laisser toucher, il convient de manier quelquefois le pis des génisses pendant leur première gestation, parce qu'il y en a qui sont tellement chatouilleuses, qu'on ne saurait les traire sans cette première précaution ; en sorte qu'une surabondance de lait produirait une enflure aux mamelles, qui peut leur donner la phthisie.

Pendant quelque temps, le lait, quoique réunissant toutes les qualités, conserve quatre à cinq jours après le part, un caractère plus ou moins séreux, surtout lorsqu'on rapproche les traites. Dans plusieurs cantons de l'ouest de la France, par exemple, on trait les vaches trois fois par jour, depuis l'instant où elles mettent bas, jusqu'à l'époque où on les conduit au taureau : tout le reste de l'année, on ne les trait que deux fois. Le nombre des traites doit toujours être réglé sur la saison et sur l'usage auquel on destine le lait. Quand il s'agit de le vendre en nature, l'intérêt est de chercher l'abondance, et alors on ne saurait trop souvent répéter les traites, surtout pendant les vives chaleurs ; mais lorsque le produit est destiné à faire du beurre ou du fromage, il faut adopter une méthode contraire.

Communément on trait les vaches deux fois le jour, le matin à cinq heures, et le soir à la même heure. Cette méthode indiquée par la nature, est adoptée pour la chèvre et pour la brebis, dont le lait sert en France aux mêmes usages. Dans un intervalle de douze heures, le lait a eu le temps d'arriver aux mamelles et de s'y perfectionner; mais on remarque que celui du matin a plus de qualités, parce que l'animal a été moins tourmenté pendant la nuit par la chaleur et par les insectes, et que le sommeil donne à ses organes plus de moyens pour l'élaborer.

L'opération de traire demande une attention particulière de la part de celle qui en est chargée. L'animal étant brusqué devient indocile et revêche, et donne moins de lait; la compression trop forte du pis est souvent la cause qu'une vache finit par se dessécher, quelquefois même par être exposée à perdre un ou deux mamelons.

On devra se laver les mains avant la traite, éponger le pis et les trayons avec de l'eau froide pour les raffermir, et non avec de l'eau chaude comme on l'a recommandé; conduire doucement la main depuis le haut du pis jusqu'en bas, sans interruption; tirer alternativement les deux mamelons du même côté, et les deux du côté opposé; changer d'instant à l'autre, et obtenir exactement jusqu'à la dernière goutte de lait.

Une étable chaude et tenue proprement est encore nécessaire aux vaches. Il faut toujours aussi avoir soin qu'elles aient de bonne eau à boire.

Le sainfoin et les panais leur donnent beaucoup de lait, et elles s'en repaissent volontiers. Ces animaux gagnent aussi beaucoup à être retenus dans l'étable. Ils produisent alors une plus grande quantité de lait.

2642. *Maladies des vaches et des bœufs.* La précaution de soigner, de nourrir convenablement les bêtes à cornes, de les séparer quand on remarque qu'elles ont un défaut d'appétit ou une disposition à la tristesse, est déjà un grand moyen de les conserver dans un état de vigueur et de santé; mais lorsqu'on présume que leurs maladies viennent de fatigue, de malpropreté, du mauvais air ou de la chaleur suffocante qui règne dans les endroits qu'elles habitent, de la disette ou de la mauvaise qualité des alimens, une attention qu'il faut avoir, c'est de commencer par faire cesser la cause première du mal, parce qu'elle ne manquerait pas de s'opposer au bon effet des agens curatifs que les indications rendraient nécessaires.

Dans le nombre des précautions utiles pour soustraire les animaux à diverses maladies ou accidens, il en est une malheureusement trop négligée, c'est d'éviter de faire passer tout d'un coup les animaux d'un pâturage maigre dans un pâturage gras. Il convient de les y introduire peu à peu, de les mener dans la saison humide, sur des terrains élevés et secs, et dès qu'il y a du hâle, de les conduire dans les fonds bas, en évitant les lieux aquatiques couverts de plantes vénéneuses, et l'herbe baignée de rosée.

Ce n'est encore qu'avec la plus grande circonspection qu'on doit admettre le passage d'un régime vert à un régime sec; il faut se méfier surtout de l'herbe trop succulente du mois de mai, parce que les animaux invités au plaisir d'en manger beaucoup, en abusent, pour peu qu'on leur laisse la liberté de rester long-temps au même endroit. On attend qu'ils soient pressés par la faim pour les y conduire : on ne doit les mener dans de bons pâturages que quand ils sont rassasiés; ne les y laisser que peu de temps, ayant soin, en les ramenant à la maison, d'empêcher qu'ils ne sautent les haies, les fossés; qu'ils ne se serrent pas les uns contre les autres; qu'ils ne se heurtent contre les portes, les murs, les pierres, les arbres, etc. ; enfin de les mettre à l'abri de toutes les vicissitudes des saisons.

On doit éviter particulièrement, pendant le temps que les femelles portent, de les blesser ou de leur occasioner quelque vive commotion capable de les faire avorter; les nourrir suffisamment, et empêcher qu'elles ne soient surchargées de graisse, parce qu'un excès d'embonpoint devient ordinairement dangereux, et rend le part laborieux et difficile.

Nous ne nous arrêterons que sur deux maladies qui affectent également tous les animaux. La première est vermineuse; la seconde est occasionée par un usage trop abondant d'herbes nouvelles et humides, qu'on peut considérer comme une véritable indigestion.

La présence des vers dans tous les animaux, qui en sont le plus tourmentés, est manifestée, en général, par des tranchées, des coliques, le dépérissement, la tristesse, le dégoût, ou des appétits voraces, la cessation de la rumination, l'émission d'un grand nombre de vers par l'anus et par les naseaux, par des convulsions, des vertiges, des assoupissemens, des toux, des accès d'épilepsie.

Dès qu'on s'aperçoit qu'il existe des vers dans un bœuf, dans une vache, dans un veau, on met ces animaux à la diète, pour laisser vider l'estomac et les intestins, en leur donnant peu de foin et d'avoine, en leur administrant quelques lavemens avec une forte décoction de plantes amères et aromatiques, telles que la sauge, l'absinthe, la lavande, la sabine, la tanaisie et la fougère qu'on leur fait boire également.

L'huile empyreumatique animale à la dose d'un demi-gros jusqu'à deux onces, est de tous les antivermineux celui qui agit de la manière la plus sûre et la plus marquée : elle peut être donnée à forte dose sans opérer de dérangement dans l'économie animale ; mais on la proportionne à l'âge, à la force et au tempérament des animaux qu'on laisse ensuite quatre ou cinq heures sans manger, après quoi on leur donne la ration ordinaire, et l'on continue le traitement pendant huit ou dix jours.

L'usage surabondant des fourrages verts et humides, pris avec trop d'avidité, fait enfler tout à coup les bœufs et les vaches, d'une manière si affreuse, qu'ils tombent et meurent dans l'espace de quelques minutes, si on ne les secourt promptement ; souvent ils ont une diarrhée et même une dyssenterie au renouvellement des herbes, qui les font beaucoup souffrir, il faut alors les baigner plusieurs fois et les faire marcher sans interruption, jusqu'à les lasser. La maladie alors s'arrête assez volontiers ; deux gros de poudre à canon mêlée avec une écuelle d'huile, leur font aussi un très-grand bien. Quand le ventre est relâché, on a recours à la thériaque avec du vinaigre.

2643 *Soins qu'il faut prendre des vaches avant qu'elles vêlent, et après qu'elles ont vêlé.* Vers le septième mois de la gestation, il faut augmenter la nourriture des vaches, en y ajoutant des raves, des navets, des courges divisées, de la luzerne, du sainfoin, du son, des balles de froment ; et quand le terme de l'accouchement approche, s'abstenir de les traire, les séparer des autres vaches, leur donner une bonne litière, les garantir du froid, et prendre garde qu'elles ne boivent à long trait. Après le vêlage, il est à propos, si c'est en hiver, de leur envelopper le dos et le ventre avec un sac ou quelque chose de semblable, que l'on assujettit au moyen d'un ou deux liens de paille en forme de sangle : aussitôt que la vache a vêlé, il faut lui faire avaler une bouteille de vin, de bière ou de cidre, pour l'échauffer et la restaurer ; ensuite du son ou de la farine délayée dans l'eau ; prendre garde qu'elle ne sorte de sept à huit jours de l'étable, et lui donner soir et matin, pendant ce temps, de l'eau blanchie pour boisson, et du bon foin pour nourriture.

VAISSEAUX.

2644. *Moyen d'empêcher les vaisseaux de couler à fond.*
Ce moyen consiste à porter dans chaque vaisseau cent outres
de peau, dont on se sert dans plusieurs parties de la France
et de l'Espagne, pour porter les huiles et les vins. Ces outres
étant ployées, lorsque le vaisseau sera en danger de couler,
on les fera enfler, et ces cent outres ainsi enflées et dispersées
dans le vaisseau, empêcheront d'abord à plus de deux cents
quintaux d'eau de prendre leur place, et par leur légèreté,
elles donneront au bâtiment une force de mille quintaux.
(*Idem.*)

VAISSELLE.

2645. *Procédé pour rendre la vaisselle de terre assez solide pour résister long-temps au feu.* Si on enduit extérieurement un pot de terre neuf ou tout autre vase avec de l'argile
délayée, qu'après l'avoir fait bien sécher, on couvre d'une
couche d'huile de lin, il acquiert une solidité que le feu ne
peut attaquer. (*Bibl. phys. écon.*)

VAPEURS.

2646. L'arroche, la sauge et la rue dissipent les vapeurs
qui naissent de la peur. L'armoise, l'ortie blanche, et le
marrube noir, du chagrin. L'assa-fœtida, et le castoréum,
de colère. L'herbe au chat, la valériane et la diantrum ou
capillus veneris, des idées de haine. Le millep-ertuis, des idées
de fureur. L'agnus-castus et l'ambre jaune, d'amour ou de
volupté.

La teinture volatile de corail et l'essence de gagate, produisent des effets remarquables sur toutes les vapeurs en général.
(L'abbé Rousseau.)

2647. *Vapeurs méphitiques.* Un ou deux boisseaux de
chaux vive éteinte dans six ou huit seaux d'eau, et versée
dans un puisard, détruisent les vapeurs méphitiques qu'il
renferme et en permettent l'approche. Le feu étant aussi un
agent destructeur de la mofette et un puissant ventilateur.
Ces deux moyens, la chaux vive et le feu, peuvent toujours
commander à toutes les causes du méphitisme. (*Bibl. phys.
économ.*)

VEAUX.

2648. *Manière de les soigner.* Dès les premiers momens de leur naissance, il faut les tenir chaudement, surtout en hiver, leur faire avaler deux œufs et un peu de sel, et si la mère n'est pas disposée à les lécher, il faut l'y exciter en jetant sur leur corps un mélange de sel et de mie de pain. On ne doit jamais les laisser trop long-temps auprès de leur mère, et ne pas leur permettre de la téter à tous momens, parce qu'ils leur donnent des coups de tête qui peuvent occasioner des contusions aux mamelles; et que s'ils restent dans l'étable, ils sont exposés à être blessés par elle et par les vaches voisines.

En séparant le veau d'avec sa mère, cinq à six heures après sa naissance, dans l'endroit le plus clos et le plus chaud de l'étable, on évite tous ces inconvéniens. Il suffit que la fille de basse-cour l'accoutume à boire, lui présente le doigt dans le vase où est le lait qu'on lui destine, et lui en donne autant qu'il en peut boire; on lui fait avaler pendant un mois, deux à trois œufs crus; et tout calcul fait, il y a du profit à le nourrir abondamment, parce qu'il deviendra aussi fort en un mois qu'il le serait en deux, nourri économiquement.

2649. *Manière de sevrer promptement les veaux.* Des paysans polonais, après avoir laissé téter sept à huit jours les jeunes veaux, leur donnent au bout de ce temps, dix ou douze jours du petit-lait avec un peu de navets coupés en quatre morceaux, qu'ils se mettent à grignoter et à manger; et ils les mettent après ce temps dans le champ de navets avec une petite botte de paille d'orge fraîche ou de paille d'avoine qu'ils placent à côté de la haie du champ le moins exposé au vent. Les veaux, séparés ainsi de leurs mères, réussissent parfaitement et n'exigent que peu de soins. (*Bibl. phys. écon.*)

2650. *Autre manière.* On peut sevrer les veaux aussitôt après leur naissance, et au lieu de leur donner du lait, les nourrir avec du petit-lait tiède, dans lequel on délaie un peu de farine et de son. Il existe même aujourd'hui, dans certaines fermes, des taureaux ou des génisses qui ont été élevés sans avoir pris pour ainsi dire de lait. Au bout de huit jours de son usage, on peut y substituer une nourriture lactiforme chaude, dont la pomme de terre cuite forme la principale base.

2651. *Moyen d'engraisser les veaux.* Rien n'est meilleur

pour engraisser les veaux, que de leur faire avaler dans l'intervalle qu'on leur donne du lait, de grosses boules préparées avec de la farine d'orge et des œufs.

2652. *Veaux destinés à la boucherie.* Dans la crainte que leur chair ne perde de sa qualité, il faut les tenir proprement et les garantir de l'humidité et de la pluie. Pour les mettre en chair, on leur donne, outre le lait qu'ils boivent, de la mie de pain trempée, de la farine d'orge ou de l'avoine. Le meilleur âge pour les tuer, est de deux mois environ. La nuit qui précède le jour qu'on les mène à la boucherie, on leur coupe le petit bout de la queue et on la lie avec une ficelle; le matin ou leur donne un peu de farine délayée dans du vin, et la veille de leur mort on leur donne du lait à boire.

2653. *Veaux d'élève.* Il faut toujours, pour cet objet, choisir les veaux qui, par leur force et leur grosseur, promettent, dès leur naissance, une excellente constitution, et qui proviennent de femelles qu'on n'a pas menées trop promptement au taureau. Dès qu'il commencera à manger, on lui donnera un peu de son, de fourrage fin et bon; et huit mois après il pourra être mené au pâturage.

2654. *Préparations différentes du veau.* Le veau ne doit jamais être mis à mort avant l'âge de six semaines. Plus jeune, il n'offre qu'une chair fade et aqueuse; et ce n'est qu'à cet âge qu'il a acquis le degré de force, de blancheur et d'embonpoint nécessaire à la perfection.

2655. *Rognon.* Le morceau du rognon passe pour le rôti le plus délicieux : c'est vraiment une poularde à quatre pieds ; et la substance même du rognon offre incontinent la ressource d'un entremets sous le nom d'omelette. Mais le morceau d'après, quoique moins somptueux, n'est pas assurément à rejeter; beaucoup d'amateurs même le préfèrent, parce qu'il est moins gras, plus en chair et d'un goût plus relevé : cependant l'on donnera toujours la préférence au rognon dans les tables les plus recherchées. Il est un moyen de tout concilier, c'est de servir la longe tout entière, qui présentera deux morceaux : c'est le rôti le plus apparent qui sorte des mains du boucher; mais il faut une table nombreuse pour le fêter convenablement.

Le veau, dans sa condescendance, se prête à tant de métamorphoses, qu'on peut, sans l'offenser, l'appeler le caméléon de la cuisine. Ce n'est pas seulement son corps, sa personne proprement dite, qui fait l'ornement d'une table : sa tête, simplement bouillie avec la peau, offre un mets aussi salutaire qu'alimenteux que la cuisinière la plus novice peut toujours servir avec succès.

2656. *Cervelle*, etc. Les pieds de veau à la poulette, frits, au gratin, etc.; les cervelles, sous les mêmes apprêts et dénominations, ses ris en fricandeau, piqués enfin, offrent autant d'entrées que l'art du cuisinier varie plus ou moins pour la satisfaction de sa gloire et la prospérité de notre appétit.

265₸. *Foie.* Nous ne parlerons ni du foie, ni de la fraise, ni des oreilles, qui partagent avec les autres issues l'honneur de parer nos tables. Qui ne connaît les foies de veau à la bourgeoise, le relevé le plus ordinaire et le plus compacte des tables sans prétentions? La fraise, cuite à l'eau et mangée au simple vinaigre, est une nourriture aussi saine qu'agréable, et renferme un mucilage ami des poitrines délicates.

Les oreilles de veau ont de commun avec les pieds et les cervelles, l'avantage de pouvoir être frites ou mangées à la poulette, et de plus elles se laissent farcir, accommoder aux pois, aux ognons, au fromage, etc.

2658. *Langue et yeux.* Il n'en est pas jusqu'à la langue et même aux yeux du veau, qui ne se disputent la gloire de réveiller la sensualité de l'homme : enfin sa fressure (qui comme on sait, comprend le cœur, le mou et la rate), sans être un mets bien recherché, se prête à tous les caprices d'un cuisinier profond, et peut sous divers déguisemens, tromper encore notre appétit, et même le réveiller. (*Almanach des gourmands.*)

2659. *Veau imitant le thon mariné.* Vous prenez de la rouelle de veau qui soit bien fait, c'est-à-dire d'un animal qui ait au moins six semaines. Vous la coupez par tranches et la jetez dans de l'eau bouillante, dans laquelle vous aurez mis deux ou trois feuilles de laurier et du sel, soit de morue, soit de hareng, ou de tout autre poisson salé. Quand la rouelle aura trempé environ deux heures dans cette eau préparée, vous la ferez bien égoutter, vous la saupoudrerez encore avec du sel, et avec une batte de bois, vous la battrez jusqu'à ce qu'elle soit bien imprégnée de sel; puis vous mettrez au fond du vase qui doit la recevoir, deux ou trois anchois; vous la mettrez dedans et emplirez ce vase de bonne huile. (Madame Gacon-Dufour.)

2660. *Tête de veau au naturel.* Vous prenez une tête de veau échaudée, vous la désossez jusqu'aux yeux; vous en ôtez les mâchoires inférieures, et vous coupez la mâchoire supérieure jusqu'à l'œil; vous mettez dégorger votre tête pendant deux ou trois heures; vous faites bouillir de l'eau dans un grand chaudron, et vous mettez la tête dedans; vous avez bien soin de l'enfoncer dans l'eau bouillante pour qu'elle ne noircisse pas : vous écumez bien votre eau, afin qu'elle ne salisse pas votre tête; quand elle a bouilli une demi-heure, vous l'ôtez du chaudron, et la mettez dans un baquet d'eau froide; vous l'y laissez une demi-heure afin qu'elle refroidisse; après cela vous la retirez de votre baquet et vous l'essuyez bien; vous flambez votre tête au-dessus d'un fourneau bien ardent pour en brûler quelques poils qui y seraient encore; vous l'essuyez, vous en ôtez la langue, les peaux blanches et dures qui sont dans l'intérieur de la bouche; vous rassemblez les peaux, vous ficelez la tête de manière qu'elle paraisse entière; vous la frottez de citron, et vous la couvrez d'une bande de lard, puis vous la mettez cuire avec la langue d ns le *blanc* suivant :

Vous mettrez une livre de lard râpé, une livre de graisse, une demi-livre de beurre, deux citrons coupés en tranches, en ôtant le blanc, deux feuilles de laurier, deux clous de girofle, quatre carottes coupées en dés, quatre ognons, un verre d'eau; vous ferez bouillir le tout jusqu'à ce qu'il soit réduit; vous aurez soin de tourner votre blanc et de ne pas le laisser attacher; quand il n'y aura plus de mouillement, et que votre graisse sera fondue, vous le mouillerez avec de l'eau; vous y mettrez du sel clarifié, vous le ferez bouillir et vous l'écumerez.

Vous mettez donc votre tête dans ce blanc, vous la faites bouillir, vous l'écumez, vous y mettez un rond de papier beurré, et vous la faites bouillir tout doucement. Trois heures suffisent pour la cuire : d'ailleurs, vous la pressez avec le doigt; si la chair fléchit, c'est que votre tête est cuite : alors, au moment de servir, vous la retirez de votre blanc, vous l'égouttez, vous la dressez sur le plat; vous coupez la peau qui est sur le crâne avec la pointe de votre couteau; vous ouvrez le crâne en le séparant en deux, vous ôtez les deux os qui couvrent la cervelle, et vous la laissez à découvert; vous dépouillez la langue d'une peau dure qui la renferme : vous la fendez en deux de son long : vous la poudrez de sel fin, de gros poivre; vous la trempez dans le beurre; vous la faites griller; vous la mettez sur le mufle de la tête; vous poudrez votre tête de persil bien fin, et la servez avec un huilier, ou bien vous faites chauffer du vinaigre dans une casserole avec du sel, du poivre fin, de la ciboule ou des échalotes, et vous mettez cette sauce dans une saucière. Cette tête se sert pour relever le potage. (*Le Cuisinier royal.*)

2661. *Téte de veau à la Detiller.* Ayez une tête de veau bien blanche ; vous la désossez tout entière, vous la mettez dégorger comme la précédente ; vous la faites blanchir de même, vous retirez la cervelle qui reste dans le crâne, vous enlevez les fibres et la première peau qui la couvre ; vous la faites blanchir dans de l'eau bouillante, et un filet de vinaigre après ; vous avez un petit blanc dans lequel vous la faites cuire. Trois quarts d'heure de cuisson suffisent. Votre tête de veau étant bien refroidie, vous la sortez de l'eau, vous l'essuyez bien, vous la flambez comme la précédente, vous la coupez par morceaux, vous laissez les yeux entiers et les oreilles de même ; vous ficelez ces morceaux, et les faites cuire comme précédemment. Quand votre tête est cuite, au moment de la servir, vous la sortez du blanc ; vous l'égouttez et la déficelez ; vous dressez vos morceaux sur le plat, vous séparez la cervelle, et vous la mettez aux deux extrémités ; vous détachez la langue, vous la coupez en petits carrés gros comme des dés à jouer, et vous la mettez dans la sauce. Vous prendrez presque plein une cuillère à pot d'espagnole dans laquelle vous mettrez une demi-bouteille de vin de Chablis, six gousses de piment enragé, bien écrasé, six cuillères à dégraisser de consommé : vous ferez réduire votre sauce à moitié ; quand elle sera réduite, vous y mettrez des cornichons, votre langue en dés et des champignons ; vous versez ce composé sur votre tête. (*Idem.*)

2662. *Téte de veau à la tortue.* Vous préparez une tête en morceaux comme la précédente ; vous aurez un linge fin et bien blanc de lessive, que vous laverez dans de l'eau propre ; vous l'étendrez sur la table, vous y mettrez des bardes de lard ; vous prendrez les morceaux de cette tête, vous les ficellerez, vous les poserez sur vos bardes, et vous les recouvrirez ensuite de bardes de lard ; vous envelopperez ces morceaux avec le linge, vous ficellerez les deux bouts ; vous mettrez cette tête ainsi enveloppée dans une casserole, et vous placerez par-dessus la *poélée* suivante : ayez deux livres de veau, deux livres de lard ; coupez l'un et l'autre en gros dés ; deux grosses carottes, trois ognons coupés aussi en dés, une livre de beurre, le jus de trois ou quatre citrons, quatre clous de girofle, un peu de basilic, de feuilles de laurier concassées, un peu de thym, du sel, du poivre ; mettez le tout dans une casserole et sur un bon feu ; quand cela sera réduit, vous y ajouterez plein une cuillère à pot de derrière de marmite, et lorsque cela sera à moitié cuit, vous le retirerez.

Ajoutez à une quantité suffisante de cette *poélée*, une bouteille de vin de Madère sec ; vous ferez bouillir votre cuisson ;

quand elle aura jeté quelques bouillons, vous la ferez mijoter; vous mettrez du feu sur votre couvercle et vous ferez aller votre tête tout doucement. Trois heures de cuisson suffisent : d'ailleurs vous la sonderez avec une lardoire. Si les morceaux étaient trop fermes, vous la feriez cuire davantage : au moment de servir, vous prendrez les deux bouts de votre linge, vous le retirerez de la casserole, vous le déficellerez, vous égoutterez vos morceaux et votre cervelle qui sont dedans; vous les dresserez sur le plat et vous y verserez le ragoût qui suit :

Vous prendrez plein quatre cuillères à pot ou plus (il faut que la sauce soit longue), de sauce espagnole que vous mettrez dans une casserole; vous y verserez une bouteille de vin de Madère sec, plein trois cuillères à pot de consommé, dix gousses de petit piment enragé bien écrasé : vous ferez réduire votre sauce à moitié; et quand elle sera finie, vous mettrez votre langue coupée en morceaux, des quenelles de veau, des crêtes et rognons de coqs, des petites noix de veau, des ris de veau en morceaux et d'autres garnitures cuites : vous pourrez joindre à cela huit ou dix jaunes d'œufs durs, douze extrémités d'œufs, c'est-à-dire le blanc dont vous couperez le bout formant une petite cuvette, des cornichons tournés en bâtons, des champignons, des écrevisses, des graines de capucines confites au vinaigre : vous aurez soin que votre ragoût soit bien chaud, mais qu'il ne bouille pas; vous le verserez sur la tête bien dressée en pyramide. Il faut que ce ragoût soit d'un bon sel.

Si vous n'aviez pas d'espagnole, vous feriez un roux un peu fort, afin que votre sauce fût longue; vous le mouillerez avec un mouillement quelconque et du vin de Madère; vous pourriez aussi prendre le mouillement dans lequel a cuit votre tête; au défaut d'autre chose, vous mettrez dans votre ragoût les garnitures que vous aurez, mais toujours des cornichons, des œufs durs, des quenelles et du piment. Si vous n'aviez pas de poêle pour cuire votre tête, vous mettrez un morceau de beurre dans une casserole, du lard râpé, des tranches de citron sans écorce, sans blancs ni pepins; trois carottes, quatre ognons, trois clous de girofle, trois feuilles de laurier et du thym; vous passerez tout cela avec votre beurre; quand le tout sera un peu frit, vous mettrez votre bouteille de Madère sec, avec un peu de bouillon; vous ferez bouillir, vous écumerez; vous jetterez du sel, du gros poivre, et vous verserez cet assaisonnement sur votre tête de veau, que vous aurez préparée dans un linge, comme on l'a dit plus haut, et vous la ferez cuire. (*Le Cuisinier royal.*)

2663. *Tête de veau farcie.* Vous désossez une tête de veau

tout entière : tâchez de ne point la crever, c'est-à-dire que
votre tête n'ait aucun trou occasioné par le couteau ; vous aurez
attention que les yeux tiennent à la tête : quand elle sera
désossée, vous la ferez dégorger à l'eau froide ; vous la ferez
blanchir de manière que votre tête ait la même forme que si
elle avait ses os ; vous la mettrez dans l'eau froide, vous l'essuierez, puis vous la flamberez.

Faites un godiveau ; quand il sera aux trois quarts mouillé,
vous y mettrez deux cuillerées à dégraisser de velouté réduit ;
vous mettrez dans cette farce des quatre épices, du persil et
des échalotes hachées ; vous remplirez votre tête de ce godiveau, en lui faisant prendre sa forme première avec une aiguille à brider et de la ficelle ; vous la couvrez de manière
qu'elle conserve sa forme. Quand votre tête sera toute préparée, vous la frotterez de citron ; vous aurez un linge bien
blanc et fin sur lequel vous mettrez des bardes de lard ; vous
y poserez votre tête et vous la couvrirez de bardes ; vous
l'envelopperez, vous lierez les deux bouts de votre linge ; après
vous ficellerez votre tête afin qu'en cuisant elle ne se déforme
pas. Vous la mettrez dans une braisière ; vous poserez par-
dessus une poêlée (*voyez l'art. précédent*) que vous mouillerez avec deux bouteilles de vin de Chablis ; vous ferez mijoter votre tête trois heures avec du feu dessus et dessous ;
vous la tâterez avec le doigt ; si les chairs sont encore trop
fermes, vous la ferez aller un peu plus long-temps ; quand
elle sera cuite, vous la retirerez de votre braisière, en prenant les deux bouts de votre linge ; vous la déficellerez, vous
la laisserez égoutter avec un couvercle que vous glisserez
dessous ; vous la mettrez sur votre plat et vous y verserez le
ragoût qui suit :

Vous mettrez plein quatre cuillères à pot d'espagnole que
vous verserez dans une casserole ; vous y mettrez une bouteille de vin blanc de Chablis, deux cuillères à pot de consommé ; vous ferez réduire le tout à moitié : votre sauce doit
être bien liée ; vous la passerez à l'étamine dans une autre
casserole où vous aurez mis des boulettes de godiveau, des
culs d'artichauts cuits dans un blanc, des champignons, des
ris de veau cuits en morceaux et des écrevisses ; vous tiendrez
ce ragoût chaud sans le faire bouillir : au moment de servir,
vous le verserez sur la tête de veau.

Si vous n'aviez pas de poêle pour faire cuire votre tête, vous
y suppléeriez de la même manière que nous l'avons indiqué à
la fin de l'art. précédent, et vous mouillerez avec deux bouteilles de Chablis. (*Idem.*)

Nota. Dans les articles qui précèdent, ainsi que dans plusieurs autres de cet ouvrage, nous avons eu occasion de parler de la sauce *espagnole*, des *quenelles* et du *godiveau*. Ces préparations ne se trouvant pas indiquées dans leur ordre alphabétique, nous avons jugé convenable de les placer ici.

2677. *Espagnole.* Ayez deux noix de veau, quatre perdrix, la moitié d'une noix de jambon, quatre ou cinq grosses carottes, cinq ognons, dont un piqué de cinq clous de girofle ; vous mettez le tout dans une grande casserole ; vous mouillez vos viandes avec une bouteille de vin de Madère sec, et une grande cuillère de gelée ; vous mettez votre casserole sur un grand feu ; quand votre mouillement est réduit, vous le mettez sur un feu doux ; lorsque votre glace est plus que blonde, vous retirez votre casserole et la laissez dix minutes hors du feu, pour que la glace puisse bien se détacher ; vous aurez fait suer des sous-noix et vous prendrez ce mouillement pour joindre à votre espagnole ; quand elle sera bien écumée, vous aurez un roux que vous délaierez avec le mouillement, et vous le verserez sur votre viande. Vous y mettrez deux ou trois feuilles de laurier, un peu de thym, des champignons, un bouquet de persil et ciboules, et quelques échalotes ; quand votre sauce bouillira, vous la mettrez sur le coin d'un fourneau pour qu'elle bouille tout doucement pendant deux ou trois heures, jusqu'à ce que les viandes soient cuites. Ayez toujours bien soin, lorsque vous faites suer et bouillir, de bien essuyer auparavant l'intérieur de votre casserole, pour éviter que vos sauces ne soient troubles ; ayez soin que votre sauce ne soit ni trop brune, ni trop pâle, ni trop claire, ni trop liée, et qu'elle soit d'un sel doux.

2665. *Quenelles de veau.* Vous prendrez une demi-livre de maigre de veau, dont vous aurez retiré toutes les peaux ; vous le hacherez, pilerez et passerez à la passoire ; vous pilerez une livre de tétine de veau ; vous mettrez trois quarterons de beurre fin avec un quarteron et demi de panade ; vous prendrez la mie d'un pain mollet et chaud, que vous ferez tremper avec un demi-verre de lait, un peu de beurre ; vous ferez dessécher votre panade sur le feu jusqu'à ce qu'elle ne s'attache plus aux doigts ; vous la ferez refroidir ; vous mettrez le tout dans un mortier, et assaisonnerez de sel, poivre et muscade ; vous pilerez le tout ensemble, vous y ajouterez six œufs entiers ; vous moulerez vos quenelles de la manière dont vous aurez besoin, et les ferez blanchir à l'eau de sel.

2666. *Godiveau.* Ayez une livre de noix de veau, dont vous retirerez les nerfs et les peaux ; vous hacherez bien fin la viande et vous la pilerez ; vous aurez deux livres de graisse dont vous ôterez la peau, vous la hacherez bien, puis vous mettrez le veau pilé dedans ; vous hacherez de nouveau le tout ensemble jusqu'à ce que cela soit bien mêlé ; ajoutez en même temps du sel, du gros poivre, trois œufs en trois fois différentes ; vous mettrez le tout dans un grand mortier ; vous pilerez fort votre godiveau, vous y remettrez deux œufs, toujours en pilant ; quand vous verrez que l'on ne distinguera plus la viande de la graisse, vous y verserez un peu d'eau, toujours en pilant jusqu'à ce qu'il soit à moitié mou ; alors vous en prendrez de quoi faire une boulette que vous ferez cuire dans de l'eau pour vous assurer s'il est de bon sel. Lorsque vous l'emploierez, vous pourrez y ajouter un peu de fines herbes, comme persil et ciboules. La graisse la plus sèche et la plus farineuse est la meilleure ; et si, dans l'été, vous pouvez y mettre en place d'eau, de l'eau glacée, le godiveau n'en sera que mieux.

VELOUTÉ.

2667. Prenez tous les débris de viandes de votre cuisine : parures de veau, soit collet, poitrine ou épaule ; quasis, jarrets, parures de côtelettes, débris de volaille, etc. ; vous en mettez trois ou quatre livres dans une casserole avec quelques carottes, ognons, bouquet de persil et ciboules, trois feuilles de laurier, trois clous de girofle ; vous mettez plein une cuillère à pot d'eau, faute de bouillon ; vous posez votre casserole sur un feu un peu ardent ; écumez bien votre mouillement, et lorsqu'il sera réduit, évitez qu'il ne s'attache ; vous remplirez presque votre casserole d'eau, si vous n'avez pas de bouillon : vous y mettrez le sel qui convient ; vous ferez bouillir votre sauce, ensuite vous l'écumerez, puis vous la mettrez sur le bord du fourneau, afin qu'elle se mijote pendant deux heures ; quand votre viande est cuite, vous passez ce mouillement à travers un tamis de soie ; vous ferez un roux en mettant fondre du beurre dans une casserole, et en ajoutant de la farine de froment tant qu'il pourra en boire, vous le tournez sur le feu sans le quitter, jusqu'à ce qu'il soit bien chaud, et ne lui laisserez pas prendre couleur. Ajoutez à ce roux blanc des champignons que vous y remuerez pendant dix minutes ; puis vous y verserez le mouillement dans lequel a cuit votre viande ; ayez soin de délayer le roux petit à petit, pour qu'il ne se mette pas en grumeaux ; quand vous aurez tout mis, vous ferez bouillir votre velouté, vous l'écumerez et vous le mettrez sur le bord du

fourneau pour qu'il mijote pendant une heure et demie : vous
le dégraisserez et le passerez à travers une étamine ; vous aurez
soin d'éviter la couleur dans votre velouté ; le plus blanc est le
plus beau. (*Le Cuisinier royal.*)

VENDANGE.

2668. *Temps auquel on doit faire la vendange.* Le moment
de vendanger doit être celui de la maturité parfaite du raisin ;
on la reconnaîtra aux caractères suivans :

1° La queue verte de la grappe devient brune ;

2° La grappe devient pendante ;

3° Le grain de raisin a perdu sa dureté ; la pellicule est devenue mince et transparente ;

4° La grappe et les grains de raisin se détachent facilement ;

5° Le jus du raisin est doux, savoureux, épais et gluant ;

6° L'enveloppe du pepin, devenue noire, contient une petite amande bien formée et bien mûre.

On peut mettre au nombre des signes équivoques de la maturité la chute des feuilles, qui peut être provoquée par quelques maladies, par des circonstances locales, ou par l'approche
de l'hiver.

Dans ce dernier cas on aurait tort d'éloigner l'époque des
vendanges, car un plus long retard serait nuisible au raisin,
dont il diminuerait la grosseur et la bonté.

Si l'on veut des vins blancs et mousseux, on commencera
la vendange, comme on le fait en Champagne, avant le lever
du soleil, et on continuera jusqu'à neuf à dix heures du matin ;
car, passé ce temps, le soleil enlève la rosée et la dissipe.

Ce procédé produit, lorsqu'on vendange par le brouillard,
une augmentation de deux tonneaux sur vingt-quatre, tandis
qu'elle n'est que d'un tonneau par la rosée. Quelle que soit la
nature de cette eau, qui paraît être un produit surcomposé, un
de ses effets bien constans est de diviser ce principe sucré et de
disposer toute la masse à une prompte fermentation. Voilà les
seuls cas où l'on doive se permettre de faire cueillir le raisin
couvert de rosée ou d'eau ; dans tous les autres on doit choisir pour
faire la vendange un temps sec et très-chaud. (Roard, *Abrégé
de l'art de faire le vin.*)

2669. *Conseils sur la manière de faire la vendange.* Quel

que soit le brillant état de la récolte, il est des précautions préliminaires qui influent d'une manière certaine sur la qualité du vin qu'on doit obtenir.

1° Surveillez vous-mêmes tous les travaux de la vendange ; l'homme le plus intelligent, malgré son zèle et son activité, ne peut qu'imparfaitement suppléer à la présence du maître.

2° Tâchez d'avoir un assez grand nombre d'ouvriers pour terminer chaque jour une cuvée, car le raisin que l'on met à plusieurs reprises dans la cuve ne fait que troubler et déranger la fermentation.

3° Employez de préférence des femmes, elles sont plus susceptibles de soin : fournissez-leur de bons ciseaux, avec lesquels elles couperont le raisin très-court et ne risqueront point de l'égrainer et de faire tomber par terre les grains les plus mûrs, comme cela arrive dans les pays où les ouvriers se servent de serpettes.

4° Empêchez que l'on mange dans la vigne, de peur que les débris de pain et d'autres alimens ne se mêlent avec la vendange, à laquelle on dérobe ordinairement les raisins les plus mûrs et les plus sucrés.

5° Vendangez autant que vous le pourrez à plusieurs reprises ; cueillez d'abord le raisin le plus mûr, ne le mêlez pas avec celui qui pourrait être pourri, dont vous ferez une seconde cuvée ; la troisième se composera des raisins qui n'étaient pas mûrs à la première coupe et qu'on a laissés sur le cep.

On objectera peut-être que ces opérations, trop minutieuses, sont impraticables dans de grands vignobles ; mais qu'on se détrompe, car ce n'est qu'à ces triages faits avec soin et répétés plusieurs fois que nous devons les premières qualités des vins des crus les plus renommés.

6° Veillez à ce que les vendangeuses n'emploient pas ces grands paniers qui, contenant trop de raisins, écrasent les plus mûrs, dont le suc vierge se perd à travers les ouvertures. (Roard.)

VERJUS.

2670. *Conservation du verjus.* On conserve du verjus toute l'année si on roule un pilon sur les grains pour en presser les pulpes, en ayant l'attention de ne pas en écraser les pepins. On jette un peu de sel à mesure que l'on opère ; on expose ensuite le verjus pendant deux ou trois jours au soleil ; on le filtre, on le place dans des vases bien vernissés, on y met une couche d'huile par-dessus et on les recouvre avec soin. (*Encyclop. méth.*)

2671. *Moyen de préparer le verjus pour le conserver.* Prenez du verjus avant qu'il commence à mûrir; séparez les grains de la grappe; ôtez-en les queues, mettez les grains dans un mortier avec un peu de sel, pilez-les, exprimez-en le jus à travers un linge, à force de bras, ou sous une presse; ayez une chausse de futaine; mouillez cette chausse, enduisez-la de farine du côté plucheux, suspendez-la de manière qu'elle soit ouverte; versez votre verjus en plusieurs fois, jusqu'à ce qu'il devienne limpide comme de l'eau de roche; vous aurez auparavant rincé des bouteilles pour qu'elles n'aient aucun mauvais goût; vous les soufrerez de la manière suivante : ayez un bouchon qui puisse aller à toutes les bouteilles; passez dedans un fil de fer, arrêtez-le sur le haut du bouchon, et faites-lui faire un crochet à l'autre extrémité; il faut que ce fil de fer ne passe pas la moitié de la bouteille; mettez au crochet un morceau de mèche soufrée comme celle qu'on emploie pour mécher les tonneaux; allumez-la, mettez-la dans des bouteilles, l'une après l'autre; lorsque vous apercevrez que la bouteille est remplie de vapeur, ôtez-en la mèche et bouchez-la. Au bout d'un instant videz-y votre verjus et bouchez bien votre bouteille, que vous mettrez debout dans la cave; et quand vous voudrez vous en servir, supprimez la pellicule qui doit s'être formée dans le goulot : vous pourrez employer ce verjus en place de citron; vous pourrez vous en servir aussi pour les liqueurs fraîches et le punch, en y ajoutant un peu d'esprit et de zeste de citron. Ce verjus est bon contre les chutes; il suffit d'en prendre un petit verre lorsque l'accident vient d'arriver.

2672. *Conserve de verjus.* Faites crever le verjus dans une poêle, ôtez-le du feu pour l'écraser, et passez le jus à travers un tamis ou un linge que vous exprimez. Remettez dans la poêle ce que vous aurez passé, et laissez-l'y sur un feu léger jusqu'à ce que la marmelade soit bien épaisse. Alors, pour un quarteron de cette marmelade; faites cuire à la grande plume une livre de sucre; vous l'ôterez du feu en le remuant, vous y mettrez le verjus que vous travaillerez bien avec la spatule jusqu'à ce que le sucre commence à blanchir autour de la poêle. Alors dressez votre conserve dans des moules de papier, et, quand elle sera froide, coupez-la par tablettes, que vous mettrez dans un lieu sec.

2673. *Gelée de verjus.* Mettez le verjus dans une poêle à confiture avec une légère quantité d'eau, et faites-lui pousser un bouillon. Lorsqu'il sera amorti', vous le jetterez sur un tamis pour l'égoutter : puis vous y mettrez du sucre et vous le ferez bouillir jusqu'à ce qu'il soit en gelée. (*L'Art du conf.*)

2674. *Compote de verjus.* Pelez légèrement une livre de verjus, ôtez-en les pepins et faites-lui jeter quelques bouillons dans une demi-livre de sucre cuit à la grande plume; cela fait, dressez-le dans un compotier. (*Le Maître d'hôtel confis.*)

On mettra du verjus en marmelade, en gelée, en pâte, etc., de la même manière que les groseilles.

2675. *Sirop de verjus.* Prenez du verjus bien vert, écrasez-le dans une terrine, passez-le d'abord au tamis et ensuite à la chausse jusqu'à ce qu'il soit clair-fin. Faites cuire 3 livres de sucre à la petite plume ou au soufflé; versez dans la poêle et sur le sucre cuit à ce degré, 6 livres de suc de verjus; faites cuire le tout à très-grand feu jusqu'au perlé; retirez la poêle du feu, laissez refroidir votre sirop à moitié et mettez-le en bouteille. (Bouillon-Lagrange.)

2676. *Verjus pelé confit.* Pelez promptement du gros verjus, ôtez-en les pepins avec une petite brochette de bois très-pointue ; mettez dans une poêle autant de sucre très-fin que vous avez de verjus et autant d'eau qu'il en faut pour faire fondre le sucre. Faites-le bouillir un peu, écumez-le et placez-y le verjus pour qu'il y prenne quelques bouillons. Vous l'écumez de nouveau, vous le laissez reposer et vous le mettez enfin dans des pots lorsqu'il est à demi-froid.

VERMICELLIER (*Art du*).

2677. On donne le nom de *vermicelle* à une pâte composée de la plus belle farine de gruau de froment avec de l'eau, dont on forme des fils de différente longueur et grosseur, en faisant passer cette pâte par une espèce de filière, ce qui donne aux fils une apparence de ver. On les fait ensuite sécher pour les garder.

Les farineux sont la nourriture la plus ordinaire de l'homme, soit qu'on les mange en pâte, ou en une espèce de bouillie, ou en pain. Dans les pays où l'on mange moins de pain qu'en France, on fait plus d'usage des pâtes ; on mange en Allemagne des nouilles, des pivots, etc., et en Italie du macaroni, des lazagnes, etc. Des colporteurs allemands vendent des pâtes de Nuremberg, sous le nom de *nudeln;* il y en a qui sont en forme de fils, d'autres formées en coquillages, en escargots ; il s'en trouve aussi qui ressemblent à des grains d'avoine ; enfin, on en fait en plusieurs maisons, pour l'usage domestique . qui n'ont pas, il est vrai, la même apparence que ceux qu'on achète, mais qui les surpassent peut-être par le goût.

A Naples, à Gênes, à Marseille et à Paris, on fait beaucoup plus de ces pâtes, et sans contredit on les y prépare mieux ; les boulangers réduisent ordinairement le gruau en farine pour en faire du pain, et les vermicelliers convertissent le gruau en semoule pour en faire des pâtes ; en général le gruau est un grain concassé et dépouillé de son écorce ; c'est sans contredit la partie la plus dure et la plus sèche du grain ; c'est spécialement celle qui logeait le germe ; elle est ferme et blanche comme l'amande. Dans les années sèches, le gruau est la partie du grain la plus prochaine de son écorce, la plus exposée à la sécheresse de l'air et à la chaleur du soleil ; cette portion du grain reste dans la mouture en gruau.

On distingue trois sortes de gruaux : le *gruau blanc*, qui n'a point d'écorce ou très-peu ; le *gruau gris*, qui est couvert en partie de la seconde écorce du grain : c'est celui dont les vermicelliers se servent ; et le *gruau bis*, ils s'en serviraient pareillement si cette espèce de gruau ne se trouvait pas tachée.

Semola, en italien, veut dire *son de farine*, et en français, *son gras* ; la partie blanche, dure et farineuse du son gras, conserve encore le nom de *semola* ou *semoule* en français.

La meilleure semoule est celle du froment, et la partie du blé la plus sèche et la plus nourrissante forme la semoule ; on se sert, par préférence, pour la faire, des blés de Barbarie, qui sont plus glacés, plus pesans, plus difficiles à mettre en poudre, plus substantiels, mais moins blancs.

Les semoules diffèrent entre elles par les différentes espèces de blé d'où on les tire, et par les différentes façons de les moudre, et enfin par les diverses méthodes de les blutter : les semoules les meilleures sont celles qui sont sèches, blanches, tirant sur le jaune ; on préfère pour manger en potage, cuite dans du bouillon, la semoule la plus fine ; on en prend la quantité convenable pour le potage que l'on veut faire ; on la fait mitonner sur la cendre chaude, pendant deux bonnes heures, avec du meilleur bouillon et du jus de veau, mais en petite quantité de ce dernier ; quand elle est bien renflée, elle est cuite ; il faut qu'elle fasse à peu près l'effet du riz, quand il est bien crevé ; l'expérience a appris que la semoule est d'un excellent usage pour ceux qui n'ont pas le temps, ou qui ne sont pas en situation de prendre leur repas à la chasse ou en voyage ;

elle peut soulager de la faim et même l'ôter, elle soutient les
forces et est en même temps saine ; il suffit d'en mettre de
temps en temps une pincée dans la bouche, et de la mâcher
long-temps avant de l'avaler.

Voyons actuellement comment se fait la semoule. Le vermicellier a une huche partagée en trois casses. Dans la première
casse, le vermicellier sépare par un tamis de soie, le gruau de
la farine du pain. Dans la seconde casse est la semoule séparée
du gruau par un sas ou tamis de peau, qui est une espèce de
crible. Enfin, dans la troisième casse le vermicellier sépare
cette semoule d'une recoupette, qu'elle rassemble sur la semoule, en faisant aller avec la main, de devant en arrière, le
sas qui est suspendu par deux cordes ; le vermicellier ramasse
ce petit son farineux, qui est la recoupette, avec le côté de la
main, il l'ôte avec un carton, et le met dans la corbeille.

Le vermicellier fait mouvoir en rond exactement et horizontalement le premier sas avec les deux mains, pour faire
passer la farine et pour avoir le gruau ; il porte le second sas
en rond aussi, mais perpendiculairement du haut en bas, pour
faire tomber dans la casse le gruau le plus net et le plus blanc,
qui est la semoule ; le gruau gris reste dans le tamis, on le
revend aux boulangers, ou on en fait de grosses pâtes bises
pour les pauvres.

Ce second sas qui est de peau, est plus fin que le premier
qui est de soie, et quoique celui de soie soit plus gros que
celui de peau, il ne laisse point passer la semoule, mais la
farine, parce que la farine le graisse et le rend plus fin, ce que
ne font pas le gruau et la semoule : le sas de la troisième casse
est encore plus fin.

Il faut être dans l'habitude de sasser la semoule ; pour y
réussir, on tourne par un mouvement horizontal, d'une main
vers l'autre, cette espèce de crible par lequel on passe la semoule, et on secoue légèrement comme pour frapper, à chaque tour de haut en bas ; par ce moyen, il s'élève dessus un
peu de recoupette, qu'on enlève à mesure.

On repasse plusieurs fois la semoule, lorsqu'elle est bise,
pour en ôter toute la recoupe ou petit son, et l'on dit ces semoules être d'autant de passées, qu'on les a repassées de fois
par le crible ; il y a des semoules de cinq passées et même
plus. Ce n'est point en raison de la différence de grosseur,
que la semoule se sépare du gruau et des recoupettes ; c'est
spécialement en raison des pesanteurs différentes de la semoule

et du son, qu'elle tombe par le mouvement composé du perpendiculaire et de l'horizontal. Le vermicellier se sert aussi d'une espèce de plat, ou plateau de fer, pour prendre le gruau dans le sac et le mettre dans le sas.

De là combinaison de l'eau avec la semoule, dont nous venons de rapporter la préparation, résultent des pâtes qui sont, selon les formes qu'on leur donne, ou des vermicelles, ou des macaronis, ou des lazagnes, etc. L'eau qu'on emploie pour faire ces pâtes doit varier selon les différentes qualités de la semoule, qui boit plus ou moins ; la dose ordinaire est de 12 livres pour 5o livres de semoule ; il est à observer que moins on met d'eau dans la composition des pâtes, mieux c'est ; il suffit simplement qu'il y en ait assez pour allier la semoule en pâte, et qu'elle ne se trouve point en grumeaux ; au surplus, il vaut mieux être obligé de remettre de la semoule en pétrissant que de l'eau ; et en effet, ce qui contribue à la conservation des pâtes est la petite quantité d'eau qu'elles contiennent.

L'eau qu'on emploie pour la composition des pâtes doit être plus chaude que pour faire le pain ; et en effet, plus l'eau est chaude, plus la pâte se sèche facilement, et plus difficilement elle se corrompt, mais en revanche moins elle est blanche.

Examinons actuellement comment on s'y prendra pour convertir la semoule en pâte. Il sera bon d'avoir un morceau de la dernière pâte pour servir de levain, quand on pétrit la semoule ; cependant on pourrait s'en passer, et même les pâtes s'en conserveraient mieux ; néanmoins elles en sont meilleures lorsqu'elles sont un peu travaillées par le levain ; elles sont plus dissolubles, cuisent plus aisément et se digèrent mieux . les pâtes faites avec le levain sont dans leur bonté parfaite quatre ou cinq mois après leur fabrication et se conservent bonnes pendant dix ou douze mois, tandis que les pâtes composées sans levain ne commencent à être bonnes qu'au bout d'un an ; leur vétusté leur sert pour lors de levain.

Comme les pâtes sont composées spécialement de la partie collante de la farine, qui a besoin de levain ou du moins de fermentation ou de cuisson, il est quelquefois d'usage d'employer le fromage avec les pâtes, comme un digestif qui facilite leur dissolution : la raison pour laquelle on emploie rarement le levain, dans la composition des pâtes, est la difficulté de le bien gouverner ; le vermicellier est obligé de travailler lui-même, quand il se sert du levain, ou il lui faut un ouvrier dont il soit sûr : ceux qui sont dans l'habitude de pétrir la semoule avec du levain, pour faire les pâtes, se servent des restes de la dernière pâte, autrement ils tirent un morceau de la pâte même, lorsqu'ils ont fini de pétrir, afin de servir de levain pour la première fois qu'ils repétriront.

Il ne faut que 4 ou 5 livres de levain pour la pâte qu'on prépare avec 50 livres de semoule ; quand ce levain a moins d'un jour, on en emploie une plus grande quantité ; mais s'il est plus vieux, il suffit de le renouveler du soir au lendemain ; on le repétrit pour lors fortement avec de l'eau chaude et de la semoule, et par-là on le double, après quoi on met le levain dans une bassine, on y verse ensuite de l'eau froide, de façon qu'elle surnage le levain de la hauteur d'un travers de doigt ; on ne met pas plus d'eau pour pétrir et renouveler le levain, que pour faire la pâte, on en met proportionnellement un peu moins : on ne garde le levain dans l'eau, qu'à moins qu'on ne veuille le conserver qu'un certain temps, tel que douze heures ; il ne se forme point pour lors de croûtes pardessus, et il se délaie mieux, lorsqu'on l'emploie pour pétrir la semoule ; cependant si on est long-temps avant de se servir du levain, il est plus à propos de le faire sécher que de mettre de l'eau par-dessus.

Quand le levain est devenu trop sec par la vétusté, il faut le broyer et le passer dans un petit sas, pour qu'il n'y ait point de grumeaux et pour que le levain en poudre puisse être traité et pétri comme de la semoule ; il faut renouveler ce levain sec, douze ou quinze heures avant de s'en servir à faire des pâtes.

Lorsque le vermicellier veut pétrir, il met la semoule dans le pétrin, il fait au milieu une espèce de trou, y verse l'eau chaude, ajoute aussitôt le levain, et le délaie, en y mêlant la semoule par parties, qu'il attire peu à peu, mais promptement et légèrement ; à l'instant même il pétrit le tout avec force, en retournant deux fois la masse de la pâte, et avec vitesse, pour que la pâte soit encore chaude, lorsqu'il la broiera ; il ne faut au plus que cinq quarts d'heure, ou une heure et demie pour faire cette opération ; on amasse toute la pâte sur le devant du pétrin ; on la couvre d'un linge propre, par-dessus lequel on en met un second, après quoi on monte dessus, pour piler la pâte, en marchant dessus fortement pendant deux ou trois minutes ; lorsqu'on est descendu de dessus la pâte, on ôte le devant du pétrin et on l'abat dessus la *brie*, avec laquelle on bat la pâte pendant deux heures continuelles, ayant la cuisse droite et la main du même côté sur l'extrémité de la *brie*, tandis que l'autre jambe donne le mouvement, en frappant prestement du pied contre terre, pour s'élever avec la *brie*, ayant la main gauche levée en l'air et en mouvement ;

la tête suit aussi les mouvemens, qui se font en cadence par les Italiens et les Provençaux.

En battant ainsi la pâte, elle revient par la *brie* sur le devant du pétrin; on la repousse au fond, sous le tranchant de la *brie*, pour la rabattre, cela écrase la pâte et la ramène en devant, d'où on la jette encore, ce qu'on réitère quatre fois.

On donne aussi avec la *brie* douze tours à la pâte, parce qu'à chaque reprise, on replie trois fois les bords de la pâte, c'est-à-dire on replie chaque fois un des côtés de la pâte, d'abord le devant, ensuite un côté, et l'autre ensuite; à chaque fois on donne un tour de la *brie* sur toute la pâte; il résulte de là que la pâte se trouve travaillée par douze tours de la *brie*, après l'avoir déjà été auparavant par deux tours avec les mains, pour pétrir deux autres tours encore, pour délayer le levain et la semoule, ce qui fait donc en tout seize tours, qui doivent s'exécuter en trois heures et demie; quand on emploie de la farine au lieu de semoule, il ne faut qu'une heure pour faire l'opération.

La pâte une fois faite, rien n'est plus facile que de la convertir en vermicelles, macaronis, lazagnes et autres pâtes; cela ne dépend que de la différence des moules, par lesquels on la fait passer.

On se sert pour cet effet de presse dont la vis est tantôt verticale et tantôt horizontale.

Pour les vermicelles, on emploie les premières, on met le moule dans le fond de la *cloche* du pressoir, et on place un cercle de corde sur ce moule, pour boucher plus exactement la jointure du moule et de la cloche, après quoi on partage en morceaux la pâte, dont on remplit la cloche; on couvre avec un linge la pâte au niveau du bord supérieur de la cloche, on passe dessus ce qu'on nomme le *cordeau*, on ajoute à la partie inférieure de la cloche un réchaud courbe en deux parties qui, rapprochées, entourent exactement l'extrémité de la cloche.

Tout étant dans cet état, on visse la presse, pour serrer la pâte dans la cloche, et lorsqu'on vient à attendre par un levier, dont l'extrémité est attachée par une corde au tour, qui est une poutre posée perpendiculairement qu'on tourne par le moyen d'un autre levier, cela fait sortir par les filières du moule la pâte amollie par la chaleur du réchaud, et elle sort en filières qui, repliées, ont la figure de vermisseaux; et de là est venu le nom de cette espèce de pâte.

Toutes les fois qu'on fait des pâtes, il faut toujours en rejeter ce qui commence à sortir des moules, quelque propres

qu'ils soient ; quand les vermicelles sont sortis de la longueur
d'environ un pied, on les coupe, c'est-à-dire on les détache en
les empoignant légèrement à la partie supérieure, et les cassant
proche du moule par une petite secousse ; on couche à mesure
chaque poignée de vermicelle sur du papier; cependant, avant de
les couper, il faut avoir la précaution de les refroidir en agitant l'air autour avec un éventail de carton, autrement ils ne
casseraient pas net, et se rejoindraient.

Enfin, pour donner la dernière façon aux vermicelles, on les
prend par petites pincées, et on les plie en serpenteaux, en les
posant adroitement sur des feuilles de papier, étendues sur des
espèces de claie de fil d'archal, et on les laisse sécher en suspendant ces claies dans l'air; il arrive quelquefois que la pâte
est naturellement un peu jaune, parce que la semoule dont on
s'est servi pour la faire l'était, et c'est la meilleure; mais
quand on veut avoir du vermicelle jaune, on peut mettre du
safran, à la dose de deux ou trois gros, sur cinquante livres de
pâte ; on délaie pour cet effet le safran dans l'eau avec laquelle
on doit pétrir la semoule ; on fait dans la semoule le puits, on
y place le safran, et l'on verse dedans par parties l'eau chaude,
en dissolvant le safran; ensuite on délaie le levain avec la
semoule, on pétrit promptement, et on broie la pâte, comme
l'on fait pour les vermicelles simples. Lorsqu'on a de la semoule
tachée, bonne d'ailleurs, on l'emploie pour faire des vermicelles
au safran.

Pour faire un potage avec des vermicelles, on en prend la
quantité d'une demi-livre, on les jette dans l'eau bouillante,
et ensuite dans de l'eau fraîche, après quoi on les fait égoutter
sur un tamis, et on fait cuire dans d'excellent bouillon pendant
une heure : on dresse et on sert avec un peu de bouillon, jus
de veau, coulis blanc ou autre; on le garnit quelquefois de
Parmesan râpé, ou autre fromage.

La pâte pour faire le macaroni est la même que celle pour
faire les vermicelles ; il faut seulement qu'elle soit un peu moins
ferme. On y emploie un peu plus d'eau, la pâte se rejoint pour
lors à mesure qu'elle sort du moule, et forme un petit cylindre
creux.

On met au fond de la cloche du pressoir, le moule des macaronis, ensuite on ajuste dessus, entre le moule et la cloche, la
corde, après quoi on remplit la cloche de pâte, sur laquelle on
étend le linge, par-dessus lequel on place le rondeau, pour
empêcher que la pâte fortement pressée, ne sorte par les jointures, en même temps que par les trous du moule.

On n'oubliera pas d'ajuster le réchaud autour de la partie

inférieure de la cloche où est le moule, parce que le feu est encore plus nécessaire pour les macaronis que pour les vermicelles ; puisqu'il ne faut amollir la pâte des vermicelles uniquement que pour passer par les filières de leur moule, tandis que pour les macaronis il faut amollir la pâte, et pour qu'ils passent par le moule, et pour qu'ils se rejoignent chacun en sortant, afin de faire un cylindre creux ; il est nécessaire que les pâtes soient naturellement un peu grosses.

Quand on mange les macaronis simples, sans aucun assaisonnement, cuits seulement dans du bouillon ou du lait, ou bien de l'eau, ils sont d'une digestion difficile, d'autant que les farineux qui n'ont point fermenté, sont pour l'ordinaire venteux et difficiles à digérer, non-seulement dans les premières voies, mais aussi dans les vaisseaux sanguins et limphatiques : aussi forment-ils des embarras dans les viscères lorsqu'on en prend en trop grande quantité ; et il est beaucoup plus difficile de remédier aux maux qui viennent de la réplétion des farineux, qu'à ceux qui viennent des autres alimens, quoique moins sains. Les acides végétaux huileux, comme est le vinaigre et la crème de tartre, qui rendent dissoluble la partie collante de la farine, sont propres à remédier à ces maux.

Les lazagnes sont des espèces de rubans ; elles sont en forme de grands lacets plats, qu'on façonne quelquefois différemment à leurs bords, en les échancrant et les festonnant ; on prépare la pâte avec de la semoule pour faire des lazagnes, comme on fait pour les vermicelles et les macaronis ; parce que les lazagnes sèchent plus que les autres pâtes, surtout plus que les macaronis ; on en remplit de même la cloche du pressoir, après avoir posé les moules des lazagnes, et l'on opère comme pour faire les macaronis et les vermicelles ; il faut l'eau plus chaude pour faire la pâte des lazagnes et celle des macaronis, que pour les vermicelles ; ou plus l'eau est chaude, moins elle fait lever les pâtes et pains ; pour ne pas déformer les lazagnes, en les coupant au sortir du moule, il faut les éventer auparavant, pour les refroidir : à l'instant même que les lazagnes sont faites on les met sécher seulement à l'air.

Le déchet des pâtes en séchant est ordinairement de la quantité d'eau qu'on a employée à les faire ; c'est-à-dire, si on prend cinquante livres de semoule pour faire la pâte, on n'a plus que cinquante livres de vermicelles ou de macaronis, ou de lazagnes, dans l'état sec.

On est pour l'ordinaire deux heures à faire passer cinquante livres de pâte par les moules : ces deux heures, jointes au temps pour fabriquer la pâte, font cinq ou six heures, qui est tout le temps nécessaire pour faire ces différentes pâtes.

Les vermicelliers emploient ordinairement, pour graisser la vis de la presse, de la cervelle de bœuf, qu'ils font auparavant cuire dans l'eau, qu'ils laissent ensuite bien égoutter, après quoi ils la pilent et y mêlent un peu d'huile.

De tout ce que nous venons de dire, il résulte que les vermicelles, les macaronis, les lazagnes et autres pâtes, ne sont pas des compositions différentes les unes des autres; elles ne diffèrent entre elles que par la forme qu'on donne à la pâte en la moulant, ce qui y fait plus qu'on ne croit communément.

On peut donc donner à la pâte toutes sortes de figures; les ouvriers avec une pâte fine en font, dans le royaume de Naples, de plus de trente sortes différentes; telles sont les *sadelini, sementale, punte-d'aghi, stellucce, occhidi perdici, stellette, vermicelli*.

En général, les pâtes sont beaucoup moins employées à présent qu'autrefois; leur usage est tombé en France, à proportion que l'usage du pain est augmenté, et l'usage du pain y a augmenté à proportion qu'on a appris à le faire.

La plupart des pâtes dont on se sert actuellement, sont composées et préparées dans les cuisines; pour les faire, on choisit de la meilleure farine, on la pétrit avec des œufs sans eau, et on en fait une pâte ferme, qu'on manie fortement; il y en a qui ajoutent aussi un peu de beurre, et même de la crème sur la fin de ce travail, ensuite on aplatit cette pâte également avec un rouleau, en galette la plus mince que l'on peut; on la taille ainsi aplatie par les bords, et on en forme un petit carré; on poudre un peu de farine par-dessus, et l'on roule en carré sur lui-même, puis on coupe par un bout ce morceau de pâte roulé en filets comme des vermicelles, c'est ce qu'on nomme *nouilles*. On coupe aussi ces rouleaux de pâtes en tranches de deux ou trois lignes de largeur, et on les étend; si on veut les laisser en lazagnes, on les découpe par les bords, pour les festonner, ou bien on roule ces petites bandes de pâtes suivant leur longueur, avec une espèce de grosse aiguille, pour en faire des macaronis; on fait avec des nouilles coupées menues en grains, une espèce de semoule composée, qu'on nomme *cachou* en Pologne.

Pour achever de préparer ces pâtes, on les met dans de l'eau bouillante, sur le feu, et on les y tient deux ou trois minutes, pendant lequel temps on entretient l'eau toujours bouillante; on a soin de l'agiter continuellement avec une écumoire, qu'on enfonce à plat et qu'on relève promptement comme pour battre l'eau, afin d'empêcher, par le mouvement qu'on lui donne, que les lazagnes ou les macaronis ne se prennent et ne se collent; ensuite on les jette dans une passoire, et de la passoire aussitôt dans l'eau froide, où on les agite; enfin, on les retire et on les met sécher.

On donne aussi le nom de macaronis aux lazagnes composées dans les maisons particulières; en général on donne en France, aux pâtes, d'autres noms que ceux de *macaroni*, *vermicelle* et *semoule*. Quelques personnes prennent la semoule pour une espèce de pâte composée, mais comme on l'a pu voir, la semoule n'est autre chose qu'un gruau de froment purifié.

Les pâtes composées sont infiniment meilleures au goût que les pâtes simples, d'autant qu'elles se trouvent assaisonnées, et qu'elles se mangent toujours récemment faites, mais aussi elles ne se gardent point aussi long-temps, conséquemment elles n'ont point l'inconvénient qui se rencontre dans les pâtes simples, qui est d'être sujettes à avoir le goût de poussière, quand elles sont très-vieilles, et d'être dévorées par les insectes.

Toutes ces différentes pâtes se mangent en général dans la soupe grasse, mais elles ne souffrent aucun mélange; on met du bouillon clair dans un plat sur un fourneau, on y jette les pièces de pâte que l'on veut; à mesure qu'on les arrose et qu'elles se détrempent, elles se gonflent sans se dissoudre, sans se durcir, mais quand on s'aperçoit qu'elles sont à peu près suffisamment humectées, c'est dans ce moment qu'elles ont acquis toute la qualité qu'elles peuvent avoir, et il faut les servir; on en fait encore une fort bonne entrée : lorsqu'on ne veut pas en manger dans le potage, on les fait détremper dans l'eau chaude, on les étend alors sur un plat, et l'on râpe dessus du fromage, avec lequel on mêle un peu de poivre et d'épices, pour leur donner du haut goût; on y met du beurre, et on les fait ainsi bouillir pendant un quart d'heure, entre deux plats, et lorsqu'ils sont cuits, on les retire pour en faire en même temps différens plats. Le peuple les mange fort simplement, mais on a vu faire de grands repas avec des mets de ces sortes de pâtes, accommodées différemment.

Dans le Levant, on fait une espèce de pâte singulière, connue sous le nom de *nedé*; cette pâte se fait de grains de froment; on les fait germer en les trempant dans l'eau pendant quelques jours; on les laisse sécher ensuite. et étant secs, on les broie sous la meule, puis on les jette dans une chaudière pleine d'eau, pour les faire cuire jusqu'à une certaine consomption : de tous ces apprêts, il se forme une espèce de confiture très-douce et très-agréable, quoique sans sucre et sans miel.

Les anciens faisaient avec le blé épeautre un gruau qui était aussi à la mode que chez nous le gruau d'avoine.

On donne le nom de *sagou* à une pâte végétale, moelleuse, alimentaire, qui se prépare avec la moelle du lontaire des Moluques, *saguerus, saguifera*.

Pour retirer cette moelle, on coupe le palmier qui la fournit, en morceaux de sept pieds de longueur, à l'aide d'un instrument rond qu'on nomme *noni*, et qui est fait de roseau de *bambou*, on arrache la moelle, on la dépouille de ses enveloppes, on l'écrase, et on la met dans un trou, ou moule fait d'écorce d'arbre, qu'on appelle *coercerong*, et dont l'orifice est plus large par un bout que par l'autre; on l'assujettit sur un tamis de crin, on agite fortement la pâte qui est dans le moule, avec de l'eau, jusqu'à ce que cette eau soit devenue laiteuse; enfin on la retire, et on fait passer cette bouillie, ainsi préparée et délayée, à travers les trous du tamis; on jette aux pourceaux les filandres qui restent sur la toile, c'est ce qu'on appelle *ella*; on met la colature dans un pot appelé *praour*, afin que la farine se dépose; on décante l'eau, soit en inclinant le vase, soit au moyen d'un trou qu'on a ménagé exprès sur les côtés; on retire cette pâte très-blanche, très-fine, et on la fait dessécher par portion, dans de petites corbeilles couvertes de feuillages; cette pâte se nomme pour lors *sagumenta*; mais afin qu'elle se conserve dans des voyages de long cours, on est obligé de la passer et de la mouler avec des platines perforées, faites de terre cuite, et appelées dans le pays *battu papundi*: on les dessèche ensuite sur le feu, la pâte est pour lors en petits grains: par le moyen du feu, elle s'est un peu gonflée, et a pris extérieurement une petite couleur rousse: telle est la manière de préparer le sagou en grains aux Moluques, aux Manilles et aux Philippines; on en forme aussi avec la pâte molle des pains mollets de demi-pied en carré et d'un doigt d'épaisseur, on en attache en forme de chapelet dix ou vingt ensemble, et on les vend ainsi par les rues des villes et faubourgs d'Amboine. Les habitans de ces contrées font une espèce de *pouding* assez agréable pour les convalescens, avec cette pâte encore molle, mélangée de jus de poissons, de suc de limons, et de quelques aromates; ils ont aussi l'art de la réduire en grains, et c'est la véritable préparation du sagou médicinal, qu'ils devraient vendre aux Européens.

Bien des gens font usage du sagou dans la soupe, comme du riz, ou de l'orge, ou du vermicelle (*voyez* SAGOU); il augmente considérablement de volume dans le bouillon, et devient transparent; cuit dans le lait, avec du sucre, il forme un aliment assez agréable, mais bien peu nourrissant: Séba le recommande comme la première nourriture utile aux enfans: on tire aussi de l'arbre qui nous fournit cette pâte, une liqueur assez agréable.

Le salep est aussi une plante qui fournit une substance farineuse ; c'est de la racine du salep, qui est une espèce d'orchis, dont on fait usage ; cette racine est bulbeuse, sans odeur ; étant mâchée, elle ne laisse dans la bouche d'autres impressions que celle d'une substance visqueuse et mucilagineuse, qui ayant perdu toute son humidité par la dessiccation, se dissout aisément dans l'eau, ou dans tel autre liquide qu'on juge à propos ; la partie vraiment nourrissante des alimens que nous prenons tous les jours, est la portion gélatineuse et mucilagineuse, il faut de plus que cette portion se dissolve aisément, car si sa viscosité était trop grande, elle formerait dans l'estomac et les intestins une colle dangereuse, comme cela arrive trop fréquemment à la bouillie faite avec la farine crue et tous les autres farineux dont la viscosité n'a point été détruite ; la préparation du salep, avant qu'on nous l'envoie, et celle qu'on lui donne encore pour le réduire en poudre très-fine, lui enlèvent cette grande viscosité qu'il avait avant d'être desséché ; la facilité avec laquelle il se dissout dans l'eau, le lait et le vin, en est une preuve.

Non-seulement la gélatineuse du salep est très-nourrissante et n'exige que peu de force de la part des instrumens de la digestion, pour être changé en notre première substance, mais elle est encore très-efficace pour modérer l'acrimonie bilieuse, pour adoucir et calmer les douleurs ; s'attachant plus fortement aux solides, elle enduit les intestins corrodés, d'un baume très-doux et très-salutaire ; et pour cette raison, elle l'emporte de beaucoup sur les gélatineux, mucilagineux et gommeux.

Suivant Albert Séba, les Chinois et les Persans en prennent la poudre à la dose d'un gros, deux fois par jour, dans du vin ou du chocolat.

Le P. Sérici nous apprend que les Indiens en prennent une once le soir à l'eau et avec du sucre, mais la plus saine partie, ainsi que l'Européen, la prend au lait, à la dose d'une demi-once ; on la pulvérise dans un mortier, et on fait bouillir cette farine dans du lait, avec du sucre, pendant un demi-quart d'heure, il en résulte une bouillie agréable, avec laquelle on fait son déjeuner ; on y peut mettre quelques gouttes d'eau de rose, ou de fleurs d'orange.

Degnerus a donné une préparation un peu plus détaillée de cet aliment médicamenteux ; on fait infuser un gros de cette racine, réduite en poudre très-fine, dans huit onces d'eau chaude ; on la fait dissoudre à une chaleur douce ; on la passe ensuite dans un linge, pour la purifier des petites ordures qui pourraient s'y être jointes ; la colature reçue dans un vase se congèle et forme une gelée mucilagineuse très-agréable, on en donne aux malades, de deux heures en deux heures, ou de trois en trois heures, une demi-cuillerée, ou une cuillerée, plus ou moins, suivant l'exigence des cas.

Cette préparation paraît la meilleure, surtout quand on ne veut pas faire de bouillie, mais qu'on veut donner ce remède dans quelque véhicule liquide, comme dans de l'eau simple, du vin, de la tisane ; la gelée s'y étendra mieux que la poudre ; on prend par exemple le poids de vingt-quatre grains de cette poudre, qu'on humecte peu à peu d'eau bouillante ; la poudre s'y fond entièrement et forme du mucilage, qu'on étend par ébullition, dans une chopine ou trois demi-setiers d'eau ; on est maître de rendre cette boisson plus agréable, en y ajoutant du sucre, ou quelques légers parfums, ou quelques sirops convenables à la maladie, comme le sirop de capillaire, de pavot, de citron, d'épine-vinette ; on peut aussi couper cette boisson avec moitié de lait, ou en mêler la poudre à la dose d'un gros dans du bouillon.

VERMIFICATION.

2678. *Moyen d'empêcher la vermification dans les fromages et dans la viande.* Pour prévenir ou détruire la vermification dans les fromages ou dans la viande, il faut les arroser d'eau dans laquelle on aura fait dissoudre un huitième du poids de nitre. (*Bibl. ph. écon.*)

VERNIS.

VERNIS A L'ALCOHOL.

N° I.

2679. *Vernis à l'alcohol, destiné à être appliqué aux objets de toilette, comme cartons, boîtes, étuis, découpures, etc.*

Prenez : Alcohol pur . . . . 1 kilo. 0,00 gramm.
     Mastic mondé 0,192
     Sandaraque. 0,96
     Térébenthine de Venise très-claire. . 0,96
     Verre pilé grossièrement , ... 0,128

Mettez le mastic et la sandaraque en poudre fine, mélangez

cette poudre avec le verre blanc dont on aura séparé la portion la plus fine par un tamis de crin croisé ; placez le tout avec l'alcohol dans un matras à col court ; ajustez un bâton de bois blanc, arrondi par le bout, et d'une longueur proportionnée à la hauteur du matras, pour qu'on puisse le mettre en mouvement ; exposez le matras dans une cuvette remplie d'eau, d'abord un peu chaude, et qu'ensuite vous entretenez bouillante pendant une ou deux heures. On peut assujettir le matras sur un support de paille. A la première impression de la chaleur, les résines tendent à se réunir et à se prendre en masse ; on s'oppose à cette réunion en entretenant les matières dans un mouvement de rotation, qu'on opère facilement avec le bâton sans bouger le matras. Quand la solution paraît être assez étendue, on ajoute la térébenthine qu'on tient séparément dans une fiole ou dans un pot, et qu'on fait liquéfier en la plongeant un moment dans le bain-marie. On laisse encore le matras pendant une demi-heure dans l'eau ; on le retire enfin, et on continue d'agiter le vernis jusqu'à ce qu'il soit un peu refroidi. Le lendemain on le soutire et on le filtre au coton.

2680. *Autre qui a plus de solidité et qui est très-siccatif.*

N° II.

Prenez : Copal liquéfié. . . . . 0,96 gramm.
Sandaraque. 0,192
Mastic mondé. 0,96
Verre pilé. 0,128
Térébenthine claire. 0,80
Alcohol pur . . . . 1 kilo. 0,00

Faites le mélange et suivez la méthode indiquée pour le n° I.

Ce vernis sert principalement aux objets sujets à des frottemens, comme les meubles, les chaises, les bois d'éventail, les étuis, chambranles, etc., et même sur les métaux.

En augmentant la dose de la sandaraque et de la térébenthine, on donne plus de corps au vernis et beaucoup de liant ; mais l'augmentation de proportion de la térébenthine rend le vernis poisseux, peu siccatif, et lui donne de l'odeur.

2681. *Autre espèce de vernis siccatif, destiné aux mêmes objets expliqués au n° II. (Watier.)*

N° III.

Prenez : Sandaraque. . . . . 0,256 grammn.
· Mastic trié. 0,64
    Térébenthine claire. 0,128
· Verre pilé 0,128
    Alcohol pur . . . . 1 kilo. 0,00

Faites le mélange, et suivez la méthode indiquée pour le n° I.

2682. *Vernis à l'alcohol moins siccatifs que les précédens et d'une odeur moins forte, destinés aux boîtes de toilette, aux découpures et aux meubles amovibles, etc.*

N° IV.

Prenez : Sandaraque. . . . . 0,192 gramm.
    Résine élevée. 0,128
    Résine animée. 0,32
    Camphre 0,16
    Verre pilé. 0,128
    Alcohol pur. . . . . 1 kilo. 0,00

Faites le vernis selon la prescription indiquée n° I. On pile les résines molles avec les corps secs. Le camphre se met en morceaux.

2683. *Autre.* N° V.

Prenez : Galipot ou encens blanc. . . . . . . 0,192 gramm.
    Résine animée. 0,64
    Résine élémi. 0,64
    Ver pilé. 0,128
    Alcohol pur. . . . . 1 kilo. 0,00

Faites ce vernis avec les précautions indiquées n° I.

Nota. Les vernis n°° IV et V, faits d'après les formules indiquées, peuvent être employés aux mêmes usages que ceux qui ont été décrits précédemment, cependant ils conviennent beaucoup mieux aux lambris, ou aux boiseries colorées ou non colorées; ils peuvent même servir de couverte aux parties qui portent une couleur à détrempe forte.

2684. *Vernis pour boiseries, meubles amovibles, serrures, grilles, et rampes établies dans l'intérieur d'une maison.*

N° VI.

Prenez : Sandaraque. . . . . o,192 gramm.

Laque plate. o,64

Poix résine. o,128

Térébenthine. o,128

Verre pilé. o,128

Faites ce vernis avec les précautions indiquées n° I.

2685. *Procédé pour préparer un vernis à l'aide de la cire, susceptible de s'appliquer sur les meubles en bois.*

Les ébénistes se contentent, en général, d'employer la cire pour frotter les meubles, et leur donner un enduit qui, par des frottemens répétés, acquiert un certain poli. Mais les vernis donnent bien plus d'éclat au bois qu'ils recouvrent; et quoi qu'ils présentent l'inconvénient de se soulever en écailles et de se rayer, on est dans l'usage d'en revêtir les meubles les plus précieux.

C'est pour concilier et pour réunir ces deux qualités du vernis et de la cire, qu'on propose le procédé suivant :

On fait fondre à petit feu 64 grammes de cire blanche, et on y ajoute 128 grammes d'essence de térébenthine, lorsqu'elle est liquéfiée; on agite le tout jusqu'à entier refroidissement. Il en résulte une espèce de pommade dont on cire les meubles, et qu'on étend avec les précautions nécessaires pour ce genre d'apprêt; l'essence se dissipe aisément, mais la cire qui éprouve par son mélange un état de division très-grand, s'étend plus facilement et plus uniformément.

L'essence pénètre bientôt dans les pores du bois; elle en développe la couleur, donne le pied à la cire, et le brillant qui en résulte est comparable à celui d'un vernis, sans en avoir les inconvéniens.

2686. *Vernis légèrement coloré, pour les violons et autres instrumens à cordes, et même pour les meubles en bois de pru-
nier, d'acajou, de bois de rose.*

N° VII.

Prenez : Sandaraque. . . . . 0,128 gramm.
        Résine laque en grains. 0,64
        Mastic. 0,32
        Benjoin en larmes. 0,32
        Verre pilé. 0,128
        Térébenthine de Venise. 0,64
        Alcohol pur. . . . . 1 kilogr. 0,00

On réduit en poudre la sandaraque, la résine laque, le mastic et le benjoin, et ensuite l'on suit les précautions indiquées
n° I, pour sa préparation.

La laque et la sandaraque rendent ce vernis solide ; on peut
le colorer avec un peu de safran ou de sang-de-dragon.

2687. *Autre vernis pour les instrumens de musique.*

Dissolvez au bain-marie, dans un litre d'esprit-de-vin,
0,128 grammes de sandaraque, 0,64 gr. de résine laque, 0,64
gr. de mastic et 0,32 gr. de résine élémi ; ajoutez sur la fin
64 gr. de térébenthine de Venise.

2688. *Vernis pour recouvrir les ouvrages en bois que fabriquent
les tourneurs de Saint-Claude.*

M. Tingry observe que les artistes de Saint-Claude, recouvrent les boîtes de buis, de racines, etc., avec un vernis qui se
dessèche trop facilement, et qui ne peut résister au frottement,
lorsqu'on les a portés pendant quelques mois ; c'est pourquoi il
propose le vernis suivant, comme mettant à l'abri des gerçures
ces sortes d'ouvrages, et pouvant résister plus long-temps au
frottement.

N° VIII.

Prenez : Résine laque en grains. . . . . . 0,160 gramm.
        Sandaraque. 0,64

Résine élémi. 0,48
Térébenthine de Venise. 0,64
Verre pilé. 0,160
Alcohol pur. 0,768

Après avoir réduit ces substances en poudre, telles que la résine laque élémi, et la sandaraque, on suit le procédé indiqué n° I.

2689. *Vernis siccatif pour donner une teinte d'or aux ouvrages en laiton.*

N° IX.

Prenez : Laque en grains. . . . . 0,192 gramm.
Extrait de santal rouge obtenu par
l'eau 0,15
Ambre jaune. 0,64
Gomme gutte. 0,64
Sang-de-dragon. 0,3
Safran oriental 0,2
Verre en poudre. 0,128
Alcohol pur. . . . . 1 kilo. 0,128

On porphyrise le succin, la laque, la gomme-gutte et le sang-de-dragon, on les dissout dans la teinture de safran, et de l'extrait de santal, et on suit le procédé à la manière ordinaire indiquée ci-dessus à la note du vernis n° VIII.

Pour appliquer ce vernis sur les pièces ou ornemens en laiton, on fait chauffer légèrement les pièces, et on les trempe dans le vernis, on applique ainsi deux à trois couches, s'il le faut. Ce vernis est solide et la couleur en est belle : on le nettoie avec de l'eau et un linge sec.

2690 *Vernis siccatif destiné à changer ou à modifier la couleur des corps sur lesquels on l'applique.*

N° X.

Prenez : Gomme-gutte. . . . . 0,24 gramm.
Sandaraque. 0,64
Résine élémi. 0,64
Sang-de-dragon en roseaux. 0,32
Laque en grains 0,32

Terra merita. . . . . 0,24 gram.
Safran oriental. 0,6   décigr.
Verre pilé. . . . . 0,96 gram.
Alcohol pur 0,640

On prend d'abord la teinture de safran et de la *terra merita*, en les faisant infuser dans l'alcohol pendant vingt-quatre heures, ou en les exposant à la chaleur du soleil d'été. On passe la teinture par un linge propre, qu'on exprime fortement. On verse cette teinture sur le sang-de-dragon, la résine élémi, la laque en grains et la gomme-gutte, le tout en poudre, et mélangé avec le verre ; et l'on procède à la confection du vernis comme nous l'avons indiquée N° I. On l'applique avec succès sur les instrumens de physique ; on pourrait même en étendre l'usage à beaucoup de garnitures estampées ou moulées dont on décore les meubles.

C'est avec un vernis semblable que quelques artistes genevois procurent aux petits clous qui servent à garnir les faux étuis de montre, une couleur d'or orange ; mais ils tiennent le procédé fort secret.

2691. *Autre espèce de vernis siccatif, dont on peut couvrir les fausses boîtes et clefs de montres, et autres objets fabriqués en laiton, pour leur transmettre la couleur d'or.*

N° XI.

Prenez : Résine laque en grains. . . . . . 0,192 gram.
Succin. 0,64
Gomme-gutte. 0,64
Extrait de santal rouge à bois . . . 0,2
Sang-de-dragon. 0,3
Safran oriental 0,2
Verre pilé 0,128
Alcohol pur . . . . 1 kilog. 0,128

On porphyrise le succin, la résine laque, la gomme-gutte et le sang-de-dragon ; on les mélange avec le verre en poudre, et on les joint à l'alcohol, avec lequel on aura tiré auparavant la teinture du safran et de l'extrait de santal.

On achève le vernis avec les précautions indiquées N° I.

On fait échauffer les pièces métalliques qu'on veut recouvrir de ce vernis, et on plonge en paquets toutes celles qui permettent cette manipulation.

VERNIS A L'ESSENCE.

2692. Ainsi que l'alcohol, l'essence de térébenthine a la propriété de dissoudre les résines, de s'évaporer et de laisser sur les corps qu'on enduit de ce vernis, une couche des résines qu'elle tenait en solution.

Cependant on ne peut pas confondre l'essence de térébenthine avec l'alcohol, ni dans leurs effets, ni dans leur vertu dissolvante. L'alcohol se charge de quelques substances particulières qui se montrent rebelles à l'essence, telles sont quelques parties colorantes, comme l'indigo, le tournesol, le santal rouge, le safran, etc. L'essence n'a pas d'action sensible sur ces corps. De même aussi l'essence développe, en certaines circonstances, toute l'énergie de la solution sur le copal qui résiste à l'alcohol, lorsqu'il n'est pas divisé par un corps soluble.

De ces changemens dans les propriétés de ces deux dissolvans des résines, pour constituer un vernis, résulte une supériorité particulière, que l'on doit attribuer aux vernis faits avec l'essence, sur ceux faits avec l'alcohol, en ce que ces premiers unissent la souplesse et le moelleux au brillant et à la solidité; ils se prêtent mieux au travail du polissage et ils se gercent moins que ceux à l'alcohol. Toutes ces qualités reconnues doivent porter les artistes à préférer ce genre de vernis, pour tous les cas où il est important de conserver les objets précieux qu'on veut recouvrir d'un vernis.

C'est avec l'essence qu'on compose les vernis qu'on applique sur les tableaux; on sent que dans ce cas il faut un vernis sans couleur, souple et moelleux, très-transparent sans être trop glacé, pour éviter les reflets de la lumière du jour. Le vernis suivant proposé par M. Tingry, paraît réunir tous ces avantages.

2693. *Vernis pour les tableaux de prix.*

N° XII.

Prenez : Mastic mondé et lavé. . . . . 0,384 gram.
　　　　Térébenthine pure 0,32
　　　　Camphre 0,16
　　　　Verre blanc pilé. 0,160
　　　　Essence éthérée de téréb. 1 kilog. . 0,160

Faites le vernis suivant la méthode indiquée par le N° I. Le camphre se met en morceaux, et on ajoute la térébenthine lorsque la solution de la résine est achevée ; mais si on destine le vernis à des tableaux anciens ou qui ont déjà été vernis, on peut supprimer la térébenthine, que l'on ne recommande ici que pour les cas de première application sur des tableaux d'une composition fraîche et nouvellement débarrassés du blanc d'œuf.

2694. *Autre espèce de vernis employé pour broyer les couleurs.*

N° XIII.

Prenez : Galipot, ou encens blanc nouveau. 0,128 gram.
Mastic 0,64
Térébenthine de Venise. 0,192
Verre pilé. 0,128
Essence de térébenthine. . 1 kilog. 0,032

Lorsque le vernis est fait avec les précautions indiquées N° I, ajoutez :

Huile de noix ou de lin préparée. . . 0,64 gramm.

2695. *Vernis propre à détremper les couleurs pour les fonds.*

N° XIV.

Prenez : Galipot ou encens blanc. . . . . . 0,384 gram.
Verre blanc pilé. 0,160
Térébenthine de Venise. 0,64
Essence de térébenthine. 1 kilog. . 0,032

Faites le vernis après avoir pilé l'encens blanc avec le verre, à la manière ordinaire, indiquée N° I.

Nota. Lorsqu'on broie la couleur avec le vernis N° XIII et qu'on la détrempe avec celui du N° XIV, qu'on coupe avec un peu d'essence, s'il est trop épais, et qu'on l'applique immédiatement et sans encollage, sur une boiserie, les couches prennent assez de solidité pour résister aux coups de marteau ; mais si on applique le vernis sur une couleur encollée, il faut le recouvrir avec un vernis à l'alcohol.

2696. *Vernis à l'essence mutatif.*

On forme encore avec l'essence, un vernis coloré qui est d'un très-grand usage pour dorer les cuirs et les métaux, on le compose comme il suit :

N° XV.

Prenez : Résine laque en grains. . . . . . . 0,128 gram.
Sandaraque. 0,120
Sang-de-dragon. 0,16
Terra merita 0,2
Gomme-gutte. 0,2
Térébenthine claire. 0,64
Verre pilé 0,160
Essence de térébenthine. 1 kilog. . 0,032

On tire par infusion la teinture des substances colorantes, et on ajoute ensuite les corps résineux, suivant la prescription indiquée pour le N° I.

Dans les arts, ces sortes de vernis sont appelés vernis *mutatifs* ou changeans, parce qu'étant appliqués sur les métaux, tels que le cuivre, le laiton, l'étain battu, ou sur des meubles ou quelques boiseries, ils leur communiquent une couleur plus agréable, et donnent à ces objets un éclat qui les rapprochent des choses les plus précieuses. C'est principalement avec ces vernis mutatifs qu'on parvient à communiquer à l'argent et au cuivre laminés ces couleurs éclatantes qui recouvrent les paillons ; ce dernier produit de l'industrie, devient une source de prospérité pour les fabriques de boutons d'habit, des ouvrages en paillettes, et de ces clinquans qui, sous la main du joaillier, contribuent avec tant de succès aux reflets de lumière qui doublent le jeu et l'éclat des pierres précieuses.

MORDANS.

2697. Les artistes se servent, dans le travail d'application de l'or en feuilles sur les différens objets où ils veulent l'appliquer, d'une préparation dont chacun fait mystère. Cette composition prend le nom de *mordant*, quoique ce ne soit généralement qu'un vernis à l'essence qui se compose ainsi :

N° XVI.

Prenez : Mastic. . . . . 0,32 gram.

Sandaraque 0,32
Gomme gutte 0,16
Térébenthine pure. 0,8
Essence de térébenthine 0,192

Cette composition a donc des modifications qui sont relatives au genre d'ouvrage qu'on doit faire ; on la consacre pour l'ordinaire à l'application de l'or : lorsqu'il est question de faire ressortir un dessin sous cette feuille métallique sur un fond quelconque, il convient que la composition qui doit servir de moyen d'union entre le métal et le fond, ne soit ni trop épaisse, ni trop fluide, parce que ces deux circonstances s'opposent également à la délicatesse des traits ; il convient encore que la composition ne sèche pas, avant que l'artiste ait achevé de jeter son dessin.

Il est des artistes qui préparent leur mordant avec le bitume de Judée et l'huile siccative étendue d'essence. Ils s'en servent pour dorer à l'or mat, ou pour bronzer.

D'autres imitent les Chinois en mêlant à leur mordant, des couleurs propres à aider au ton qu'ils veulent donner à l'or, comme le jaune, le rouge.

D'autres emploient simplement un vernis gras, décrit sous le N° XXI, auquel ils mélangent un peu d'oxide rouge de plomb (*minium*).

D'autres enfin se servent d'une colle épaisse, dans laquelle ils font fondre un peu de miel.

C'est ce qu'ils appellent *batture*. Quand ils veulent rehausser d'or en détrempe, ils emploient cette batture, qui happe très-bien la feuille d'or.

2698. *Nouveau mordant de M. Tingry, pour appliquer l'or sur bois et sur métaux.*

Pour le préparer, on fait fortement chauffer dans un poêlon de l'huile cuite ; lorsqu'il s'en dégage une fumée noire, on y met le feu, qu'on éteint peu d'instans après, en mettant un couvercle sur le poêlon ; on verse la matière encore chaude dans une bouteille chauffée, et on ajoute un peu d'essence de térébenthine.

VERNIS DE COPAL.

2699. La nature sèche des racines qui font la base du vernis dont nous avons parlé jusqu'à présent, ne permet pas de réunir à l'éclat qui leur appartient, la solidité qui deviendrait nécessaire. Le copal seul a paru présenter aux arts non-seulement toutes les qualités des résines, mais encore celle de former un glacé d'une dureté plus grande que celle qu'on trouve dans la glace vitreuse, qui sert de couverte aux émaux. C'est d'après d'aussi grandes propriétés que les chimistes se sont occupés depuis long-temps de trouver les moyens de le dissoudre dans un liquide convenable qui n'altère point ces propriétés.

M. Tingry a découvert qu'on parvenait à le dissoudre complétement par le moyen de l'éther, et il indique le procédé suivant.

2700. *Vernis de copal à l'éther.*

N° XVII.

Prenez : Copal ambré . . . . 0,16 gramm.
  Ether pur . . . . ., ... 0,64

Mettez le copal en poudre très-fine; introduisez-le, par petites parties, dans le flacon qui contient l'éther; bouchez le flacon avec un bouchon de verre ou de liége; agitez le mélange pendant une demi-heure, et laissez-le en repos jusqu'au lendemain. Si en secouant le flacon, les parois intérieures se recouvrent de petites ondes; si la liqueur n'est pas très-claire, la solution n'est pas complète; ajoutez alors un peu d'éther, (cinq à six grammes environ) et laissez le mélange en repos.

Ce vernis est d'une légère couleur citrine.

On applique ce vernis au ponceau; mais, comme l'éther se dissipe trop promptement, surtout lorsque la température est chaude, on peut passer, sur le corps sur lequel on l'applique, une légère couche d'une huile volatile qu'on enlève avec un linge; ce qu'il en reste suffit pour retarder l'évaporation de l'éther.

Ce vernis forme sur les métaux et sur le bois, une couche d'une telle dureté, que les chocs violens et les frottèmens les plus brusques ne sauraient l'entamer.

Le copal peut aussi se dissoudre dans l'essence de térébenthine, et former un vernis qui possède les mêmes qualités que le précédent; mais comme l'essence du commerce ne jouit pas toujours de cette vertu dissolvante, il convient de la rectifier et de l'exposer au soleil pendant quelques mois, dans des bouteilles fermées avec des bouchons de liége, et dans lesquelles, on laisse un vide de quelques doigts entre le liquide et le bouchon, avant de s'en servir pour préparer le vernis. (Tingry.)

2701. *Vernis de copal à l'essence.*

N° XVIII.

Prenez : Copal couleur de succin et en poudre. . 0,48 gram.
   Essence de térébenthine préparée comme
   ci-dessus 0,256

Exposez l'essence au bain-marie dans un matras à col court et à large ouverture : lorsque l'eau du bain est bouillante, jetez sur l'essence une forte pincée de poudre de copal, et entretenez le matras dans un mouvement circulaire; lorsque la poudre est incorporée à l'essence, ajoutez-en de nouvelles doses, et continuez ainsi jusqu'à ce que vous aperceviez qu'il se forme un dépôt insoluble; retirez alors le matras du bain, et laissez-le en repos pendant quelques jours; tirez le vernis au clair et filtrez-le au coton.

Le vernis qui résulte de la solution du copal, dans cette essence ainsi préparée, est très-solide, très-brillant. Il résiste au choc des corps durs, mieux que ne ferait une glace d'émail de bijoux, qu'on voit se rayer et blanchir sous l'impression des frottemens répétés; il se polit très-bien. On l'applique avec le plus grand succès sur les instrumens de physique et sur les peintures dont on décore les vases et autres ustensiles métalliques.

2702. *Autre vernis de copal à l'essence.*

N° XIX.

Prenez : Copal en poudre . . . . 0,32 gramm.
   Huile essentielle de lavande. 0,64
   Essence de térébenthine 0,192

Faites chauffer l'huile essentielle de lavande dans un matras d'une capacité convenable, placé sur un bain de sable, chauffé par une lampe d'argent, ou enfin sur un feu de charbon modéré; ajoutez à l'huile très-chaude, et en plusieurs fois, le copal en poudre, agitez le mélange avec un bâton de bois blanc ou un tube de verre arrondi par le bout; lorsque le copal aura entièrement disparu, ajoutez, en trois reprises, l'essence presque bouillante, en tenant le mélange dans un état continuel de rotation; la solution achevée, il en résulte un vernis de couleur d'or, très-solide, brillant, mais moins siccatif que le précédent.

2703. *Autre vernis de copal à l'essence, indiqué dans le Journal de Physique.*

N° XX.

Prenez : Copal. . . . . 0,128 gramm.
   Térébenthine claire. 0,32

Mettez le copal en poudre grossière, dans un pot à vernis, donnez-lui la forme d'une pyramide que vous recouvrez de la térébenthine, couvrez exactement le vase, et placez-le sur un feu doux d'abord, mais qu'on augmente graduellement pour ne pas saisir le copal; lorsqu'elle est bien liquéfiée, on la verse sur une plaque de cuivre, et on la remet en poudre lorsqu'elle a repris sa consistance.

Prenez de cette poudre 0,48 gramm. que vous mettrez dans un matras avec 128 grammes essence de térébenthine; agitez le mélange jusqu'à l'entière solution de la matière solide.

Nota. M. Tingry observe que ces deux vernis N° XIX et XX, sont inférieurs, en propriété siccative, à celui qui a été décrit sous le N° XVII; qu'il ne les a rapportés dans son ouvrage que pour les faire servir à de nouvelles preuves de l'existence des procédés, capables d'opérer la solution complète du copal dans les divers liquides employés le plus ordinairement à la composition des vernis, et que la réussite de ces applications de vernis tient aussi à un coup de main, qui n'échappe pas aux personnes accoutumées à ce genre de travail.

2704. *Vernis de copal à l'essence, pour les couleurs.*

Ce vernis préparé à froid au moyen de l'huile essentielle de térébenthine, est presque transparent, incolore, très-durable, et a la propriété de garantir les couleurs de la peinture de toute altération.

Pour le faire, on prend les morceaux de copal les plus blancs et les plus purs; on les concasse en petits fragmens, et après les avoir purgés de toute impureté, on les réduit en poudre

très-fine, dans un mortier de verre ou de porcelaine. On
verse dessus l'huile essentielle de térébenthine, en quantité
suffisante pour que le lit de copal en soit couvert jusqu'au
tiers de son épaisseur, et on broie le tout soigneusement; au
bout d'une demi-heure on répète cette opération, puis une
heure après et ainsi de suite, parce qu'il ne faut pas laisser
reposer long-temps la masse, dans la crainte qu'elle ne devienne trop compacte. Le lendemain, on verse le mélange
dans des bouteilles où on le conserve pour l'usage; mais
comme il est plus ou moins épais, selon la quantité d'huile
employée et à la température de l'atmosphère, il faut préalablement l'essayer de la manière suivante : trempez dans le
vernis un couteau à palette et faites-le sécher près du feu,
aussi promptement que possible, sans le brûler; si après le
refroidissement, on le trouve enduit d'une couche brillante,
c'est un indice certain que le vernis est assez épais; dans le
cas contraire, on le broie de nouveau, et on le laisse reposer
un peu plus long-temps, après quoi on le met en bouteilles.
Comme il reste au fond du mortier une portion de copal non
dissoute, on verse dessus une nouvelle dose de térébenthine,
et on broie le mélange à plusieurs reprises, pendant deux ou
trois jours; on l'essaie comme ci-dessus, et s'il a les qualités
convenables, on l'ajoute au premier.

Si l'on veut peindre avec ce vernis, on prend les couleurs
en poudre qu'on broie chacune séparément avec de l'huile
essentielle de térébenthine, en y ajoutant assez de vernis pour
que la masse soit homogène. On conserve ces couleurs dans
des bouteilles, et on prépare les teintes dans des godets;
comme elles épaississent en séchant, on les étend avec de
l'huile essentielle de térébenthine pure, précaution qui est
nécessaire pour que le vernis ne paraisse point lorsque le tableau est achevé. S'il épaissit au point qu'on ne puisse le
broyer, on y ajoute une nouvelle portion de couleur en poudre
et de la térébenthine, jusqu'à ce qu'il ait acquis la consistance nécessaire. Les godets étant placés dans les tiroirs d'une
armoire à compartimens, les couleurs se conservent sans altération et sont toujours prêtes pour l'usage, pourvu qu'on ait
soin de les humecter chaque fois avec un peu d'huile essentielle de térébenthine : on peut aussi y mêler de la couleur
fraîche qu'on tire des bouteilles.

Les teintes restent telles qu'elles ont été portées sur le tableau, et sèchent mieux quand elles ne sont pas brillantes.
S'il y a trop de vernis, et qu'on passe plusieurs couches sur
la même place, les ombres tranchées et les tons vifs s'étendent un peu : défaut qu'on évite en diminuant la dose de

vernis, et en ne passant le pinceau sur une première couche, qu'autant qu'elle est bien sèche.

Dans les temps froids, le tableau est mis à sécher près du feu ou dans une étuve; opération qui n'est cependant pas praticable quand la peinture est trop fraîche, les couleurs étant alors disposées à couler, il vaut donc mieux attendre deux ou trois heures. On peut vernir le tableau avec le vernis de copal, dont la pureté est favorable à la transparence des couleurs; pour cet effet on l'épaissit, et après l'avoir étendu, on approche la toile graduellement d'un feu qui ne soit pas assez ardent pour faire fondre le copal. Ce vernis garantit la peinture de toute malpropreté et l'empêche de noircir par la fumée; pour la nettoyer il suffit de passer dessus, de temps en temps, une éponge imbibée d'eau pure.

M. Varley emploie un autre vernis qu'il prépare de la manière suivante :

Prenez le résidu du premier vernis, ou du copal frais, concassé en petits fragmens; versez dessus à peu près le double de son épaisseur d'huile essentielle de térébenthine, tenant du camphre en dissolution (environ une once par pinte); mettez en bouteilles, bouchez, et après avoir fortement agité le mélange, laissez-le reposer pendant une année, temps nécessaire pour que la dissolution soit complète. Si l'on veut hâter cette opération, on place la bouteille débouchée dans une casserole remplie d'eau, qu'on laisse bouillir pendant une heure, en remuant le mélange à plusieurs reprises. Ce bain-marie dissout complétement le copal. (*Bulletin de la Société d'encouragement.*)

2705. *Vernis de copal destiné aux toiles métalliques vernies, qu'on substitue aux vitres dans les vaisseaux.*

N° XXI.

Prenez : Copal en poudre. . . . . 0,64 gramm.
Huile essentielle de lavande 0,192
Camphre. 0,4

Essence de térébenthine suffisante quantité, selon la consistance qu'on veut donner au vernis.

On place dans une fiole de verre mince ou dans un petit matras, l'huile essentielle de lavande et le camphre : on expose le mélange sur un feu médiocrement ouvert pour faire

légèrement bouillir l'huile et le camphre. Alors on ajoute le
copal en poudre par petites portions, qu'on renouvelle à mesure qu'elles disparaissent dans le liquide, on favorise la solution par le moyen d'un bâton de bois blanc (ou de verre) qu'on
entretient dans un mouvement de rotation. Lorsque le copal
est incorporé avec l'huile, on ajoute l'essence de térébenthine
bouillante, en n'en versant d'abord qu'une petite portion. On
pourrait suivre une méthode inverse en versant l'huile essentielle camphrée et bouillante sur le copal, liquéfié séparément
dans le matras ; mais cette méthode demande plus d'habitude,
d'ailleurs le vernis aurait une couleur plus foncée.

2708. *Vernis de copal à l'essence sans intermède.*

N° XXII.

Prenez : Copal coulé selon la méthode de
        M. Tingry. . . . . 0,96 gramm.
        Essence de térébenthine. 0,640

Placez au bain-marie le matras qui contient l'essence ; lorsque l'eau sera chaude, ajoutez par petites doses le copal en
poudre ; entretenez le mélange dans un mouvement continuel
de rotation ; n'ajoutez de nouveau copal que lorsque le premier sera incorporé à l'huile ; si l'huile, par sa disposition
particulière, peut en prendre plus de trois onces, ajoutez-en
un peu plus ; mais arrêtez lorsque le liquide deviendra nébuleux ; laissez reposer le vernis ; s'il est trop épais, étendez-le
d'un peu d'essence chaude, et après l'avoir fait chauffer lui-
même au bain-marie, filtrez-le au coton lorsqu'il sera refroidi,
et conservez-le dans une bouteille propre.

Ce vernis a une bonne consistance, il n'a pas plus de couleur que le vernis à l'alcohol le mieux conditionné. Étendu
en une seule couche sur un bois poli et sans aucun apprêt,
il le couvre d'une glace très-brillante et qui ne demande que
deux jours d'été pour acquérir toute la solidité qu'on recherche.

La facilité qu'on trouve dans la fabrication de ce nouveau
vernis, en employant le copal liquéfié à une douce chaleur,
de le faire couler sur l'eau et de le débarrasser d'une huile
particulière qui rend sa solution incomplète dans l'alcohol
et l'essence de thérébenthine, permet qu'on en applique
l'usage, lorsqu'on l'a préparé par ce procédé, à tous les fonds
colorés qui demandent de la solidité ; les blancs purs seraient

seuls exceptés. Ainsi les boiseries peintes, les meubles porta-
tifs, avec ou sans couleur, les boiseries, chambranles, tablettes, etc., dont on cherche à faire ressortir les veines avec
toute la richesse des tons, réclament l'emploi de ce vernis
qui produit le plus bel effet, et qui est plus solide que les vernis
de térébenthine composés d'autres matières résineuses.

VERNIS GRAS.

2707. Ces vernis, qui sont les plus solides, sont aussi les
plus difficiles à sécher : on les applique sur les métaux, et
l'on est forcé d'en presser la dessiccation en les mettant dans
une étuve. Le plus simple de ces vernis se fait avec 16 onces de
copal qu'on met en dissolution dans 8 onces d'huile de lin ou
d'œillet, rendue siccative par les procédés connus, et 16 onces
d'essence de térébenthine. On commence par liquéfier le copal
dans un matras sur un feu ordinaire; on y ajoute l'huile de lin
bouillante, et quand ces deux substances sont bien mêlées,
on les retire de dessus le feu; on les remue pour faire tomber
la chaleur, et on y ajoute alors l'essence de térébenthine chaude;
on passe le tout encore chaud par un linge, et on le conserve
dans des bouteilles où le temps le clarifie.

Si on joint 6 onces de copal, une once et demie de térébenthine de Venise, 24 onces d'huile de lin siccative, et 6 onces
d'essence de térébenthine, on a un autre vernis solide, susceptible d'un beau poli, mais qui sèche difficilement.

Les huiles de noix et de lin, rendues fortement siccatives,
forment seules un vernis. On sait que l'huile de lin s'épaissit
et durcit à l'air lorsqu'on l'applique en couches sur un corps
quelconque. Ces deux huiles, colorées en noir par le noir de
fumée et le charbon qui résulte de la combustion d'une partie
de l'huile elle-même, forment l'encre d'imprimerie.

Si l'on met de l'huile de noix dans une marmite armée d'un
fort couvercle et qu'on remplit aux deux tiers; si on assujettit
fortement le couvercle, sur lequel on met des linges mouillés
et qu'on chauffe l'huile pendant quelque temps; qu'ensuite on
ralentisse peu à peu le feu; qu'on découvre le vase avec précaution; qu'on remue l'huile pendant long-temps avec une
cuillère de fer; qu'on rallume un feu moins vif que la première fois, et que dès que l'huile sera pénétrée par la chaleur on
y mette une demi-livre de croûtes de pain très-sèches et 6 ou 7
ognons par 50 livres d'huile; qu'on recouvre la chaudière;
qu'on la laisse bouillir pendant trois heures; qu'on clarifie ce
vernis en le passant à travers un linge, lorsque les gouttes re-

froidies sont gluantes et qu'elles s'allongent par fils à mesure qu'on ouvre les doigts, on a de l'encre d'imprimeur qui devient toujours meilleure en vieillissant.

L'encre d'imprimeur en taille-douce devant avoir plus de consistance, on la fait de la même manière que celle dont nous venons de parler, avec la seule différence qu'on provoque la combustion au lieu de l'étouffer, et qu'on l'entretient jusqu'à ce que l'huile soit devenue gluante comme un sirop fort épais. On entretient même la combustion pendant une demi-heure, après avoir ôté la chaudière de dessus le feu : on l'étouffe ensuite avec le couvercle, qu'on charge de linges humides.

Ces vernis se colorent avec le noir de fumée le plus léger, qu'on y mêle avec soin dans la proportion de 2 onces et demie sur 16 de vernis.

Il est possible de donner à tous ces vernis les couleurs qu'on désire. Il suffit dans ce cas d'épaissir l'huile par la chaleur et la combustion, en observant de l'agiter beaucoup moins, pour ne pas y mêler la fumée, qui la noircit. Les principes colorans peuvent être le bleu de Prusse, le vermillon, le carmin, l'orpin, la laque, le mastic, la gomme gutte, etc.

On polit tous ces vernis quand ils offrent des ondulations ou des aspérités à leur surface, en y promenant un tampon de serge blanche sur lequel on aura étendu de la pierre-ponce réduite en poudre, et en y passant souvent de l'eau : on peut remplacer la pierre-ponce par le tripoli très-fin, qu'on détrempe d'un peu d'huile et qu'on applique avec le tampon de serge et la peau de daim ; on enlève ensuite la partie grasse avec un peu de son ou avec de la farine, qu'on promène avec un linge doux et propre (Chaptal).

2708. *Autre, pour les instrumens de fer.* La haute température que l'on est obligé de donner aux pièces de fer qu'on veut recouvrir d'un vernis propre à le garantir de la rouille, présentant l'inconvénient d'altérer leur forme ou leur qualité, et de leur ôter leur brillant métallique, a fait imaginer le vernis suivant, qui, exempt de toutes ces difficultés, laisse au fer et à l'acier tout l'éclat qui les parait.

Le procédé consiste à bien nettoyer les pièces qu'on veut vernisser dans une lessive fortement alcaline ; à les laver ensuite avec de l'eau pure, et à les essuyer avec un linge propre. On prend ensuite du vernis appelé *vernis gras à l'huile*, dont la base est la gomme de copal ; on choisit le plus blanc parce qu'il est le meilleur, et l'on y mêle de l'essence de térébenthine bien rectifiée, depuis la moitié jusqu'aux quatre cinquièmes, suivant que l'on veut conserver plus ou moins aux pièces leur brillant métallique. (Ce mélange se conserve sans altération étant bien fermé). On prend ensuite un petit morceau d'éponge fine, lavée dans l'eau; on la lave ensuite dans de l'essence de térébenthine pour en faire sortir l'eau : on met un peu de ce vernis dans un vase; on y trempe l'éponge jusqu'à ce qu'elle se soit entièrement imbibée; on la presse ensuite entre les doigts, afin qu'il n'y reste qu'une faible quantité de vernis; et dans cet état on la passe légèrement sur la pièce, ayant soin de ne pas repasser lorsque l'essence est une fois évaporée, ce qui rendrait le vernis raboteux et d'une teinte inégale; on laisse sécher dans un lieu à l'abri de la poussière.

L'expérience a prouvé que des pièces ainsi vernissées se conservent exemptes de rouille, quoique servant à des usages journaliers.

2709. *Vernis d'huile de lin pour les ouvrages en bois.* On prend 1 livre d'oxide de plomb (litharge) pulvérisé et tamisé; 4 onces de sulfate de zinc, et 1 pinte d'huile de lin : on met ces ingrédiens dans une casserole assez grande pour qu'ils n'en occupent que la moitié : on les mêle bien ensemble; on les fait bouillir jusqu'à l'évaporation des parties humides, ce qu'on reconnaît à la pellicule qui se forme à la surface du mélange; on le retire du feu et on le décante. Pendant l'ébullition, il faut le remuer de temps en temps pour favoriser la précipitation de l'oxide de plomb, mais ne point continuer cette opération, de crainte que les particules de cet oxide, se mêlant à l'huile, ne rendent le vernis trop épais. (*Bull. de la Soc. d'enc. de l'ind. nat.*)

2710. *Vernis gras au copal.*

N° XXIII.

Prenez: Copal choisi. . . . . 0,512 gramm.
Huile de lin ou d'œillet préparée. .   256
Essence de térébenthine. 0,512

Liquéfiez le copal dans un matras sur un feu ordinaire; ajoutez l'huile de lin ou d'œillet bouillante; l'incorporation faite, retirez le matras du feu; remuez la matière jusqu'à ce que la grande chaleur soit passée; ajoutez alors l'essence de térébenthine chaude; passez le tout encore chaud par un linge, et disposez le vernis dans une bouteille à large ouverture. Le temps contribue à le clarifier, et c'est ainsi qu'il acquiert les

meilleures qualités ; en général, il y a beaucoup d'avantages à
ne pas brusquer le feu : le vernis réussit mieux, et il prend
moins de couleur ; si par la suite il devient trop épais, on ajoute
un peu d'essence chaude, afin que le mélange s'en fasse plus
promptement. (Watin.)

2711. *Autre vernis au copal.*

Vernis des vernisseurs du Japon. Un fabricant de vernis du
Japon, très-ingénieux, établi à Glascow, a communiqué à
M. Thomson la méthode qu'emploient les vernisseurs anglais
pour préparer le vernis de copal. On fait fondre dans un matras
de verre quatre parties poix de résine copal réduite en poudre ;
on maintient le liquide en ébullition, jusqu'à ce que les vapeurs
condensées sur la pointe d'un tube introduit dans le matras
tombent en gouttes au fond du liquide sans produire aucun sifflement, comme le fait l'eau, ce qui prouve que toute l'eau
est dissipée, et que le copal a été tenu pendant assez long-temps
en fusion ; on y verse alors une partie d'huile de lin bouillante
(qu'on a préalablement fait bouillir dans une cornue, sans
aucune addition), et on mêle le tout. On retire alors le matras
du feu, et on ajoute au liquide encore chaud une quantité égale
à son poids d'huile de térébenthine, en remuant bien le mélange ; le vernis fait ainsi est transparent, mais il a une teinte
jaune que les vernisseurs tâchent de masquer en donnant une
nuance bleuâtre ou fond blanc, sur lequel ils l'appliquent. C'est
de ce vernis qu'on enduit les cadrans des horloges, après les
avoir peints en blanc. (Thomson.)

2712. *Vernis employé dans la fabrique de Genève, pour les faux étuis de montre imitant l'écaille.*

N° XXIV.

Prenez : Copal de couleur ambrée. . . . . . . 0,192 gramm.
Térébenthine de Venise. 0,48
Huile de lin préparée. 0,768
Essence de térébenthine. 0,192

On a coutume de placer la térébenthine sur le copal en petits
fragmens, dans le fond d'un vase de terre ou de métal, ou enfin
dans un matras qu'on expose sur le feu de manière à liquéfier
le copal ; mais il est plus avantageux de le liquéfier seul, d'a-
jouter l'huile bouillante, ensuite la térébenthine liquéfiée et

enfin l'essence; si le vernis est trop épais, on diminue sa consistance avec de l'essence, car cette dernière matière est un
régulateur pour la consistance dans la main de l'artiste.

2713. *Vernis au succin.*

N° XXV.

Prenez : Succin en poudre grossière. . . . . 0,512 gramm.
Térébenthine de Venise. 0,64
Huile de lin préparée. 0,320
Essence de térébenthine. 0,512

Les circonstances du procédé sont les mêmes que celles
qui ont été détaillées pour la confection du vernis au copal,
n° XXI.

2714. *Autre vernis de succin à l'essence de térébenthine.*

Prenez : Succin liquéfié de la même manière que le copal
0,192 à 0,224 gramm.
Essence de térébenthine. 0,768

Mettez le succin en poudre, ou divisez la masse entre les
doigts; si la contusion en fait une espèce de pâte, mêlez-la à
l'essence; traitez le tout au bain-marie. La solution sera assez
prompte, et l'essence prendra au moins le quart de son poids
de succin préparé.

Le vernis qui résulte de ce mélange est plus coloré que celui
de copal térébenthiné; mais il se clarifie aisément, même sans
le filtrer au coton.

2715. *Vernis gras au succin ou au copal.*

N° XXVI.

Prenez : Copal au succin, préparé d'après la méthode de
M. Tingry. . . . . 0,128 gramm.
Essence de térébenthine. 0,320
Huile de lin siccative. 0,320

Mettez le tout dans un matras assez spacieux, que vous exposez à la chaleur du bain-marie, ou que vous promenez à deux
ou trois pouces de la surface d'un brasier découvert, mais sans

flamme. La solution achevée, ajoutez encore un peu de copal
ou de succin pour saturer le liquide ; versez le tout sur un filtre
préparé au coton, ou laissez-le se clarifier par le repos ; si le
vernis est trop épais, ajoutez un peu d'essence chaude pour
éviter la séparation d'un peu de succin.

Ce vernis est coloré, mais infiniment moins que celui qu'on
compose par la méthode ordinaire ; étendu sur le bois blanc
sans apprêt, il fait une glace solide, et procure une légère
teinte au bois : si on veut charger ce vernis de plus de copal ou
de succin préparé, on doit composer le liquide de deux parties
d'essence sur une d'huile.

2716. *Autre vernis gras à l'or ou couleur d'or.*

N° XXVII.

Prenez : Succin préparé selon la méthode de **M. Tingry**,
                                        0,256 gramm.
  Résine laque. 0,64
  Huile siccative de lin. 0,256
  Essence de térébenthine. 0,512

On fait fondre séparément la résine laque ; on y ajoute le
succin préparé et divisé, l'huile de lin et l'essence très-chaude ;
lorsque le mélange a perdu une partie de sa chaleur, on mélange en proportions relatives des teintures, du rocou, de la
terra merita, de la gomme gutte, et du sang-de-dragon, pour
obtenir la nuance que l'on désire, et donner à ce vernis le ton
de l'or, lorsqu'on l'applique sur les métaux blancs.

2717. *Autre vernis gras qui peut servir de mordant d'or, et en
même temps aux couleurs foncées.*

N° XXVIII.

Prenez : Huile de lin cuite. . . . . 0,512 gramm.
  Térébenthine de Venise. 0,256
  Jaune de Naples. 0,160

On fait chauffer l'huile avec la térébenthine, et on y mélange
le jaune de Naples en poudre : ce vernis est très-bon pour appliquer l'or en feuille.

Nota. On peut se dispenser d'employer le jaune de Naples
lorsqu'il est question de faire servir cette espèce de vernis à

des couvertes solides et colorées. On lui substitue dans ce cas
32 grammes de litharge par chaque livre de composition, sans
que ce mélange préjudicie à la couleur qui doit constituer la
teinte d'or.

2718. *Autre vernis gras au caoutchou.*

N° XXIX.

Prenez:
Caoutchou ou résine élastique, ⎫
Huile de lin cuite, •　　　　　⎬ de chaque, 0,512 gramm.
Essence de térébenthine, 　　　 ⎭

On coupe le caoutchou en lanières minces; on les jette
dans un matras placé sur un bain de sable bien chaud. Lorsque
la matière est liquéfiée, on ajoute l'huile de lin bouillante, et
ensuite l'essence chaude. Lorsque le vernis a perdu une grande
partie de sa chaleur, on le passe par un linge, et on le réserve
dans une bouteille à large orifice. Ce vernis est très-lent à
sécher, défaut qui tient à la nature particulière du caoutchou :
c'est avec un vernis semblable que l'on enduit les taffetas qui
servent à la confection des aérostats à air inflammable, où l'on
cherche à unir la souplesse et la solidité à la légèreté de ces
tissus, pour construire les ballons au gaz hydrogène.

2719. *Vernis d'ambre.*

Pour le préparer, il faut étendre l'ambre sur une bassine de
fer à fond plat, que l'on place sur un feu égal de charbon de
terre, jusqu'à ce qu'il soit fondu. On retire alors la bassine de
dessus le feu; on la recouvre avec une plaque de fer ou de
cuivre, et on laisse refroidir. Si l'opération a été bien conduite,
l'ambre aura perdu 0,50 de son poids. Si le feu a été trop fortement poussé, l'ambre est grillé et ne peut plus servir. Si le
feu a été trop ralenti, l'ambre ne se sera pas fondu, mais il
se sera réduit en une croûte brune dont on pourra bien faire
un vernis en la chauffant pendant assez long-temps pour lui
faire perdre les 0,50 de son poids primitif. On mêle une partie
de cet ambre torréfié avec trois parties d'huile de lin (rendue
siccative au moyen du protoxide de plomb ou litharge, et du
sulfate de zinc ou couperose blanche), et on expose le mélange
à une douce chaleur, jusqu'à ce que l'ambre soit dissous; on
le retire alors de dessus le feu; et, quand il est presque froid,
on y ajoute à peu près quatre parties d'huile essentielle de té-

rébenthine. On laisse reposer le tout, puis on passe la partie claire à travers un linge.

2720. *Autre.* On prend de l'ambre pulvérisé et tamisé, et on en jette au fond d'une casserole de fonte jusqu'à l'épaisseur d'un pouce; on pose cette casserole sur des charbons ardens, en ayant soin de la maintenir dans une position bien horizontale, jusqu'à ce que l'ambre soit fondu et parfaitement liquide, de l'écumer pour enlever toutes les impuretés qu'il contient, et de conserver toujours le même degré de chaleur. On verse l'ambre fondu sur une plaque de cuivre ou de fonte pour le faire refroidir subitement; ensuite on le casse par petits morceaux. Lorsque la cassure est moins brillante qu'avant la fusion, et laisse apercevoir une couleur brun foncé, l'ambre aura toutes les qualités requises. L'ambre ainsi préparé, on en prend une partie, trois parties de vernis, et quatre d'huile de térébenthine : on mêle l'ambre et le vernis d'huile de lin dans une casserole qui ne doit en être remplie qu'au tiers; on pose ce mélange sur un feu modéré, jusqu'à ce que l'ambre se dissolve, ce qu'on apercevra lorsqu'il entre en ébullition. Après qu'il est dissous, on le retire du feu, et quand ce mélange est refroidi, on y ajoute l'essence de térébenthine en le remuant continuellement; on le laisse reposer pendant quelque temps, afin que les parties non dissoutes se précipitent. Alors on décante, on passe le vernis à travers un linge fin, et on le conserve pour l'usage.

En faisant bouillir le vernis, il faut faire attention qu'il ne se répande ni qu'il ne s'enflamme, ce qui exige des soins toujours nécessaires pour éviter un violent incendie. Le moyen le plus sûr est de l'étouffer sous un couvercle de fer, qu'il faut toujours tenir prêt pour cet usage. (*Bull. de la Soc. d'encour. de l'ind. nat.*)

2721. *Vernis qui sert dans la marine à préserver les cordages et les bâtimens de l'action destructive du temps et de l'eau.*

Pour le préparer, on fait un mélange de goudron, de poix noire, de brai sec, de suif, et quelquefois on y ajoute du soufre. On proportionne toutes ces substances selon les régions plus ou moins chaudes que l'on a à parcourir, et on leur donne la consistance d'une huile siccative.

Ce vernis préserve les substances végétales des atteintes de l'eau, retarde leur destruction, et s'oppose à ce que le corps du bâtiment ne ralentisse sa marche par une surcharge que l'eau, en s'imbibant dans le bois, ne manquerait pas de lui donner,

et contribue ainsi autant à la célérité de la marche qu'à la conservation des choses.

2722. *Vernis métallique qui préserve de la rouille le fer, les
fusils et autres armes.*

> Prenez: Cinq livres d'étain;
> Huit onces de zinc;
> Huit onces de bismuth;
> Huit onces de cuivre jaune en baguette;
> Huit onces de salpêtre pour purifier.

Ces matières s'amalgament de manière que le métal qui en
résulte est dur, blanc et sonore.

Les objets que l'on veut enduire ayant été bien chauffés, on
répand dessus du sel ammoniac; on les passe rapidement,
couverts de ce sel, dans le vernis; on les essuie avec des étoupes,
et de suite on trempe dans l'eau le morceau enduit. Avant de
passer les batteries de fusils et de pistolets, on en retirera les
ressorts intérieurs. (*Recueil des brevets d'invention.*)

VÉROLE (*Petite*).

2723. *Traitement de la petite vérole.* Le sel ammoniac seul,
dissous dans du bouillon et pris deux fois par jour, depuis dix
grains jusqu'à vingt-cinq, et mêlé à une quantité égale de
poudre d'yeux d'écrevisse, en s'abstenant de tout purgatif et
même de lavemens, est un très-bon remède contre les dangers qui résultent de la fin d'une petite vérole. (L'abbé Rousseau.)

2724. *Moyen de préserver les yeux et le visage de la petite
vérole.* On peut, dit L. Hoffmann, empêcher l'éruption des
boutons de la petite vérole sur le visage, en lui procurant plus
de fraîcheur qu'au reste du corps, soit en agitant l'air, soit en
le lavant ou l'humectant souvent avec de l'eau fraîche, de
l'eau rose ou de safran. Mais en faisant usage de cet expédient,
on doit attirer l'humeur de l'éruption aux extrémités inférieures, au moyen de bains de pieds, de jambes, ou mieux d'un cataplasme chaud de mie de pain et de lait, dont on enduit deux
caleçons qu'on change de quatre en quatre heures, et qu'on a
soin de faire appliquer sur la peau pour qu'ils ne se refroidis-
sent pas. (*Bibl. phys. écon.*)

2725. *Remède pour faire disparaître les traces de la petite
vérole.* Quelques personnes composent une huile ou liniment

qui, rendant la peau plus douce, remplit les cavités et efface les taches qui résultent de la petite vérole, si on s'en sert à temps. Pour cela elles prennent une demi-once d'huile des quatre semences froides et autant d'œufs et d'amandes douces ; 6 gros d'eau de plantain et autant de solanum ; enfin 1 gros de litharge d'or et autant de céruse préparée et lavée dans de l'eau de roses. Elles mettent ces deux dernières drogues dans un mortier de bronze, et les ayant mêlées, elles y versent peu à peu les huiles et y ajoutent ensuite les eaux de plantain et de solanum. Elles mêlent bien ces ingrédiens et en forment un liniment dont elles oignent le visage et autres endroits attaqués de la petite vérole aussitôt que les croûtes commencent à tomber. On prétend que ce remède, qu'il est facile de faire, a des résultats satisfaisans. Nous le croyons, puisque c'est un adoucissant et que tous les adoucissans produisent le meilleur effet dans une semblable maladie. (*Man. cosm. des pl.*)

2726. *Autre.* Pour prévenir l'excavation ordinaire des boutons purulens de la petite vérole, plusieurs grands médecins recommandent de prendre 2 onces de terre absorbante et autant de crème ordinaire, et de les mêler en consistance de liniment, dont on enduit légèrement chaque bouton prééminent. La fraîcheur de la crème prévient la démangeaison, et la terre absorbante s'unissant au pus, le dessèche et l'empêche de creuser la peau.

L'emplastique suivant est aussi très-efficace ; amollissez une once d'emplâtre de Nuremberg camphrée, avec de l'huile d'amandes douces, de manière à en former un onguent facile à étendre ; enduisez des bandelettes que vous appliquez sur le visage dès que la suppuration sera parfaitement établie, et renouvelez-les deux fois par jour.

Les taches de la peau provenant, ou de la petite vérole ou de la rougeole, cèdent à une lotion répétée d'une eau légèrement animée d'alcali volatil, ou à un frottement léger fait avec du jus de citron.

On vante aussi le lait virginal, qui se fait avec 2 gros de benjoin et de storax dans une livre d'alcohol, auquel on ajoute quelques gouttes de baume de Judée. Lorsqu'on veut s'en servir, on répand dans un verre d'eau cinq à six gouttes de cette mixtion pour blanchir l'eau, à qui elle donne la faculté de relever les dépressions causées par la petite vérole, et enlever les vides de la peau. (*L'Ami des femmes.*)

Enfin le docteur Duplain se sert avec succès du topique suivant, pour préserver la figure des excavations et des coutures de la petite vérole.

On hache bien menu une livre de chair de veau sans graisse ; on saupoudre ce hachis de 2 gros de poudre de vipère ; on pétrit et on divise le tout en trois parties, que l'on applique successivement à la plante des pieds du malade, après avoir présenté au feu ce cataplasme jusqu'à ce qu'il ait une légère chaleur. On lève le premier appareil au bout de six heures, on y applique le second, qu'on enlève six heures après pour y placer enfin le troisième.

Ce topique doit être placé lorsque l'éruption est faite, et que la fièvre est dans toute sa force. Ceux qui lèvent l'appareil useront du vinaigre brûlé pour se garantir de l'infection qui en résulte.

Ce même topique est aussi salutaire dans les fièvres malignes, le pourpre et la rougeole.

L'usage des bains tièdes, dans la première période de la petite vérole, est un moyen assuré de modérer la fièvre d'éruption et par suite la maladie elle-même. (*Man. de santé.*)

2727. *Eau de beauté après la petite vérole.* Mettez 2 onces de sel commun dans une pinte d'eau de menthe ; faites-la bouillir, écumez-la, et servez-vous-en pour vous laver le visage, afin de faire tomber les écailles qui se forment sur la peau après l'éruption de la petite vérole, empêcher les démangeaisons et ôter les traces de rougeur qu'elle y laisse.

Un demi-setier d'eau argentine mêlée à une pareille quantité d'eau de rhubarbe, dans laquelle on aura fait dissoudre 4 gros de sel ammoniac, fait également disparaître les rougeurs de la petite vérole, et enlève même les dartres farineuses, si, avec la barbe d'une plume ou le bout d'un pinceau, on les en imbibe trois ou quatre fois par jour. (*Parf. imp.*)

VERRES.

2728. *Moyen pour les rendre propres à recevoir des liqueurs bouillantes.* Pour disposer toute espèce de vases de verre à recevoir des liquides chauds sans se fêler, on doit les mettre dans un chaudron ou marmite remplie d'eau, qu'on fait bouillir sur un grand feu.

2729. *Moyen de découper les verres sans diamant.* Tout le monde connaît l'usage des pointes naturelles du diamant pour couper le verre ; avant l'invention de ce procédé, on commençait par tracer la coupe avec de l'émeri, ou au moyen d'une pointe d'acier très-dur ; on humectait ensuite le verre à l'endroit de la ligne tracée, puis on y passait une pointe de fer rougie au feu. (*Encycl. méth.*)

Voici un procédé qui, quoique moins simple en général, peut avoir dans plusieurs cas une heureuse application.

Prenez un morceau de bois de noyer de la grosseur d'une bougie; taillez en pointe une de ses extrémités : présentez cette pointe au feu et la laissez brûler jusqu'à ce qu'elle soit en charbon ardent. Tracez sur votre verre avec de l'encre le dessin dans lequel vous voulez le découper; faites ensuite, soit avec une lime, soit avec un morceau de glace, quelques traits à l'endroit où vous devez commencer la section. Vous retirez du feu votre morceau de bois en charbon, vous en posez la pointe à environ une ligne de l'endroit marqué. Vous observez de toujours souffler sur cette pointe pour la conserver rouge. Vous suivez le dessin tracé en laissant toujours une demi-ligne d'intervalle entre le verre et le charbon. Cela fait vous n'avez plus besoin pour séparer vos deux morceaux que de tirer de haut et de bas, et vous les voyez se disjoindre. (*Man. des sorciers.*)

2730. *Verre de soudure.* Le meilleur verre qu'on puisse employer pour souder les métaux, se compose d'un mélange d'acide phosphorique, que l'on sature à demi avec de l'alkali fixe végétal, et auquel on ajoute une certaine quantité de sélénite osseuse.

Le verre est aussi bon que le borax; il n'est que peu ou point soluble, est très-fusible et coule bien sur les métaux. Il doit toujours être en état de verre quand on voudra l'employer pour la soudure. (**Struve et Exchaquet.**)

2731. *Verre dépoli pour lampe.* On fait fondre séparément dans deux creusets du flint-glass et de l'émail bien blanc et bien pur; après les avoir traités à la manière ordinaire, on prend avec la canne, d'abord une partie d'émail, ensuite on trempe le même instrument dans le pot contenant le flint-glass, et on souffle, soit pour former un vase, un globe, un manchon ou tout autre forme de verre; l'émail se trouve alors étendu d'une manière très-uniforme dans l'intérieur du vase, lequel sera d'une couleur blanche parfaitement semblable au verre dépoli quoique plus beau que ce dernier. L'expérience et l'habitude détermineront les proportions de flint-glass et d'émail nécessaires; dans tous les cas, il ne faut pas intercepter entièrement le passage à la lumière. L'émail devra surtout être bien fondu; il faudra aussi donner aux deux espèces de verre le même degré de chaleur pour qu'ils se fondent bien ensemble.

Au lieu d'employer de l'arsenic, on peut rendre le verre demi-transparent par le moyen de l'antimoine calciné ; cependant la première de ces substances doit être toujours préférée.

On peut encore obtenir par ce procédé des vases colorés, en ajoutant intérieurement une couche de verre métallique. (*Bibl. phys. écon.*)

VERRUES.

2732. *Remèdes contre les verrues.* Prenez, broyez et appliquez plusieurs fois par jour sur les verrues des feuilles récentes de campanule lierrée, que vous trouverez dans tous lieux ombrageux, et au bout de quelques frictions vous les verrez tomber et disparaître. (*Bibl. phys. écon.*)

2733. *Autre.* On prend une ardoise, qu'on a fait calciner au feu, on la réduit en poudre, on la délaie dans du fort vinaigre, et lorsqu'elle est en espèce de bouillie on en frotte les poireaux et les verrues qui ne tardent pas à tomber.

VERS.

2734. *Moyen de conserver les vers qu'on destine à garnir les hameçons.* On met les vers dans de la terre grasse garnie de mousse, qu'il faut renouveler tous les trois ou quatre jours en été et toutes les semaines en hiver. On retire la mousse, on la lave, on l'exprime entre ses mains jusqu'à ce qu'elle ait rendu son eau et on la remet sur les vers. Dès qu'on s'aperçoit qu'ils maigrissent, on verse chaque jour une cuillerée de lait sur la mousse pour les rétablir.

Pour se procurer des *vers de terre*, on soulève les pots dans les jardins, ou bien on enfonce un piquet dans un pré un peu frais ; on le remue en faisant décrire un cercle à son extrémité supérieure, ce qui engage les vers à sortir ; ou bien encore pour parvenir au même résultat on foule la terre avec ses pieds. (*Pisciceptologie.*)

2735. *Moyen de détruire les vers blancs.* Pour détruire ces vers qui dans moins d'une journée dévastent quelquefois tout un jardin, il faut faire brûler les feuilles, chardons, orties ou tout autre espèce d'herbages inutiles, faire une lessive avec ces cendres et en arroser les couches du jardin que vous voulez garantir du ravage de ces insectes ; deux ou trois arrosages suffisent pour les détruire. (Madame Gacon-Dufour.)

2736. *Moyen de garantir les étoffes de la piqûre des vers.*

Après avoir bien dégraissé les laines qu'on veut employer, on les passe à l'huile de térébenthine, et on les met ensuite à la teinture. Elles y perdent l'odeur forte et pénétrante de l'huile, prennent mieux les couleurs et n'éprouvent jamais les attaques des vers. (*Bibl. phys. écon.*)

2737. *Vers de terreau.* On garantit les ognons et autres plantes délicates cultivées dans un parterre, des vers qui viennent ronger leurs racines, en mêlant du charbon pilé et criblé fin, à la quantité d'un cinquième sur la totalité de la terre préparée pour ces plantes.

Cette poudre a entre autres avantages celui d'expulser et d'empoisonner l'insecte du terreau, de fertiliser puissamment la terre, et de la tenir continuellement fraîche. (L'abbé Raillianne.)

2738. *Vers du vinaigre.* Dans le printemps et plus encore dans les grandes chaleurs, on aperçoit dans le vinaigre de petits vers qui ont la forme d'un très-petit serpent ; lorsque le vinaigre est dans un lieu clos, et que l'air peut pénétrer dans le vase qui le contient, il se forme dessus une pellicule mousseuse qui leur sert d'aliment, et où ils se transportent tous. Lorsqu'on s'aperçoit que le vinaigre commence à se couvrir de cette mousse, il faut l'enlever avec soin et passer le vinaigre dans un tamis très-fin, sans quoi il finirait par se gâter. (Madame Gacon-Dufour, *Diction. rural raisonné.*)

2739. *Vers de fromage.* Ces petits insectes proviennent d'œufs que les grosses mouches déposent sur les fromages; lorsqu'on veut les en garantir, il faut les saupoudrer de poussière de charbon. (*Idem.*)

2740. *Ver sublingual.* Il s'attache sous la langue des chiens et leur donne un appétit extraordinaire. Il faut l'enlever avec une aiguille et frotter la langue de l'animal avec du vinaigre. (*Idem.*)

2741. *Moyen de détruire les vers des vignes.* Si l'on dépose dans le milieu des treilles des tas de fumier peu consommé, dans lesquels la fermentation puisse s'établir, attirés par le développement de l'odeur et de la chaleur, les vers qui rongent et dévastent les vignes, viennent s'y établir, et l'on en fait périr un grand nombre en y mettant le feu sur la fin de l'hiver: la préférence que ces insectes donnent aux racines légumineuses fournit encore contre eux un moyen de destruction.

On plante dans la séparation des cépages des plates-bandes de fèves de marais, et lorsque leur extérieur annonce que leurs racines sont attaquées, on enlève la plante à la bêche, avec la terre qui l'entoure, et on les expose au soleil, dont la chaleur fait périr tous ces insectes. (Roard.)

2742. *Vers du corps humain.* M. Tommassi, savant chimiste napolitain, ayant observé que dans le pain et les autres alimens, il entrait environ un centième de sel, il en a fait dissoudre une once dans cent onces d'eau, y a mis ensuite les vers qui y ont vécu pendant plusieurs jours.

Ayant mis ensuite de ces mêmes vers dans une dissolution d'une once de sel dans cinquante d'eau, il les a vus mourir au bout d'une demi-heure ; enfin lorsqu'il les a jetés dans une dissolution d'une once de sel, dans huit onces d'eau, il les a vu mourir dans moins de six minutes, et en ayant conclu qu'une eau salée devait dans quelques instans nous débarrasser de ces hôtes toujours dangereux, il en a conseillé l'usage à des personnes qui en avaient les intestins infectés, et il a eu le plaisir de les voir évacués à leur première selle. (Tommassi.)

2743. *Moyen de connaître la présence du ver solitaire.* Ce moyen consiste à faire prendre au malade, le matin à jeun, un scrupule de jalap en poudre, et à employer une demi-heure après, les commotions électriques sur le bas-ventre. Des selles abondantes se succèdent rapidement et entraînent des portions du ver que la commotion a détachées. (Docteur Frik, de Brunswick.)

2744. *Remède contre le ver solitaire.* Le suc de brou de noix, à la dose d'une cuillerée? prise trois jours de suite le matin à jeun, dans un verre de vin blanc, détruit le ver solitaire. On doit ensuite purger le malade. (*Encycl. méth.*)

2745. En général tous les purgatifs drastiques sont de bons remèdes contre le ver solitaire ; celui offert par la racine de *polypode fougère mâle,* jouit d'une préférence méritée. On indique aussi le sel d'étain et l'éther, ce dernier pour enivrer le ver et l'empêcher de se soustraire à l'effet purgatif, en fixant sa tête contre les parois des intestins. (*Dict. d'agric.*)

Un demi-gros d'étain fin de malaca ou de banca, réduit d'abord en poudre par l'effet de la lime, et ensuite par la percussion du pilon, pris tous les matins à jeun entre deux pains à chanter, après lesquels on boit un verre d'infusion de fougère ou de coraline, guérit en peu de temps du ténia, autrement dit ver solitaire. (Sonnini.)

2746. *Traitement à suivre contre le ver solitaire.* Si vous voulez commencer demain le traitement contre le *ténia,* dit ver solitaire, privez-vous aujourd'hui de tout aliment après dîner, et prenez seulement le soir, vers les huit heures, une soupe faite avec une livre et demie d'eau, 2 à 3 onces de bon beurre frais, et 2 onces de pain coupé en petits morceaux que vous salerez à l'ordinaire, et réduirez en panade ; un quart d'heure après vous prendrez un biscuit et un verre de vin blanc, ou d'eau pure, et si vous n'avez pas été à la selle ce jour-là, il sera bon de prendre un lavement composé d'une quantité suffisante d'eau dans laquelle vous aurez fait bouillir une poignée de feuilles de mauves, une seconde poignée de guimauve, une pincée de sel et 2 onces d'olives que vous y mettrez quand vous l'aurez coulé à travers un linge. Vous vous coucherez ensuite, et le lendemain de grand matin, environ huit ou neuf heures après la soupe de la veille, vous prendrez dans le lit le spécifique composé de 2 ou 3 gros de racine de fougère mâle recueillie en automne, et réduite en poudre fine, prise dans 4 à 6 onces d'eau de fougère ou de fleurs de tilleul, ou simplement de l'eau. Ce remède donnera quelques nausées, mais le malade mâchera du citron, se gargarisera la bouche sans rien avaler, respirera du vinaigre, ou si elles sont trop fortes pour garder le spécifique, il en reprendra une nouvelle dose dès que les nausées seront passées, et tâchera de s'endormir. Au bout de deux heures, il se levera pour prendre un bol purgatif, en une ou deux prises, et composé de 10 grains de panacée mercurielle, sublimée quatorze fois, et d'autant de racine de scammonée d'Alep bien choisie, et de 6 à 7 grains de bonne gomme-gutte. On réduira séparément ces ingrédiens en poudre fine, et on en formera un bol avec de la bonne confection d'hyacinthe. Le malade boira par-dessus une ou deux tasses de thé vert peu chargé, et se promenera ; prendra une nouvelle tasse de thé lorsque la médecine commencera à faire effet, et continuera ainsi jusqu'à ce que le ver soit rendu ; alors il prendra un bouillon, dînera comme on fait un jour de purgation, se reposera dans un lit, fera un tour de promenade, soupera peu, et évitera les alimens indigestes.

La guérison est alors parfaite, mais elle ne s'opère pas avec la même promptitude dans tous les sujets. Celui qui n'a pas gardé tout le bol, ou que ce bol ne purge pas assez, prend, au bout de quatre heures, depuis deux jusqu'à huit gros de sel de sedlitz ou d'epsom dissous dans un verre d'eau bouillante. Si le ver ne tombe pas en peloton, mais qu'il file, le malade doit rester à la garde-robe sans le tirer, et boire du thé un peu chaud, quelquefois même une dose de sel de sedlitz sans changer de situation, jusqu'à ce que le ver soit rendu.

Il est rare que le ver ne sorte pas avant l'heure du dîner. Si cela arrivait on en pourrait conclure qu'il est mort dans les intestins, et que le manger ou un léger lavement le feront sortir.

Nous devons observer que si le ver sort avant qu'on ait pris le bol, on ne doit en donner que le tiers, ou bien simplement le sel.

Nous devons également prévenir les malades, qu'ils ne doivent point s'alarmer des chaleurs et malaises qu'ils éprouvent pendant l'action du remède, avant ou après une forte évacuation, lorsqu'ils sont prêts à rendre le ver. Ces impressions sont passagères et se dissipent d'elles-mêmes, ou à l'aide du vinaigre respiré par le nez.

Enfin si le ver, par cas extraordinaire, ne sortait pas le premier jour, ce qui est presque sans exemple, on doit recommencer le traitement le lendemain ou le surlendemain en le reprenant de la veille. (*Approuvé par* Delassonne, Dejussieux, Cadet, etc.

2747. *Remèdes et bols vermifuges.* Les vermifuges sont: 1° ou ceux qui agissent mécaniquement ; 2° ou ceux qui opèrent comme poisons sur les vers; 3° ou les purgatifs. Les vermifuges mécaniques sont d'abord l'étain en limaille, donné à la dose de quelques gros ; il ne semble pas que ce métal agisse autrement que parce qu'il n'offre rien de nutritif pour les vers; ensuite les soies du légume d'un arbuste papilionacé, *negretia;* il en est de même des soies du *dolichos pruriens.* On les mêle avec du miel ou du sirop pour former des bols qu'on avale : c'est le remède des nègres. Ces soies fines et roides percent les vers et les font périr. On les emploie aussi dans les Indes occidentales, selon Chamberlayne.

Le charbon pilé est un bon anthelminthique contre le ténia, chez les Irlandais, selon Pallas.

Les véritables vermifuges ou poisons des vers, ont été proposés en grand nombre, et l'on a vu même l'eau à la glace, ou celle de fontaine prise très-froide à grande dose, expulser les cucurbitains. Redi ayant vu mourir des lombrics dans l'eau de fleurs d'oranger, en conclut qu'elle était un bon anthelminthique. Les végétaux d'odeur et de saveur amère ont été employés avec succès, comme les stimulans et les toniques.

Ainsi le camphre, l'huile de cajeput véritable, le semen-contra, ou les graines d'*artemisia judaïca;* celles de tanaisie, *tenacetum vulgare,* les *spigelia anthelminthica* et *marylandica;* l'écorce du *geoffroya Surinamensis,* ou cabbage ; le *fucus helminthocorton;* la racine de fougère, *aspidium filix mas* de Willdenow, ont tour à tour été employés avec plus ou moins de succès, outre l'ail et les amers violens. L'eau dans laquelle a bouilli du mercure n'en contient pas un atome, et cependant elle agit comme anthelminthique.

Parmi les substances fétides qui tuent le plus énergiquement les vers, il faut compter l'huile animale empyreumatique. Une partie mêlée avec deux d'huile de térébenthine, et distillées ensemble, forment un remède très-actif contre les vers, même la douve de foie et le ténia, selon Chabert. Il en est de même de l'huile animale de Dippel, à la dose de dix gouttes dans une tasse de thé, ou de l'huile de térébenthine dans du jaune d'œuf. Le pétrole ou naphte, à la dose de 10 à 20 gouttes, réussit aux Égyptiens contre le ténia. L'huile volatile de térébenthine, 3 onces, avec miel, 6 gros, et eau distillée de menthe, 3 gros, à prendre en trois prises, sont un remède actif contre le ténia-lata. Enfin, les anthelminthiques purgatifs sont plusieurs sels, comme le muriate de soude et celui d'ammoniaque, le sulfate de soude ou de magnésie.

On a tiré quelque avantage de l'élixir vitriolique de Mynsicht ou de l'élixir acide de Haller; mais les principaux vermifuges sont l'huile de ricin, contre les vers solitaires. On peut y ajouter, si l'on veut, la racine de fougère. Passerat de la Chapelle avait recommandé l'huile de noix mêlée de vin d'Alicante; mais les drastiques, tels que la gomme-gutte, l'aloès, la scammonée, l'ellébore noir et fétide, la gratiole, la cévadille, données avec prudence, sont plus efficaces.

On connaît le remède de madame Nouffer, acheté en 1775 par ordre du roi, et qui consiste en racine de fougère mâle, en muriate de mercure doux, en scammonée et gomme-gutte : on en fait des bols contre le ténia. Le remède d'Harrenschwands lui est fort analogue. On applique encore l'onguent d'arthanita sur l'épigastre des enfans. (Virey, *Traité de pharm.*)

VERS A SOIE.

2748. *Désinfection des salles des vers à soie.* Le procédé de désinfection des salles destinées à l'éducation des vers à soie, consiste à mêler dans un vase de verre ou de terre non vernissé, une cuillerée de sel marin avec à peu près un tiers d'oxide noir de manganèse, et à y verser une petite quantité d'acide sulfurique. Le mélange aussitôt fermente et laisse échapper en grande abondance une fumée acide, vive et pénétrante, qu'il faut éviter de respirer de trop près. On doit alors se promener autour des établis, jusqu'à ce que la fermentation se soit calmée. Si la salle est très-grande, il sera bon d'avoir deux ou trois de ces appareils. On renouvelle cette opération soir et matin.

Ces fumigations sont très-propres à empêcher les vers de tourner au gras, et à ramener la santé dans les chambrées languissantes. On croit avoir aussi remarqué qu'elles accélèrent la marche de l'éducation de ces précieuses chenilles. (*Bulletin de la société d'encourag. de l'industrie nationale.*)

2749. *Fumigation d'acide muriatique oxigéné dans les ateliers de vers à soie.* Dans un atelier, les vers étaient malades, beaucoup rendaient des excrémens d'une liquidité gluante et de couleur olivâtre ; d'autres avaient des taches rouges sur la peau ; beaucoup mouraient ; leurs cadavres, au lieu de pourir, se durcissaient. La maladie faisait des progrès : les vers, qui au commencement avaient de petites taches rougeâtres, perdaient peu à peu leur couleur naturelle, et devenaient d'un rouge brun : en mourant, leur corps prenait la couleur noire, et les cadavres passaient promptement à la putréfaction.

On fit alors des fumigations ; on mit dans une capsule de verre, une once de manganèse. On versa sur l'oxyde de l'acide nitro-muriatique ; on avait eu soin de le verser peu à peu en ménageant le dégagement du gaz, de manière à ne pas incommoder les vers.

On avait eu soin aussi d'entretenir en même temps un courant d'air.

Dès les premiers jours le nombre des morts disparut, et le troisième jour la maladie cessa entièrement.

Un atelier où l'on fit des fumigations, donna une récolte plus abondante, toutes choses d'ailleurs égales. (Deyeux, *Extrait de Guyton-Morveau.*)

2750. *Moyen de nourrir les vers à soie, à défaut de mûrier.* Les vers à soie, lorsque la récolte des feuilles de mûrier manque, peuvent être nourris avec des feuilles de roses et du charme : l'expérience en a été faite avec succès à Turin et à Alexandrie. On peut aussi leur donner la seconde écorce nouvelle des mûriers, tirée des branches des arbres qui ont été émondés l'année précédente ; et à leur défaut, on peut leur donner les plus jeunes branches des mûriers qui n'ont point été taillés, et même les feuilles sèches ou leur poudre. (*Encycl. méthod.*)

On étouffe les vers sans le secours du four ou du soleil, en mettant une livre de camphre dans la chambre où vous aurez enfermé les cocons. (*Idem.*)

VERT.

2751. *Manière de faire le vert d'eau.* Prenez égales parties de tartrite acidulé de potasse (*crème de tartre*) et de vert-de-gris, l'un et l'autre bien pulvérisés; mêlez-les bien exactement, et placez ce mélange sur un bain de sable légèrement chaud, où vous le laisserez l'espace de 72 heures. Ajoutez alors trois fois autant d'eau distillée que vous avez employé de tartrite acidulée de potasse, et continuez de chauffer légèrement pendant six heures. Filtrez la liqueur, et afin qu'elle ne perce pas le papier, ajoutez-y quantité suffisante de gomme arabique bien blanche; vous aurez une superbe couleur de vert d'eau, excellente pour laver les plans. (Lenormand, *prof. de chim.*)

2752. *Vert économique.* Faites bouillir pendant une demi-heure dans suffisante quantité d'eau, 3 onces d'écorce de quercitron avec 4 onces d'alun; précipitez par l'alkali, et édulcorez convenablement le précipité. Mettez dans un vase 2 onces de bleu de Prusse, versez dessus de l'acide sulfurique à 40 degrés; après quelque temps, lorsque le mélange aura été mis à digérer lentement, on observera que l'albumine du bleu de Prusse est dissous : on édulcore bien ce précipité. Ensuite on met dans un autre vase une livre ou plus de terre de pipe délayée, et on mêle avec cette terre autant de précipité jaune et bleu qu'il est nécessaire pour produire la nuance désirée. On obtient ainsi une très-belle couleur verte qui résiste à l'action de l'air et de la lumière, et qui est bien préférable au vert-de-gris, sous le rapport de la solidité, de la vivacité et du prix. (Barth d'Osnabruck.)

2753. *Vert de vessie.* On prend deux kilogrammes de suc de baies de nerprun dans leur maturité; on y mêle une livre d'eau de chaux et deux onces de gomme arabique; on rapproche le mélange en extrait au bain-marie, et on le laisse sécher dans des vessies.

Cette couleur ne convient que pour peindre en miniature ou à la gouache, et non à l'huile.

2754. *Autre.* Les Valaques, pour obtenir le vert, font dissoudre un kilogramme de sulfate de cuivre dans un vase de cuivre, avec quatre litres d'eau de fontaine; la solution obtenue, ils l'ôtent de dessus le feu; ils mettent ensuite bouillir un litre d'eau dans lequel on délaie 61 grammes d'arsenic blanc et un kilogramme de potasse blanche et sèche; ils filtrent au travers une toile dans un autre vase, puis ils mêlent le tout lentement dans la solution obtenue d'abord, et ils agitent avec une spatule de bois. Pendant plusieurs heures, on laisse reposer le mélange jusqu'à ce que la substance colorante soit au fond du vase; on décante alors et l'on jette quelques verres d'eau chaude que l'on agite également. Cette seconde opération faite, on décante et l'on répéte la même infusion. Enfin on verse le tout sur une serviette, on laisse couler toute l'eau, et lorsque le sédiment est sec, on le subdivise en petites masses sur du papier fort, mais point collé, et on laisse sécher au moyen d'une chaleur presque insensible. De chaque demi-kilogramme d'ingrédiens employés, on obtient plus de 184 grammes d'un vert brillant. (*Bibl. ph. écon.*)

VERT - DE - GRIS, VERT DISTILLÉ ET VINAIGRE RADICAL.

2755. Il ne s'agit, pour faire du vert-de-gris très-pur, c'est-à-dire du vert distillé, que de dissoudre jusqu'à saturation, dans du vinaigre distillé, une chaux de cuivre, celle, par exemple, qu'on aura précipitée du vitriol bleu, ou simplement une mine de cuivre en chaux, filtrer la dissolution, ensuite la faire évaporer; le sel qu'on obtiendra ne différera du vert-de-gris ordinaire qu'en ce qu'il ne contiendra point de chaux de cuivre en excès, de sorte qu'il lui sera supérieur pour l'usage de la teinture.

On peut se servir du moyen que nous venons d'indiquer pour obtenir le vinaigre radical, au lieu d'employer le vert distillé. Il suffit de dissoudre la chaux de cuivre dans le vinaigre distillé, faire évaporer la dissolution et traiter le résidu à la manière ordinaire pour en retirer le vinaigre radical. (Bertholet.)

VESCE NOIRE.

2756. *Usages de la vesce noire.* Les vesces mêlées avec des criblures de blé, dans la proportion de trois cinquièmes de vesces sur deux de criblures, semées à raison d'un peu plus d'un hectolitre par demi-hectare, et coupées au moment où la fleur commence à nouer, procurent un fourrage vert qui profite beaucoup, nourrit et engraisse toutes sortes de bestiaux. On peut leur en donner à discrétion sans craindre les inconvéniens du trèfle et de la luzerne. Si on les fane pour les consommer en sec, elles fournissent un excellent fourrage qui peut égaler le meilleur foin; elles ont de plus l'avantage que les chevaux peuvent en manger en quantité sans devenir poussifs. (*Bibl. ph. écon.*)

VESPETRO.

2757. *Manière de faire le vespetro.* Concassez une once de chaque des graines suivantes : anis, angélique, carvi, cumin, coriandre, fenouil et aneth, qu'on fera infuser dans huit pintes d'eau-de-vie et un sirop fait avec trois livres de sucre et trois chopines d'eau ; au bout de trois semaines d'infusion, on filtrera. (*Art du dist. liq.*)

VESSIE.

2758. *Ulcères de la vessie.* La partie jaune de la fiente de poule sert suivant Schroder à consolider les ulcères de la vessie ; on la fait frire pour cela dans du beurre frais ou dans de l'huile d'olive ; on laisse ensuite refroidir le tout pour en séparer les ordures qui se précipitent au fond. (Buch'oz. *Traité économ. des ois. de basse-cour.*)

VIANDE.

2759. *Moyen de conserver les viandes fraîches dans les grandes chaleurs.* Pour prévenir dans les grandes chaleurs la putréfaction des viandes, il faut les laisser tremper dans du lait caillé ; elles s'y attendrissent et y deviennent beaucoup plus délicates.

On peut aussi, selon les ragoûts auxquels on les destine, faire macérer les viandes dans du vinaigre où on les laisse pendant quarante-huit heures. Si ce moyen tend à les améliorer, il leur communique une saveur forte qui peut déplaire à quelques personnes. Aussi le premier procédé que nous avons indiqué nous paraît préférable. Depuis long-temps il est généralement adopté dans les départemens du Haut et du Bas-Rhin. (*Abrégé théor. et prat. sur la cult. des vignes.*)

2760. *Autre procédé.* On conserve pendant plusieurs mois de la viande fraîche en lui donnant un quart de cuisson dans de bon beurre fondu, où l'on ne la sale et poivre que comme pour l'usage journalier. On la laisse ensuite refroidir, en empêchant les mouches de s'en approcher, et on la met enfin dans des jarres de terre pour verser ensuite dessus le beurre un peu avant qu'il soit figé. (*Bibl. phys. écon.*)

2761. M. Casalet, économiste de Bordeaux, a imaginé pour conserver très-long-temps la viande pour l'usage de la marine, sans être obligé de la saler, d'en faire légèrement sécher les muscles à la douce chaleur d'une étuve, et de la vernisser ensuite avec une colle de gélatine. (*Man. d'écon. domest.*)

On conserve très-bien le gibier, le bœuf et autres viandes, en les enveloppant dans un linge blanc pendant qu'ils sont encore frais, et les mettant dans un coffre que l'on couvre de sable. La viande s'y conserve pendant trois semaines, et elle devient fort tendre, soit que le lieu soit sec ou qu'il soit humide : si le coffre est bien couvert de sable, la corruption sera très-long-temps retardée. (*Idem.*)

2762. *Autre manière.* Le veau, le bœuf, le mouton et le gibier se conservent parfaitement pendant huit à dix jours, dans la plus grande chaleur, si on les couvre d'une couche légère de son bluté, et qu'on suspende les morceaux au plafond d'une chambre élevée et bien aérée, et dans un garde-manger carré qui donne passage à l'air, en écartant cependant les mouches.

Le gibier à poil ou à plume se conserve long-temps, si on lui met autour du cou une corde serrée qui empêche l'air de pénétrer dans le corps, et un morceau de charbon dans l'intérieur, ou bien encore un morceau de sel.

2763. *Autre procédé.* En mettant de la viande dans du lait caillé aigre, on la conserve sept à huit jours dans toute sa fraîcheur. Il y a des personnes qui, pendant une heure, arrosent d'eau bouillante la viande qu'elles veulent conserver, et la frottent ensuite de sel ; et quand au bout de huit à dix jours elles la veulent manger, elles ont soin de l'exposer pendant deux jours à l'air, et de la laisser tremper quelques heures dans de l'eau tiède.

2764. *Autre procédé pour saler les viandes.* On commence par faire dissoudre dans l'eau autant de salpêtre qu'on emploie de sel, selon la méthode ordinaire pour la viande qu'on veut saler. Quand le salpêtre est dissous, on met dans cette eau la viande qu'on a dessein de fumer ; on l'y fait cuire lentement et à petit feu, pendant quelques heures, jusqu'à ce que toute l'eau soit évaporée ; on suspend enfin pendant vingt-quatre heures, et on l'expose à la fumée.

2765. *Moyen d'attendrir la viande.* Attachez une demi-heure à trois quarts d'heure la viande que vous voulez attendrir à une branche de figuier, et couvrez-la des feuilles de cet arbre.

2766. *Viande salée en quarante-huit heures.* Dans la Franconie, on sale et on fume la viande en quarante-huit heures. Pour cela, on dissout dans de l'eau autant de salpêtre qu'on prendrait de sel ordinaire ; on met la viande dans cette eau qu'on fait évaporer à un feu doux pendant quelques heures jusqu'à ce qu'il n'en reste plus ; après quoi, on l'expose pendant vingt-quatre heures à une forte fumée : elle sera alors aussi rouge au dedans et d'un aussi bon goût que celle de Hambourg , qu'on met ordinairement trois semaines au sel. (*Bibl. phys. écon.*)

2767. *Moyen de conserver la viande long-temps quand elle est cuite.* Rangez par couches, dans un vase de terre ou de grès, la viande de boucherie ou la volaille rôtie; arrosez-la ensuite avec une gelée, une sauce ou du jus de rôti; fermez hermétiquement le vase avec son couvercle, dont vous luterez encore les bords avec de la pâte ou du papier, afin d'interdire tout accès à l'air extérieur, et vous garderez ainsi la viande extrêmement long-temps et aussi fraîche que si elle venait d'être cuite.

2768. *Désinfection de la viande gâtée.* Quelque gâtée que soit la viande on parvient à lui rendre la salubrité en commençant par la laver dans de l'eau bouillante, pour en détacher les vers et la moisissure qui la couvrent; en l'enveloppant ensuite dans un sac de toile qu'on remplit de charbon de bois réduit en poudre tamisée, enfin en la faisant bouillir deux heures dans un vase rempli d'eau , où l'on aura mis quelques poignées du même charbon. Pour dernière opération on la retire, on la lave pour la décharbonner, enfin on achève de la faire cuire dans une eau nouvelle avec les assaisonnemens nécessaires.

La soupe et le bouilli qu'on en retirera seront excellens. (Cadet-Devaux.)

2769. *Autre.* Mettez dans une marmite la viande gâtée, écumez-la lorsqu'elle bout, et jetez ensuite dans la marmite un charbon ardent bien compacte et sans fumée. Laissez-l'y pendant deux minutes : alors il aura contracté toute l'odeur de la viande , et vous pourrez la laisser dans la marmite pour en faire la soupe, ou l'en retirer, l'essuyer et la mettre à la broche si vous voulez la mettre en rôti. (Adam, *économiste.*)

VIGNES.

2770. *Moyen de préserver les bourgeons de la gelée du printemps.* Olivier de Serres nous a appris qu'on peut, avec des fumées très-épaisses de paille et de fumier demi-pouri, empêcher les rayons du soleil levant d'arriver jusqu'au bourgeon, qui, sans cela, serait grillé et détruit.

Voici comment on doit pratiquer cette opération d'après les expériences de M. Jumilhac, cultivateur très-habile du département de Seine-et-Oise.

Le propriétaire fait ramasser des herbes et des roseaux ; on les mêle avec de mauvais foin et de la paille mouillée ; on en forme, vers l'est, des rondes de cinquante en cinquante pas ; on en place de même dans les allées intérieures de la vigne, et le long de ses bords ; le propriétaire fait veiller quand il présume que le froid du matin peut être redoutable ; si la rosée n'est pas sensible vers le milieu de la nuit, c'est un pronostic certain de la gelée ; alors, une heure avant le lever du soleil, il fait mettre le feu au tas d'herbe ; on a soin de leur faire donner peu de flamme, mais beaucoup de fumée. Si le vent souffle, il vient ordinairement du nord ou est ou nord-est. On porte alors toute l'attention de ce côté, afin que la fumée se répande sur tous les points de la vigne ; s'il ne fait point de vent, on ne s'occupe qu'à former beaucoup de fumée du côté de l'est, pour combattre les rayons du soleil. (*Traité prat. de la cult. de la vigne.*)

2771. *Greffe de la vigne.* L'art de la greffe consiste à couper net le cep à deux ou trois pouces en terre, quand la séve commence à se mouvoir (mars ou avril), et à le fendre par le milieu dans un espace sans nœud : on insère dans cette fente deux entes taillées en coin par le gros bout, et plus épais d'un côté que de l'autre ; le plus épais, garni de sa partie extérieure, doit s'adapter de manière que son écorce coïncide avec celle du sujet. Après avoir lié la greffe avec un osier, on la bute de terre pour la garantir de l'action du soleil : quand cette opération est bien faite et que le sujet est bon, il en résulte des pousses vigoureuses, que dès la seconde année on peut tailler assez long.

La greffe réussit mal dans les terrains très-caillouteux et arides, parce que le soleil la dessèche avant qu'elle soit prise ; par la même raison, elle prend très-difficilement dans un sol qui n'a pas de fond : hors ces deux cas, elle réussit également dans toutes sortes de terres, pourvu qu'on la fasse bien, en saison convenable, par un bon temps, sur des sujets vigoureux, avec des greffes soigneusement conservées, et pourvu qu'on choisisse des espèces analogues. Pour que la greffe soit bien faite, il faut que le sujet soit sain, qu'il n'y ait pas de nœud à la place que l'on fend, que la fente soit égale et nette, que la coupe du tronçon soit vaste, et que la greffe soit taillée à trois yeux. Le premier œil doit toucher le sujet; le second se trouver à fleur de terre, et le troisième tout-à-fait hors de terre. Il faut que la greffe soit taillée en forme de coin, à commencer au-dessous de l'œil le plus bas, jusqu'à environ deux ou trois pouces en descendant et en diminuant d'épaisseur; que la peau de la greffe touche celle du sujet en autant de points qu'il est possible, et enfin que le tronc soit serré avec un osier mince et souple pour fixer la greffe. (M. Beffroy.)

2772. Choisissez pour greffer la vigne un temps nébuleux et un vent du sud-est au sud-ouest; mais évitez les vents du nord et les soleils ardens avec autant de soin que les jours pluvieux. Les greffes doivent se prendre sur la partie inférieure du sarment; on les coupe à la fin de l'automne, par un temps sec, froid, et lorsque tout mouvement de la sève est interrompu; on les lie en botte par les deux bouts avec de bons osiers, on les étiquette afin de reconnaître, lorsqu'on veut s'en servir, les cépages des différentes qualités, et on les place debout dans le sable d'une cave un peu humide, de manière à ne laisser passer que deux ou trois nœuds de la partie supérieure. Le jour du greffage on les taille avec soin, et on les porte à la vigne dans de l'eau bien claire, ce qui empêche les corps étrangers de s'attacher à la partie coupée, qui, plus ramollie, n'en est que mieux disposée à végéter. (Roard, *Abrégé de la cult. de la vigne.*)

2773. *Taille de la vigne.* L'objet de la taille est d'économiser la sève pour l'employer à en nourrir le maître-brin, seule espérance du cultivateur; d'empêcher le développement d'une grande quantité de sarmens et de feuilles qui, en augmentant l'étendue du cep, multiplieraient ses facultés aspiratoires et empêcheraient la concentration de la sève dans les tiges qui doivent donner des fruits.

Cela posé, établissons les règles de la taille,

1° Pour les jeunes plants; dans la première taille, enlevez entier le jet le plus élevé des deux yeux, et rognez le second au-dessus du premier œil. A la seconde année, si votre vigne est destinée à faire une vigne de moyenne hauteur, taillez sur trois sarmens, enlevez en entier les autres rez de la souche. Pour la vigne basse, ne laissez que deux flèches; un seul œil suffit pour une vigne naine, et c'est sur le sarment le plus bas qu'il doit être formé. Dans tous les cas, on ne laisse sur chaque flèche que l'œil le plus voisin du tronc.

A la troisième taille, donnez un bourgeon de plus à chaque ête; la vigne moyenne doit en avoir au moins trois, rarement

plus de quatre, même parvenue à son plus haut point d'élévation ; deux mères branches suffisent à la vigne basse : ce n'est
jamais que du tronc ou de la souche que doivent partir immédiatement les sarmens à fruits, ou les flèches de la vigne naine,
en préférant toujours les plus bas, de manière cependant que
les raisins ne touchent pas la terre.

A quatre ans, la vigne bien plantée a déjà acquis de la force,
elle commence à donner du fruit ; on peut tailler à deux yeux
sur les deux ou trois sarmens les plus vigoureux.

La cinquième taille demande encore quelques ménagemens
particuliers ; coupez à deux yeux seulement sur le bois le plus
fort ; bornez à un seul bourgeon le produit du sarment inférieur et ne laissez en tout au delà de cinq flèches ; le jeune
plant est enfin devenu une vigne faite.

2° Pour les vieux plants ; une vigne exige les mêmes soins,
les mêmes attentions, que si elle était dans son enfance ; elle
veut être taillée court et souvent ravalée. Le besoin de la
rajeunir donne un grand prix aux jets, quoique d'abord stériles,
qui naissent vers le bas de la souche ; on ne peut apporter trop
de soin à leur conservation, puisque quand on est obligé de
rabaisser, c'est sur leur seul produit que repose tout l'espoir du
vigneron ; qu'une vigne ait été entièrement maltraitée par la
gelée, ne pouvant plus compter sur les arrière-bourgeons,
coupez jusque sur la souche l'ancien et le nouveau bois.

Si des vers ont attaqué et rongé la racine, la vigne aura
jauni et dépéri ; on ne peut être alors trop attentif à tailler
court.

Si, dans l'année même, des gelées de printemps ont fatigué
ou détruit le bourgeon, il faut ravaler sur ceux qui sont res-
tés sains, et, l'année suivante, rabattre sur le seul bon bois
qui a poussé des sous-yeux ou qui a percé de la souche ; si au
contraire, l'année précédente, la vigne a coulé, et que la sève
n'ayant point été employée à produire du fruit, ait fait des
pousses démesurées, on ne risque rien de l'allonger et de la
charger amplement, sauf à la ménager à la taille suivante, si
on la trouve un peu fatiguée.

Dans les années sèches, la vigne fait peu de bois ; alors taillez court, chargez peu ; si l'hiver a été rigoureux, si le bois et
les boutons en bourre ont gelé en partie, ne vous hâtez point
de retrancher le bois gelé ; on peut encore espérer une récolte
sur les arrière-bourgeons.

La température étant devenue plus douce, examinez les
bois qui ont souffert et les yeux qui sont éteints ; tirez sur les

lions bois et sur les bons yeux, dussiez-vous même allonger plus que de coutume, sauf à ravaler l'année suivante, et à asservir la taille sur le bois qui aura poussé immédiatement de la souche.

Quant à la saison favorable à la taille, il faut choisir l'automne ou le printemps. Les partisans de chacune de ces deux méthodes apportent tous de fort bonnes raisons, pour ne pas en conclure que c'est au cultivateur à se déterminer suivant le sol, l'exposition et la nature de son plant.

Une observation extrêmement importante, constatée par une longue expérience, est que, si l'on taille la vigne avant la maturité du bois, on est sûr de la voir périr avant trois ou quatre ans ; en la taillant trop tard, la sève déjà formée s'écoule en pure perte et en appauvrit d'autant le cep. On doit éviter surtout de tailler par les grands froids.

Une attention qui appartient au maître, est de veiller à ce que les serpes de ses ouvriers soient bien tranchantes, afin d'empêcher que le bois ne s'éclate. La coupure doit présenter la forme d'un bec de flûte, et être à un pouce de distance de l'œil le plus voisin et du côté qui lui est opposé. (Roard, *Cult. de la vigne.*)

2774. *Autre.* Ce procédé, qui rajeunit la vigne, a l'avantage de lui faire donner, deux ans après l'opération, une plus grande quantité et une meilleure qualité de raisins.

Pour cet effet, au mois de février jusqu'au quinze avril, on couche la souche dans un fossé de quinze pouces environ de profondeur ; on coupe les sarmens à deux ou trois yeux du tronc, et entre deux boutons, en bec de flûte un peu allongé ; on a des sarmens coupés de la même façon par le gros bout ; on les ajuste l'un sur l'autre, et on les assujettit avec du fil de coton ou de laine qui ne puisse pas les couper ; et on couche le tout dans le four sur une couche de terre bien émiée. On la remplit sans la fouler, on ne laisse sortir de terre que deux yeux et l'on soutient le cep greffé avec un petit échalas. Si l'on fait plus d'une greffe sur une souche, on le divise ainsi que les doigts quand la main est épanouie. La sève se met en mouvement, soude les deux sarmens, et, en passant par la vieille souche, en est plus parfaite, ainsi que la qualité du vin. (L'évêque de Vabres.)

2775. *Moyen d'empêcher les vignes de couler.* Lorsque la vigne entre en fleur, ou même quand elle est en pleine fleur, il faut faire à l'écorce, soit du jeune bois de l'année, soit de celui de l'année précédente, deux incisions circulaires à une ligne de distance l'une de l'autre ; puis enlever ce petit anneau d'écorce compris entre ces deux incisions qui doivent être faites au-dessous de la grappe. (*Bibl. phys. écon.*)

2776. Si l'on retranche des branches d'une vigne, la partie la plus petite des filamens en forme de vrilles qui lui servent à s'attacher, la partie qui forme une aspérité dans celle que l'on conservera, deviendra un petit bouton qui se développera et formera ensuite une grappe. (*Idem.*)

2777. *Engrais excellent pour les vignes.* Le marc du raisin qu'on jette en le retirant du pressoir, mêlé avec le sang des animaux qu'on égorge dans les boucheries, et trois quarts de terre neuve, sont pour les vignes le plus fort engrais qu'on puisse imaginer. On mêle les trois substances, on les met dans une fosse, on y jette de l'eau et les feuilles de vigne ; le mélange fermente, et l'année suivante mis avec sobriété au pied de chaque vigne, la ranime et lui fait fournir des jets et des raisins plus beaux sans jamais l'épuiser. (*Idem.*) ,

VINS.

2778. *Temps de la vendange.* On doit attendre la parfaite maturité du raisin pour vendanger, autrement le vin serait âcre et ne serait pas de garde. Le vrai temps de cette maturité est quand le grain commence à s'attendrir. Pour cet effet, on visite les vignes, on touche le raisin, on le presse entre les doigts ; si le grain étant ouvert, le pepin en sort dépouillé de sa chair, et si le jus colle les doigts, c'est une marque de sa parfaite maturité pour les vins rouges, mais trop grande pour les vins gris de Champagne ; il ne faut pas même que cette maturité le soit à l'excès pour les vins rouges, car alors le vin serait trop doux et ne serait pas de durée.

La cueillette du raisin pour les vins rouges, doit être faite trois heures après le lever du soleil et la dissipation de la rosée, et, autant qu'on peut, pendant le plus grand du jour ; le vin en a bien plus de force et de couleur, et se conserve plus longtemps. A l'égard des vins gris de Champagne, on doit vendanger pendant la rosée ou des jours de brouillard, et tâcher de prévenir la chaleur du jour, parce que la rosée, et surtout le brouillard, attendrissent beaucoup le raisin, en sorte que tout tourne en vin, et on en recueille bien davantage.

Les raisins qui font le meilleur vin, sont ceux dont les grains ne sont pas serrés, parce qu'ils mûrissent plus parfaitement.

On doit préférer les ciseaux à la serpette ; celle-ci ébranle le raisin, et fait tomber les meilleurs grains.

Dans certains pays, on cueille les raisins noirs séparément des blancs, et on met à part les raisins de peu de valeur, pour en faire du vin commun : en d'autres, on cueille indistinctement tous les raisins.

A l'égard de la manière de fouler les raisins, chaque pays a la sienne ; il y en a où on les foule dans la vigne même ; dans d'autres, on apporte la vendange à la maison, sans l'écraser, et on la foule à mesure ; dans d'autres et particulièrement pour le vin rouge, on égrappe les raisins à mesure qu'on les verse dans les tonneaux pour les transporter ensuite ; on les foule avec une pilette de bois, jusqu'à les réduire en vin, après quoi on renfonce le tonneau : dans d'autres enfin, on fait usage d'un grand crible d'archal pour couler le vin.

DIFFÉRENTES FAÇONS DE FAIRE LE VIN.

2779. *Vin rouge ordinaire*. Après que le raisin a été foulé dans la cuve, on doit en laisser cuver le jus plus ou moins long-temps, selon les circonstances. Sil est fin, et par conséquent rempli d'esprit, il suffit de le laisser cuver quatre ou cinq heures. Si cependant l'année avait été pluvieuse, on peut le laisser cuver une nuit ; si le vin est grossier, on le laisse un jour entier avant de porter le marc sur le pressoir. A mesure que le vin sort par la canule qui est au bas de la cuve, et tombe dans un tonneau ou grand baquet enfoncé en terre pour recevoir le vin, on le puise avec des seaux ou autres vaisseaux, selon l'usage du pays, et on le porte par seaux dans des tonneaux disposés pour cela. On doit observer de ne point percer les poinçons neufs, destinés pour le vin de cuvée, que trois ou quatre jours avant le pressurage. Ce temps suffit pour faire exhaler le goût du bois ; mais il faut les faire rincer à l'eau claire la veille du pressurage. Ce qu'on appelle vin de mère-goutte, est celui qui provient des raisins qui n'ont pas été pressurés, ou du moins très-peu.

2780. *Vin de Bourgogne*. Pour faire du bon vin de Bourgogne, on fait trois cueillettes dans les mêmes vignes. La première doit être des raisins les plus mûrs, les plus fins, les moins serrés : on en ôte tous les grains pouris ou verts, et on coupe le raisin fort court, à cause de l'amertume de la queue. La seconde doit être de raisins gros, serrés et moins mûrs, la troisième des raisins verts ou pouris. On mêle tout ce qu'il y a de meilleurs raisins dans chacune de ces vignes, les uns avec les autres : on sépare les grains de la grappe, par le moyen d'une fourche de bois, longue de trois pieds, ayant à l'extrémité cinq ou six fourchons longs d'un pied ; ce qu'on fait en diverses panerées qu'on met dans une petite cuve, et on en ôte à mesure le jus qui en sort ; on doit faire trois cuvées de ces cueillettes : de ce mélange il se forme un vin excellent qui persévère plusieurs années dans sa bonté.

2781. *Vin gris.* On n'emploie pour le célèbre vin gris de Champagne que des raisins noirs : les meilleurs sont ceux qu'on nomme en Champagne morillon, en Bourgogne pineau, et à Orléans auvernas : on y mêle cependant un peu de fromenteau, dont la couleur est d'un gris rougeâtre, tirant sur le blanc. 1° On cueille d'abord ceux qui ont les grains les plus mûrs et les moins serrés ; ensuite les plus gros pour le vin de boisson ; et enfin les verts et les pouris pour le vin commun. Cette cueillette doit être faite, autant qu'il se peut, pendant la rosée et en des jours de brouillard.

2° On doit faire le transport du raisin de la vigne au pressoir sans grande secousse : le meilleur est d'arranger le raisin dans des tonneaux, et de le transporter sur une voiture roulante, et non sur le dos des chevaux.

3° Aussitôt que les raisins sont arrivés de la vigne, on les arrange sur le pressoir, de quelque forme qu'il soit, et on donne promptement la première serre. Le vin qui en sort s'appelle vin de goutte ; c'est ce qu'il y a de plus fin.

4° On relève les raisins écartés de la masse, et on donne la seconde serre, qu'on appelle la retrousse : ordinairement le vin de la première et seconde serre compose la cuvée de vin fin. On arrange les extrémités de la masse et on les taille carrément avec une bêche tranchante, en rejetant dessus les raisins écartés, et on donne la troisième serre, c'est ce qu'on appelle première taille : on met le vin qui en sort à part ; il est la plupart du temps fumeux, parce qu'il renferme tout l'esprit de la masse, et n'est potable qu'au bout de quelques années.

5° On donne la quatrième serre, puis la cinquième, et les autres qui s'appellent seconde, troisième et quatrième taille ; le tout, jusqu'à ce que la masse ne produise plus de jus ; on met aussi à part les vins de ces autres tailles, ou on les mêle suivant qu'ils ont la qualité qu'on souhaite. Le vin des dernières tailles est celui qu'on appelle vin de pressoir, destiné ordinairement pour la boisson des domestiques.

2782. *Vin blanc ordinaire.* Il se fait avec les raisins qu'on

appelle le mélier, le beaunier et le fromenteau; on le foule
dans une cuve à part; on ne le fait point cuver, de peur que le
vin ne devienne jaune, et on le porte au pressoir au sortir de
la cuve.

2783. *Vin muscat.* Pour qu'il soit bon, on doit laisser extrêmement mûrir les raisins muscats; ensuite on les cueille et on
laisse bien fermenter le moût et l'on a un vin clair, blanc et
d'un goût doux, agréable, mais un peu fort.

2784. *Vin gris de perle.* Pour le faire, on met des raisins
noirs de la meilleure espèce, sur le pressoir, aussitôt qu'ils sont
coupés, et on les y pressure. Quand le vin est dans les tonneaux, on doit y mettre, de deux en deux jours, deux pintes
et demie de vin, afin qu'il jette promptement son écume.

2785. *Vin à repasser sur le marc.* Si on a du vin chez soi,
soit rouge ou blanc, vieux ou nouveau, qui pèche ou en couleur ou en force, on peut le repasser sur le marc, en le survi-
dant dans la cuve : on doit le bien mêler avec le marc, et le
laisser cuver environ douze heures, si c'est du vieux vin, et
vingt-quatre, s'il est nouveau, après quoi on le tire et on l'en-
tonne dans des tonneaux, auxquels on met une marque pour
les reconnaître; ensuite on porte le marc au pressoir.

2786. *Entonnage.* La première fois qu'on remplit les tonneaux, on doit les remplir presque entièrement; c'est-à-dire
qu'on puisse du doigt toucher aisément au vin; mais quand le
vin a jeté sa première fougue, on achève de les remplir : on les
couvre de feuilles de vigne, avec un peu de sable dessus, jusqu'à ce qu'on les bondonne.

On ne doit pas se contenter de bien boucher tous les poinçons, pour garantir le vin de la corruption de l'air; on doit
encore, 1° les remplir aussi souvent qu'ils en ont besoin, c'est-
à-dire tous les huit jours, depuis que le vin est entonné jusqu'à la Saint-Martin; depuis la Saint-Martin jusqu'en janvier,
tous les quinze jours; et le reste de l'année tous les mois environ;

2° Les remplir d'un vin pareil à la cuvée, ou du moins qui
ne lui soit pas inférieur, afin de lui conserver sa qualité; au
reste, tant que dure la fermentation, on ne court point de risque de remplir les poinçons d'un vin d'une qualité différente,
et de couper et mélanger les différentes cuvées.

2787. *Tirage au clair.* Le premier doit se faire surtout pour
les vins de Champagne, depuis la fin de novembre jusqu'au
milieu de décembre : le second dans le courant de février, et
le troisième vers le mois d'avril. Pour tirer le vin au clair, on

se sert d'un boyau de cuir, long de quatre à cinq pieds, et d'un soufflet de trois pieds de long. A chaque bout de boyau est un tuyau de bois, dont l'un tient à la canule attachée au bas du vaisseau qu'on veut vider, et l'autre au haut du vaisseau qu'on veut remplir : lorsque le vin est à niveau dans tous les deux, on introduit dans l'ouverture supérieure du tonneau un large soufflet, qui, à force de souffler, contraint le vin de monter dans le boyau et de regagner ainsi le haut de l'autre tonneau. Quand on a vidé une pièce, on en ôte la lie, qu'on met dans de vieux tonneaux : on lave bien la pièce, et elle sert pour en transvaser une autre ; on évite ainsi la nécessité où l'on serait d'avoir un nombre prodigieux de tonneaux ; car, pour conserver le vin blanc, on doit le transvaser souvent, si on ne le met pas en bouteilles, parce que le vin forme toujours une lie fine qui lui donne de la couleur. Après le troisième tirage au clair, on met le vin en cave, après avoir fait relier avec soin les poinçons, et y avoir fait mettre deux cerceaux neufs à chaque extrémité.

2788. *Collage des vins.* On les colle pour les éclaircir. Le premier collage se fait à la mi-mars, avant le tirage au clair, et le second avant le tirage en bouteilles. Pour les vins de Champagne, on se sert de la colle de poisson ; il en faut un gros moins douze grains, pour un poinçon contenant deux cents pintes, mesure de Paris. On la fait dissoudre dans un poêlon sur le feu, dans une quantité d'eau proportionnée à celle de la colle ; on la réduit en boule comme un morceau de pâte, et on la jette dans le vin ; avec un bâton divisé par le bout en diverses parties, on agite le vin avant et après y avoir versé la colle, lorsqu'elle s'est abaissée, ce qui arrive après cinq ou six jours ; on doit retirer le vin du poinçon dans le temps froid ; il se clarifie plus promptement.

On ne doit pas coller ni mettre en bouteilles, les vins rouges de la première année : tant que le vin est dans le tonneau, on doit le remplir tous les mois du meilleur vin que l'on ait, et, s'il se peut, du vin de la même cuvée.

Pour dégraisser le vin, on mêle dans six pintes de vin rouge ou blanc, six onces de tartre rouge de Montpellier ; on jette ce mélange dans le tonneau, qu'on remue bien, et on le laisse reposer douze ou quinze jours.

Pour adoucir un vin rude et vert, on met dans le tonneau une pinte d'eau-de-vie, et deux livres de miel détrempé dans l'eau-de-vie, après l'avoir bien fait bouillir pour en tirer la cire.

Pour l'éclaircir, on met dans le tonneau de la composition

faite avec six onces de sucre réduit en poudre, neuf jaunes d'œufs, les coquilles bien broyées, et deux pintes du même vin, le tout mêlé : on remue le tonneau quelques momens, et on laisse reposer le vin cinq à six jours.

Pour donner de la force à un vin faible, on peut, après avoir bien agité le vin par le bondon avec un bâton fendu, y verser une pinte d'eau-de-vie, et le laisser reposer dix jours avant de le boire.

Pour bien mettre le vin en bouteilles, on doit laisser un demi-pouce de vide entre le vin et le bouchon, et ne pas fermer la cannelle toutes les fois qu'on a rempli une bouteille. Celles en forme de poire, tenant pinte de Paris, sont les meilleures : le verre doit être bien cuit, également distribué; l'embouchure ouverte à l'extrémité, de deux lignes de plus qu'un pouce plus bas, où le bouchon doit pénétrer, et l'ouverture ronde, point tranchante.

Les bouchons doivent avoir un pouce et demi de longueur; ils ne doivent être ni trop mous, ni trop fermes, et taillés bien ronds. On ne doit employer que des bouchons neufs, surtout pour les vins blancs de Champagne.

La ficelle doit être de trois fils, bien torse, bien sèche; le goudron pour goudronner l'embouchure de la bouteille, doit être composé de deux livres de cire jaune, une livre de poix-résine, une livre de poix blanche, et une once de térébenthine; on mêle le tout, et on le fait bouillir dans un chaudron. Les bouteilles étant remplies et bouchées, doivent être couchées de côté sur terre, de façon que le vide qu'on laisse se trouve dans le corps de la bouteille, et non au bout du col.

Pour faire mousser du vin de Champagne, il faut le tirer en bouteilles, depuis le moment du pressurage jusque vers la fin de novembre, parce qu'on le tire alors dans le temps de sa fermentation, et qu'il est dans toute sa force. Au reste, les vins ne moussent pas également toutes les années, ce qu'il faut attribuer à l'inégalité des saisons.

Les vins extrêmement fameux réussissent difficilement à mousser. Ceux qui ne prennent pas aisément la mousse doivent être mis en bouteilles, précisément dans le temps que la sève commence à monter au sarment : à l'égard des vins qu'on ne destine point à mousser, ils ne doivent être mis en bouteilles que lorsqu'ils ont près d'un an.

Pour le mettre en bouteilles et le soutirer, il faut qu'il soit clair et reposé; on perce le tonneau dans le bas, à quatre doigts au-dessus du jable, on y met la cannelle, et on le tire en bouteilles, qu'on bouche bien avec un bouchon de liége.

2789. *Clarification des vins.* Le procédé le plus ordinaire pour clarifier le vin, c'est de le coller; il est connu de tout le monde. Voici un nouveau moyen que M. L.-Ch. Cadet a consigné dans son Dictionnaire de chimie.

Ce procédé consiste à faire rougir des pierres à feu qu'on a auparavant réduites en morceaux, propres à passer par le trou du bondon; et à les jeter incandescentes dans le vin qu'on veut clarifier.

Au bout de six semaines on transvase le vin, et s'il n'a pas acquis encore les qualités désirables, on le soumet une seconde fois au même procédé.

Par-là, non-seulement le vin se clarifie, mais il devient plus doux, plus spiritueux, prend une couleur plus vieille, et possède en un mot, toutes les qualités du même vin qui aurait un an de plus.

2790. *Soufrage du vin.* Pour soufrer les vins qui ont besoin de cette opération, on remplit à moitié un tonneau de vin; on suspend par le bondon, une mèche de coton garnie de soufre, qu'on allume auparavant; on bouche le tonneau; et lorsque le soufre est brûlé, on agite le vin pour qu'il se mêle bien avec la fumée; l'on réitère plusieurs fois cette opération et l'on finit par remplir de vin le tonneau qu'on bouche ensuite le mieux qu'on peut. (*Encycl. méth.*)

2791. Le soufrage a le précieux avantage de prévenir la dégénération acéteuse. (*Dict. d'agric.*)

2792. *Autre.* On fait à Marseillan, près de la ville de Cette, en Languedoc, avec du raisin blanc, un vin qu'on appelle *muet*, et qui sert à soufrer les autres. Pour cela, on presse et foule la vendange, et on la coule de suite, sans lui donner le temps de fermenter. On met le moût dans des tonneaux, qu'on remplit au quart; on brûle plusieurs mèches dessus; on met les bouchons, et on agite fortement le tonneau jusqu'à ce qu'il ne s'échappe plus de gaz par le bondon lorsqu'on l'ouvre; alors on met une nouvelle quantité de moût; on y brûle du soufre dessus, et on agite avec les mêmes précautions; enfin, on réitère cette manœuvre jusqu'à ce que le tonneau soit plein. Ce moût ne fermente jamais, et c'est par cette raison qu'on l'appelle *vin muet*; il a une saveur douceâtre, une forte odeur de soufre, et il est employé à être mêlé avec d'autres vins blancs: on en met deux ou trois bouteilles par tonneau. Ce mélange équivaut au soufrage.

2793. *Mèches pour le soufrage.* La manière de composer les mèches varie sensiblement dans les divers ateliers. Les uns

mêlent avec le soufre des aromates, tels que les poudres de
girofle, de cannelle, de gingembre, d'iris de Florence, de fleurs
de thym, de lavande, de marjolaine, etc., et fondent ce mélange dans une terrine, sur un feu modéré. C'est dans ce mélange fondu qu'on plonge des bandes de toile ou de coton pour
les brûler dans le tonneau. D'autres n'emploient que le soufre
qu'ils fondent au feu, et dont ils imprègnent des lanières semblables.

Le but du soufrage des vins est de les empêcher de passer à
l'acide. Cette opération décolore un peu le vin rouge.

2794. *Nouvelle méthode pour parvenir à faire de bon vin.*
1° On doit être instruit de toutes les qualités de chaque espèce
de raisin.

2° On ne doit pas attendre que les raisins soient trop mûrs
pour vendanger, ni donner dans l'excès contraire en les coupant trop verts.

3° Lorsqu'on veut faire des vins rouges dans lesquels on
mêle des raisins blancs, on doit d'abord faire vendanger les
raisins noirs, qu'on jette dans des tonneaux, et que l'on foule
avec les pieds : cela fait, on met le moût ou jus, et le marc
tout ensemble dans la cuve.

4° Vendanger en même temps les raisins blancs, les fouler,
et les faire passer sous le pressoir pour en exprimer tout le jus,
mais cependant ne les pas trop presser; en jeter le moût seul
dans la cuve par-dessus celui du raisin noir, afin que les deux
liqueurs s'y mêlant, fermentent ensemble. Lorsque la saison
n'est pas froide, la liqueur ne tarde pas à fermenter, les pellicules du raisin s'élèvent à la surface, et en peu de temps tout
le marc est au-dessus du vin qui fermente. On doit remarquer
que les deux tiers de ce marc trempent dans le vin; mais il est
constant que l'autre tiers reste à sec; qu'ainsi, faute de tremper dans le vin, il s'aigrit : or, cette aigreur faisant exhaler
les esprits vineux, se mêle dans une partie de ces esprits; la
liqueur, comme un levain, lui donne un mauvais goût : l'autre partie se répand dans l'air, et y exhale une odeur vineuse,
d'une force qu'on ne peut supporter long-temps sans danger.
Pour remédier à cet inconvénient, l'auteur de cette méthode
a imaginé une cuve par le moyen de laquelle les esprits volatils retombent dans la masse de la liqueur, par le secours d'une
espèce de casque et de tuyau recourbé; de sorte que le vin
fait toutes ses fonctions dans cette nouvelle cuve, aussi librement que dans les cuves ordinaires, sans perdre ses esprits, et
toutes les parties de la vendange y sont mises à profit, parce

que l'air a la liberté de sortir par le goulot de tuyau qui amène
les esprits, le vin se façonne ainsi parfaitement, en ménageant
à l'air cette liberté. Cette invention conserve au vin toute sa
force, et lui en donne même dans le cas où il n'en aurait pas
assez : on peut, de cette manière, laisser travailler le vin avec
les pellicules du raisin, jusqu'à ce qu'il en ait détaché assez
pour lui donner une couleur foncée. Lorsqu'on voit que le vin
est bien coloré, et que sa grande fermentation a cessé, on doit
le tirer de la cuve, et on le transvase dans un autre vaisseau
bien net et rincé avec du vin ; s'il a déjà contenu du vin auparavant, il en sera meilleur. Plus le vaisseau où on met le vin
en pourra contenir, mieux le vin se conservera.

Comme le vin y fermentera quelque temps, on doit lui laisser
la liberté de sortir par le bondon, sans quoi le tonneau pourrait
crever ; mais, de peur qu'il ne s'échappe trop d'esprits volatils,
on élève sur le tonneau un casque ou chapiteau, dont le collet
doit être proportionné au bondon ; on peut ensuite laisser le
vin passer l'hiver dans cet état, après quoi on le bouche entièrement.

Un moyen d'avoir du vin excellent, serait de le mettre dans
de grands vaisseaux appelés foudres, et capables, s'il était possible, de contenir le vin d'une récolte. Les douves d'un tel
vaisseau ou tonneau doivent avoir bouilli dans le goudron, et
être d'une épaisseur proportionnée à leur grosseur, c'est-à-dire
depuis un pouce jusqu'à deux. Les cerceaux doivent être de
longues planches de chêne, pliées en rond par le moyen du
feu ; il faut qu'elles soient de longueur suffisante, comme le
bois qui fait le tour d'un crible ; qu'elles entourent le vaisseau,
et croisent par-dessus l'autre bout : les cerceaux doivent être
larges d'un pied, épais d'un pouce ou deux ; on choisit pour
cela des arbres un peu cintrés et disposés à la courbure, afin
qu'ils serrent les douves, à mesure qu'on les fait avancer. On
doit les scier sur le sens de la courbure, pour que toutes les
planches se trouvent cintrées : on pourrait, au lieu de ces cerceaux, se servir de cerceaux de fer, comme on le fait dans
quelques pays. Ces sortes de foudres doivent avoir au dedans
une pièce de bois, qui, au moyen de deux boulons, retiendra
les fonds directement au centre du tonneau, pour qu'ils ne
puissent jamais s'écarter ; si avec cela on bouche tous les pores
avec du goudron, le vin se conservera des siècles. Si on n'a pas
des vins aussi parfaits que le cru du terrain le comporte, c'est
faute d'avoir examiné ce qui peut contribuer à lui donner ce
degré de perfection suivant sa nature.

Or, les défauts de la plupart des vins viennent, comme on l'a

dit ci-dessus, 1° en ce que la liqueur en fermentant n'agit pas sur
toute la vendange ; 2° de ce qu'une partie du marc s'aigrissant
alors, attendu qu'il reste à sec, communique au vin une partie
de cette aigreur, laquelle aigrit comme un levain toute la
masse ; 3° de ce que la plupart des parties volatiles les plus spiritueuses s'exhalent et causent un affaiblissement dans la liqueur ; 4° de ce que l'on met le vin dans de petits vaisseaux
d'un bois mince, qui ne peuvent pas le conserver dans toute
sa qualité, parce qu'une bonne partie des esprits s'évapore ;
5° de ce que n'y ayant pas une assez grande quantité de vin
rassemblée, les molécules vineuses ne peuvent pas travailler
avec assez de force pour s'épurer et se dégager des parties ter-
restres et grossières qui, avec le temps, forment un dépôt qu'on
appelle lie.

2795. *Accidens et maladies qui surviennent aux vins après
avoir achevé leur fermentation.*

Vin fûté. Il n'est pas toujours au pouvoir du vigneron
de corriger le goût de fût dans les vins qui l'ont une fois contracté, mais on peut l'affaiblir de manière à en rendre la boisson tolérable, en les tirant à clair, en les mélangeant avec de
gros vins, en les transvasant dans un autre tonneau récemment
vidé, en les passant sur la lie du vin non vicié, et en roulant
souvent à la cave le vaisseau qui les contient.

Quoique l'eau de chaux, l'acide carbonique, le gaz muriatique oxigéné aient été vantés successivement comme moyen
sûr de diminuer le goût de fût, il est à craindre, en leur supposant une pareille propriété, que ces fluides n'exercent en
même temps une action immédiate sur le principe de l'odeur,
de la saveur et de la couleur des vins, et ne leur communiquent
plus d'imperfection qu'ils n'en avaient auparavant.

Pour arrêter à sa source le goût du vin fûté, il faut recher-
cher les douves viciées dont les tonneaux sont formés, c'est-à-
dire celles qui proviennent des planches les plus voisines des
racines, de l'écorce de l'arbre, au pied duquel les fourmilières
s'établissent pendant la végétation, en substituer d'autres à
leur place : moyennant cette précaution, les futailles peuvent,
sans inconvéniens, servir la même année et les années suivantes.

2796. *Vin gâté.* Lorsque le vin est surpris par le froid, au
point d'être gelé, on doit adapter une cannelle à chacun des
tonneaux pour le soutirer et pratiquer au-devant de la pièce

un fausset, pour en faire sortir le vin dans la proportion du
volume qu'acquièrent toutes les liqueurs susceptibles de congélation.

Au moment où le dégel s'annonce, il ne faut pas perdre un
instant pour soutirer le vin, en séparer les glaçons qui restent
suspendus et adhérens aux parois des tonneaux, et pour peu
qu'il coule d'une manière languissante, on peut, au moyen
d'une verge de fer qu'on introduit par la bonde, rompre les
glaçons; et s'ils sont assez divisés pour être entraînés en même
temps que le vin, on les arrête par une toile claire ou une gaze
étendue sur un entonnoir; les vins ainsi dépouillés de leurs
glaçons sont transvasés dans des tonneaux propres qu'on a eu
soin de soufrer.

Ceux qui tiennent une conduite opposée à celle que nous
traçons, c'est-à-dire qui attendent que le dégel soit effectué pour
opérer ce transvasement, loin de sauver leur vendange s'expo-
sent à la perdre entièrement : les glaçons, résous brusquement
en liqueur, demeurent confondus dans les vins sans y former
de combinaison, et les rendent d'autant plus faibles et plats,
que l'eau, qui en était une des parties constituantes, est devenue, en subissant l'action du froid, fade et crue.

Les petits vins de peu de garde qui ont été frappés par le
grand froid, et dont on a séparé les glaçons, éprouvent sans
doute un déchet; dépouillés de la partie aqueuse qui les fait
passer aisément à l'aigre, ils deviennent plus spiritueux; et
mêlés avec une certaine quantité de bon vin, ils peuvent se
transporter sans s'altérer.

2797. *Vins qui déposent.* Suivant les crus et les années, les
vins, à mesure qu'ils vieillissent, déposent une matière dont
la nature et les propriétés ne sont pas comparables à la lie.
Cette matière ne se précipite que parce que le fluide qui la tenait en dissolution a formé de nouvelles combinaisons; elle est
de deux espèces : l'une occupe le fond des bouteilles et n'est
que du tartre; l'autre, spécifiquement plus léger, adhère aux
parois qu'elle tapisse.

Mais elle n'a pas sur les vins la même influence que la lie,
regardée avec raison comme un des germes de leur composition, elle les trouble par la secousse qu'on imprime à la bouteille; si on veut les boire, pourvus de toute leur transparence,
il faut les transvaser avec adresse au moment de les mettre sur
la table.

C'est particulièrement pour les vins fins qui ne sont pas
d'une consommation journalière, et pour les vins de liqueurs,

destinés à être gardés un certain temps, que le transvasement concourt directement à leur conservation ; on change alors de bouteilles et de bouchons : c'est une affaire de patience qui s'opère lentement, jusqu'à la dernière cuillerée que l'on rejette.

Indépendamment du mauvais goût que le bois vicié, neuf ou malpropre, communique aux vins, ceux-ci deviennent quelquefois noirs, par l'action de la matière astringente ou tanin contenu dans les douves des tonneaux, qui décompose la partie colorante rouge ; dans ce cas, il faut ajouter par pièce quelques onces de crème de tartre en poudre, lui imprimer du mouvement : la couleur ne tarde pas à se rétablir.

2798. *Vin qui a le goût de moisi.* On assure qu'en transvasant ces vins dans un vaisseau bien conditionné, soufré, et auquel on aurait ajouté quelques onces de noyaux de pêches, il serait possible de diminuer le goût de moisi ; d'autres prétendent qu'en coupant des nèfles bien mûres en quatre, les enfilant et les laissant macérer dans le vin pendant un mois, et les retirant ensuite, elles ont la propriété d'absorber le mauvais goût ; enfin, il y en a qui conseillent d'y infuser pendant deux ou trois jours du froment, ou une croûte de pain grillée. Mais il est peu de moyens pour corriger un pareil défaut : on le prévient par le nettoiement exact des tonneaux et des bouteilles, mais surtout par le choix des bouchons. Le liége avec lequel on les fabrique contient très-souvent plus de principe astringent qu'à l'ordinaire, et comme ce principe se moisit très-aisément, lorsqu'il se trouve en contact avec le vin et l'humidité des caves, il faut avoir la précaution, ainsi que le font déjà plusieurs négocians en vins fins de Bourgogne, de mettre macérer les bouchons dans l'eau chaude, et de les faire sécher avant de s'en servir.

2799. *Moyen d'enlever le goût de moisi au vin.* Prenez un carreau d'acier, faites-le rougir au feu, et plongez-le bien rouge dans le tonneau par la bonde : le vin qui aurait le goût de moisi le perdra si vous le laissez ensuite reposer pendant vingt-quatre heures.

Un bâton de pâte de froment à demi cuit au four, retiré, couvert de clous de girofle, remis au four jusqu'à parfaite cuisson, et suspendu dans le tonneau sans toucher au vin, lui enlève aussi le goût de moisi.

Il en est de même des nèfles bien mûries sur la paille, ouvertes ensuite en quatre, liées avec un fil et suspendues dans le tonneau, en sorte qu'elles soient couvertes de vin.

2800. *Vins qui graissent.* Tous les vins en général sont plus ou moins sujets à cette maladie, c'est-à-dire à perdre leur fluidité, pour prendre une consistance lintescente, qui produit cet état qu'on appelle *filer* ou *graisser.*

Mais c'est spécialement aux vins blancs, et surtout aux vins mousseux, que ces accidens arrivent le plus fréquemment, parce que vraisemblablement on les met en bouteilles avant d'avoir subi les diverses périodes de la fermentation.

On peut remédier à cette maladie des vins par différens moyens. Le plus simple consiste à les transvaser sur la lie d'un tonneau récemment vidé, et à leur imprimer du mouvement, à les couler à la cave et à les tirer à clair dans une autre pièce, à les clarifier s'ils sont rouges, et à les coller s'ils sont blancs.

2801. *Dégraissage du vin.* Pour empêcher les vins de tourner à la graisse en vieillissant, on prend deux onces de la meilleure colle de poisson ; on la met en morceaux ; on la fait dissoudre à froid dans une chopine de vin blanc ; on la jette par la bonde dans le tonneau ; on remue fortement le vin, et on le laisse reposer. (*Encycl. méth.*)

Des copeaux de hêtre ou de chêne, mis dans le tonneau, empêchent aussi les vins de tourner au gras.

Si les vins filent en les soutirant, on les passe dans un entonnoir plein de paille brisée.

2802. *Autre.* Prenez une demi-once et de sel commun et de gomme arabique, et de cendres de sarmens ; mettez le tout dans un cornet que vous attacherez au bout d'un bâton, et que vous introduirez dans la bonde du tonneau ; vous agiterez le vin pendant un quart d'heure : au bout de ce temps il sera dégraissé. (*Bibl. phys. écon.*)

2803. *Vins acides.* L'acidité dans le vin est un défaut naturel ; mais c'est un défaut qui peut se corriger aisément. Il suffit de jeter dans une pièce de 250 bouteilles environ, depuis une once jusqu'à trois onces de chaux vive, étendue dans une chopine d'eau. La quantité dépend du plus ou moins d'acidité du vin. (*Caron. Manuel d'écon. domest.*)

2804. *Vins trop verts.* Si, à l'époque des vendanges, le raisin n'a pas atteint le degré de maturité convenable, et qu'on soit forcé de le cueillir pour éviter qu'il ne pourrisse, la meilleure pratique adoptée à la cuve en fermentation ne produira jamais qu'un vin médiocre et de peu de durée, à moins que l'art ne vienne au secours de la nature.

Ce serait donc alors le cas d'imiter la pratique des anciens, de jeter dans la cuve une poignée de plâtre, ou plutôt de car-

bonate de chaux, puisque le premier n'a d'action que parce
qu'il contient cette dernière; d'y ajouter ensuite du moût
concentré, des sirops ou conserves de raisins, dans les proportions relatives, et de régler la fermentation sur l'espèce de
vin que désire le consommateur. La dépense que cette pratique occasionera sera amplement compensée par le plus haut
prix qu'on retirera des vins.

Ce moyen, simple et facile, de corriger les vins de la vendange, est infaillible pour diminuer la quantité d'acide, toujours trop abondant dans les fruits verts, pour augmenter la
spirituosité, et donner à tous les vins, quelle qu'en soit la
source, la faculté de se conserver et de se transporter, et un
degré de force que la plupart ne peuvent atteindre.

C'est dans le tonneau que les vins perdent leur âpreté, leur
verdeur, et qu'ils mûrissent, c'est-à-dire que la totalité du principe sucré est décomposée, et forme le complément de la fermentation; c'est en bouteilles qu'ils s'affinent et se perfec-
tionnent : dans le premier cas, le travail auquel ils sont soumis
d'une vendange à l'autre est plus vif et plus rapide; dans le
second, au contraire, il est plus lent et moins tumultueux.

Une fois que la clarification, soit par les blancs d'œufs, soit
par la colle de poisson, les a dépouillés entièrement du principe de la fermentation, les vins ont besoin d'être divisés en
petites masses pour atteindre le dernier degré d'élaboration;
un vin vert mis en bouteilles conserve toujours ce caractère;
loin de s'améliorer, il n'a pas les élémens nécessaires pour
changer de qualité.

2805. *Vins qui tournent à l'aigre.* Quand les vins se trou-
blent tout à coup, que leur surface se couvre de ces filamens
blancs nommés *la fleur du vin*, qui dans les bouteilles occupent le goulot, c'est un signe que l'air extérieur s'y est introduit,
et que leur perte est prochaine.

Le sel de saturne, la céruse et la litharge, prescrits comme
moyens d'améliorer les vins, doivent être sévèrement inter-
dits.

Il faudrait alors mettre à profit l'observation de M. Béru
(*Bulletin de Pharmacie*, n° 4), qui est parvenu à sauver
des vins piqués en arrosant dans les temps critiques les tonneaux à l'extérieur, ce qui produit du froid par une évaporation continuelle de l'eau. A la vérité, ce moyen, qui diminue
sensiblement la chaleur des caves, a l'inconvénient de les
rendre humides, en même temps qu'il expose les tonneaux à
pourir et les cercles à éclater; mais, pour y obvier, il propose
de cercler en fer et de vernir les tonneaux.

2806. *Vins tournés.* Pour rétablir les vins tournés, on se
sert, dans l'automne, de grappes de raisins frais qu'on insère
par le bondon de la futaille, en prenant bien garde de ne pas
les écraser. Dans les autres saisons de l'année, on y met des
copeaux, ou mieux encore des rubans de hêtre qu'on prend
chez les menuisiers, et qu'on a soin de faire bouillir et sécher
au soleil. Au bout de deux ou trois jours, le vin tourné reprend
sa première saveur. (*Encycl. méth.*)

De nouvelles expériences ont prouvé qu'on parvenait au
même but en soutirant de la futaille le tiers du liquide qui y
était contenu; en le remplaçant par du résidu encore frais de
vendange dont on remplissait le vase; en le remuant bien et
long-temps; enfin, en le laissant fermenter encore : les vins
reprennent bientôt leur première qualité : même ceux de Bourgogne déjà mis en bouteilles.

En général, les vins bien fermentés et dépouillés de leur lie
ne courent aucun risque de décomposition. (*Dict. d'agr.*)

2807. *Vins besaigres.* Le vin besaigre, que bien des personnes ne peuvent boire, se rétablit en y versant un peu de
sel alkali fixe, comme le sel de tartre alkali, qui, absorbant
l'esprit acide, lui rend son goût et son odeur besaigres.

Il faut avoir soin de ne pas y mettre trop d'alkali, sans quoi
le vin deviendrait noir comme de l'encre, ce qui n'est pas
cependant sans remède; car en mettant dans ce vin un acide
quelconque, il se combine avec l'excès d'alkali; et la couleur,
l'odeur et la saveur du vin reparaissent bientôt.

Si le vin était devenu noir sans le secours de cet alkali,
deux livres de crème de tartre pulvérisée, mises dans le tonneau que l'on ferait rouler trois fois par jour, auraient dans
peu décomposé la partie colorante et la partie alkaliscente de la
matière astringente du chêne, dont proviendrait la couleur
noire du vin. (*Encycl. méth.*)

Pour raccommoder les vins aigres, on jette dans le vase qui
les contient environ une demi-once d'esprit-de-vin tartarisé
par bouteille : on l'agite bien pour former le mélange, et on
le laisse ensuite reposer pendant quelques jours. (*Idem.*)

2808. *Moyen d'empêcher les vins de s'aigrir.* Prenez à la
Saint-Martin un demi-muid de vin; faites-le bouillir jusqu'à
la consomption de la troisième partie, et mettez quatre pintes
de cette liqueur dans chacun de vos tonneaux, avec deux morceaux d'encens, gros comme une noix chacun, et bouchez bien
la bonde.

Un picotin d'orge qu'on fera bouillir dans quatre pintes d'eau de fontaine, jusqu'à ce qu'il n'en reste que deux, mis dans un tonneau qu'on laissera reposer, empêchera aussi le vin de s'aigrir, quelque propension qu'il y ait.

Si l'on jette dans la cuve, avec les raisins, autant de poignées de sel gris que vous devez avoir de pièces de vin, le vin acquerra un bouquet plus agréable et ne tournera pas à l'aigre. (*Man. d'écon. domest.*)

2809. *Dégénérescence des vins.* Des vins d'excellente qualité perdent quelquefois en vieillissant leur parfum et leur feu. Le traitement suivant est propre à leur rendre toute leur qualité et toute leur vigueur.

Avoir un fût fraîchement vidé de bon vin ; le recuviner avec une pinte et demie de bonne eau-de-vie ; verser le vin en agitant les bouteilles, pour entraîner le dépôt ; ajouter de la cassonade brune une livre et demie ; tartre, 2 onces ; raisins secs, 12 onces ; iris de Florence en poudre, 1 gros et demi.

Faire dissoudre le tartre et la cassonade ; amollir le raisin ; ajouter l'iris dans la pièce, la bondonner et la rouler : au bout de quinze jours ou un mois, coller et mettre en bouteilles. (Cadet-de-Vaux.)

2810. *Amélioration des vins.* Préparé dans les bonnes années, et conservé dans un lieu sec, simplement bouché d'un gros papier, le sirop de raisin est un puissant secours pour aider à la fermentation du moût, et par suite augmenter la spiritualité du vin dans les années où la maturité du raisin éprouve de la contrariété. (Parmentier.)

2811. *Moyen d'ôter le mauvais goût au vin.* On transvase le vin dans une futaille fraîche où il y ait eu de bon vin ; on fait un gâteau de farine de seigle simplement ou avec des carottes écrasées et mêlées avec cette farine ; on le fait cuire et on l'expose tout chaud sur l'ouverture du bondon. On réitère plusieurs fois cette opération, si le mauvais goût du vin n'a pas disparu à la première ou à la seconde. (*Le Vigneron expert.*)

2812. *Autre.* On peut dégager les vins des goûts défectueux, comme d'herbages, de terroir, de fût et de moisi. Les deux premiers goûts étant principalement affectés à la lie, il faut les soutirer peu de temps après qu'ils sont faits, et les mettre dans une lie étrangère, riche et généreuse ; au bout de trois semaines on les soutire de nouveau dans des futailles bien émincées et qu'on a soin de soufrer, ensuite on les colle avec des blancs d'œufs et de l'alun calciné. On peut aussi les couper avec d'autres et les passer sur des copeaux râpés.

Quant aux vins qui ont le goût de fût ou qui sont chancis, on les rétablit en y ajoutant un petit sachet contenant quatre onces de baies de laurier et une écorce d'orange pulvérisée avec un peu de limaille de fer, pour que le sachet ne surnage point. On remplace les baies de laurier et l'écorce d'orange, par une livre de froment bien grillé qu'on met et qu'on suspend dans le tonneau.

Les vins moisis cessent d'en avoir le goût, si ayant pris du genêt avec six feuilles d'orvale (toute-bonne), on en fait un petit paquet de cinq à six pouces de longueur, et gros de façon à pouvoir entrer dans la bonde du tonneau. On l'y suspend dedans, et après huit jours d'intervalle on goûte son vin de demi-heure en demi-heure, jusqu'au moment où l'on s'aperçoit qu'il a perdu son mauvais goût. On ajoute quelquefois au genêt et à l'orvale un gros d'iris de Florence pour donner au vin un parfum agréable. (*Encyclop. méth.*)

2813. *Moyen de corriger les vins viciés.* Prenez une partie de bon miel, deux parties d'eau de pluie, et une partie de vin vineux de la même qualité et en bon état ; faites-les bouillir à un feu modéré jusqu'à la consommation d'un tiers, ayant soin de l'écumer de temps en temps, et mettez ce mélange dans un vase où vous le laisserez refroidir. Cet élixir, mis dans un tonneau, améliore les vins vieux ou nouveaux, les clarifie et les corrige du mauvais goût qu'ils peuvent avoir. On en met quatre pintes dans un vaisseau de deux cent cinquante-deux pintes, on le remue, et on le laisse ensuite reposer cinq ou six jours. Si le vin était trop doux on y ajouterait de la semence de moutarde blanche. (*Bibl. ph. écon.*)

L'alkali fixe ajouté au vin, enlève l'acidité qu'il ne perd qu'avec l'âge, et le fait paraître plus vieux ; mais comme cette addition diminue la force du vin, on supplée à cet inconvénient en y ajoutant aussi un peu de vieille eau-de-vie de France. (*Encycl. méth.*)

2814. *Vins colorés artificiellement.* Pour connaître les vins colorés artificiellement, on commence par y verser une dissolution d'alun ; on précipite ensuite la terre en ajoutant de la potasse liquide ; l'alumine, en se précipitant, entraîne avec elle la matière colorante plus ou moins altérée ; mais quel que soit le vin sur lequel on a fait l'expérience, s'il est naturel, le précipité est *vert de bouteille*, plus ou moins foncé, suivant que le vin était plus ou moins coloré.

Une suite d'expériences ont prouvé que les vins colorés :
Par le tournesol, donnait un précipité violet clair.
Par le bois d'Inde. . . . . prune de monsieur.
Par l'hyèble ou le troène . . . . . . violet bleuâtre.
Par l'airelle. . . . . couleur de lie sale.
Par le bois de Fernambouc . . . . . laque rouge.

Ainsi toutes les fois que l'alun, uni au vin et précipité par la potasse, ne donnera pas une nuance verte, on peut affirmer que le vin a été coloré artificiellement. (L.-Ch. Cadet, *Dict. de chim.*)

2815. *Vins avivés par l'alun.* Quelques marchands de vin sont dans l'usage d'y faire dissoudre une certaine quantité d'alun pour en aviver les couleurs. Cette méthode est dangereuse lorsque l'alun est employé à forte dose.

Le vin aluné resserre le ventre, cause des douleurs d'estomac. Il cause des obstructions et le marasme.

On peut découvrir cette fraude, en jetant dans le vin quelques gouttes de dissolution mercurielle par l'acide nitrique. Lorsque le vin contient de l'alun, il se forme alors un précipité produit de la décomposition de l'alun, qui forme du sulfate de mercure et du nitrate d'alumine. (*Man. d'écon. dom.*)

2816. *Falsification des vins.* Un moyen assuré pour connaître la présence du plomb dans le vin, est l'instillation de l'éther sulfuré qui détermine sur-le-champ un précipité plus ou moins considérable. (Favre, *Pharm.*)

2817. *Mélange des vins.* L'art de couper les vins, de les corriger l'un par l'autre; de donner du corps à ceux qui sont faibles, de la couleur à ceux qui en manquent, un parfum agréable à ceux qui n'en ont aucun ou qui en ont un mauvais, ne saurait être décrit : c'est toujours le goût, l'œil et l'odorat qu'il faut consulter; c'est la nature très-variable des substances qu'on doit employer, qu'il faut étudier. Il suffira d'observer que tout se réduit : 1° à adoucir et sucrer les vins, par l'addition du moût cuit, du miel, du sucre, ou d'un autre vin très-liquoreux; 2° à colorer le vin par une infusion de pains de tournesol, le suc des baies de sureau, le bois de campêche, et surtout par le mélange d'un vin noir et généralement grossier, tels que ceux de Saint-Gilles, en Languedoc, et du Cher, dans la Touraine; 3° à parfumer le vin par le sirop de framboises, l'infusion des fleurs de la vigne, qu'on suspend dans le tonneau, enfermées dans un nouet, ainsi que cela se pratique en Egypte; 4° à mêler de l'eau-de-vie aux vins qu'on veut rendre plus forts, pour les accommoder au goût de certains peuples et d'un grand nombre de consommateurs, etc.

On fabrique dans l'Orléanais et ailleurs, des vins qu'on appelle *vins râpés*, et qu'on fait, soit en chargeant le pressoir d'un lit de sarmens et d'un lit de raisins alternativement, soit en faisant infuser des sarmens dans le vin. On les laisse fortement bouillir et on se sert de ces vins pour donner de la force et de la couleur aux petits vins décolorés des pays froids et humides. (Pfluguer, *la Maison des champs.*)

2818. *Moyen de reconnaître le vin frelaté.* Prenez une partie d'orpiment, deux de chaux vive, faites-les dissoudre dans du vin, et filtrez cette dissolution. Lorsqu'on voudra éprouver du vin, on en mettra dans un verre et on y versera goutte à goutte de la dissolution dont nous venons de parler. Si le vin est frelaté, il se troublera, et il prendra une couleur brune; si au contraire il n'est pas frelaté, il ne se troublera point. (*Encycl. méth.*)

2819. Pour s'assurer si le vin n'a pas été frelaté avec de la litharge ou toute autre matière nuisible, il suffit d'y introduire une petite quantité d'urine, et d'attendre qu'elle ait opéré une décomposition, ce qui se reconnaît au précipité ou dépôt qui se forme au fond du verre. Lorsque ce précipité est d'un beau rouge vineux, il n'existe aucune sophistication; s'il est au contraire noirâtre, et qu'en le prenant entre ses doigts on y découvre quelques parties brillantes, la fraude est alors évidente et dangereuse, et si l'on pose ce résidu sur une pelle rougie au feu, il laissera des traces métalliques.

Un moyen aussi très-sûr pour découvrir l'altération du vin par le plomb, c'est de le faire évaporer et de le pousser ensuite au grand feu dans un creuset. Lorsqu'il contient du plomb, on trouve après l'opération un petit culot de ce métal dans le creuset. (*Man. d'écon. domest.*)

2820. *Moyen de tirer d'une cuve le meilleur vin.* Faites emplir une cuve de raisins sans fouler les grappes; laissez-les ainsi pendant quelque temps, tournez ensuite le robinet et vous verrez sortir le vin mûr, produit par les grains de raisin les plus mûrs exprimés par le propre poids des grappes. Ce vin sorti, faites fouler les raisins et vous n'en obtiendrez plus que de la seconde qualité. (*Encyclop. méth.*)

2821. *Vin cuit.* Pour préparer le vin cuit du Midi, on verse dans un chaudron placé sur le feu, douze pintes de moût; quand la liqueur entre en ébullition, on enlève l'écume et on pousse l'évaporation jusqu'à la réduction à la moitié ; on met la liqueur toute bouillante, sans la passer, dans la cruche où il y a partie égale d'eau-de-vie, c'est-à-dire six pintes ; on y ajoute ensuite une pincée d'anis et de coriandre, un gros de cannelle de la Chine, l'amande osseuse de six abricots et d'autant de pêches ; on bouche la cruche avec un bouchon de liége recouvert d'un linge mouillé ; on la laisse dans un endroit tempéré. Après quarante-huit heures de séjour, on passe la liqueur à travers un linge mouillé, on la remet dans la cruche, et on l'y laisse pendant l'hiver ou jusqu'à ce qu'on la tire au clair, en la filtrant par la chausse pour la mettre en bouteilles.

Dans le Nord, on expose au feu douze pintes de moût, on le réduit aux deux tiers par l'évaporation, et l'on verse la liqueur dans une terrine où on la laisse deux jours. Au bout de ce temps, on enlève avec une écumoire la pellicule saline qui en recouvre la surface, et on la décante. Cette liqueur, mise sur le feu, est versée bouillante dans une cruche où se trouvent quatre pintes d'eau-de-vie ; on y ajoute les aromates en même quantité et l'on procède pour le reste comme dans le Midi. (*Dict. d'agr.*)

2822. *Elixir pour le vin.* On bonifie sur-le-champ le vin le plus commun au moyen de l'élixir suivant :

Prenez une demi-livre de bonnes cendres gravelées, soit d'Angleterre, de Bourgogne ou d'Orléans ; faites-les bien calciner dans une cuillère de fer ; écrasez-les ensuite et les mettez dans un vaisseau de terre avec gros comme une noisette de chaux vive, sur quoi vous verserez la sixième partie d'une pinte de bon esprit-de-vin ou d'eau-de-vie rectifiée ; une heure après vous en tirerez la teinture, soit à la chausse, soit à travers le gros papier gris, et vous boucherez bien le vase où vous mettrez votre élixir.

On en met ordinairement une pinte dans une pièce, jauge d'Orléans ; mais on prévient qu'on ne doit faire usage de cette liqueur qu'au fur et mesure de ce qu'on veut consommer de vin ; pour cet effet, on en met quinze ou seize gouttes par bouteille, et deux dans un verre de vin.

Nous croyons devoir prévenir les personnes qui auraient quelque répugnance à boire de ces vins ainsi bonifiés, que la composition de l'élixir n'a rien absolument de nuisible à la santé. (*Encycl. méth.*)

2823. Il est un second moyen de bonifier les vins ; il con-

siste à prendre une livre du meilleur tartre et du pays le plus
accrédité par la qualité de ses vins; ajoutez-y une livre de
miel commun et une livre d'orge; faites d'abord bouillir et
fondre le tartre dans huit pintes d'eau de rivière bien claire;
jetez alors l'orge dessus; faites-la bouillir jusqu'à ce qu'elle soit
crevée; mettez-y le miel que vous ferez fondre sans l'écumer;
passez le tout dans un linge que vous tordrez jusqu'au sec, et
jetez cette composition dans une feuillette vide, contenant cent
cinquante pintes que vous remplirez de moût sortant du pressoir. Le vin que vous ferez ainsi aura la même qualité que celui
qui aura fourni le tartre, l'expérience l'a prouvé. (*Encycl.
méth.*)

2824. *Manière de connaître s'il y a de l'eau dans le vin.*
1° Mettez des poires ou pommes sauvages dans le vin; si elles
surnagent, le vin est pur.

2° Mettez-y un œuf : s'il descend incontinent, le vin est
mêlé avec de l'eau; s'il tarde quelque temps à descendre, le
vin est pur.

3° Jetez un peu de vin sur un morceau de chaux vive :
s'il est mêlé avec de l'eau, la chaux se dissoudra; dans le cas
contraire, elle conservera sa forme et sa dureté.

4° Prenez du vin dans les mains, frottez-les ensuite : si la
liqueur s'y arrête et paraît visqueuse, vous pouvez être assuré
qu'il n'y a pas d'eau; si au contraire le vin ne s'attache pas
aux mains, c'est une preuve qu'il y en a. (*Encycl. méth.*)

VINS FACTICES.

2825. *Moyens de reconnaître les vins imités.* Pour connaître
si les vins ont été imités, prenez une petite bouteille de verre
blanc, mettez-y le vin que vous voulez éprouver; mettez de
l'eau claire dans un grand gobelet de verre; renversez la petite
bouteille, de manière qu'elle soit renversée sur votre pouce,
et la tenant ainsi bouchée, trempez le pouce et le col de la
bouteille dans l'eau du gobelet, retirez le pouce en tenant la
bouteille de manière que le col trempe dans l'eau.

Si le vin de liqueur est naturel, plus léger que l'eau, il
restera dans la bouteille; s'il est fait avec de l'hydromel, le
miel se précipitera visiblement dans l'eau du gobelet, qui deviendra sucrée, et ce qui restera dans la petite bouteille ne
sera plus qu'une eau terne et désagréable à boire. (*Manuel
d'écon. domest.*)

2826. *Vin composé de Bordeaux.* Vous exprimerez du jus de framboises environ un verre pour une bouteille de vin; vous le mettrez dans un vase; vous mêlerez avec le jus de framboises du bon vin de Bourgogne; vous le filtrerez et le mettrez dans des bouteilles de verre. Vous pouvez le servir sans scrupule et sans crainte, parce qu'il sera très-bon et fera illusion aux gourmets. (Mad. Gacon-Dufour.)

2827. *Vin des dieux.* Prenez une égale quantité de pommes de reinettes et de citrons, coupez-les par rouelles et mettez-les dans un bassin, en faisant un lit de pommes et un de citrons, puis un lit de sucre en poudre, et continuez ainsi selon la quantité de liqueur que vous voudrez faire ; mettez de bon vin par-dessus, jusqu'à ce que toutes les rouelles trempent ; couvrez-les ensuite, laissez infuser environ deux heures , et passez la liqueur à la chausse comme l'hypocras. (*Bibl. ph. écon.*)

2828. *Vin grec artificiel.* Cueillez dans les vignes hâtives, des raisins bien mûrs, et laissez-les trois jours exposés au soleil ; le quatrième, faites-les fouler, et mettez dans un vaisseau le vin qui en proviendra, ayant soin de le bien purger de ses ordures lorsqu'il bouillira. Mettez-y alors du sel recuit et écrasé bien menu, dans la proportion d'une livre pour 80 bouteilles. Ce vin sera excellent et aura le goût du vin grec.

2829. *Vin de Lunel et de Frontignan.* Avec toute sorte de raisins muscats provenant d'espaliers bien situés , on peut faire un vin de dessert imitant le Lunel et le Frontignan, à l'exception qu'il sera moins liquoreux.

Pour cela on cueille les raisins muscats dont on a tordu les grappes sur le cep, plutôt trop mûrs que pas assez, et toujours en plein soleil ; on le foule bien exactement dans un tonneau au fur et à mesure qu'on les y met dépouillés de leurs grappes ; la fermentation finie au bout de sept à huit jours, on en pressure le vin qu'on laisse bouillir intérieurement du tonneau, au moyen de ce qu'on ne le remplit qu'aux deux tiers pour qu'il ne jette pas son écume ; on l'expose à l'ardeur du soleil, afin de lui donner plus de force, la bonde couverte de feuilles de vigne et d'un tuileau par-dessus; on le rentre au soleil couché dans un endroit chaud; on le remet le lendemain au soleil, et l'on continue cette opération jusqu'à ce que le vin ait cessé de bouillir.

On le bondonne ensuite et on laisse reposer la liqueur pour qu'il se clarifie lui-même. On le soutire ensuite pour le mettre en bouteilles après l'avoir collé de la manière suivante : on prend huit ou dix blancs d'œufs (par pièce de 240 pintes), on écrase leur coquille dans une pinte d'eau de puits très-fraîche; on bat les blancs d'œufs, les coquilles et l'eau ; on remue le vin dans le tonneau, avec un bâton fendu en quatre et ouvert, après quoi on y jette la colle qu'on remue de nouveau avec le vin, puis on observe de le tenir plein jusqu'à rase de la bonde, et on le ferme à volonté. Au bout de quelques jours on pourra le mettre en bouteilles.

Quelques personnes, dans les pays où les vins sont ordinairement durs, font bouillir une partie du vin, l'écument, et en jettent quinze à vingt pintes par tonneau de vin fait. D'autres, pour augmenter la bonté de ces vins y mettent en fermentation du suc de framboises avec un peu de sucre, ou du miel qu'ils ont soin de bien écumer. D'autres enfin cueillent des fleurs de vigne lorsqu'elles sont épanouies, les font sécher à l'ombre, les pulvérisent, l'enferment dans un nouet et les suspendent dans le tonneau en fermentation. (*Encycl. méth.*)

2830. *Vin de Lunel.* **Pour** douze bouteilles de petit vin blanc, prenez quatre livres de raisin muscat; faites-lui jeter un bouillon sur le feu, afin de pouvoir exprimer les raisins; ajoutez-y une demi-livre de cassonade et un demi-setier d'eau-de-vie ; mêlez le tout ensemble, filtrez et remettez-le en bouteilles. Ce vin a le goût absolument semblable au vin de Lunel. (Mad. Gacon-Dufour.)

2831. *Vin factice de Madère.* **Prenez** du cidre au sortir de la presse; mêlez-y autant de miel qu'il en faudra pour y faire surnager un œuf; faites bouillir doucement ce mélange pendant un quart d'heure dans un vase de terre ou dans un chaudron bien étamé; écumez-le bien, laissez-le refroidir, versez-le ensuite avec précaution dans un baril; mettez-le en bouteilles au mois de mars suivant, et dans un mois ou six semaines il sera potable. Si on le laisse vieillir, il acquerra le goût de Madère au point de s'y méprendre si l'on n'est pas fin gourmet.

2832. *Vin de Malvoisie artificiel.* On fait du vin de Malvoisie artificiel en suspendant dans un tonneau qui contient cent vingt pots de vin clairet ordinaire encore en fermentation, un nouet dans lequel on a mis un gros de galanga choisi, de gingembre et de clous de girofle, que vous aurez grossièrement concassés et mis infuser pendant vingt-quatre heures dans un vase bien fermé avec de l'eau-de-vie de la première qualité. Au bout de trois jours vous retirerez le nouet; et le vin que vous aurez alors sera excellent si celui que vous avez d'abord employé était déjà d'une bonne qualité.

On améliore ce vin en y ajoutant un peu de sucre ou de miel. (*Encycl. méth.*)

2833. *Vin des quatre fruits.* Ayez vingt-quatre livres de cerises bien mûres et d'un goût agréable, douze livres de groseilles, six livres de framboises et six de merises, ôtez les queues de ces fruits et écrasez-les avec exactitude; sur chaque pinte de ces fruits ainsi écrasés, mettez une pinte de bonne eau-de-vie, et placez ce mélange dans un baril bien bouché. Passez alors cette liqueur et mettez le marc à la presse; mesurez de nouveau la liqueur, et par pinte ajoutez trois girofles concassés, six onces de cassonade et une gousse de vanille sur seize pintes; remuez de temps à autre jusqu'à ce que le sucre soit fondu; laissez reposer pendant quinze jours au moins; tirez à clair et ne filtrez que ce qui est au fond. (*Art du dist. liq.*)

2834. *Vin artificiel et sain.* Prenez une centaine de raisins secs non écrasés, avec vingt-cinq pintes d'eau bonne, propre et claire; mettez le tout dans un vaisseau de bois ou dans un tonneau à moitié couvert, placé dans un lieu chaud, pour l'y laisser fermenter quelques semaines, après quoi vous trouverez que l'eau aura dissous la substance douce et sucrée des raisins et s'en sera chargée; vous verrez aussi un nombre infini de petites bulles qui s'élèveront à la surface avec bruit; quand la fermentation sera finie, cette liqueur deviendra vin effectif dont on pourra juger aisément par son goût, son odeur et ses effets; elle déposera sa lie aussi au fond. Pour le rendre parfait, il faut y mettre un peu de bon tartre de vin de Bourgogne ou d'Orléans, afin de lui procurer un degré d'acidité agréable. On ajoute quelquefois un peu de miel commun aux raisins secs de Malaga. (*Encycl. méth.*)

2835. *Vin de santé, bon, simple et peu coûteux.* Pour faire un vin de santé agréable à boire et qui débarrasse l'humeur glaireuse de l'estomac, et nettoie le mauvais levain, rafraîchisse, donne de l'appétit et tienne enfin le ventre libre, prenez, sur la fin d'avril, une bonne poignée de jeune cerfeuil avec un peu moins de petite centaurée, que vous mettrez infuser dans deux pintes de bon vin blanc; prenez aussi deux onces de miel que vous ferez bouillir dans un demi-setier d'eau de rivière, observant de le bien écumer; après quoi, laissez-le reposer et refroidir, pour ensuite verser cette décoction sur votre vin; laissez le tout ensemble pendant huit jours, au bout desquels vous la passerez par un linge pour la tirer au clair, et vous en boirez un verre tous les matins à jeun pendant quinze jours sans interruption. (*Encycl. méth.*)

2836. *Vin de son.* Prenez du son de froment, faites-en une décoction dans de l'eau de rivière avec des groseilles épluchées et écrasées, ou d'autres fruits fraîchement cueillis et faciles à se dissoudre comme les mûres. Passez les matières dans un grand tamis de crin, ou à travers une poignée de paille fraîche, pour séparer le jus de la partie corticale du grain et de la peau des fruits. On remplit le tonneau ; la fermentation s'établit ; et aussitôt qu'on s'aperçoit que l'écume cesse de jaillir par le bondon, ou que le bouillon diminue, on bouche le tonneau exactement, et on a obtenu un vin de son assez agréable à boire, et qui sert dans plusieurs pays aux pauvres gens de la campagne et à ceux qui veulent tirer parti des fruits qu'on néglige ordinairement. (*Encycl. méth.*)

VINS MÉDICINAUX.

2857. *Vin antiscorbutique.* Prenez : racines récentes, ratissées et contuses de raifort sauvage, 384 grammes ; feuilles récentes de cochléaria, de cresson, de beccabunga, de fumeterre, de chaque 192 grammes ; semences de moutarde, 192 grammes ; muriate d'ammoniaque, 96 grammes ; vin blanc, 12 kilogrammes.

Toutes ces substances contusées, on verse dessus le vin blanc dans un tonneau ou un grand matras ; après une semaine de macération on décante le vin. On peut jeter sur le marc non exprimé, 500 grammes d'eau-de-vie ; on exprime ensuite ; on filtre et on mêle la liqueur filtrée au vin : c'est un bon antiscorbutique, utile aussi dans les maladies cutanées, herpétiques, dans les engorgemens de la lymphe, dans le rachitisme. La dose est d'un petit verre chaque matin.

Quoique préparé avec des végétaux frais, ce vin peut se conserver, même sans addition d'eau-de-vie ; car l'eau de végétation de ces plantes est empreinte d'un principe peu décomposable, et qui tient de la nature du soufre. Le muriate d'ammoniaque peut aussi préserver de la fermentation.

L'alcohol, que nous recommandons d'ajouter, donne, d'après notre expérience, de bonnes qualités à ce vin, et contribue à sa conservation. La bardane et la fumeterre se suppriment comme inutiles : le beccabunga se remplace par les autres antiscorbutiques.

Parmentier fait ce vin par addition de l'alcohol de cochléaria, dans lequel on fait macérer du raifort; mais cet alcohol ne contient pas tous les principes antiscorbutiques. (Virey, *Traité de pharm.*)

2838. *Vin aromatique composé par fermentation.* Prenez: sommités de romarin, de rue, de sauge, d'hysope, de lavande, d'absinthe, d'origan, de thym; feuilles de laurier, fleurs de roses rouges, de camomille, de mélilot, de sureau, muriate d'ammoniaque, de chaque 8 grammes; vin rouge de bonne qualité, 25 hectogr.

Au lieu de toutes ces plantes à part, on peut prendre des espèces aromatiques à la dose d'une once par litre de vin, qu'on met macérer dessus. On peut y ajouter de l'alcohol et du camphre. (*Idem.*)

2839. *Vin aromatique camphré par fermentation.* Il se prépare avec vin aromatique (ou digéré sur des espèces aromatiques), 1 kil. On y joint de l'eau-de-vie camphrée, 64 grammes : c'est un bon discussif.

L'usage de ce vin est extérieur, et s'applique avec des compresses pour fortifier les muscles : on en lave les ulcères pour les déterger; on l'applique chaud pour résoudre les contusions des coups orbes. (*Idem.*)

2840. *Vin diurétique composé.* Prenez : racine de zédoaire, 8 grammes; squames de scille sèches, rhubarbe en poudre, baies de genièvre contusées, de chaque 4 grammes; cannelle en poudre, 12 grammes; carbonate de potasse, 6 grammes; vin blanc vieux, 1 kilogr. : macérez et filtrez après quatre jours La dose est de 2 onces, que l'on répète trois à quatre fois par jour, contre l'hydropisie. (*Pharmacopée angl.*)

2841. *Vin émétique.* Prenez : oxide d'antimoine sulfuré demi-vitreux, ou foie d'antimoine en poudre, 125 grammes; vin blanc, 1 kilogr. On fait macérer et on conserve le vin sur l'oxide. Plus le vin est acide, plus il se forme des tartrate, malate et acétate d'antimoine : c'est donc un vin inégal dans ses qualités et ses effets, ce qu'on prévient en opérant par la formule suivante :

Prenez : tartrate de potasse antimonié, 2 grammes; vin blanc de bonne qualité, 1 kilogr.; faites dissoudre l'émétique dans le vin : il convient dans la paralysie, les attaques d'apoplexie et autres affections où il faut ranimer par de violentes secousses. Il ne se prend qu'en lavemens, depuis 2 gros jusqu'à 4 onces. Le vin émétique précédent se donnait quelquefois trouble et chargé de beaucoup d'oxide salin d'antimoine : il produit de très-violens effets alors. Mieux le foie d'antimoine est porphy-risé, plus il se dissout facilement. On peut augmenter ou diminuer à volonté les doses d'émétique. Le vin d'Huxham est une once de vin de Malaga dans lequel on met un grain d'émétique : il se prend à la dose de 40 gouttes, pour exciter la diaphorèse. (Virey, *Traité de Pharm.*)

2842. *Vin de quinquina ou fébrifuge.* Prenez : quinquina du Pérou concassé et bien choisi, 64 grammes ; vin rouge de Bourgogne, 1 kilogr. Macérez pendant quinze jours ; passez et filtrez : mais il vaut bien mieux ajouter à ce vin depuis 48 jusqu'à 80 grammes de teinture alcoholique chargée de quinquina. L'on obtient un vin très-efficace comme stomachique fébrifuge, tonique, antiputride : il excite l'appétit. La dose est de 2 à 4 onces.

Selon le *Codex*, le vin de quinquina se fera avec : quinquina, 250 grammes ; alcohol à 22 deg. de Beaumé, 500 grammes ; faites macérer pendant un jour et ajoutez : vin rouge généreux, 3 kilogr. ; macérez pendant quatre jours, en agitant de temps à autre ; filtrez et conservez à la cave. La quantité de quinquina est un quatorzième ; mais la proportion d'alcohol paraît trop considérable ; il vaudrait mieux la diminuer et prendre de bon vin d'Espagne ou de Xérès, qui est déjà tonique et spiritueux.

Ce vin, fait avec ou sans teinture, laisse précipiter sa partie colorante, qui le rend trouble : il faut le filtrer. Cet effet résulte de la combinaison du tannin et des autres principes astringens du quinquina avec la résine colorante du vin ; ce qui a lieu également dans les autres liquides colorés par un principe résino-extractif, et par tous les astringens, la noix de galle, le sumac, les balaustes, etc.

L'eau-de-vie se charge fort bien des divers principes du quinquina : ainsi l'on doit préférer la teinture à la macération, pour faire ce vin. (Virey, *Traité de Pharm.*)

2843. *Vin stomachique* de Plenck. Prenez : quinquina choisi concassé, 32 grammes ; racine de gentiane sèche et coupée en lames très-fines, 24 grammes ; zestes d'écorce d'orange, 8 grammes ; vin rouge de bonne qualité, 1 kilogr. ; faites plutôt ce vin par teinture alcoholique des mêmes substances : c'est un bon fébrifuge. La dose est de 2 onces avant le repos.

2844. *Vin stomachique viscéral*, dit *élixir* d'Hoffmann. Il se compose d'extrait d'absinthe, de chardon-bénit, de centaurée mineure, de gentiane, de chaque 32 grammes ; écorces d'oranges amères contuses, 125 grammes; vin de Hongrie ou de Malaga, 1 kilogr. On macère, pendant une semaine, ce vin sur les extraits et les écorces, en agitant de temps en temps. On passe et on filtre. Ce vin est très-chargé et presque noir, et ne peut se faire que par macération. L'on peut y ajouter de l'alcohol.

2845. *Vins d'extraits médicinaux du Codex.* Prenez: écorces d'oranges récentes, 16 grammes; extraits de chardon-bénit, cascarille, petite centaurée, grande gentiane, de myrrhe par l'eau, de chaque 8 grammes; vin d'Espagne, 1 kilogr. On le prépare de même que le précédent, mais il est moins épais.

C'est un puissant stomachique et vermifuge, que l'on prend en gouttes depuis 1 jusqu'à 2 gros dans une infusion de thé, ou de bouillon, ou autres véhicules. D'autres ajoutent de la teinture d'oranges amères, 2 onces, et de carbonate de potasse, une once, à la première formule.

VINAIGRE (*Fabrication du*).

2846. Un vinaigrier qui veut s'établir cherche d'abord à se procurer des tonneaux qui aient déjà été employés pour fabriquer du vinaigre, ou il en fait construire de neufs qu'il a bien soin d'abreuver de cette substance.

Il place les uns sur les autres, et de manière à en former trois rangées, les tonneaux qu'on nomme *mères de lie.* Un trou de deux pouces de diamètre, ouvert à la partie supérieure du tonneau, sert à le mettre continuellement en contact avec l'air, et à le vider.

Les tonneaux étant bien imbibés, on verse dans chaque tonneau environ une pinte de moût bouillant, qu'on y laisse pendant huit à dix jours. Au bout de ce temps, on ajoute dans chaque mère de lie 10 pintes de vin, et l'on recommence cette opération tous les huit jours, jusqu'à ce que les tonneaux soient pleins. Quinze jours après son remplissage total, le fabricant peut commencer la vente de son vinaigre; il ne doit jamais vider en entier ses tonneaux, mais les laisser toujours à moitié pleins, afin de pouvoir refaire du nouveau vinaigre. Les vinaigriers jugent que le travail de l'acétification s'opère quand, plongeant une douve dans leurs *mères* de vinaigre, ils aperçoivent une ligne blanche à la partie supérieure de la ligne d'immersion, ligne qui est d'autant plus large que la fermentation est mieux établie; dans ce cas, il faut changer plus souvent, tandis qu'il faut attendre quand la ligne est faible.

Les vinaigriers ont tellement reconnu la nécessité de ne se servir que de vin très-clair, qu'ils renferment celui qui est trouble dans un tonneau où ils ont établi un râpé de copeaux de hêtre. L'emplacement qu'un vinaigrier doit choisir doit être bien aéré et disposé de manière à ce qu'il puisse y entretenir pendant l'hiver une température de 18 à 20 degrés, par le moyen d'un poêle qu'il doit y faire établir. (Roard, *Art de faire les vinaigres.*)

2847. *Autre procédé.* On ramasse la quantité qu'on veut de lie de bon vin ; on la met dans une cuve de bois contenant environ dix-huit muids ; on la délaie avec une suffisante quantité de vin qui commence à s'aigrir, et on introduit ce mélange dans des sacs de toile très-forte. On arrange ces sacs dans un grand baquet de bain très-fort, et cerclé en fer, dont le fond fait fonction de la partie inférieure de la presse. On pose des planches par-dessus les sacs ; on fait agir la vis d'une bonne presse, et on la serre de temps en temps pour faire sortir le vin que la lie contient. Cette opération dure ordinairement huit jours.

On met ce vin dans des tonneaux qui tiennent un muid et demi. (On se sert ordinairement des bases d'eau-de-vie.) On place les tonneaux verticalement sur leur fond, et on pratique à la partie supérieure un trou d'environ deux pouces de diamètre, qu'on laisse toujours ouvert, afin que la liqueur ait communication avec l'air extérieur. Le vinaigre est ordinairement quinze jours à se faire pendant les chaleurs de l'été ; mais lorsqu'on le prépare en hiver, il faut un mois. Lorsque la liqueur est parvenue à un certain degré de fermentation, elle s'échauffe beaucoup, et quelquefois si considérablement qu'à peine on y peut tenir les mains. Dans ce cas, on arrête les progrès de la fermentation, et c'est là que consiste tout l'art du vinaigrier, en rafraîchissant la liqueur par l'addition d'une certaine quantité de vin : on le laisse fermenter de nouveau jusqu'à ce que le vinaigre soit suffisamment fait ; et alors on le met dans des tonneaux au fond desquels il y a une bonne quantité de copeaux de hêtre. (Les vinaigriers emploient à cet usage les râpés qui ont servi aux marchands de vin.) On laisse éclaircir le vinaigre sur ces râpés pendant environ quinze jours, et on le tire au clair pour le conserver dans de grands tonneaux. (*Encycl. méth.*)

2848. *Autre.* Prenez deux tonneaux vides défoncés d'un côté seulement, et auxquels vous adapterez un robinet pour le soutirage, et placez-les à côté l'un de l'autre. Vous posez et assurez bien ensuite, à la distance d'un pied au-dessus du fond, des barres de bois d'un pouce d'épaisseur en tous sens, qui forment comme une espèce de claie; placez sur cette claie un lit de branches de vignes vertes, et par-dessus ce premier lit une couche de râfles de raisins, toutes deux d'une égale épaisseur, et qui doivent s'élever jusqu'au bord supérieur de chaque tonneau, dans l'un et l'autre desquels vous verserez le vin dont vous voulez faire du vinaigre, de manière cependant que l'un des tonneaux soit tout-à-fait plein, et l'autre à moitié seulement. Les tonneaux ainsi disposés, laissez-les reposer pendant trois ou quatre jours, au bout desquels la fermentation devenant très-sensible dans celui qui est à demi-plein, vous l'arrêterez en y versant la moitié de la liqueur que contient l'autre tonneau. Ce dernier fermentera à son tour; vous arrêterez cette fermentation au moyen de la liqueur que vous soutirerez du premier, et dont vous le remplirez; enfin, vous continuerez cette opération toutes les vingt-quatre heures alternativement, jusqu'à ce que la fermentation cesse tout-à-fait dans l'un et l'autre tonneau, ce qui arrive communément dans quinze jours.

Comme cette opération ne peut bien se faire que dans le temps des vendanges, cette règle n'est pas sans exception, parce que la température de cette saison varie beaucoup, et que dans les automnes un peu chaudes l'opération se fait en bien moins de temps, les soutirages devant se faire alors toutes les douze heures.

Nous devons observer que l'on doit garder les tonneaux, les sarmens et les râfles pour l'année suivante, parce qu'ils sont plus propres que jamais à servir de levain pour faire de nouveau vinaigre. Il suffira de les laver pour les nettoyer du dépôt visqueux dont ils se chargent pendant le cours de l'opération.

Si vous voulez avoir un vinaigre très-fort et très-concentré, vous mettrez le vinaigre dans une grande terrine; vous l'exposerez à l'air pendant plusieurs nuits quand il gèlera bien fort, et vous ne conserverez que la partie liquide, jetant la glace qui s'est formée à sa surface, et qui n'est qu'une eau insipide et sans aucun principe. (Boerhaave.)

2849. *Vinaigre domestique.* On achète un baril de vinaigre de la meilleure qualité; on en tire quelques pintes pour la consommation de la maison, et on le remplit aussitôt avec une égale quantité de vin clair de la même couleur que le vinaigre; on bouche simplement le baril avec du papier ou du linge, appliqué légèrement à l'ouverture, et on la tient à une température de 18 à 20 degrés; à mesure qu'on en a besoin on soutire la quantité nécessaire, et comme la première fois, on le remplace avec du vin ; le baril, successivement vidé et rempli, fournit pendant long-temps du vinaigre bien conditionné et sans qu'il s'y forme de marc ni de dépôt sensible. (*Dict. d'agr.*)

On peut encore faire du bon vinaigre en conservant et mettant à part des râfles lorsqu'on égrappe les raisins ; pendant le temps que le vin se fait, elles commencent à s'aigrir, et pour les y disposer davantage en empêchant qu'elles se moisissent, il faut les retourner de temps en temps. Lorsque le vin est fait, on couvre le marc de ces râfles aigries, et en remuant bien le tout on l'arrose d'une quantité de vin nouveau proportionnée à celle du vinaigre qu'on veut se procurer. On ne doit pas craindre de mettre trop de marc dans le tonneau, car la force du vinaigre est d'autant plus grande qu'on l'a moins ménagé. (*Art de faire le vinaigre.*)

2850. *Vinaigre expéditif.* Il est plusieurs moyens de convertir tout d'un coup le vin en vinaigre :

1° Jetez dans votre vin du sel pilé avec du poivre et du levain aigre : l'effet en sera assez prompt ;

2° Si vous voulez encore moins attendre, plongez-y deux fois une tuile ou un morceau d'acier rougi au feu ;

3° Pour rendre en deux jours le vinaigre très-fort, on y met des morceaux de pain d'orge ;

4° Si l'on met du bois d'if dans du vin, il sera bientôt converti en vinaigre ;

5° Prenez : tartre, gingembre, poivre long, en parties égales ; enveloppez le tout dans un sachet, et le mettez dans de fort vinaigre, puis ôtez-le et le laissez sécher ; et quand vous voudrez faire du vinaigre, mettez ce sachet dans le vin ; il sera le matin changé en vinaigre.

Quand on veut donner de la force au vinaigre, il faut en faire bouillir une partie. (*Encycl. méth.*)

2851. *Vinaigre de poiré.* Le poiré étant plus fort que le cidre, on peut en obtenir un bon vinaigre. Pour le préparer, on ramasse les poires qui tombent des arbres et commencent à se gâter ; on les coupe par tranches et on les met dans un ou plusieurs tonneaux ; on verse de l'eau par-dessus et on les expose au soleil.

Pour hâter et faciliter la fermentation, on ajoute du levain, ou mieux encore un peu d'acide tartareux ; quand le vinaigre est suffisamment acide, on le passe à travers un linge ; on le laisse reposer quelques jours. Il se forme un dépôt plus ou

moins considérable : on décante le vinaigre, ou bien on le soutire avec un siphon, et on le conserve pour l'usage.

2852. *Vinaigre de bière.* C'est celui qui est le plus généralement employé dans le nord de l'Europe, pour tous les usages
auxquels le vinaigre est consacré. On peut le préparer avec la
bière non fermentée, qu'on laisse travailler jusqu'à ce qu'elle
soit arrivée à l'état de vinaigre, ou bien en prenant la bière
toute vineuse, qu'on laisse exposée dans une température
chaude, ou dont on accélère la fermentation à l'aide d'un levain
fait de farine.

On prend parties égales, ou à peu près, de farine de seigle
et de farine de blé noir. Cette dernière semence, avant d'être
convertie en farine, doit avoir été préalablement moudée de
sa tunique ou enveloppe extérieure, ce qui se fait avec beaucoup de facilité au moyen d'un moulin à huile : la seule attention qu'il faut avoir, c'est de soulever un peu la meule
verticale au-dessus de la meule horizontale. La première, mise
alors en action par un cheval, comprime suffisamment le blé
noir, pour détacher son enveloppe, qu'on enlève ensuite à
l'aide d'un van.

On fait bouillir ces farines dans une suffisante quantité d'eau,
pendant vingt-quatre heures ou environ, après quoi on verse
la liqueur dans des cuves oblongues, à large ouverture, qu'on
a soin de ne remplir qu'à demi, et de placer dans un lieu fort
accessible à l'air. La température doit être au moins à 12 degrés.
On laisse ces liqueurs en repos, ayant soin de les boucher
lorsque le soleil est perpendiculaire aux cuves; et quand ce
vinaigre est suffisamment oxygéné, ce qui n'est pas très-long,
on le soutire par le moyen d'un siphon de fer-blanc, et on le
conserve dans des barriques de chêne. Ce vinaigre est blanc et
parfaitement clair; les sophisticateurs se servent de baies de
sureau, pour lui donner une couleur rouge.

2855. *Vinaigre de malt.* On fait en Allemagne beaucoup de
vinaigre, soit avec le malt de froment pur, soit avec le malt
d'orge mêlé avec le malt de froment. Il y a, comme l'on sait,
deux espèces de malt soit de froment, soit d'orge, savoir : le
malt séché à l'air et le malt séché au four. Ces deux espèces
sont nécessaires pour le vinaigre; cependant on emploie le
premier en plus grande quantité que le second. La proportion
la plus usitée est de prendre deux parties de malt d'orge et
une de malt de froment; savoir : de chacun de ces malts, le
tiers desséché au four, les deux autres tiers desséchés à l'air.
L'expérience prouve que cette proportion est, à tous égards,
la meilleure.

On fait alors bouillir de l'eau dans un grand chaudron, quand elle bout, l'on en met quarante pots dans une cuve; on remue l'eau jusqu'à ce qu'elle ait un peu perdu de sa chaleur : alors on verse peu à peu dans cette cuve le malt grué, et l'on a soin de bien remuer le tout avec des bâtons, jusqu'à ce que tout soit bien défait et bien mêlé avec l'eau ; alors on recouvre la cuve, ensuite on fait bouillir de l'eau, on met la pâte de cette cuve dans un cuveau qui a deux pouces de son fond; on en a un autre, percé de trous et recouvert de paille. On verse de l'eau bouillante dessus; on couvre la cuve, on laisse le tout pendant une heure et demie, après quoi, par un robinet placé entre les deux fonds, on soutire la liqueur. On remet sur le malt de l'eau bouillante, et on répète ce procédé plus ou moins de fois, avec plus ou moins d'eau, suivant la force que l'on veut donner au vinaigre.

On met dans des tonneaux la liqueur que l'on a soutirée, et lorsqu'elle est refroidie et qu'elle a déposé, on la met dans des cuves munies de leurs couvercles; on y ajoute de la lie de bière, on les recouvre, et quand la liqueur a fermenté, qu'elle est claire et que l'écume s'est bien bien formée, ce qui arrive au bout d'une dizaine d'heures, on enlève soigneusement l'écume; on met la liqueur clarifiée dans les tonneaux qu'on a rincés avec du bon vinaigre, et on la laisse fermenter en y ajoutant du levain ou quelque autre ferment. S'il se forme de nouvelle écume, on la sépare : on obtient par-là un très-bon vinaigre. (Parmentier.)

2854. *Vinaigre avec le son de froment.* L'eau sure qui se forme pour détruire la portion d'amidon que la meule et le blutage n'en ont pu enlever; cette eau, que d'autres ouvriers préparent en délayant du son dans de l'eau, est évidemment très-acide, et n'aurait besoin, pour tenir lieu de vinaigre de vin, que d'être plus concentrée.

On prend du son de froment, et à son défaut celui de seigle; on en fait une décoction dans de l'eau de rivière, que l'on a soin de passer pour en séparer toute la partie corticale. On en remplit un tonneau; on y délaie ensuite un levain de huit jours, et la fermentation s'établit en moins de vingt-quatre heures. Lorsqu'on a pris quelques précautions pour ne laisser contracter aucune mauvaise odeur au son, cette liqueur est assez agréable, et sa saveur est vineuse, tirant sur l'aigre; c'est enfin la limonade des habitans de la campagne, lorsque la saison et les travaux demandent l'usage d'une boisson désaltérante. (Parmentier.)

2855. *Vinaigre de verjus.* Parmi les espèces de raisins cultivées, il en est une qui ne parvient jamais, dans nos climats, qu'à une maturité imparfaite : on la nomme *verjus*. Elle est choisie de préférence pour fournir son suc, et voici comment.

Quoique le verjus ne puisse être considéré, à la rigueur, comme un véritable vinaigre, puisqu'il n'est pas le produit de la fermentation acéteuse, c'est un acide malique, plus ou moins pur, que la pression sépare des raisins encore verts et qu'on fait dépurer par un léger mouvement de fermentation vineuse.

Il n'est pas difficile à faire : il s'agit seulement de prendre le raisin qui porte ordinairement ce nom, de l'écraser avant sa maturité, et de le laisser ainsi fermenter dans un vaisseau, à découvert, environ trois semaines; après, on exprime le suc par le moyen d'une presse; on le laisse se dépurer pendant vingt-quatre heures; on le filtre à travers le papier, et on le conserve pour les différens usages, en mettant une couche d'huile par-dessus.

On fait avec le verjus plusieurs mets assez recherchés. Ils portent son nom. Si on a laissé le verjus exposé au soleil, sur plusieurs assiettes, jusqu'à ce qu'il soit desséché, et que l'extrait qui en résulte soit conservé dans des bouteilles bien fermées, on peut, avec plein un dé de cet extrait, faire des œufs délicats au verjus dans toutes les saisons.

On fait en outre, avec le verjus, un sirop fort agréable, en y faisant fondre 28 onces de sucre par livre d'acide. (Parmentier.)

2856. *Vinaigre d'hydromel.* On voit que du temps de Pline on lavait les ruches à miel après les avoir dégarnies, et que l'eau qui avait servi à cette opération, bouillie et rapprochée par l'évaporation, se convertissait en un bon vinaigre produit du miel que cette eau avait enlevé : c'était donc un vinaigre d'hydromel.

Il n'est pas douteux qu'en appliquant à l'hydromel vineux toutes les opérations du vinaigrier, on ne parvienne à en préparer un très-bon vinaigre; il ressemble assez bien à ceux faits avec les vins muscats et autres vins spiritueux.

Le vin de cannes, laissé trop long-temps à l'air avant d'être exposé au feu, ne tarde pas à fermenter, et c'est même la facilité à s'aigrir qu'il possède, qui a fait donner le nom de vinaigrerie à la portion de l'atelier du fabricant de sucre où se met en réserve ce vin ou suc de cannes. En un mot, tous les fruits prennent facilement le caractère du vinaigre. Le corps muqueux sucré qu'ils contiennent les rend propres à cette préparation. Il n'y a pas jusqu'aux matières mucilagineuses, insipides, qui, traitées d'une certaine manière, ne fournissent une liqueur acide. (Parmentier.)

2857. *Vinaigre de lait.* Quoique le sérum du lait aigri ne puisse être considéré comme un véritable vinaigre, il n'en est pas moins certain que, dans une foule de circonstances, il peut le suppléer, soit comme assaisonnement, ou pour servir de boisson, à l'instar de la limonade. Le procédé de Scheele, pour faire du vinaigre de lait, consiste à ajouter six cuillerées à bouche de bonne eau-de-vie à un pot de lait; à placer le mélange dans une bouteille bien fermée qu'on expose dans un lieu chaud; on a l'attention de donner de temps en temps issue à l'air dégagé par la fermentation, en débouchant le vase un instant tous les cinq ou six jours. Le lait, un mois après, se trouve changé en un bon vinaigre qui, passé par un linge, peut être gardé en bouteilles.

Les habitans des campagnes font une liqueur qui approche du vinaigre en faisant fermenter le petit-lait; et c'est avec ce vinaigre qu'ils font ce qu'ils appellent le *séré :* en suivant le procédé ci-dessus. Il est à présumer qu'avec le petit-lait que rend le fromage, on obtiendrait à très-peu de frais un vinaigre supérieur à celui que fournit le lait pur.

Il est d'observation que, pour rendre le vinaigre de lait plus acide et plus clair, les Hollandais des cantons où l'on en prépare font bouillir leur lait de beurre avec un peu de présure.

On a enchéri depuis sur le procédé de Scheele, en ajoutant au mélange du miel commun ; le fluide qui en résulte se clarifie plus facilement, devient d'une belle couleur et d'une saveur agréable, surtout si on y met infuser de l'estragon, de la menthe ou de la fleur de sureau, dont il prend mieux encore l'aromate que le vinaigre de vin. (Parmentier.)

2858. *Nouveaux procédés pour décolorer les vinaigres au moyen du charbon.* Les moyens qu'on a mis en pratique pour rendre les vinaigres moins colorés que dans leur état naturel, sont les suivans :

1° On mêle un ou deux blancs d'œufs avec un litre de vinaigre ; le mélange est porté à l'ébullition ; l'albumine, en se coagulant, entraîne une partie de la matière colorante ; on filtre à travers le papier joseph la liqueur reposée, et on obtient le vinaigre moins coloré qu'il ne l'était avant d'avoir subi cette opération.

2° En versant un verre de lait dans cinq ou six litres de vinaigre chauffé, on agite le mélange ; la partie caseuse du lait en se concrétant, précipite une quantité assez considérable de

principe colorant de l'acide, on a également recours à la filtration.

3° Le moût de raisins blancs jouit aussi de la propriété de
décolorer le vinaigre : on s'en sert dans les établissemens en
grand, notamment à Lète, où il se fait un commerce considérable de vinaigres blancs qu'on expédie dans le Nord. A cet
effet, on met dans de grandes cuves du marc de raisins blancs ;
on les remplit de vinaigre, on l'y laisse pendant quelques jours,
après quoi on le soutire par une ouverture pratiquée à la partie
inférieure des cuves : ce vinaigre, qui a commencé à se décolorer, est porté dans une autre cuve, qui contient du marc qui
n'a pas servi ; il se décolore encore, et par de semblables opérations plus ou moins multipliées, on parvient à obtenir un
vinaigre peu coloré. (Figuer.)

Le nouveau procédé indiqué par M. Séguier, est basé sur
la propriété qu'a le charbon animal, de colorer plusieurs liquides végétaux.

Pour le vinaigre,

On prend un litre de cet acide rouge, qu'on mêle avec 45
grammes de charbon d'os, obtenu de la manière ci-après. Ce
mélange est opéré à froid dans un vase de terre ; on a soin de
l'agiter de temps en temps après vingt-quatre heures, en supposant que le vinaigre commence à blanchir ; dans deux ou
trois jours, la décoloration est entièrement opérée : en filtrant
à travers un papier joseph, le vinaigre passe semblable à de
l'eau par sa couleur ; il n'a perdu ni de sa saveur ni de sa couleur, ni de son degré d'acidité. Lorsqu'on veut opérer cette
décoloration en grand, on jette le charbon animal dans un
tonneau qui contient du vinaigre ; on a soin de remuer le mélange pour renouveler les points de contact ; il n'est pas nécessaire d'employer une si grande quantité de charbon, que
celle que j'ai indiquée pour faire cette opération en petit ; on
peut la réduire de moitié, la décoloration est moins instanta-
née ; mais elle s'opère également presque dans le temps qu'on
laisse en contact le vinaigre avec le charbon, l'acide ne con-
tracte ni goût ni odeur qui lui soient étrangers : l'auteur a gardé
pendant plusieurs mois de semblables mélanges, sans que
l'acide ait éprouvé la moindre altération ; si toutefois on désire que le vinaigre conserve une couleur légèrement paillée,
on peut encore réduire la dose du charbon : ce n'est que lorsqu'on veut précipiter tout son principe colorant qu'on doit
employer le charbon animal dans la proportion prescrite.

Le vinaigre ainsi décoloré est très-agréable à voir. On peut
l'aromatiser en y faisant infuser des plantes avant d'opérer la

décoloration, ou en y mettant, après l'avoir opérée, une petite quantité d'alcohol chargée du principe aromatique du végétal qu'on veut lui communiquer; il est alors préférable pour l'usage de la table et pour la toilette, à tous les vinaigres connus jusqu'à présent; il en est de même pour la préparation pharmaceutique et pour la conservation des fruits verts; j'en ai préparé plusieurs avec cet acide, notamment des cornichons, *cucumis sativus.*

Pour débarrasser le vinaigre de phosphate de chaux qu'il dissout, il est nécessaire de laver le charbon animal avec de l'acide muriatique marquant 17 degrés (*Baumé*) en quantité égale au charbon employé; et, après l'avoir laissé 12 heures se laver avec de l'eau, par ce moyen on obtient un charbon très-pur. (Figuer.)

2859. *Des moyens de conserver le vinaigre.* Comme le vinaigre est le produit d'une fermentation, la manière de gouverner cette fermentation contribue infiniment à la qualité et à la conservation du résultat. Mais, malgré le choix du vin et la bonté du procédé employé pour sa formation en vinaigre, ce dernier peut facilement s'altérer, si on néglige l'emploi de quelques moyens dont nous devons faire connaître les principaux.

Premier moyen. Il consiste à tenir le vinaigre à l'abri de toute influence de l'air extérieur, dans des vases propres, bien bouchés, dans un lieu frais, et surtout à ne jamais le laisser en vidange; le plus léger dépôt suffit pour l'altérer, même dans des vases parfaitement clos. Il y produit à peu près le même effet que dans les vins sur lesquels ces dépôts ont une action insensible, et concourent à faire passer ceux-ci dans l'état d'un véritable vinaigre. Pour le conserver dans toutes ses qualités, il faut donc que les vases destinés à le contenir soient fort propres.

Deuxième moyen. C'est le plus simple qu'on puisse employer; il suffit de jeter le vinaigre dans une marmite bien étamée, de le faire bouillir un moment sur un feu vif, et d'en remplir ensuite des bouteilles avec précaution pour conserver clair et sain cet acide pendant plusieurs années. Mais le vase dans lequel ce procédé a lieu, pourrait exposer à quelques inconvéniens pour la santé : il vaut mieux recourir à celui que *Scheele* nous a fait connaître. Il consiste à remplir de vinaigre des bouteilles de verre, et à placer ces bouteilles dans une chaudière pleine d'eau sur le feu. Quand l'eau a bouilli un quart d'heure, on les retire. Le vinaigre ainsi chauffé se conserve

plusieurs années, aussi bien à l'air libre que dans des bouteilles à demi pleines.

Troisième moyen. Pour conserver le vinaigre des temps in-
finis, et le mettre à l'abri des variations de l'air et de la température, il faut en séparer la partie muqueuse extractive par
la distillation ; mais, comme cette préparation devient coû-
teuse, et que d'ailleurs le vinaigre perd nécessairement de son
premier goût agréable qu'on aime à trouver dans l'assaisonnement et les autres usages du vinaigre, il y a grande apparence
qu'on ne se décidera point à adopter un moyen coûteux et destructeur de l'odeur.

Quatrième moyen. Le vinaigre employé aux usages économiques est assez ordinairement faible, comparativement à
celui qui provient des vins méridionaux. Ce défaut devient infiniment plus sensible, quand on l'a encore affaibli par des
plantes aromatiques. L'hiver est la saison qui offre le moyen
de convertir en un vinaigre très-fort du vinaigre ordinaire ;
c'est de l'exposer, suivant le procédé simple donné par *Sthal*,
à une ou plusieurs gelées, dans des terrines de grès ; on enlève
successivement les glaçons qui s'y forment et qui ne contiennent que les parties les plus aqueuses que l'on rejette. Mais ce
procédé élève très-haut le prix du vinaigre ; et les personnes
peu aisées n'en feront aucun usage ; cependant on pourrait appliquer avec avantage l'action de la gelée à des vinaigres faibles, qui ne sont pas susceptibles de se garder. ∗

Cinquième moyen. L'eau-de-vie, *alcohol*, est l'un des plus
puissans moyens pour conserver les vinaigres aromatiques.
M. *Demachy*, dans son *Art du vinaigrier*, conseille à ceux qui
forment des provisions de ces vinaigres, d'ajouter sur chaque
livre de liqueur une demi-once au plus d'eau-de-vie : cet esprit ardent rend l'union plus intime entre l'arôme et le vinaigre, et garantit celui-ci de l'accident de se décomposer, si,
par hasard, les plantes qu'on y a mises, fournissent trop de
flegme, malgré leur dessiccation préalable. Mais un autre
effet de l'alcohol sur le vinaigre, c'est de fournir des élémens
nécessaires à l'acétification qui continue dans le vinaigre, à peu
près comme quand on ajoute de temps en temps du vin au vinaigre perpétuel.

Sixième moyen. Le sel marin (*muriate de soude*) qu'on conseille encore d'ajouter au vinaigre, et surtout aux vinaigres
composés, pour prévenir leur détérioration, n'opère cet effet
qu'en s'emparant de l'eau qu'il contient, et en la mettant dans
l'impuissance d'agir sur les différentes substances mêlées avec
l'acide acétique, comme elle agirait nécessairement, si elle

était libre ; cependant il ne faut pas croire que cet effet puisse
être durable, puisqu'il est prouvé qu'à la longue le vinaigre auquel on a ajouté du sel, finit aussi par s'altérer, en présentant
cependant, dans sa décomposition, des phénomènes différens
de ceux qui ont toujours lieu, quand le vinaigre n'a point été
salé. Au reste, il serait peut-être utile de s'assurer, par des
expériences exactes, de la quantité de sel qu'il conviendrait
d'ajouter à chaque espèce de vinaigre, en supposant que cette
addition pût en prolonger la durée ; car toutes ne contenant pas
une quantité égale d'eau, il serait superflu d'en employer toujours dans la même proportion.

2860. *Des signes auxquels on reconnaît que le vinaigre est
bon, falsifié, ou gâté.* Le meilleur vinaigre doit être d'une
saveur acide, mais supportable, d'une transparence égale à
celle du vin, moins coloré que lui, conservant au reste une
sorte de parfum, un montant, un spiritueux, en un mot, un
gratter qui affecte agréablement les organes. C'est surtout en
le frottant dans les mains que ce parfum se développe.

La cupidité de certains fabricans de vinaigre, les porte souvent à employer des vins faibles, ou qu'ils savent extraire des
lies. Le procédé par lequel ils obtiennent ces derniers, dissipe
les parties essentielles à la confection du bon vinaigre. Ces lies
épaisses et visqueuses sont versées dans un chaudron placé sur
le feu ; la chaleur détruit leur viscosité ; alors elles sont enfermées dans un sac, et à l'aide d'une presse, on en exprime facilement tout le liquide. Cette espèce de vin est versée sur un
râpé de copeaux pour l'éclaircir. Il est aisé de voir que l'action
de la chaleur ayant dissipé le peu d'esprit que ce vin contenait,
il ne peut fournir qu'un vinaigre médiocre et très-faible.

Le fabricant qui emploie ces moyens, sait très-bien que le
vinaigre qu'il prépare est inférieur en qualité ; mais aussi il sait
en relever la saveur par le moyen des substances âcres, telles
que la pyrèthre, le galéga, et surtout le piment, ou poivre
d'Inde, *capsicum annuum.* Linn. ; l'acheteur qui goûte ce vinaigre, se sent la bouche en feu, et attribue à l'acidité ce qui
n'est que l'irritation violente que ces substances excitent sur
l'organe du goût. Aussi, lorsqu'on n'est pas parfaitement con-
naisseur, il ne faut jamais s'attacher à la saveur, quand on
achète du vinaigre, parce que les indications qu'elle fournit
sont souvent illusoires. La saturation d'une certaine quantité
de vinaigre par la potasse, est le moyen le plus sûr que l'on
puisse employer pour comparer la qualité des vinaigres. 32 grammes (1 *once*) de cette liqueur, exigent ordinairement 9 à
10 grammes (60 *grains*) de cet alcali ; tandis que la même

quantité de ces vinaigres sophistiques, qui par leur saveur brûlante paraissent si forts, est saturée avec environ 1 gramme (24 *grains*) de ce sel.

Lorsque, pour augmenter l'acidité de leur vinaigre, les ouvriers auront employé l'acide sulfurique, il sera facile de démasquer cette fraude, en goûtant le vinaigre : il agacera les dents et exhalera, en le brûlant, sur du charbon de terre, l'odeur de l'acide sulfureux. Si on le sature avec la potasse, on en obtiendra, par la cristallisation, au lieu d'un acétate de potasse, un sulfate de potasse.

On falsifie aussi le vinaigre avec l'acide muriatique (esprit de sel). Cette falsification est assez difficile à reconnaître au goût. On peut s'en assurer par la dissolution de l'argent, que l'acide muriatique précipite en blanc. Mais il est une falsification presque impossible à reconnaître, plus tolérable, sans doute, puisqu'elle a l'acide propre du vin pour base. Elle consiste à faire bouillir, dans un vaisseau de terre, du tartre avec l'acide sulfurique : cet acide s'unit avec l'alcali, et en sépare l'acide. On obtient par ce moyen une liqueur très-acide, contenant l'acide du tartre à nu, dont quelques gouttes suffisent pour bonifier une certaine quantité de mauvais vinaigre. C'est avec cette liqueur mêlée à l'eau que l'on fortifie le verjus, le jus de citron, etc.

Il y a une foule d'autres sophistications employées pour procurer au vinaigre une saveur âcre et brûlante, que l'on confond souvent avec la saveur fraîche, acide, forte et pénétrante que doit avoir cet acide, quand il a les qualités requises; mais il convient peut-être de n'en point parler, dans la crainte de les apprendre à quiconque les ignorerait; d'autant mieux qu'il n'est pas facile d'offrir des pierres de touche pour déceler ces fraudes, sans des examens auxquels chacun ne peut se livrer. On reconnaît plus aisément la pureté du vinaigre, en l'exposant simplement à l'air libre. S'il s'y amasse beaucoup de moucherons, connus sous le nom de *mouches à vinaigre*, c'est une preuve que le vinaigre est pur, et la quantité de ces moucherons décèle sa force.

Mais, comme nous l'avons déjà dit, le vinaigre, surtout celui provenant des vins faibles, ne peut se conserver longtemps en bon état : il s'altère, sa transparence se trouble, et bientôt il se recouvre d'une pellicule épaisse, visqueuse, qui détruit insensiblement sa force, au point qu'on est obligé de le jeter.

Cette espèce de couenne, formée à la surface du vinaigre

qui s'altère, ne se fait remarquer principalement que dans ceux qui ont été faits avec le suc de raisin, ou dans lesquels on a déterminé la fermentation, au moyen des lies de vin ou du tartre ; il paraît vraisemblable, d'après cette observation, que c'est ce dernier sel qui contribue à sa formation. Voici une expérience qui semble le prouver.

En mettant en digestion, dans une certaine quantité d'eau, à une douce chaleur, du tartre en poudre, on voit quelquefois se former à la surface du liquide surnageant, une couenne ou pellicule semblable à celle qui recouvre le vinaigre qui s'altère ; mais on remarque en même temps, qu'à mesure que la pellicule se forme, le tartre se décompose, de manière qu'il est possible d'opérer complétement sa décomposition, en favorisant la reproduction de cette pellicule, et l'enlevant à mesure qu'elle a acquis une sorte d'épaisseur. En général, on remarque que les vinaigres, à la surface desquels ces pellicules sont voisines de leur fermentation, deviennent, en effet, troubles, faibles, et ne peuvent plus servir aux usages ordinaires.

2861. *Amélioration du vinaigre.* On augmente la force du vinaigre en le concentrant à la gelée. On prend à cet effet vingt ou trente pintes de vinaigre ; on le met dans une ou plusieurs terrines de grès, et on l'expose à la gelée pendant la nuit. Le lendemain on brise la masse demi-congelée et l'on coule sur un tamis ; la portion liquide qui se sépare est le vinaigre ; celle qui reste dans l'état de glace est la partie aqueuse, qu'on rejette.

On recommande les terrines de grès et non pas les terrines vernissées : le vinaigre décomposant le plomb qui fait la base de ce vernis. (Sthal.)

2862. *Vinaigre à l'estragon.* L'estragon bien épluché, on l'expose quelques jours au soleil, et on le met ensuite dans un vase rempli de vinaigre. Après quinze jours d'infusion, on sépare la liqueur du marc qu'on exprime légèrement, et l'on clarifie en filtrant soit au coton, soit au papier, soit à la chausse. Le vinaigre ainsi préparé, se met dans des bouteilles bien bouchées qu'on met dans un endroit frais. (*Abrégé théor. et prat. sur la cult. de la vigne.*)

2863. Dans ce vinaigre comme dans tous ceux qui sont aromatisés, il est essentiel d'ajouter par livre du liquide, une demi-once d'esprit-de-vin, ce qui fixera la partie aromatique et prémunira le vinaigre contre toutes les décompositions qu'il pourrait subir. Le sel marin qui neutralise les parties aqueuses.

produit aussi un effet semblable. (Demachy. *Art du vinai-grier.*)

2864. *Vinaigres composés.* Pour faire un excellent vinaigre avec de l'eau, exposez sur une cuve de vinaigre en fermenta-tion et dans un vase qui présente une très-grande surface, une quantité d'eau quelconque. Faites attention que ce vase soit toujours plongé dans l'air fixe ou acide crayeux que l'ébullition dégage. Lorsqu'elle cessera, mettez cette eau dans des bou-teilles que vous ne boucherez point, et que vous laisserez à l'air environ trois mois. Au bout de ce temps, cette eau sera convertie en excellent vinaigre.

En faisant, au printemps ou à l'automne, une incision à l'écorce d'un chêne ou d'un poirier sauvage, à la hauteur de trois pieds et demi de terre, et du côté du midi ; en y ajou-tant un morceau de sureau creux qui servira de gouttière pour faire couler la sève de l'arbre qu'on recevra dans un vase de terre placé au pied de l'arbre, on pourra en tirer six pintes qui, passées dans un linge fin et mises en bouteilles de verre, serviront à confire des fruits et des légumes, comme on le ferait du vinaigre.

La sève du chêne a besoin d'être exposée au soleil pour l'amener à l'état d'acide. (*Encycl. méth.*)

2865. *Vinaigre surard.* On choisit des fleurs de sureau, au moment de leur épanouissement ; on les épluche en ne laissant aucune partie de la tige qui donnerait de l'âcreté. On met ces fleurs à demi séchées dans le vinaigre, et on expose la cruche bien bouchée à l'ardeur du soleil, pendant deux semaines ; on décante ensuite, on exprime et on filtre comme ci-dessus.

Si, comme on le recommande dans tous les livres, on lais-sait le vinaigre surard sur son marc sans le passer, pour s'en servir au besoin, loin d'avoir plus de qualité, il se détériore-rait bientôt : il convient donc d'en séparer le marc, et de dis-tribuer la liqueur dans des bouteilles.

2866. *Vinaigre rosat.* On obtient un vinaigre agréable pour le goût et pour la couleur, avec du vinaigre blanc dans lequel on a mis infuser au soleil, pendant une semaine, des roses ef-feuillées ; mais il faut avoir soin d'exprimer fortement le marc, de filtrer la liqueur et de la distribuer dans des vases bien bou-chés. C'est en suivant ce procédé, qu'on prépare un vinaigre d'un goût très-agréable avec des fleurs de vigne sauvage, en l'exposant de la même manière au soleil.

2867. *Vinaigre composé, pour la salade.* Il arrive souvent que l'on mêle ensemble les trois vinaigres dont il vient d'être question, ou bien que les fleurs dont ils portent le nom sont mises à infuser dans le même vinaigre ; mais voici une composition qui paraît suppléer à ce qu'on appelle vulgairement la fourniture des salades.

Prenez de l'estragon, de la sarriette, de la civette, de l'échalotte et de l'ail, de chacun trois onces (environ un hectogramme), une poignée sommités de menthe, de baume : le tout séché, divisé, se met dans une cruche avec 7 litres 44 centilitres (8 pintes.) de vinaigre blanc. On fait infuser pendant quinze jours au soleil ; au bout de ce temps, on verse le vinaigre, on exprime, on filtre ensuite, et on garde le vinaigre dans des bouteilles parfaitement bouchées.

2868. *Vinaigre de lavande.* Prenez des fleurs de lavande promptement séchées au four ou à l'étuve, mettez-en 244 gr. 573 milligr. (demi-livre) dans une cruche, et versez par-dessus 3 litres 72 centilitres (4 pintes) de vinaigre blanc. Laissez le tout infuser au soleil ; et après huit jours d'infusion, passez, exprimez le marc fortement, et filtrez à travers le papier. Ce vinaigre de lavande, préparé ainsi par infusion, est infiniment plus agréable et moins cher que celui obtenu par distillation. On peut opérer de la même manière, pour la préparation du vinaigre de sauge, de romarin, etc.

2869. *Vinaigre des quatre voleurs.* Pour 3 litres 72 centilitres (4 pintes) de vinaigre blanc, l'on prend grande et petite absinthe, romarin, sauge, menthe, rhue, de chacun à demi séché, 0,46 grammes (une once et demie), 61 grammes (2 onces) de fleur de lavande sèche ; ail, acorus, cannelle, girofle et muscade, de chacun 7 grammes (2 gros) ; on coupe les plantes, on concasse les drogues sèches et on les fait infuser au soleil durant un mois, dans un vaisseau bien bouché ; on coule la liqueur, on l'exprime fortement et on la filtre, pour y ajouter ensuite 15 grammes (demi-once) de camphre dissous dans un peu d'esprit-de-vin.

2870. *Sirop de vinaigre.* Il faut se servir d'une cruche de grès ; l'on fait infuser dans une pinte et demie ou deux pintes (environ deux litres) de bon vinaigre, autant de framboises bien mûres et bien épluchées qu'il pourra y entrer sans que le vinaigre surnage. Après huit jours d'infusion, l'on verse tout à la fois le vinaigre et les framboises sur un tamis de soie ; on laissera passer librement la liqueur sans presser le fruit. Le vinaigre étant bien clair et bien imprégné de l'odeur de la framboise, l'on en prend 412 grammes (16 onces), et pour ces 16 onces on prend 960 grammes (30 onces) de sucre que l'on concasse grossièrement; on le mettra dans un matras ; on versera le vinaigre aromatique par-dessus; on bouchera bien et on le placera au bain-marie, à un feu très-modéré. Aussitôt que le sucre est fondu, on laisse éteindre le feu, et le sirop étant presque refroidi, on le met en bouteilles, qu'il faut avoir soin de bien boucher et de placer dans un lieu frais. (*Encycl. méth.*)

2871. *Vinaigre distillé.* Pour distiller le vinaigre, on remplit aux trois quarts une cucurbite de grès de vinaigre blanc ou rouge; on place ce vase dans un fourneau où il entre jusqu'aux deux tiers au moins ; on bouche avec un mortier composé de terre à four les interstices qui existent entre le vase et l'extrémité supérieure de l'ouverture du fourneau. On recouvre la cucurbite d'un chapiteau de verre qui embrasse exactement le pourtour, et qu'on lute avec du papier imbibé de colle de farine. Ce chapiteau est garni d'un bec auquel on adapte un récipient, puis on allume dans le fourneau un feu, d'abord très-doux, qu'on augmente progressivement.

Les premières portions de liqueur qui passent, sont faibles ; mais bientôt après monte l'acide acéteux qui est très-blanc et très-odorant : il est d'autant plus fort que la distillation avance davantage. On peut séparer les produits par leur degré de force, et on a des vinaigres plus ou moins acides. On retire d'abord et on met à part les deux tiers de ce qu'on a mis dans la cucurbite : ce vinaigre distillé a toute sa pureté. La portion qu'on laisse passer ensuite, jusqu'à ce qu'on ait obtenu les cinq sixièmes du vinaigre employé, est plus acide; mais elle a une odeur empyreumatique, occasionée par les parties huileuses dont le vinaigre est chargé. Cette odeur se dissipe en l'exposant à l'air, qui en même temps lui donne de la couleur. La distillation nous fait voir que le vinaigre est plus pesant que l'eau, puisqu'il s'élève plus difficilement : celui qui reste dans la cucurbite est épais, d'une couleur foncée et sale; il dépose une certaine quantité de tartre, il est d'une acidité considérable. Si on l'évapore à feu ouvert, il prend la forme d'un extrait. On n'a que très-peu de vinaigre par ce procédé qui est cependant très-usité dans le Nord.

2872. *Autre.* Versez dix pintes de vinaigre dans une grande terrine vernissée que vous placerez sur un feu assez modéré, pour en faire évaporer lentement deux pintes sans bouillir, après quoi vous le retirerez et le laisserez reposer. Le vinaigre étant suffisamment concentré et n'ayant perdu à l'évaporation que sa partie la plus aqueuse, versez-le dans la cucurbite que vous ne remplirez qu'aux deux tiers; placez-la au bain de sable;

adaptez le chapiteau et le récipient, et distillez le vinaigre à un feu assez modéré pour éviter l'empyreume qui le gagne facilement, mais qu'on lui fait perdre en le plongeant au bain de glace et de sel pilé. Quand vous aurez retiré les cinq sixièmes de la liqueur, vous laisserez éteindre le feu.

Si vous vouliez donner beaucoup plus de force à ce vinaigre, vous n'auriez, comme nous l'avons dit ailleurs, qu'à l'exposer à la gelée et n'en conserver que la partie fluide. (Bouillon-Lagrange *Nouv. chim. du goût et de l'odorat.*)

2873. *Vinaigre à la fleur d'orange.*

Fleur d'orange récente. . . . . 3 livres.
Esprit de fleur d'orange. . . . . . . 1 pinte.
Vinaigre distillé . . . . 8 —

Vous mettez vos fleurs dans une cornue de verre, et versez par-dessus l'esprit de fleur d'orange et le vinaigre distillé; puis vous procédez à la distillation au bain de sable, pour retirer les trois quarts de la quantité de liqueur employée.

J'ai toujours fait entrer dans mes préparations de vinaigre distillé, de l'esprit rectifié de la substance dont il porte le nom. On a l'avantage d'obtenir un vinaigre plus suave, parce que l'esprit-de-vin s'élevant le premier avec l'esprit recteur, s'en empare et se combine mieux avec lui que le vinaigre.

Lorsqu'on distille au bain de sable, il faut toujours avoir l'attention de n'employer que du sable bien sec.

2874. *Autre.* Faites infuser au soleil un quarteron de fleurs d'orange que vous avez mises dans deux pintes de bon vinaigre blanc bien bouchées dans le vase; laissez-le au soleil pendant environ un mois, passez-le ensuite dans un tamis fin et mettez-le dans une bouteille que vous boucherez avec soin. (*Le Maître d'hôtel conf.*)

2875. *Vinaigre à la rose distillé.*

Roses pâles. . . . . 4 livres.
Esprit de rose rectifié. . . . . 2 pintes.
Vinaigre distillé. . . . . 8 —

Vous mettez les roses entières dans la cornue de verre; et, après avoir versé par-dessus le vinaigre et l'esprit de rose, vous procédez à la distillation comme ci-dessus.

La rose ne donne qu'une odeur faible quand on la distille seule avec le vinaigre; mais l'esprit de rose qu'on ajoute lui donne le parfum très-agréable qu'elle doit avoir.

Le vinaigre à l'œillet se fait de même.

2876. *Vinaigre de lavande distillé.*

Fleurs de lavande. . . . . 3 livres.
Esprit de lavande rectifié. . . . . . . 4 gros.
Vinaigre distillé. . . . . 8 pintes.

Vous mondez la lavande des queues, et mettez la fleur dans la cornue de verre; vous y versez l'esprit rectifié et le vinaigre distillé; puis vous procédez à la distillation pour retirer les trois quarts de la liqueur employée.

Les vinaigres distillés de thym, de romarin, de sauge, de serpolet, se préparent de même.

2877. *Vinaigre de cédrat distillé.*

Huile essentielle de cédrat. . . . . 4 onces.
Esprit de cédrat rectifié. . . . . . . 2 pintes.
Vinaigre distillé. . . . . 8 —

Vous procédez à la distillation comme ci-dessus.

2878. *Autre.*

Zestes de cinquante cédrats.
Vinaigre distillé . . . . 6 pintes.
Esprit de cédrat rectifié. . . . . . . 2 —

Vous zestez vos cédrats de manière à n'enlever que l'écorce jaune, vous les mettez dans la cornue, puis, y ajoutant l'esprit de cédrat et le vinaigre, vous en retirez les trois quarts par la distillation.

Vous suivez le même procédé pour distiller les vinaigres au citron, au limon, à la bergamotte, à l'orange.

2879. *Vinaigre à la cannelle distillé,*

Cannelle fine . . . . 12 onces.
Esprit-de-vin . . . . 2 pintes.
Vinaigre distillé . . . . 8 —

Vous concassez la cannelle, vous la faites infuser dans l'esprit-de-vin pendant huit jours, et mettez le mélange dans la cornue avec le vinaigre; puis vous distillez à la manière accoutumée.

Vous faites de même les vinaigres distillés à la muscade, au girofle.

Ayez soin de concasser ces substances en très-petits morceaux, et de les faire digérer dans l'esprit-de-vin avant que de les distiller.

2880. *Vinaigre radical* ou *Esprit de Vénus.* Si vous désirez vous donner les soins qu'exige cette préparation, prenez deux livres de vert-de-gris que vous romprez par petits morceaux gros comme des avelines; jetez-en une moitié dans un matras de trois pintes, et le reste dans un second matras de la même capacité; versez par-dessus du vinaigre distillé jusqu'à ce qu'il surnage le vert-de-gris de quatre travers de doigt; placez vos matras dans un bain de sable à un feu très-doux de quelques charbons seulement; laissez-les-y pendant deux fois vingt-quatre heures, ayant soin de les remuer de temps en temps, après quoi vous les retirerez du feu et vous les laisserez en repos pendant un jour. Les matières les plus pesantes se précipiteront au fond du matras, vous décanterez la liqueur et vous aurez la teinture de Vénus. Vous verserez de nouveau vinaigre sur le sédiment qui sera resté au fond des matras; vous les placerez au bain de sable, et comme la première fois vous décanterez la liqueur après deux jours d'infusion. Enfin vous répéterez ces manipulations jusqu'à ce qu'il ne reste plus au fond des matras qu'une terre impure sur laquelle le vinaigre n'agira plus.

Filtrez votre teinture de Vénus par le papier gris, avec la précaution de garnir l'entonnoir d'un linge plié en forme de chausse, pour empêcher que le papier ne crève. Retirez cinq à six pintes de teinture; versez-la dans un alambic de verre et distillez-la au bain de sable jusqu'à ce que vous ayez retiré les deux tiers. Ce vinaigre sera blanc et bien concentré, et pourra servir à tel usage qu'on voudra. Laissez alors éteindre le feu ; retirez les vases lorsqu'ils seront refroidis , sans cependant laisser opérer la cristallisation ; ôtez le chapiteau et versez dans un vase de terre vernissé la liqueur qui se trouvera dans la cucurbite pour la mettre ensuite à la cave, où vous la laisserez pendant trois jours, après lesquels vous décanterez ce qui surnagera, et vous trouverez au fond et aux parois de la terrine de très-beaux cristaux semblables à l'émeraude ; amassez-les proprement et faites-les sécher à une chaleur extrêmement douce. Remettez ce qui vous restera de teinture de Vénus dans la terrine, faites-le évaporer d'un bon tiers sur le feu, enlevez une espèce d'écume qui se formera pendant l'évaporation , et jetez-la comme inutile. Quand vous verrez paraître une petite pellicule sur la surface, assez semblable à de petites écailles, retirez votre terrine, portez-la à la cave comme vous avez fait la première fois, et opérez toujours de même jusqu'à ce que toute la teinture soit convertie en cristaux, sauf une espèce d'eau-mère qui paraît vers la fin, d'une consistance syrupeuse très-épaisse qui ne se cristallise jamais ; vous en formerez des boulettes que vous joindrez à vos cristaux, parce que cette espèce d'eau-mère est extraordinairement remplie d'acide. Prenez ensuite tous vos cristaux, mettez-les dans une cornue de verre assez grande pour que le tiers en demeure vide, placez-la au bain de sable ; commencez par un feu fort doux pendant une heure, poussez-le ensuite très-vivement ; quand vous verrez paraître la première goutte au bec de la cornue , examinez si elle est faible ou pénétrante ; si ce n'est que du phlegme, laissez-le s'écouler jusqu'à ce que les gouttes qui sortiront aient acquis un certaine force ; alors adaptez et lutez bien un demi-balon à la cornue, continuez la distillation jusqu'à ce que vous n'aperceviez plus rien sortir ; laissez éteindre le feu, délutez le balon, et vous y trouverez environ huit onces d'esprit de Vénus. Attendez jusqu'au lendemain pour retirer la cornue dans laquelle vous trouverez environ une demi-livre de poudre couleur brune tirant sur le rouge, qui n'est autre chose que du cuivre qui a perdu son brillant métallique. Vous verserez l'esprit de Vénus dans un flacon de cristal qui se ferme bien, et vous aurez un remède excellent contre les apoplexies, les évanouissemens , la léthargie, etc. C'est pour le faire servir plus commodément à cet usage, qu'on le déguise sous la forme d'un sel qu'on prépare ainsi :

2881. *Sel volatil de vinaigre.* Choisissez de très-petits cristaux de tartre vitriolé, desquels vous séparerez tout ce qui sera en poudre ; mettez-les dans un flacon, et imbibez-les avec une suffisante quantité d'esprit de Vénus rectifié (cette rectification se fait comme toutes les autres). Après la première distillation, vous verserez la liqueur dans une cucurbite de verre, vous la placerez au bain de sable, vous adapterez un chapiteau et un récipient, et vous distillerez à un feu qui n'excède pas le degré de l'eau bouillante. (Bouillon-Lagrange.)

2882. *Moyen de reconnaître si le vinaigre a été sophistiqué.* Ce n'est pas à ses qualités extérieures qu'il est possible de reconnaître si l'on a introduit dans le vinaigre des substances étrangères ou malfaisantes; mais l'emploi de l'alcali est un excellent moyen de reconnaître ce genre de falsification. Pour cela, jetez vingt quatre grains d'alkali dans une once de vinaigre : s'il est falsifié, toutes ses propriétés acides disparaîtront; s'il est pur, soixante grains d'alkali suffiront à peine pour masquer entièrement les qualités acides de la même quantité de vinaigre. (*Abrégé théor. et prat. sur la culture de la vigne.*)

2883. *Autre.* Comme quelques marchands ajoutent des acides minéraux et spécialement de l'acide sulfurique, à leur vinaigre, et y introduisent aussi des mèches soufrées, nous croyons devoir remettre sous les yeux du public par quels procédés la Faculté de médecine de Paris reconnaît ce genre de sophistication.

On reconnaîtra facilement les contraventions qui seront commises à cet égard, en versant vingt gouttes d'une solution aqueuse de muriate de baryte dans environ quatre onces de vinaigre, qu'on aura eu soin de filtrer auparavant, s'il n'était pas clair.

Cette épreuve devra être faite dans un vase de verre bien transparent.

Si le mélange ne se trouble pas, on sera disposé à croire qu'il ne contient pas d'acide sulfurique. Si au contraire il se trouble, et que, peu de temps après, il se forme un précipité au fond du vase, on conclura qu'il y a dans le vinaigre soumis à l'expérience, de l'acide sulfurique; et la quantité de précipité formé suffira pour donner une idée approximative de la quantité d'acide sulfurique que contient le vinaigre. (*Instruct. approuvée par le ministre de l'intérieur.*)

VIOLETTES.

2884. *Conserve de violettes.* Prenez des fleurs de violettes nouvellement cueillies et bien épluchées, une demi-livre, et une livre et demie de sucre blanc. Pilez les violettes dans un mortier de pierre et réduisez-les en pulpe. Faites cuire le sucre dans cinq ou six onces d'eau commune en consistance de tablettes : retirez-le de dessus le feu, et lorsqu'il sera à demi refroidi, mêlez-y les violettes pilées ; versez ensuite cette conserve encore chaude dans un vase et laissez-l'y refroidir sans la remuer.

Quant à l'autre, prenez trois onces de roses rouges bien séchées et pulvérisées subtilement ; arrosez-les avec un demi-drachme d'esprit de vitriol ; prenez du sucre blanc, trois livres ; de l'eau de roses distillée, une suffisante quantité, avec laquelle vous ferez cuire le sucre en consistance de tablettes, et étant retiré du feu, vous y mêlerez la poudre de roses. Alors vous pourrez en faire des tablettes.

Les conserves de cynorrhodon ou gratte-cul se font après avoir ôté les pepins de ces fruits ; on les arrose d'un peu de vin blanc, on les met à la cave où vous les laisserez deux jours ; il s'excitera une légère fermentation qui les ramollira ; en cet état ils pourront facilement être pilés dans un mortier, passés ensuite dans un tamis et préparés comme les violettes. (*Encyclopédie.*)

2885. *Gâteau de violettes.* Formez un moule de papier un peu élevé et de la grandeur que vous voulez donner à votre gâteau ; épluchez une demi-livre de violettes que vous mettrez dans une livre de sucre cuit à la grande plume, et que vous mélangerez bien ; quand le tout commencera à monter, ajoutez-y un peu de blanc d'œuf battu avec du sucre en poudre, et quelques aromates, et qui ne soit pas trop liquide ; versez le mélange dans le moule, et tenez par-dessus, et à une certaine distance, une poêle chaude pour faire monter le gâteau. (*Le Maître-d'hôt. conf.*)

2886. *Marmelade de violettes.* Pilez très-fin dans un mortier, une demi-livre de violettes bien épluchées ; passez avec force cette pâte dans une étamine, et délayez-la peu à peu dans une livre et demie de sucre que vous aurez fait cuire à la grande plume, et qui sera encore à moitié chaud. Vous mettrez ensuite ce mélange dans des pots que vous conserverez dans un endroit un peu sec. (*Idem.*)

2887. *Pastilles de violettes.* Prenez un quarteron de violettes ; vous les ferez infuser dans un peu d'eau bouillante et vous les mettrez à l'étuve pour en exprimer tout le suc ; faites tremper une once de gomme adragante dans cette décoction, et lorsqu'elle sera bien fondue, passez et exprimez bien le tout à travers une serviette ; mettez cette eau dans un mortier avec une livre de sucre en poudre, dont vous formerez une pâte à laquelle vous donnerez la forme que vous voudrez, et qui, séchée au four, formera vos pastilles de violette.

2888. *Conservation des violettes.* Comme on n'a pas toujours des violettes, on en conserve toute l'année, en les épluchant bien, les faisant sécher dans une étuve à une douce chaleur; enfin en les réduisant bien en poudre dans un mortier, et en fermant cette poussière dans une boîte garnie intérieurement de papier blanc, et qu'on bouche ensuite avec soin pour la garder dans un lieu sec. (*Le Maître-d'hôtel conf.*)

2889. *Eau de violettes.* Prenez quatre onces de racine d'iris de Florence, et après l'avoir concassée, mettez-la infuser dans deux livres d'esprit-de-vin très-rectifié. Après quinze jours d'infusion, filtrez-la à travers un papier gris, et mettez cette teinture dans des flacons bien bouchés. (Bouillon-Lagrange. *Nouv. chim. du goût et de l'odorat.*)

2890. *Huile de violettes.* Pilez grossièrement dans un mortier de marbre et avec un pilon de bois, une livre de fleurs de violettes: versez par-dessus quatre livres de bonne huile d'olive; exposez ce mélange au soleil pendant quinze jours, ou si vous voulez plus promptement terminer l'opération, mettez l'infusion au bain-marie pendant quatre jours et coulez-la ensuite par un tamis de crin en exprimant le marc le plus qu'il sera possible. Cela fait, prenez une livre de violettes fraîches, pilez-les comme les premières, mettez-les infuser dans l'huile que vous avez obtenue, placez le vase pendant trois jours au bain-marie et à une douce chaleur. Si après ce temps on aperçoit à la surface de l'huile quelque indice d'humidité, on donnera un degré de feu plus vif pour la faire disparaître, après quoi on versera la liqueur dans un tamis et on la recevra dans un vase. Elle y déposera une espèce de sédiment, on la transvasera dans une bouteille en la faisant passer par un nouveau tamis, et l'on conservera cette huile dans des vases qu'on bouchera bien. (Bouillon-Lagrange.)

On obtiendra de la même manière des huiles grasses de roses, de tubéreuses, de jasmin, de jonquilles, etc.

2891. *Sirop de violettes.* Prenez une demi-livre de violettes épluchées, et de préférence de celles des bois; mettez-la dans une terrine; faites bouillir une chopine d'eau que vous jetterez sur les violettes; mettez une assiette dessus pour les enfoncer afin qu'elles puissent rendre leur parfum, et mettez-la à l'étuve du soir au lendemain. Faites alors clarifier cinq livres de sucre au cassé; passez la violette au travers d'une serviette pour en exprimer toute l'eau, que vous jetterez dans le sucre qui ne bouillira pas, mais assez chaud pourtant pour que l'eau puisse prendre corps avec lui sans le remuer ; mettez alors le tout dans une terrine, que vous laisserez trois ou quatre jours dans une étuve, où l'on entretiendra un feu égal, et retirez-la lorsque le sirop sera perlé. (*Le Maître-d'hôtel conf.*)

VIPÈRE.

2892. *Moyen de traiter la morsure de la vipère.* Les remèdes les plus puissans qu'on puisse employer dans le cas de morsure de vipère, sont les sudorifiques incisifs. La chair de la vipère même et autres animaux de sa famille, l'alkali volatil et les préparations où entrent la thériaque, les racines d'ophyorige, de serpentaire, de dorstène, etc., apaisent les symptômes fâcheux qui en résultent, par les énormes sueurs qu'elles provoquent. Toujours, cependant, aussitôt qu'on est mordu, on doit au préalable faire une forte ligature au-dessus de la plaie, la faire saigner le plus possible, et la cautériser avec un fer rouge, ou la pierre à cautère, si on en a à sa disposition. Avec ces précautions, les symptômes deviennent moins graves, et on est certain d'une prompte guérison. (*Dict. d'agric.*)

VOLAILLES.

2893. *Signes auxquels on reconnaît les bonnes volailles.* On connaît qu'un dindon est jeune, lorsqu'il a les pates noires et douces et les ergots courts. Un vieux coq d'Inde a toujours les yeux enfoncés et les ergots secs et durs. (Buch'oz, *Traité écon. des ois. de basse-cour.*)

Un chapon pour qu'il soit bon doit avoir une grosse veine à côté de l'estomac, la crête polie, le ventre et le croupion gros. Lorsqu'il est fraîchement tué, il est ferme et on a de la peine à en faire sortir du vent.

2894. *Moyen d'engraisser la volaille.* On engraisse facilement et économiquement les volailles, en leur donnant une pâtée composée de pommes de terre cuites et lavées, qu'on écrase encore chaudes et qu'on pétrit avec des parties égales de farine grossière de maïs, de sarrasin, d'orge ou de millet, selon les ressources locales. On doit ajouter une once de sel par 8 livres de ce mélange, qu'on donne soir et matin aux volailles qu'on veut engraisser. (Parmentier.)

On parvient ausi à engraisser facilement la volaille, dans peu et d'une manière économique, en mêlant tous les jours à ses alimens une cuillerée à bouche de jusquiame. (*Mag. méd. domest.*)

2895. *Autre.* Faites cueillir des orties, et pour engraisser des dindons, mêlez-les hachées avec du sarrasin, des cailles de lait et un peu de sel ; ils prendront graisse de bonne heure, et donneront un grand profit.

Hachez de même du trèfle vert, broyez et concassez du sarrasin et du maïs, joignez-y du sel, et pétrissez le tout avec des cailles de lait, pour engraisser les canetons.

Chaponnez vos plus forts poulets ; cette opération doit se faire le matin ; renfermez-les à part avec les poulardes, et donnez-leur la même nourriture qu'aux canetons.

Nourrissez vos pigeons dans le colombier avec du chenevis, du sarrasin, de la vesce et toutes sortes de criblures, mêlées toujours avec un peu de sel. (*Bibl. phys. écon.*)

2896. *Autre.* On enferme isolément chaque sujet dans des épinettes étroites, obscures et placées dans un endroit chaud. On lui plume la tête et les entrecuisses, jusque sous les ailes ; on lui crève les yeux et l'on ne lui donne à manger que lorsque son jabot est vide. Il faut encore le priver d'eau, en ayant soin pourtant de tremper sa mangeaille dans de l'eau ou mieux encore dans du lait.

Dans quelques endroits on prend des orties, feuilles et graines, on les fait sécher, on les met en poudre que l'on passe dans un tamis, on les pétrit pour s'en servir avec du sel ou de la farine de froment, on la délaie avec de la lavure de vaisselle et on en donne à la volaille une fois par jour.

On peut engraisser les poulets en leur faisant avaler des pilules de farine de maïs, détrempée avec du lait ou du miel. Le genièvre mêlé à cette nourriture donne à leur chair un parfum exquis. (Buch'oz, *Traité écon. des ois. de basse-cour.*)

2897. *Autre.* On place auprès du poulailler un fumier préparé de cette manière : on prend du terreau, dont on remplit un trou creusé en pente, afin d'empêcher l'eau d'y croupir, on l'arrose de sang de bœuf sur lequel on jette un peu d'avoine et des tripailles de brebis ou autres, et l'on mélange bien le tout avec un rateau. Bientôt le terreau sera rempli de vers, mais on n'ouvrira cette verminière pour y laisser gratter les poules que lorsqu'ils y fourmilleront. On en tirera alors avec trois ou quatre coups de bêche les vers qu'on veut abandonner à la volaille.

On fait les verminières l'été et on s'en sert l'hiver. Pour les garantir on les couvre de fagots d'épines touffus qu'on charge avec de grosses pierres. (Buch'oz, *Traité écon. des ois. de basse-cour.*)

2898. *Autre.* Le gentilhomme cultivateur prépare une verminière plus abondante, en pratiquant sur un terrain assez incliné pour que les eaux n'y séjournent pas, un trou carré de quatre pieds de profondeur : on l'entoure d'une bonne muraille bien maçonnée de trois ou quatre pieds de haut; on met au fond de cette fosse ou de cette élévation, quand le terrain est de niveau, une couche de paille de seigle hachée bien menu, épaisse de quatre pouces; sur cette couche, on fait un lit de fumier de cheval tout récent, on le couvre de terre légère bien divisée et assemblée, sur laquelle on répand du sang de bœuf ou de chèvre, du marc de raisin, de l'avoine et du son de froment, le tout parfaitement amalgamé; on répète ensuite ces couches, jusqu'à moitié de la hauteur de la fosse, alors on ajoute des intestins de mouton, de brebis ou d'autres animaux; quand la fosse est remplie aux trois quarts, on la ferme avec de fortes broussailles qu'on charge de grosses pierres pour que les poules ne puissent y aller gratter ni becqueter. La première pluie qui survient fait pourrir cette composition, où se forme une quantité prodigieuse de vermine, qu'il ne faut livrer aux poules que par ordre, de peur que la verminière ne soit trop vite ravagée. On doit observer en la bâtissant de laisser ou au midi ou à l'orient une ouverture que l'on ferme avec de la pierre sèche jusqu'en haut : c'est par là qu'on entame la verminière. On en donne quelques pellées à la volaille, suivant le nombre, et le lendemain on rejette dans la fosse ce qu'elle n'a pas consommé. Ces sortes de verminières doivent être placées dans un lieu chaud et à l'abri des vents. (Dupuy-Demportes.)

La volaille ainsi nourrie doit, quinze jours ou trois semaines avant d'être mangée, être mise à un autre régime et privée de cet aliment.

2899. *Autre.* Une excellente nourriture pour la volaille est le marc de raisin mêlé avec du son. On fait un creux en terre, dans un endroit sec, on met par lits et par couches le marc et le son, et par dessus un lit de terre-glaise; on termine ainsi jusqu'à la dernière couche qui doit être de la terre.

2900. *Castration des volailles.* On pratique la castration des volailles vers la fin du printemps ou au commencement de l'automne. On fait une incision près des parties de la génération ; on enfonce le doigt par cette ouverture , et on enlève les testicules aux mâles et les ovaires aux femelles. On réunit les bords de la plaie par une suture modérément serrée, et quelquefois on la frotte avec un peu de beurre frais , ou on la saupoudre d'un peu de cendre.

On remarque que les poulardes engraissent plus aisément que les chapons, et on enferme souvent les uns et les autres, en les soumettant à des alimens très-substantiels, afin qu'ils engraissent plus promptement.

On remarque aussi que les dindons , ayant le corps plus grand, les testicules se trouvant plus éloignés du lieu de l'incision, et plus difficiles à atteindre avec le doigt, l'opération réussit moins souvent ; aussi la pratique-t-on rarement, ainsi qu'aux oies et aux canards.

2901. *Maladies des volailles.* La maladie qui attaque le plus fréquemment les volailles, est la clavelée ou petite vérole ; elle a son siége au cou et à la tête. On la guérit par un changement de nourriture , qui consiste à substituer aux orties ou au persil hachés, qu'on a coutume de leur donner avec des œufs et de la mie de pain, une plante nommée *crauson corne-de-cerf*, qu'on hache comme on fait des autres herbes, et qu'on mélange de même. On trouve cette plante , qui est très-commune, sur les chemins, le long des fossés et dans les terres battues non cultivées. (*Dict. des mén.*)

VOLIÈRE.

2902. *Construction d'une volière.* Choisissez, pour l'emplacement de votre volière , un endroit exposé au soleil du levant et du midi , et à l'abri du nord. Vous y pratiquerez quelques retraites murées, pour que les oiseaux puissent s'y réfugier pendant les grandes chaleurs de l'été et les grands froids de l'hiver. Vous ferez peindre l'endroit intérieur du mur en bleu céleste , en vert ou en blanc de céruse ; vous élèverez dans cette volière, autant qu'il sera possible, cinq ou six arbres toujours verts, ou, à leur défaut, vous mettrez à la place qu'ils devraient occuper, une fois par mois, des plantes que vous aurez coupées à cet effet. Vous en laisserez néanmoins deux à demeure , qui ne se touchent point , et dans lesquelles vous placerez quelques petits paniers propres à faire les nids ; vous couvrirez les paniers, par dehors et sur les bords, de tiges d'asperges.

Vous ferez en sorte de conduire, dans les abreuvoirs de cette volière, de l'eau vive ; vous nettoierez ces abreuvoirs tous les deux ou trois jours, et vous les changerez d'eau. Comme il est dangereux aux oiseaux de se baigner pendant qu'ils couvent, vous aurez recours alors aux abreuvoirs couverts, ou bien vous détournerez l'eau de fontaine, et leur donnerez à boire dans une auge longue, recouverte d'un bord doublé de fer-blanc, dans lequel vous pratiquerez plusieurs petits trous ; vous attacherez en même temps, dans l'endroit qui leur est le plus commode pour manger, de la chicorée sauvage, des bettes, du laiteron, de la laitue et autres herbes semblables, avec quelques petits paquets de graines de plantain ou de panis. Vous placerez, en outre, dans la volière, deux barres de fer, qui la traversent totalement, et qui soient attenantes au mur, à l'entrée de la cage ; ces barres, outre qu'elles servent de soutien, sont fort commodes pour percher les oiseaux.

Vous placerez en dedans de la volière, sur le plancher, le long des murs, des augets proportionnés à la grandeur de la volière et à la quantité des oiseaux ; dans l'un de ces augets, vous mettrez du grain et des criblures ; dans l'autre, du millet et du panis ; dans la troisième, du chenevis et de l'alpiste, et dans la quatrième, de la poussière et du sable mêlés avec des branches d'arbres, à la hauteur de deux doigts ou un peu plus ; ce dernier auget aura ses rebords plus hauts, pour que les oiseaux, en se vautrant, ne jettent rien dehors. Vous attacherez aussi, avec une ficelle, aux deux traverses de fer, quatre ou cinq petits paniers revêtus de verdure ; vous emploierez trois cerceaux pour les faire, deux petits et un grand pour le milieu. Lorsque vous vous apercevrez que les oiseaux gâtent leur manger et le perdent, vous le leur mettrez dans quelque vaisseau de terre, construit en forme de tour, ayant à sa base deux séparations ou guichets, d'où le manger puisse s'échapper peu à peu, et garnis à une distance d'environ deux doigts, d'une espèce de rebord. Vous ferez épousseter la volière de temps en temps ; vous ferez aussi nettoyer les bâtons sur lesquels les oiseaux se perchent ; il sera encore très à propos de placer au milieu de chaque canton de la volière, un bâton postiche ajusté dans son fer, qui puisse s'ôter et se remettre facilement.

DES OISEAUX DE VOLIÈRE.

2903. *Fauvette à tête noire.* De tous les oiseaux qu'on élève en cage, il n'y en a point qui connaisse plus particulièrement son maître, ainsi qu'il le démontre par un battement d'ailes continuel, aussitôt qu'il l'aperçoit. Son chant est à peu près celui du rossignol; il se nourrit en campagne de mouches et de vers. Quand on veut élever cet oiseau en cage, il le faut prendre jeune au filet; on lui lie l'extrémité des ailes, et on lui donne la même nourriture qu'au rossignol. Il vit ordinairement cinq à six ans.

2904. *Chardonneret.* Le chardonneret est un petit oiseau qu'on place parmi ceux de chant; il vit douze à quinze ans, et s'apprivoise très-facilement. Il s'accouple assez facilement avec le serin de Canarie; mais lorsqu'on les destine à cet usage, il est essentiel de les sevrer de chenevis, et de les accoutumer au millet et à la navette, qui est la nourriture ordinaire des serins.

Pour élever les jeunes chardonnerets, il faut les prendre au nid lorsque leurs plumes sont entièrement poussées, et les nourrir de la manière suivante : on fera une pâte composée d'échaudés et de semence de melon qu'on pélera. On peut en faire une avec des échaudés et des massepains; on fait avec ce mélange des boulettes comme des petits grains de vesce, et on les leur présente une à une au bout d'une brochette; dès qu'ils commencent à manger seuls, on leur broie du chenevis avec de la graine de melon et de panis; quand ils sont forts, leur unique nourriture est le chenevis.

2905. *Becfigue des chenevières.* Ce petit oiseau, qui fait son séjour ordinaire dans les chenevières, y construit son nid, et y chante en courant çà et là. Il a quelques rapports avec le rossignol par la couleur de son plumage, et s'élève avec la même nourriture.

2906. *Moyen de tirer au fusil les petits oiseaux sans gâter leur plumage.* On met dans son fusil la mesure de poudre plus ou moins forte; immédiatement sur la poudre, on coule un petit bout de chandelle épais d'environ un demi-pouce, qu'on assure avec la baguette, et on remplit d'eau le canon jusqu'à la bouche. Par ce moyen on ne fait en tirant l'oiseau que l'étourdir, l'arroser et lui mouiller les plumes; puis le ramassant aussitôt, il n'aura pas, comme dans un piège, le temps de se débattre et de se gâter. L'eau poussée par la poudre, va au but, et le morceau de suif n'ayant pas la pesanteur de l'eau, reste en route. On devine assez que de cette manière on ne tire jamais horizontalement.

2907. *Roitelet.* Le roitelet en liberté se nourrit de vers et d'araignées qu'il trouve dans les murailles, et captif, s'élève comme le rossignol; on le prend de la même manière que les mésanges. Olina dit que pour les élever jeunes, il faut les prendre dans leurs nids; que leur cage doit être de fil de fer, qu'il y ait une espèce d'auget doublé d'étoffe et bien fermé tout autour, excepté du côté du dedans de la cage, par où il peut entrer au moyen d'un petit trou rond, capable seulement de le contenir; que vis-à-vis cet auget il y en ait trois autres réunis ensemble, dont l'un contiendra du cœur de mouton haché; l'autre, de la pâte comme pour le rossignol, et le dernier, qui sera un peu plus large, lui servira d'abreuvoir, et sera toujours plein d'eau pour que l'oiseau puisse s'y baigner. On lui donne quelques mouches, et on l'apprivoise par ce moyen.

SERIN. *Voyez ce mot à la lettre* S.

2908. *Caponègre.* Parmi les oiseaux de chant, le caponègre est un des plus gais, des plus harmonieux et des plus jolis. Son nid, qu'il place dans des arbrisseaux ou parmi les ceps de lierre et de laurier, est fait de racines d'herbes extrêmement déliées, et quelquefois de feuilles de roseaux.

Sa nourriture est à peu près celle du rossignol; on lui apprend tout ce qu'on veut, soit en sifflant, soit en lui parlant souvent. Ceux qu'on prend à la chasse réussissent mieux, mais ils ne chantent cependant qu'au bout de dix à douze jours; on les nourrit pendant les premiers jours avec des figues, et ensuite on les traite comme les rossignols.

2909. *Linotte.* La linotte niche dans les buissons et genêts; on la prend au nid parce qu'alors elle apprend plus aisément à siffler, surtout des airs doux. On la tient dans un endroit chaud, on varie beaucoup ses alimens, et, comme aux serins, on lui donne de la semence de melon mondée et pilée.

2910. *Rouge-gorge.* Cet oiseau, plus gros que le rossignol, est si familier qu'il entre jusque dans nos maisons pour y chercher sa nourriture pendant l'hiver; en été, il s'isole des autres oiseaux et ne peut les souffrir dans le lieu qu'il s'est choisi. Son chant, qu'il fait entendre en automne et aux approches de l'hiver, est très-harmonieux: il se nourrit d'insectes de toute espèce, il aime surtout les œufs de fourmis, et fait son nid dans les arbres creux. Pour l'élever jeune, il ne faut le tirer de son nid que quand il a toutes ses plumes, et avec la même nourriture que le rossignol, lui donner quelquefois des vermisseaux qui se trouvent dans le fumier.

2911. *Tarin* ou *serin commun.* Le tarin fait son nid sur les arbres, particulièrement sur les cyprès, s'apprivoise et se nourrit en cage comme le chardonneret, et se prend au filet ou aux gluaux, principalement en automne.

2912. *Ortolan.* L'ortolan qu'on recherche tant dans la cuisine du riche, chante assez agréablement, souvent même pendant la nuit. Cet oiseau de passage arrive en mars comme la caille, et s'en va en automne. On le prend à la chasse comme les pinsons; mis en mue pour être engraissé, il ne faut lui laisser de jour qu'autant qu'il lui en faut pour qu'il puisse découvrir sa mangeaille, sa boisson, et les endroits où il peut se percher, et le nourrir de panis ou de millet.

2913. *Alouette commune.* L'alouette construit son nid par terre, dans les guérets, et à l'abri de quelques mottes. Il faut les veiller attentivement si on veut prendre les petits; car si on attend trop, on ne les trouve plus, et si on les prend de trop bonne heure, on aura de la peine à les élever. On les nourrit de la même manière que le rossignol.

2914. *Chasse des alouettes aux collets.* On prend des alouettes aux collets pendant les grands froids, en observant les lieux où elles se plaisent le plus; et pour les attirer davantage, on y jette de l'orge, du froment et de l'avoine. Celui qui veut en prendre met au fond de plusieurs sillons des ficelles, longues de 4 ou 5 toises chacune, arrêtées avec des piquets : il attache à ces ficelles des lacets en double, faits d'un crin de cheval, placés à 4 pouces les uns des autres; jette après cela du grain le long des ficelles, et fait un tour un peu éloigné des lacets pour faire lever les bandes d'alouettes en les poussant du côté des lacets où elles se jetteront attirées par les appâts.

2915. *Alouette huppée.* Elle ne diffère de la commune que par la huppe; elle est presque toujours seule, ne tient point un vol constant. Elle tire sa nourriture, pendant l'hiver, du fumier qu'elle trouve sur les bords des grands chemins; son chant est inférieur à celui de l'alouette commune. Les alouettes huppées sont un excellent manger, surtout quand elles sont jeunes et bien nourries.

2916. *Grosse mésange.* La grosse mésange habite tous les pays; elle se nourrit d'insectes qu'elle trouve aux arbres, de chenevis et de noix qu'elle perce avec son bec. On la prend avec une noix entamée qu'on entoure de collets, et aux gluaux.

2917. *Pinson.* Les pinsons, dont le chant est très-joli et le nid un chef-d'œuvre, s'élèvent comme les jeunes chardonnerets. Quand on veut qu'ils chantent beaucoup, on leur donne un peu de pain et du fromage non salé, ou du lait; on leur donne aussi des vers de farine et des sauterelles. Leur nourriture ordinaire en cage est du chenevis ou de la graine de chardon :

cet oiseau aime surtout à se baigner. La chasse s'en fait au
filet et aux gluaux, pendant l'automne et même l'hiver.

2918. *Bouvreuil.* Le bouvreuil est un très-bel oiseau. Le
mâle devient en cage, noir comme un corbeau, à cause, dit-
on, que le chenevis qui lui sert de nourriture lui occasionne
ce changement; mais quand il mue, il reprend sa première
couleur.

L'épine blanche est de tous les arbrisseaux celui que la femelle choisit de préférence pour y construire son nid. Le bouvreuil se tient continuellement sur les montagnes; il en descend quelquefois l'hiver. Il fait, au printemps, un dégât considérable aux arbres à fruit, surtout aux pommiers et poiriers,
dont il mange les bourgeons. On élève les petits comme ceux
du rossignol, ils sont faciles à apprivoiser; on peut les apparier avec les serins. Ce qui est singulier, c'est que la femelle
ne chante pas moins bien que le mâle. Cet oiseau apprend des
airs de flageolet, et contrefait tout ce qu'il veut, même la voix
de plusieurs autres oiseaux.

Il se prend à la sauterelle, au trébuchet, en y mettant pour
l'attirer de petites baies ou des graines de morelle vivace; on
le prend encore avec les halliers tendus le long des haies.

2919. *Grisette.* Joli petit oiseau de passage qui se nourrit
de mouches et d'insectes. Il fréquente les lieux aquatiques, les
rives de la mer, va par bande, et est très-difficile à approcher.
Sa chair est blanche, tendre et délicate.

2920. *Royer.* Oiseau un peu plus grand que l'alouette
commune; son chant ne diffère pas de celui du tarin; mais
c'est avec une voix plus pleine. Il fait son nid par terre comme
les alouettes. Les oiseleurs le mettent en cage pour le service
du filet; c'est un excellent appelant pour en attraper d'autres.

2921. *Bruant.* Le bruant niche dans les vallons et les lieux
bas, ordinairement sur les saules; libre, il se nourrit de graines
de chardon, de bardanne, de semences de raves et d'alpistes;
et en cage, de panis, de chenevis et même d'avoine. Il s'apprivoise facilement; son chant est doux, surtout mêlé à celui
d'autres oiseaux de volière. Il se chasse au filet depuis l'automne jusqu'en avril.

2922. *Verdier-terrier.* Cet oiseau se tient la plupart du
temps à terre, fouillant et cherchant des semences; aussi quand
on le prend, on lui trouve le bec tout crotté et plein de terre.
C'est en automne et au commencement de l'hiver qu'on le rencontre par troupes dans les terres ensemencées, accompagné

souvent du pinson, dont il imite assez bien le chant. Il vit d'orge, de millet et de panis ; il peut servir d'appeau quand on chasse au filet.

2923. *Grive.* La grosse grive se perche au printemps sur la cime des arbres pour y faire son nid. Cet oiseau se nourrit de même que les autres espèces de grives, de baies de gui et de sorbier.

La grive rouge est le rossignol de plusieurs contrées ; elle chante jour et nuit : c'est surtout en été qu'elle se fait entendre.

La grive de vigne, qu'on nomme calendrette, est un excellent mets sur nos tables. On la chasse à la pipée, aux collets, aux raquettes, etc.

2924. *Chasse aux grives.* Dans le temps des vendanges, les grives, enivrées par le raisin, se laissent approcher assez facilement ; vers la Toussaint, elles viennent en foule aux aliziers, dont le fruit leur plaît beaucoup ; et en se mettant à l'affût sous un de ces arbres, on est assuré d'y faire bonne capture.

La véritable saison pour tuer les grives, est depuis la fin de septembre jusqu'aux premières gelées, que ces oiseaux commencent à disparaître ; mais pour en tuer beaucoup, il faut les tirer au vol. Deux chasseurs qui s'entendent pour battre une haie, en la longeant chacun de leur côté, sont assurés de tuer des grives et des merles, en les tirant au vol à mesure qu'ils partent.

On prend aussi les grives en plaçant sur une touffe de gui, qui croît ordinairement sur les chênes ou les vieux pommiers, un cercle fait de houssines vertes liées ensemble et garnies de collets de crins.

2925. *Chasse des grives à l'arbret et au poste.* Pour faire cette chasse, qui se pratique surtout aux environs de Marseille, on choisit dans une vigne un petit tertre, qu'on se procure artificiellement, s'il ne s'en rencontre pas un sur le lieu. On y plante un petit bouquet de jeunes pins, et au milieu un arbre de quinze à vingt pieds de haut. L'amandier est celui qui convient le mieux, par la raison que sa feuille est fort petite, et cache moins les oiseaux. Au défaut d'un arbre vert on peut se servir d'un arbre sec qu'on plante sur la terre. Les grives et les autres oiseaux s'y perchent également. On suspend entre ces arbres, des cages où sont des grives prises aux gluaux et qu'on a conservées dans des volières, en les nourrissant de figues hachées avec du son et du raisin noir. A quelque dis-

tance de l'arbre, on construit une cabane fort basse, en creusant la terre de deux ou trois pieds, de manière qu'elle n'excède
que peu le niveau du terrain ; et on la recouvre en dehors de
ramées et de lierre, afin que la verdure se maintienne plusieurs
jours. Le chasseur se tient tapis dans sa cabane ; et au chant
des oiseaux, il arrive de temps en temps des grives qui viennent se poser sur l'arbre, et qu'il tire à mesure qu'elles se présentent. La saison de cette chasse est depuis les derniers jours
de septembre jusqu'à la fin d'octobre. On la commence dès la
pointe du jour jusqu'à sept heures, qui est le fort du passage :
elle se fait cependant jusqu'à neuf ou dix heures, et l'on peut
y tuer trois ou quatre douzaines de grives.

2926. *Merle.* Cet oiseau se nourrit indistinctement de baies
et d'insectes ; il aime à se baigner, s'éplucher et à voler seul ;
son sifflement est très-agréable, surtout aux approches de la
pluie ou lorsque le temps est sombre. Il est à remarquer que
quand il chante, il tient toujours son bec en l'air ; on peut facilement lui apprendre à parler, mais il faut pour cela le
prendre au nid, et lui donner pour nourriture, du cœur de
bœuf, de la viande, du pain trempé et du fruit.

2927. *Étourneau.* L'étourneau, gourmand de son naturel,
se nourrit de baies de sureau, de grains et d'insectes. Il est
très-docile, s'apprivoise facilement, et apprend même quelques mots. En France, on le prend avec des appelans, et aux
filets qu'on tend le long d'une mare, depuis la Saint-Jean jusqu'à la mi-août. A la Louisiane on nettoie un emplacement
long et étroit à l'entrée d'un bois ; on y pratique une espèce
de sentier dont la terre est battue et très-unie ; on y étend les
deux parties du filet, sur lequel on fait une traînée de riz et
d'autres graines ; on se met ensuite en embuscade derrière les
broussailles auxquelles répond la corde de tirage, et tandis
que les étourneaux mangent ce grain, on fait tomber le filet
sur eux.

Une chasse d'étourneaux très-amusante, est celle qui se fait
par le moyen d'un simple étourneau qu'on attache par la queue
avec une ficelle longue d'environ 5 palmes, bien serrée et en-
gluée tout au long, une palme exceptée auprès de la queue de
l'oiseau. Quand on aura trouvé une troupe d'étourneaux, on
s'en approchera le plus près qu'on pourra, et tenant son étourneau par les ailes, on le laisse aller vers la bande d'étourneaux,
qui à la vue du chasseur se mettront en fuite. L'oiseau englué s'envolera vers les autres, se mêlera dans la troupe, et
en engluera plusieurs qui, ne pouvant plus se tenir en l'air,
tomberont aussitôt à terre.

Pour élever ces oiseaux jeunes, on les nourrit avec du cœur de mouton ou d'autres animaux, haché par petits morceaux, qu'on leur donne ainsi qu'on l'a déjà dit pour d'autres oiseaux.

2928. *Vanneau.* La chasse du vanneau est la même que celle de l'étourneau Les Anglais en nourrissent dans leurs jardins pour manger les vers, les chenilles, les fourmis et les autres insectes qui s'y trouvent. Les pluviers peuvent rendre le même service, après leur avoir lié les ailes ou ôté quelques grandes plumes.

2929. *Francolin.* Pour élever le francolin, qui ressemble assez à la perdrix grise, quoique un peu plus grand qu'elle, il faut l'enfermer dans un petit coffre où il puisse se cacher, et y mettre quelques cailloux mêlés de sable. On le nourrit avec de la criblure et des menus grains, et comme sa chair est préférable à celle du faisan, on l'engraisse dans des mues, de la même manière que les perdrix.

2930. *Perroquet.* Le perroquet peut apprendre à parler, chanter, siffler, et contrefaire les animaux ou le bruit du tambour. Il en existe une foule d'espèces, mais nous ne parlerons que de la manière de les nourrir et de les instruire. On lui donne des fruits, du chenevis, du pain trempé dans du vin, etc., etc., et lorsqu'on veut lui apprendre à parler, on couvre la cage avec un morceau d'étoffe, et on lui répète plusieurs fois la même parole, en ayant soin de tenir la lumière cachée, et de mettre quelquefois un miroir devant lui avec de la lumière quand on lui parle, parce qu'il s'imagine alors que c'est un de ses semblables qui forme cette voix ; et c'est principalement le soir qu'il faut lui donner sa leçon, que l'on doit confier à une femme ou à des enfans, dont il aime beaucoup la conversation.

2931. *Geai.* Cet oiseau se nourrit de fruits et fait son nid sur les arbres, surtout sur ceux qui sont entourés de lierre. On lui apprend facilement à parler lorsqu'il est jeune, et à contrefaire naturellement une infinité d'autres animaux, tels que le chien, le chat, la poule, les pleurs d'enfans, le son de la trompette.

2932. *Moineau franc.* Les jeunes moineaux sont susceptibles d'éducation.

On prend les vieux au filet, au retz saillant, au trébuchet, etc. On a aussi un panier d'osier, en forme de mue ; on place l'ouverture en haut, on y met une bourse ou un demi-ballon fait aussi d'osier à la façon des nasses, et dans le panier une nichée de petits moineaux qu'on recouvre d'un autre panier d'osier; les petits crient et appellent les vieux; ceux-ci entrent dans la mue et ne trouvent plus d'issue pour sortir de la mue qu'on a eu soin de placer auprès de quelques buissons peu éloignés d'un champ où on a remarqué que les moineaux ont coutume de se rendre.

2933. *Moineau friquet.* Cet oiseau, dit Olina, est de la grandeur et de la figure du moineau; il habite ordinairement les plaines où il y a des buissons bas et de jeunes plantes sauvages sur lesquelles il puisse facilement se poser. Il fait son nid dans les broussailles très-épaisses, quelquefois à l'abri de quelque motte de terre. Sa manière de vivre ne diffère guère de celle du chardonneret. On en prend beaucoup au filet; c'est pour cela qu'on le met en cage pour servir d'appelant.

2934. *Moineau de montagne.* On le prend aux retz saillans, quelquefois aux halliers avec la chouette, et à la pipée.

2935. *Passereau solitaire.* Si on veut élever cet oiseau qui est très-commun en Italie, et dont le chant est agréable, il faut le prendre dans le nid, lorsque ses plumes sont bien poussées; on l'abéquera avec du cœur haché, et on lui en donnera huit à dix fois le jour, et davantage le matin que pendant le reste de la journée. Lorsqu'ils mangent seuls, on les nourrira comme les rossignols.

2936. *Manière de prendre le passereau étant grand.* On en placera un dans une cage pour servir d'appelant; les autres y accourront bientôt pour becqueter, et se prendront aux gluaux qu'on aura eu soin de tendre aux environs. A défaut de passereau, on pourra se servir de la chouette avec quatre gluaux ajustés; dès qu'on en aura pris un, on lui liera les ailes et on le mettra dans une cage couverte de papier, avec du cœur et de la pâte qu'on donne aux rossignols, et on le traitera comme eux.

2937. *Chasse aux moineaux lorsque la terre est couverte de neige.* Balayez un espace, jetez-y quelques grains, élevez au-dessus une table sur des soutiens mobiles qui s'écartent et la laissent tomber à la moindre secousse. Attachez une corde à un de ces soutiens, et tirez-la dès que les moineaux se seront placés sous le piége.

2938. *Lavandière.* Ces oiseaux font la chasse aux mouches

et aux vers, suivent souvent les laboureurs et les bestiaux, et s'élèvent comme les rossignols. Leur chasse se fait depuis la mi-octobre jusqu'à la fin de novembre, depuis trois heures jusqu'à la fin du jour. Il faut tendre le filet près d'une rivière, ou des endroits où ces oiseaux ont coutume d'aller boire.

2939. *Pigeon ramier.* Cet oiseau, dont le séjour habituel varie selon les saisons, habite tantôt dans les plaines, tantôt dans les montagnes ; il se perche, pour l'ordinaire, sur les branches d'arbres et y fait son nid. Il aime les fleurs, l'épeautre et le gland, et n'est jamais si gras que dans la saison où on le recueille. Ils volent par troupes en hiver, et ne roucoulent que pendant leurs amours. On leur fait la chasse de bien des manières : 1° on englue un chêne peu éloigné des autres arbres; on place, à son sommet, un *pigeon ramier chaperonné* pour la montre, que le chasseur fait lever lorsqu'il voit passer d'autres ramiers, qui s'abattent sur les gluaux et y restent pris. 2° On fait usage de deux filets tendus par terre, en forme de retz saillans, et de plusieurs ramiers chaperonnés comme *appeaux.* On choisit pour cette chasse le grand froid, la neige ou la gelée : on jette par terre quantité de fèves et de glands, dans un endroit où l'on présume que ces oiseaux iront s'abattre pour manger, et on les prend en faisant tomber le filet. 3° On va le soir dans le plus épais d'un bosquet, peu éloigné de l'eau et planté de peupliers et autres arbres, médiocrement hauts, sur lesquels les oiseaux ont coutume de se percher ; on y tend les filets qu'on nomme *pantières*, et le matin, une heure avant le jour, on va les chasser ; et en cas qu'ils viennent à sortir du bois, on les détourne avec du sable ou des cailloux pour qu'ils retournent s'y abattre.

2940. *Chasse aux bizets, ramiers et tourterelles.* Leur chasse se fait depuis quatre heures du matin jusqu'à neuf, lorsque les arbres ont poussé leurs feuilles dans les forêts. Ces oiseaux se perchent sur des branches sèches; on les découvre sans peine par leur roucoulement; il est alors facile de les tirer. On les prend encore en tendant un filet un peu penché par sa partie supérieure; derrière ce filet, il y a un chasseur prêt à le laisser tomber ; au-devant, un autre chasseur, juché dans une machine qui le cache; lorsque les oiseaux passent, ce dernier lance une flèche qu'ils prennent pour un oiseau de proie; ils s'abattent et donnent dans le piège.

2941. *Tourterelle.* La tourterelle est un oiseau de passage qui ne séjourne chez nous que pendant la belle saison ; elle habite ordinairement les lieux sablonneux, solitaires et montagneux. On les apprivoise facilement dans des volières où elles font des pontes tous les mois. On les nourrit avec du chenevis et du millet. On les prend en avril et en août, époques de leurs passages, soit avec des lacets de crin, de même que la *grive*, soit avec de la glu, au moyen d'un appeau et de filets à mailles larges, comme les *vanneaux*.

2942. *Chasse du colibris*. Espèce de petits oiseaux admirables pour leur beauté, leur façon de vivre et la finesse de leur taille; ils volent avec rapidité et font entendre une espèce de bourdonnement. Ils ne se nourrissent que du suc des fleurs. On peut leur présenter une baguette frottée de glu ou de gomme dissoute, sur laquelle ils se prennent facilement.

2943. *Chasse au buisson englué*. Cette chasse, qui se pratique depuis le mois de septembre jusqu'au mois d'avril, serait encore une partie de plaisir, quand même le gibier qu'elle nous procure nous serait inutile pour la faire.

Choisissez dans une pièce de terre un endroit éloigné des grands arbres et des haies. Piquez en terre trois ou quatre branches de taillis, hautes de cinq à six pieds, et entrelacez leurs cimes les unes dans les autres, afin qu'elles aient l'apparence et la solidité d'un buisson, dont vous couvrirez le haut avec deux ou trois branches d'épines noires et touffues, que vous y ferez tenir par force. Vous prendrez ensuite quatre ou cinq douzaines de petits gluaux longs de neuf à dix pouces; vous en fendrez le gros bout avec un couteau, et vous les mettrez en divers endroits du buisson, en les arrangeant de façon qu'un oiseau ne puisse se placer dessus sans engluer son plumage.

On a la précaution d'avoir des oiseaux apprivoisés de l'espèce qu'on veut prendre, que l'on a soin de placer sur des petites fourchettes de bois, élevées de terre environ de six pieds, et piquées à environ une toise du buisson.

2944. *Moyens pour déglutiner les oiseaux*. Poudrez les ailes gluées de l'oiseau, de cendres et de sable, et laissez-le une nuit en cet état; le lendemain, battez deux jaunes d'œufs, et en mettez avec le bout d'une plume aux endroits endommagés par la glu : cet appareil doit rester un jour et une nuit; enfin on fait fondre un peu de beurre et de lard; on en graisse le plumage de l'oiseau, et quelques heures après on le lave avec de l'eau tiède, et on l'essuie enfin avec du linge bien net.

VUE (*Conseils sur la manière de conserver la*).

2945. 1° On doit ne pas s'exposer à son réveil trop subitement à une grande clarté.

2° Il faut éviter de se frotter les yeux rudement, mais seulement passer légèrement le doigt sur les paupières, et se servir
même d'un peu de salive quand on éprouve de la difficulté à
les ouvrir.

3° Il est aussi utile de se laver les yeux le matin et pendant
le jour, autant de fois qu'ils en ont besoin, avec de l'eau pure
de fontaine ou de rivière.

4° Quand on est sédentaire et que l'on fait un usage forcé de
sa vue, on doit choisir un appartement bien éclairé.

5° Il est nécessaire de se préserver les yeux d'une lumière
trop vive.

6° Ainsi les chapeaux garnis d'une étoffe lustrée ou brillante,
les ameublemens d'une couleur tendre, la surcharge des do-
rures et la multiplicité des glaces doivent être soigneusement
évités.

7° Tout vêtement trop étroit, qui serre quelque partie du
corps, de manière à gêner la libre circulation, occasione toujours vers la tête un flux de liqueurs trop abondant capable
d'affaiblir la vue.

8° Les vapeurs des urines et des excrémens d'animaux sont
également très-nuisibles.

9° Pour tenir les yeux en bon état, il est essentiel de respirer
un air pur, et de ne pas négliger l'usage libre et fréquent d'un
grand air.

10° Toutefois, par un temps sec, un vent violent est nuisible
à cause de la poussière qu'il élève.

11° Il faut se tenir le ventre libre, et quand on est aux lieux
ne point faire d'efforts; car des pressions réitérées font monter
le sang à la tête et nuisent à la vue.

12° Lorsqu'on reste long-temps dans l'obscurité, on nuit
autant à ses yeux qu'en s'exposant à l'éclat du soleil.

13° Les veilles prolongées ont aussi une influence funeste sur
cet organe : on doit donc ne pas trop exiger de sa vue, quelque
bonne qu'elle paraisse.

14° Lorsqu'on est nécessairement attaché à ses occupations,

il faut chercher à les diversifier. On ferme de temps en temps les yeux; on se promène dans la chambre; on prend le grand air un instant; enfin, on a soin d'entretenir la transpiration par des bains de pieds d'eau tiède où l'on a fait fondre un peu de sel et versé du vinaigre.

15° On doit s'abstenir de tout travail attachant aussitôt après son réveil et après le repas, ainsi que le soir à la lumière.

16° On doit dans le travail se ménager autant que possible une lumière égale; et à cet égard les lampes astrales offrent incontestablement la manière la plus favorable d'éclairage.

17° Ceux qui travaillent beaucoup des yeux et de la tête doivent, autant que le permettra leur ouvrage, se tenir tantôt assis tantôt debout, afin de prévenir le trop grand flux d'humeurs à la tête.

18° A la chute du jour, on doit se garder de considérer long-temps, et avec attention, un objet quelconque dans des lieux sombres ou au clair de la lune ; à plus forte raison on ne doit pas y lire ou y écrire.

19° Il est bon d'accoutumer de bonne heure les enfans à exercer leur vue à regarder les objets de loin, mais sans la forcer par une longue application, car rien n'est plus dangereux.

20° La matinée est l'époque la plus favorable aux yeux sains pour le travail.

21° La table près de laquelle on travaille doit être placée de sorte que la lumière tombe obliquement par-dessus l'épaule gauche.

22° Il est très-nuisible de tenir un livre derrière la lumière, ou de tourner le dos à la fenêtre sous prétexte de pouvoir mieux lire.

23° Il faut se garder de trop lire le soir : on doit alors préférer l'écriture pour travail.

24° Les personnes qui se servent de lunettes auront soin de ne pas les déranger pendant le travail, afin que le point visuel demeure constamment le même.

25° Quand on se sert d'un microscope, d'un télescope, ou de lorgnette, on doit regarder tantôt avec un œil tantôt avec l'autre.

26° Les ouvriers en métaux distribueront leur travail de telle manière qu'ils n'aient à manier le soir que des matières mates et peu luisantes.

27° Les peintres couvriront au moins la moitié de la fenêtre près de laquelle ils travaillent, avec un rideau de taffetas vert.

28° Les artisans qui travaillent près d'un feu ardent, ainsi que ceux qui manient de la laine, doivent souvent se laver les yeux avec de l'eau pure et fraîche.

29° L'exercice du cheval est très-salutaire après une longue tension de la vue; le spectacle est aussi un moyen très-propre à délasser la vue.

30° Celui qui est privé d'un œil éprouve, sitôt qu'il veut faire usage de l'autre, un grand tiraillement dans l'œil détruit, et l'œil sain ne peut même supporter la moindre tension. Ces symptômes, qui pourraient devenir très-fâcheux, disparaissent bientôt quand on a la simple attention de couvrir l'œil perclus avec une compresse de linge fin pendant le travail.

31° Quand on a les yeux faibles, il ne faut pas éviter la lumière, mais seulement en adoucir l'éclat par une visière de taffetas vert.

32° Si l'on éprouve de la difficulté à ouvrir et fermer les yeux, que les paupières soient tellement attachées qu'elles pressent douloureusement la paupière, on devra se laver souvent les yeux, non plus avec de l'eau froide, mais avec de l'eau légèrement tiédie. Dès que les accidens douloureux ont cessé, il faudra revenir à l'eau fraîche.

33° Les lunettes vertes sont très-nuisibles aux yeux faibles, en ce qu'elles représentent les objets autrement qu'ils ne sont, et qu'elles leur donnent un alentour sombre et terne.

34° Un traitement rafraîchissant est très-convenable aux personnes qui ont les yeux faibles.

35° Les personnes que leurs occupations sérieuses et attachantes forcent à prendre quelque distraction, doivent éviter les jeux qui exigent qu'on soit assis. Le jeu de billard est, par une infinité de raisons, celui qu'on doit préférer. (G. J. Beer.)

YEUX (*Traitement des*).

2946. 1° *Dans l'inflammation produite par la poussière.* Lorsque par un temps sec le vent souffle avec violence, la poussière qui s'élève produit dans les yeux une vive irritation, les voyageurs surtout exposés à cette action continuelle doivent souvent se laver les coins des yeux avec de l'eau fraîche de source; ce moyen très-simple a le double avantage de nettoyer la poussière et de calmer l'irritation ; mais il est des cas où il ne suffit pas ; et les paupières deviennent quelquefois si rouges qu'il est rare qu'il n'en suive pas une douloureuse inflammation : dans ce cas on se sert avec succès pour se laver les yeux de la composition suivante : 4 onces d'eau de rose, une drachme de phlême de gomme arabique en quinze gouttes d'acide de litharge d'or.

On doit renouveler de temps en temps cette composition, attendu que la gomme peut se corrompre, ce qu'il est facile de reconnaître dès quelle commence à contracter une odeur désagréable.

2° *Par l'introduction d'un corps étranger.* Dès qu'un corps étranger s'est introduit entre les paupières et qu'il peut affecter dangereusement la vue par sa nature ou par sa forme, on l'expulsera en tirant en haut la paupière supérieure, et en penchant la tête en avant; en tenant ainsi l'œil en repos pendant quelques instans, on sent un flux de larmes couler ; le corps étranger se trouve ainsi entraîné, ou du moins il se porte vers le coin intérieur de l'œil d'où on peut aisément l'enlever par le moyen d'un léger tampon de linge fin ou avec la corne d'un mouchoir.

Si cette opération n'est pas suffisante, on passe à plusieurs reprises et doucement le doigt sur la paupière, depuis le coin du dehors de l'œil jusqu'au coin intérieur, ce qui force le corps de descendre.

Enfin lorsque ce dernier moyen ne réussit pas, on élève la paupière supérieure que l'on écarte de la prunelle autant que possible, on tourne l'œil du côté du nez, et l'on passe entre deux un petit pinceau enduit de crème de lait; en commençant au coin extérieur de l'œil vers la glande lacrymale; le corps étranger ne manquera pas de sortir.

Mais s'il était attaché à la tunique de l'œil et qu'il y fût enfoncé, il faudrait le saisir délicatement avec de petites pinces entourées d'un fil de coton afin de ne pas le casser. Le recours à un artiste habile est presque toujours indispensable dans ces accidens.

Dans tous les cas il faut bien se garder de frotter l'œil avec la main comme on le fait presque toujours; et si c'est de la chaux, du vitriol, du tabac ou du poivre qui a pénétré dans l'œil, on ne doit faire usage ni de mordicans, ni de bains d'yeux qui répartissent l'effet du mal et augmentent le danger. Ce n'est qu'après l'extraction du corps étranger que l'on doit laver l'œil avec l'eau fraîche pour calmer l'inflammation.

3° *Par les contusions.* Pour faire passer le gonflement et la rougeur qui sont la suite d'un coup quelconque sur l'œil, on doit y appliquer une compresse imprégnée de l'eau suivante : on prend deux drachmes de feuilles de romarin, sur lesquelles on verse 4 onces de vin rouge et autant d'eau bouillante ; on laisse reposer le tout pendant un quart d'heure et on le passe à travers un linge.

Quand on aura bassiné souvent l'œil avec cette liqueur tiède et que la rougeur commencera à diminuer, on y ajoutera quelques gouttes de sel ammoniac, en continuant de bassiner jusqu'à parfaite guérison.

4° *Par un refroidissement subit de la sueur du visage.* On n'éprouve après cette sorte d'accident d'autre incommodité que celle de ne pouvoir ouvrir les yeux aussi facilement qu'à l'ordinaire, à cause de leur enflure et leur rougeur, mais il n'en est pas moins urgent d'y apporter remède. On appliquera donc sur les yeux un sachet plein de fleurs de sureau très-sèches, et de farine de pois bien chaude, en ayant soin auparavant d'enduire les paupières de camphre. Ce moyen très-simple opère complétement en vingt-quatre heures, mais il ne dispense pas des remèdes intérieurs que la circonstance pourrait exiger.

5° *Piqûre d'insectes.* La première chose à faire c'est d'examiner si l'aiguillon de l'insecte est demeuré dans la paupière, et dans ce cas de l'enlever avec de petites pinces. On applique ensuite sur l'enflure une compresse de papier brouillard imbibé d'eau dans laquelle on a fait fondre quelques grains de sel et à laquelle on ajoute quelques gouttes de vinaigre.

Le fréquent maniement des mouches cantharides suffit souvent pour produire dans les paupières un gonflement considérable et douloureux ; on doit alors former sa compresse d'un morceau de papier brouillard, trempé dans 4 onces d'eau pure à laquelle on a ajouté une drachme d'esprit de camphre. (Le doct. Beer, *Moyen de conserver la vue.*)

2947. *Remède contre l'inflammation des yeux.* Pour guérir les yeux attaqués d'une inflammation accompagnée d'une abondance d'eau âcre et salée qui occasione une démangeaison extraordinaire et une grande rougeur aux paupières , prenez une drachme d'iris de Florence en poudre subtile, autant de vitriol blanc ; mettez-les dans une pinte d'eau ; remuez bien le tout jusqu'à ce que le vitriol soit dissous ; laissez ensuite infuser le mélange pendant vingt-quatre heures et filtrez-le ensuite pour vous en servir au besoin.

Pour cela , trempez un linge dans cette eau ; lavez-en l'

gèrement les yeux deux ou trois fois par jour, et mettez-en des compresses la nuit. Le remède est certain et infaillible. *Voyez* OPHTALMIE. *Voy.* EAU EXCELLENTE DE POITOU. (*Bibl. phys. écon.*)

2948. Les pustules des yeux se guérissent en employant la graisse de coq pour liniment ; elle est à la fois anodine, émolliente, nervale et résolutive. (Buch'oz.)

2949. *Autre.* Prenez 2 onces d'eau rose, un gros de vitriol blanc, un demi-gros de sucre de saturne, et un scrupule de camphre broyé avec un peu d'amandes, et mêlez ; ce remède fait en un instant disparaître les inflammations des yeux. Les Danois en font usage avec succès. (*Bibl. phys. écon.*) ·

2950. Les simples maux d'yeux ne résistent pas à des compresses imbibées de petit lait, ou bien de légers cataplasmes de crème ou de pomme râpée.

Enfin les inflammations ophtalmiques qui ont régné quelques hivers en France, cèdent à quelques gouttes d'eau qu'on répand dans l'œil trois ou quatre fois par jour. On éprouve une légère cuisson qui est suivie de quelques larmes. On compose cette eau d'un gros d'iris de Florence, d'autant de sucre candi et d'autant de couperose blanche, qu'on délaie dans une cuillerée d'eau-de-vie, qu'on met dans une pinte d'eau distillée et qu'on passe au bout de vingt-quatre heures. (*L'Ami des femmes.*)

FIN.

TABLE DES MATIÈRES

CONTENUES DANS LES TROIS VOLUMES

DE L'ENCYCLOPÉDIE DOMESTIQUE.

A.

B.

C.

D.

E.

F.

G.

3.

H.

I.

J.

K.

L.

N.

O.

P.

3.

Q.

R.

S.

T.

U.

V.

Y.

Z.

FIN DE LA TABLE.

www.ingramcontent.com/pod-product-compliance
Lightning Source LLC
Chambersburg PA
CBHW052112270326
41928CB00010BA/1790